Diese unstillbare Sehnsucht nach Liebe

Band 1 - Die Jahre 1879 bis 1906

Silke Ellenbeck

Silke Ellenbeck

Diese unstillbare Sehnsucht nach Liebe

Band 1 - Die Jahre 1879 bis 1906

Das Leben der Prinzessin Feodora zu Reuss-Köstritz, Prinzessin von Sachsen-Meiningen 1879-1945

Historische Romanbiografie

DeBehr

Herausgeber: Verlag DeBehr, Radeberg
Erstauflage: 2023
ISBN: 9783987270765

Inhalt

Vorwort

Wir alle sind getrieben von dieser unstillbaren Sehnsucht nach Liebe, ging es mir durch den Kopf, als ich zum ersten Mal mit dem Leben der Prinzessin Feodora zu Reuss-Köstritz, geborene Prinzessin von Sachsen-Meiningen, in Berührung kam.

Das Haus Reuss, sowohl die ältere als auch die jüngere Linie, war mir bereits durch Recherche zu meiner Biographie über die Großherzogin Caroline von Sachsen-Weimar-Eisenach, einer geborenen Prinzessin zu Reuss, ältere Linie, bekannt. Als ich nun las, dass die Prinzessin Feodora im Jahre 1945 Selbstmord beging, wollte ich die Gründe dafür erfahren.

So begab ich mich an die Recherche und musste feststellen, dass einmal ihre verwandtschaftlichen Beziehungen bis in das Haus Hohenzollern, nach England und zu einigen anderen namhaften Adelshäusern Europas reichten. Ihre Mutter, die Herzogin Charlotte zu Sachsen-Meiningen, war eine Schwester Kaiser Wilhelms II. von Preußen, ihre Großmutter die Kaiserin Friedrich, ihre Urgroßmutter die Queen Victoria von England und dadurch ihre Kindheit und Jugend auch von vielen Verwandtschaftsbesuchen geprägt sowie einem Leben in den höchsten Kreisen.

Ihr Vater war der Erbprinz und spätere Herzog Bernhard III. von Sachsen-Meiningen, der durch die Heirat mit der preußischen Prinzessin in seinem Status aufstieg und zu einem Familienmitglied des Hauses Hohenzollern wurde.

Doch die Kindheit und die Jugendzeit waren keineswegs glücklich und die Prinzessin stets auf der Suche nach Liebe und Zuneigung, die sie dann zwar während ihrer Ehe finden sollte, aber ihr Leben war überschattet von einem damals noch unerforschten Leiden, welches auch zu Depressionen führen sollte, die sie letztendlich in den Selbstmord trieben.

Mit dieser Biographie möchte ich dieser Prinzessin ein literarisches Denkmal setzen, wobei ich auch auf die Kindheit und Jugend der Eltern, besonders der Mutter, eingehen muss, damit man auch das spätere Leben der Prinzessin besser verstehen kann.

Für ihre spätere Lebensphase bis zu ihrem Tod gibt es kaum Belege in

Form von Briefen oder ähnlichem, sodass man mir verzeihen möge, wenn ich anhand von historischen Eckdaten und Ereignissen ein wenig improvisieren musste, was eben diese und Dialoge der Prinzessin betraf.
Um Feodora eine Stimme zu geben, erschien es mir als beste Wahl, sie selbst ihr Leben erzählen zu lassen.

Die Autorin, im März 2023

Sanatorium Buchwald, Hohenwiese, Riesengebirge, Niederschlesien, 26. August 1945

„Oh, Grille, sing,
die Nacht ist lang.
Ich weiß nicht, ob ich leben darf
bis an das End von deinem Sang.

Die Fenster stehen aufgemacht.
Ich weiß nicht, ob ich schauen darf
bis an das End von dieser Nacht.

O Grille, sing, sing unbedacht,
die Lust geht hin,
und Leid erwacht.
Und Lust im Leid-
mehr bringt sie nicht, die lange Nacht."

Ich habe dieses Gedicht von Max Dauthendey in einem alten Gedichtband hier in der Bibliothek gefunden. Die Zeilen haben mich berührt, da sie doch das widerspiegeln, was ich fühle.

Wir haben uns heimlich in die Küche geschlichen, Meta und ich. Die gute Meta Schwenck ist mir in den letzten Wochen hier zu einer wahren Freundin geworden. Es ist noch warm draußen, obwohl es fast halb zwölf ist. Meta lehnt sich aus dem Fenster, hebt den Kopf und sieht in den Sternenhimmel.
„Wie schön sie alle funkeln“, bemerkt sie und klingt dabei fast ein wenig verträumt, dann wird sie still, ihre Stimme bricht fast, wird weinerlich, als sie hinzufügt, „Manchmal denke ich, dass sie alle Sterne sind, Feo. Mein guter Josef, Anna und der kleine Max, mein Mäxchen.“
Ich höre sie schniefen, sie legt die Hände vor das Gesicht, ihre Schultern zucken. Langsam trete ich hinter sie, lege behutsam meine Hände auf ihre Schultern, den Kopf an ihre Wange.
„Meta, nicht weinen“, flüstere ich in ihr Ohr, „Bald seid ihr alle wieder vereint … und ich mit meinem Haz.“
Sie lässt die Hände sinken, nickt, dreht sich dann zu mir um, nimmt meine Hände in ihre, hält sie vor ihre Brust.
„Ach, Feo, du bist die Einzige, die mich versteht“, gesteht sie mir und ich versichere ihr dasselbe, denn ich fühle ihr Leid, verstehe ihren Schmerz.
Man kann nur nachempfinden, was jemand fühlt, wenn man einen ebensolchen Schmerz durchleben muss, und irgendwann ist man dem Allem nicht mehr gewachsen. Jeder Tag ein Kampf, man versucht, die Stunden zu bewältigen, und muss doch erkennen, dass es doch nur noch ein Tag von vielen wird, die sich endlos aneinanderreihen, man ohne einen Sinn die Sekunden, Minuten und Stunden verstreichen lässt.
Das Leben ist mir zu einer Bürde geworden. Es gibt nichts mehr, für das es sich lohnen würde, weiterzuleben.
Haz, mein Liebster, sechs Jahre ohne Dich … ich ertrage es einfach nicht mehr. Wenn ich doch wenigstens ein oder zwei Kinder mein Eigen hätte nennen können, aber es war mir nicht vergönnt. Ich wäre so gerne eine liebende, sich sorgende Mutter geworden, hätte so vieles anders machen wollen als meine Mutter, die mich nicht wirklich liebte. Und Haz wäre sicher ein guter Vater gewesen … ich habe ihn enttäuscht, da ich nie ein Kind bekommen konnte, aber er ließ es mich niemals spüren, denn er liebte mich zu sehr … wir mussten uns genug

sein und waren es.

Meta hat nicht nur ihren Mann verloren, mit dem sie sehr glücklich war, wie sie sagt, sondern auch ihre beiden Kinder. Sie hat mir einiges erzählt, aber sicher nicht alles. Meta führte wohl bis zum Krieg ein glückliches Leben in Berlin. Sie war Schneiderin, hatte eine kleine Änderungsschneiderei, ihr Mann arbeitete bei der Post. Josef wurde nicht eingezogen, weil er seit einem Unfall als Kind schwerhörig war und eine leichte Gehbehinderung hatte, aber gerade darüber war sie wohl sehr froh gewesen.
In den Abendstunden des siebenundzwanzigsten Januar 1944 mussten sie mit ihrem Ehemann und den Kindern in einen Luftschutzbunker. Es wurden viele Angriffe geflogen, die Bomben fielen und der kleine Max war gerade erst acht Jahre alt, er weinte wohl bitterlich. Anna, sagte Meta, sei die Starke gewesen. Mit ihren vierzehn Jahren wohl stets emsig der Mutter, jedem zu helfen, jeden zu trösten - ein gutes Kind.
„Sie war schon manchmal viel zu erwachsen für ihr Alter", meinte Meta einmal zu mir.
Und dann trafen die Bomben den Bunker, sie wurden verschüttet. Ich wollte nicht hören, wie grausam es gewesen sein mag für die vielen Menschen, als alles über ihnen einstürzte, die Kinder weinten, jeder versuchte sich und seine Lieben vor den herabfallenden Trümmern zu beschützen. Meta wurde von etwas am Kopf getroffen, bevor sie sich über ihre Kinder werfen konnte. Es wurde Nacht um sie herum, es war keine Zeit für einen Gedanken. Und, als sie zu sich kam, waren da Staub, Geröll, weinende Menschen, Verletzte und Tote. Sie begann, nach ihren Lieben zu rufen, grub mit ihren Händen, dachte nicht daran, dass sie selbst verletzt sein könnte, und es musste für sie das Schrecklichste auf Erden gewesen sein, da sie sie fand - Josef, Anna mit ihrem Körper schützend über Max liegend, hielt sie ihn noch in ihrem Arm … alle tot. Sie saß einfach nur da, konnte nicht weinen, sich nicht bewegen und sie sagte mir, es sei so gewesen, als habe man alles um sie herum ausgeschaltet - den Lärm, das Weinen, die Sirenen … nur Stille, die sie verschluckte, alles in ihr auslöschte, jegliches Gefühl, bis sie irgendwann jemand hochzog, aus den Trümmern hinaus, auf die Straße setzte, wo sie stumm sitzenblieb. Wie in einem Nebel gefangen,

fand sie sich dann durch die Straßen taumelnd, nahm nichts um sich herum wahr, landete irgendwann an der Spree. Sie steckte sich Steine in die Manteltaschen und ging ins Wasser.
„Leider“, meinte sie mit einem tiefen Bedauern in der Stimme, „leider haben sie mich gerettet.“
Eigentlich war es ein Glück, dass sie dann irgendwann hier im Sanatorium landete. Wir wurden schnell zu Seelenverwandten und es gibt keinen größeren Treuebeweis unserer Freundschaft, als dass nun eine mit der anderen in den Tod geht - zwei verlassene Seelen, für die es nur noch einen Ausweg gibt, in der Hoffnung auf ein Wiedersehen auf der anderen Seite …
Meta schließt das Fenster. Ich lege ein Geschirrhandtuch unter den Türspalt, drücke es richtig fest, nehme dann vorsichtshalber noch ein zweites.
Jede von uns trägt ihr schönstes Kleid, passende Schuhe, wir haben uns gegenseitig frisiert. Ich sehe sie an, sachte nickt sie mir zu. Sie stellt zwei Stühle vor den Herd, ich stelle den Gasofen an, öffne die Ofentür. Sehe mich um, alle Fenster sind geschlossen. Meta verriegelt die Tür.
Wir setzen uns vor den Ofen, reichen uns die Hände, ich lege meine rechte in ihre linke.
„Feo, ich möchte dir danken, dass du mir in der letzten Zeit eine so gute und treue Freundin warst“, sagte Meta leise und ich erwidere es, sage ihr, dass ich ihr dafür danke, dass sie immer ein offenes Ohr für mich gehabt habe.
„Du bist eine treue Seele“, füge ich hinzu und sie lächelt, schließt die Augen, „Deine Mutsch kommt zu dir, Mäxchen … mein Annchen … und Jo … “
Ich denke an Haz, meinen liebsten Haz … sehe meine Mutter, meinen Vater, die liebe Großmama … mir wird schwindelig und ich lasse mich fallen in einen Strudel von Erinnerungen … auf dass endlich diese unstillbare Sehnsucht enden möge …

Meine Eltern

Mamas Kindheit und Jugendzeit

Die Eltern meiner Mutter waren der Kronprinz Friedrich Wilhelm von Preußen, ein Sohn des Königs Wilhelm I. von Preußen, der nach dem Tod seines Bruders König Friedrich Wilhelm IV. 1861 zum König von Preußen und 1871 zum Kaiser von Deutschland ernannt wurde. Seine Gemahlin war Augusta, eine geborene Prinzessin von Sachsen-Weimar-Eisenach.

Mamas Mutter, Viktoria, war die erstgeborene Tochter der Queen Victoria von Großbritannien und Irland und trug bis zu ihrer Verheiratung den Titel Princess Royal, ihr Vater war der deutschstämmige Prinz Albert von Sachsen-Coburg und Gotha, der Prince Consort.

Das Paar war sich 1851 zum ersten Mal bei der Weltausstellung in London begegnet, zu der Queen Victoria und ihr Ehemann Albert den König Wilhelm und seine Gattin eingeladen hatten. Es handelte sich um die erste Weltausstellung überhaupt, die von dem Prinzgemahl Albert initiiert und geplant worden war.

Dem jungen Kronprinzen Friedrich imponierte nicht nur, wie der Prinzgemahl diese beeindruckende Ausstellung organisiert hatte, gleichzeitig war er von dem einfachen Leben fasziniert, welches die Queen und ihr Ehemann abseits des Hofes lebten, denn es stand in einem doch sehr scharfen Gegensatz zu dem steifen Hofprotokoll in Berlin.

Seine Mutter Augusta fand in der Queen sofort eine neue Freundin, sodass sie im Jahre 1853 sogar eine der Patinnen für den kleinen neugeborenen Prinzen Leopold des englischen Königspaares werden sollte.

Doch die Queen und ihr Ehemann hatten zur Weltausstellung auch ihre erstgeborene Tochter mitgenommen und, obwohl Vicky, wie man sie in der Familie nannte, erst elf Jahre war und der Kronprinz bereits 19 Jahre alt, fesselte ihn sofort die ausgezeichnete Bildung und Belesenheit des Mädchens, welches ihm auf eine Frage, die er aus Höflichkeit in Englisch stellte, in perfektem Deutsch antwortete. Zudem

bewies sie bei der Führung durch die Ausstellung so viel Natürlichkeit ob ihrer eigentlichen Kindlichkeit, dass er schon bei diesem Besuch durchaus mit dem Gedanken spielte, sie eines Tages zu ehelichen.
Vorerst jedoch musste er sich gedulden, denn erst wenn Vicky sechzehn Jahre alt würde, könnte er um ihre Hand anhalten. So beschränkten sich beide vorerst auf einen doch sehr engen und regen Briefwechsel.
Der Kronprinz schloss nun erst sein Studium der Rechtswissenschaften an der Universität in Bonn ab, neben welchem er auch Vorlesungen in Geschichte, Politik und der englischen Verfassung besucht hatte. Nach dem Studium begab er sich in seine militärische Ausbildung.
Im Jahre 1855 reiste er dann nach Schloss Balmoral in Schottland, wo die englische Königsfamilie ihre Ferien verbrachte, um sich darüber klar zu werden, ob Vicky für ihn eine geeignete Braut sei.
Am preußischen Hof war man der Eheschließung mit einer englischen Prinzessin nicht gänzlich abgeneigt, Verwandte des jungen Kronprinzen hofften aus politischen Gründen eher auf eine Verbindung mit dem russischen Zarenhaus und standen dem Gedankengut des englischen Prinzgemahls zudem skeptisch gegenüber. Prinz Albert war ein Anhänger des Coburger Plans und somit ein Vertreter der These, dass ein liberalisiertes Preußen die deutschen Kleinstaaten zu einer Vereinigung bewegen könne, wenn die Regierung konstitutionell wäre, bei der die Minister sich nicht dem Souverän gegenüber zu verantworten hätten, sondern dem Parlament. Das Vorbild war also die englische Monarchie ohne einen absolutistischen Herrscher, wobei die Rechte der Queen eingeschränkt wurden durch die Verfassung. Die Queen hatte zwar politischen Einfluss, aber eigentlich lag dieser beim Parlament.
In Preußen dagegen, der absolutistischen Monarchie mit einem Herrscher von Gottes Gnaden, stand man dem kritisch gegenüber. Die politisch konservativen Kreise in Preußen lehnten daher auch die Eheschließung mit einer englischen Prinzessin ab, während liberale diese begrüßten.

Auch wenn Vicky mit ihrer Größe von gerade einmal 157 Zentimetern nicht dem Schönheitsideal jener Zeit entsprach und eher unscheinbar

wirkte, hielt Friedrich Wilhelm schon drei Tage nach seiner Ankunft in Balmoral um die Hand Viktorias an. Ihre Eltern zeigten sich erfreut, beschlossen aber, dass die Hochzeit erst stattfinden solle, wenn Vicky siebzehn Jahre alt geworden sei.
Am 17. Mai 1856 gab man die Verlobung des Paares offiziell bekannt. Bis zu ihrer Eheschließung unterrichte Prinz Albert seine Tochter selbst in neuzeitlicher europäischer Geschichte, Politik und ließ sie Aufsätze über Ereignisse, die in Preußen stattgefunden hatten, verfassen. Sie sollte so auf ihre Rolle in Berlin vorbereitet werden. Feodora, Fürstin zu Hohenlohe-Langenburg, eine Halbschwester der Queen, warnte das englische Königspaar aber eher vor dem preußischen Hofwesen, auf welches sie ihre Tochter vorbereiten sollten, denn dort herrschten ihrer Meinung nach Neid, Hass, Intrigen und Gaunereien.
Die Hochzeit wurde für den 25. Januar 1858 in der Kapelle des St. James`s Palace in London geplant. Vor diesem Datum kam es zu Streitigkeiten um den Ort der Hochzeit, da man in Preußen fand, dass ein zukünftiger Thronfolger eben in Berlin heiraten sollte. Die Queen konnte sich aber schließlich mit ihrem Wunsch, die Trauung in London vorzunehmen, durchsetzen.

Nach der Hochzeit fiel es der jungen Kronprinzessin schwer, sich in ihr neues Leben am Hof in Berlin einzugewöhnen. Zudem ihre Mutter darauf bestand, stets ausführlich brieflich über alles Bericht zu erhalten, und es sich auch nicht nehmen ließ, die Tochter mit guten Ratschlägen förmlich zu überschütten. Per Privatkurier wechselten so wöchentlich Briefe von Berlin nach London.
Zudem kam auf die Kronprinzessin ein großes Maß an repräsentativen Pflichten hinzu, bei denen sie unter anderem abends oft bei Theaterbesuchen, Dinners und Empfängen anwesend sein musste. Kamen Gäste des preußischen Königshauses zu Besuch, musste sie diese auch um sieben Uhr morgens am Bahnhof mitempfangen und bis weit nach Mitternacht an Gesellschaften teilhaben.
Und nur allzu schnell bemerkte sie, dass am Hof in Berlin Klatsch und Tratsch an der Tagesordnung waren, wovon sie umgehend ihrer Mutter berichtete, denn sie fühlte sich oftmals selbst davon betroffen.
Hinzu kam, dass das englische Parlament der Queen für ihre Tochter eine Mitgift von rund

40.000 englischen Pfund bewilligte und eine jährliche Apanage von 8000 Pfund. Der Kronprinz erhielt von seinem Onkel, dem König, eine jährliche Apanage von 9000 Talern, was seine Gemahlin zur Hauptfinanziererin des gemeinsamen Lebens machte, da sie über ein weitaus höheres Einkommen verfügte.

Das junge Paar lebte zuerst in einer Wohnung in einem Flügel des Berliner Schlosses, dessen Bauzustand eher desolat war und in welchem es nicht einmal eine Badewanne gab.

Im November 1858 konnte man in das von dem Architekten Johann Heinrich Strack 1856/57 umgebaute ehemalige königliche Palais, später das sogenannte Kronprinzenpalais, in der Prachtstraße Unter den Linden ziehen. Es diente bald als Stadtwohnung und Winterresidenz, während man im Sommer das Neue Palais in Potsdam bevorzugte, welches sich an der Westseite des Parks von Sanssouci befindet. Man bewohnte es alsbald von April bis November und dank der doch sehr ansehnlichen Mitgift Vickys konnte man es nach den eigenen Wünschen und Vorstellungen umgestalten sowie renovieren. Zudem hing Fritz an dem Gebäude, hatte er doch dort das Licht der Welt erblickt.

Fritz und Vicky waren trotz ihrer repräsentativen Verpflichtungen, dem strengen Hofleben in Berlin, dennoch stets einander sehr zugetan und, als Vicky schwanger wurde, hoffte man natürlich auf männlichen Nachwuchs.

Am siebenundzwanzigsten Januar 1858 kündigte sich das Baby an. Niemand konnte erahnen, in welcher Katastrophe die Geburt enden sollte. Vicky, nur mit einem Flanellrock bekleidet, lag in den Wehen, doch die anwesenden Hofärzte zögerten aus diesem Grund, sie eingehend gynäkologisch zu untersuchen. Zudem befanden sich hohe Beamte anwesend, um, wie damals üblich, die Geburt zu bezeugen.

Das Baby befand sich in Steißlage. Man schickte nach dem Geburtsspezialisten Dr. Eduard Arnold Martin, dem Direktor der Entbindungsanstalt der Charité in Berlin, doch der Dienstbote verspätete sich und so nahm die Geburt alsbald dramatische Züge an, denn das Ungeborene drohte zu ersticken. Auch das Leben der Mutter war in Gefahr. Man musste also eine schnelle Entscheidung treffen.

Der schließlich eintreffende Dr. Martin verabreichte der jungen Mutter zuerst Chloroform, welches damals noch völlig neu als Narkosemittel war, da die Wehen sich bereits seit Stunden fruchtlos hinzogen,

Vicky völlig erschöpft.
Dann drehte er das Kind im Mutterleib. Er schaffte es, die Beine voranzubringen. Gesäß und Unterleib traten so hervor, der rechte Arm konnte gewendet und parallel zum Torso gelegt werden. Mit einem kräftigen Zug konnte der Arzt dann schließlich das Kind mit dem Kopf voran, aber dem noch hochgeschlagenen linken Arm entbinden.
Ein Kaiserschnitt war damals möglich, aber er bedeutete meist den Tod der Mutter und erst ab dem Jahre 1881 war man dazu medizinisch so in der Lage, dass Mutter und Kind beiderseits die schwere Operation überstanden. Hinzu kommt, dass so ein Eingriff aufgrund des Standes Vickys völlig indiskutabel war.
Eine anwesende Hebamme bemerkte sofort nach der Geburt, dass der linke Arm des kleinen Jungen schlaff herabhing, zudem deutlich bläulich verfärbt war. Doch die Ärzte wollten die jungen Eltern zuerst nicht beunruhigen, übergingen die Besorgtheit der Hebamme und versicherten Vicky und Fritz, dass sich der Arm schon erholen werde - es liege einfach an der anstrengenden Geburt.
Ferner war es nur dem beherzten Eingreifen der Hebamme zu verdanken, dass das Kind die Geburt überhaupt überlebte, denn das Baby atmete nicht und wurde von ihr sanft, gänzlich gegen jedes Protokoll, mit einem nassen Handtuch bearbeitet.
Einige Tage nach der Geburt wurde man bereits gewahr, dass das Baby den rechten Arm nicht bewegen konnte. Es zeichnete sich ab, dass die Nerven im Arm unter der Geburt geschädigt worden waren.
Man konnte dem Arzt sicher keine Vorwürfe machen, denn er hatte nur versucht, Mutter und Kind zu retten.
Da es sich bei dem kleinen Jungen um den ersten Enkel für die Queen Victoria und ihren Ehegatten Albert handelte und da man Vicky und Fritz von Seiten der Ärzte zuerst versicherte, dass der Arm des Babys sich regenerieren werde, sahen beide davon ab, dies vor den Großeltern zu erwähnen. So wurde die Queen über die anstrengende Geburt informiert, gratulierte ihrer Tochter und dem Schwiegersohn überschwänglich zu dem Sohn, wie auch ihr Ehemann, aber glaubte, dass alles in Ordnung sei, Vicky sich erstmal von der Geburt erholen solle.
Natürlich konnte die Queen es nicht erwarten, den erstgeborenen Enkel zu sehen, wie sie in einem Brief vom neunundzwanzigsten Januar des Jahres 1859 bekundete.

Der kleine Junge wurde auf die Namen Friedrich Wilhelm Viktor Albert getauft, wobei Wilhelm sein Rufname war. Fritz und Vicky waren stolz einen Sohn zu haben, aber, als die Behinderung, die sich bald deutlich abzeichnete, empfand die junge Mutter als einen schweren Makel und dies belastete sie sehr. Es war für sie ein persönliches Versagen, keinem gesunden Thronfolger das Leben geschenkt zu haben. So ließ sie alsbald nichts unversucht, um den Makel beheben zu lassen, und wandte sich an die Ärzte für entsprechende Therapien. Allerdings konsultierte sie keine Experten, die vielleicht die richtigen Therapien anhand einer ausgiebigen Diagnose hätten aufzeigen können. Die Mediziner, die sie um Rat bat, waren sich aber allesamt nicht sicher, wie man den Arm kurieren könne.
So erhielt der kleine Wilhelm bereits mit sechs Monaten eiskalte Salzwasserspülungen, um das Wachstum des Armes anzuregen. Täglich wurden der rechte Arm und ebenso das rechte Bein am Körper festgebunden, damit das Baby somit den linken Arm stärker nutzen solle, um ihn zu kräftigen. Zweimal die Woche machte man sogenannte animalische Bäder, bei denen der linke Arm in einen frischgeschlachteten Hasen gelegt wurde. Durch die Wärme des gerade erst getöteten Tieres sollten die Muskeln des Armes angeregt werden.
Derlei Quacksalbereien lösten bei der angesehenen Berliner Ärzteschaft nur Kopfschütteln aus und man bezeichnete diese Therapien mehr als Kindesmisshandlung, denn als Heilungschance. Aber vor allem die junge Mutter wollte nichts unversucht lassen, um den Makel ihres Erstgeborenen zu beheben.
Auf den ersten Fotografien des kleinen Jungen versuchte man stets die Behinderung zu kaschieren, indem man den linken Arm auf einem Gegenstand ruhen ließ oder ihn in einem Ärmel versteckte.
Als der kleine Willie, wie man ihn in der Familie rief, zu einem Kleinkind heranwuchs , wuchs der Arm nicht mit. Er blieb verkürzt.

Das Prinzenpaar im Jahre 1860

Als Vicky feststellte, dass sie erneut schwanger war, regte sich natürlich in ihr die Hoffnung, einen gesunden Sohn zur Welt zu bringen. Vor allem war sie es leid, stets Fragen nach dem Gesundheitszustand des Sohnes zu beantworten. Und ihre Stellung bei Hofe wurde durch den Sohn mit der Behinderung nicht einfacher, denn sie als liberale Engländerin ließ nur allzu oft die preußische Hofgesellschaft spüren, dass deren Konservatismus und Provinzialismus ihr verhasst war. Einen gesunden Sohn und Erben, den sie zu einem großen Liberalen heranziehen konnte, würde sie etablieren bei Hofe, und dieser würde die preußische Politik einmal positiv mitgestalten können. So aber schämte sie sich nur dieses Kindes, obwohl sie ihren Sohn natürlich liebte, ebenso wie ihr Ehemann. Aber man wollte keine Kosten oder Mühen scheuen, um den Makel zu tilgen und damit das Ansehen Vickys bei Hofe zu verbessern.
Ihre Hoffnung lag also nun auf dem nächsten Kind. Für Fritz spielte das Geschlecht insoweit keine Rolle, als dass er sich über ein neues Familienmitglied freute, da es ein Kind der Liebe zwischen ihm und Vicky war. Insgeheim natürlich hoffte auch er auf ein gesundes Kind, verzweifelte aber nicht so sehr an dem Makel des Sohnes wie seine Gemahlin.
Am vierundzwanzigsten Juli des Jahres 1860 wurde in Potsdam eine kleine Prinzessin geboren. Die Geburt verlief dieses Mal komplikationslos, das Kind augenscheinlich gesund.
Man taufte das Kind auf die Namen Victoria Elisabeth Augusta Charlotte. Victoria, da die Queen verfügte, dass jedes Mädchen, welches in der Familie das Licht der Welt erblickte, ihren Vornamen tragen solle, und Charlotte, nach der Schwester des Königs Friedrich Wilhelm IV., die mit dem russischen Zaren Nikolaus I. verheiratet war. Dieser Name sollte ihr Rufname werden.
Da der kleine Willie sein Schwesterchen beim Versuch sie dear sister zu nennen, Ditta nannte, wurde dies Mamas Spitzname in der Familie. Andere Verwandte würden sie später auch oftmals Charly rufen, was dann aber ihrem burschikosen Auftreten geschuldet war.
Zuerst zeigten sich die Queen und ihr Ehemann hocherfreut über die Ankunft der kleinen Prinzessin, sie berichteten ihrer Tochter, dass deren Geschwister in England eine halben Tag frei vom Unterricht bekommen hatten und in einem Spielhaus, dem sogenannten Swiss

Cottage in Osborne, ein Festmahl kochen durften. Als sie aber dann die Namen des kleinen Mädchens erfuhr, missfiel ihr natürlich nicht Victoria, sondern die Vornamen Elisabeth und Charlotte, denn es handelte sich aus ihrer Sicht um die beiden schrecklichsten Vornamen, die doch nur Stubenmädchen trugen. Sie persönlich hätte Frederika oder Wilhelmina favorisiert, lag es doch aus ihrer Sicht in der Tradition der Hohenzollern, eben stets gerne diese zwei Vornamen, eben als weibliche oder männliche Form, zu bevorzugen.
Ihre Tochter ignorierte diesen Unmut der Mutter, gestand ihrem Vater in einem Brief, dass sie ihr kleines Mädchen sehr liebe, sich sogar mehr um es kümmere als um den Sohn.
Die Queen teilte der Tochter schließlich brieflich mit, dass sie das kleine Mädchen nicht um dessen Namen lieben werde, sondern weil es eben ihr Enkelkind sei. Zudem forderte sie die Tochter höflich dazu auf, doch einen nächsten weiblichen Sprössling Viktoria zu nennen, denn so würde es in Kürze drei Generationen von Viktorias in der Familie geben.
Die Königin Elisabeth von Preußen war Vicky nicht besonders freundlich gesinnt, da sie aus welchem Grund auch immer - eine tiefe Abneigung gegen alles Englische hegte. Ihr Vater war König Maximilian I. von Bayern gewesen, die bajuwarische Familie war den Österreichern durch Heirat mehr zugetan. So war die Königin unter anderem die Patentante der Kaiserin Elisabeth von Österreich.
Sie sah die kleine Charlotte zweimal nach deren Geburt und ließ Vicky, was diese ihrer Mutter brieflich mitteilte, sofort fühlen, dass sie den Rufnamen der kleinen Prinzessin ganz und gar unpassend fand.

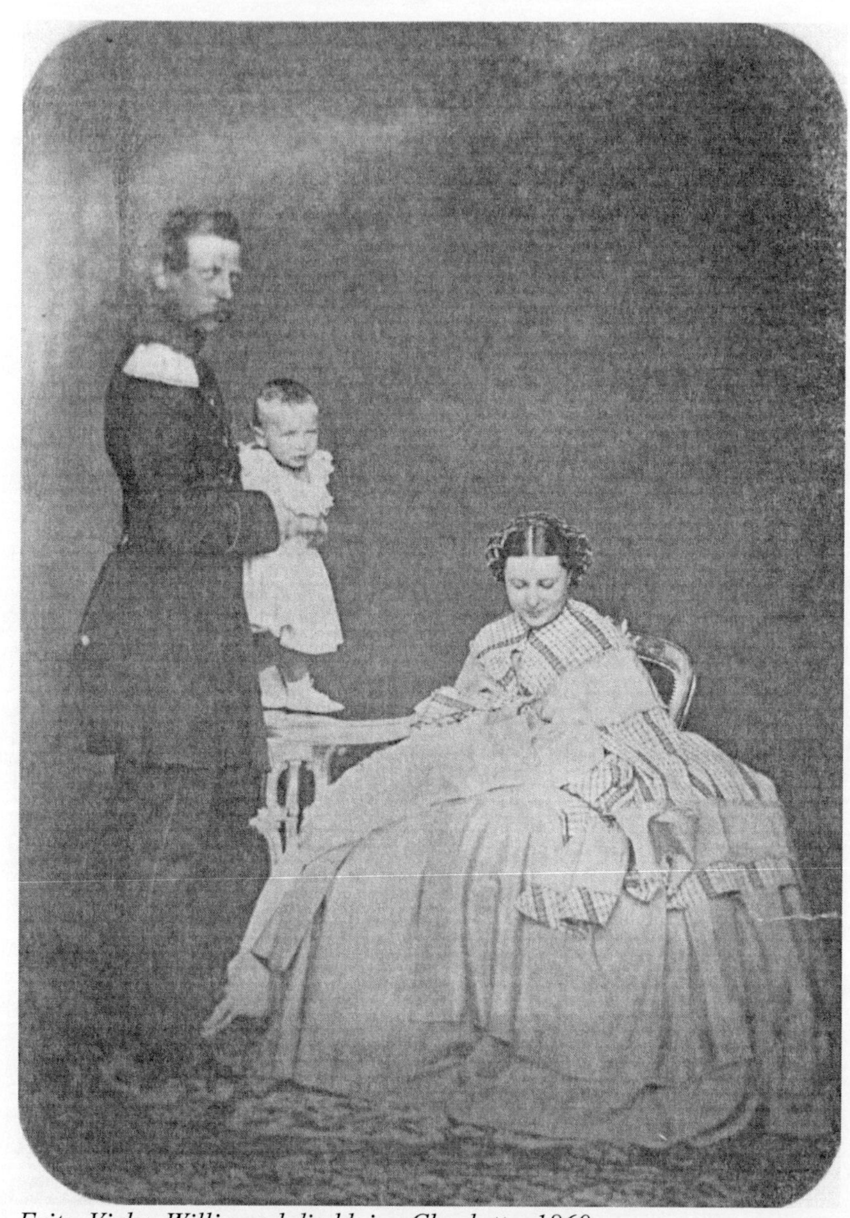

Fritz, Vicky, Willie und die kleine Charlotte, 1860

Vom Moment ihrer Geburt an war die kleine Prinzessin in den Augen ihrer Mutter absolute Perfektion. Das Baby war aus ihrer Sicht viel ruhiger als Willie, hübscher, aufmerksamer und in seiner Entwicklung alsbald doppelt so weit wie der Bruder, als er sich im selben Alter befand. So bemerkte sie dies gegenüber der Queen mehrfach, als die kleine Charlotte erst drei Monate auf der Welt weilte. Sie gestand, wie sehr sie sich freue, dass kleine Mädchen allen zu präsentieren, sie voll mütterlichem Stolz vorzuzeigen, was ihr bei Willie nie so leicht gefallen sei, da er immer blass, dünn und ständig quengelig gewesen sei.
Es fiel zu jenem Zeitpunkt bereits Vickys Hofdame, Gräfin Walburga von Hohenthal, auf, dass Vicky stets ein großes Faible für Babys entwickelte, sie mit all ihrer Liebe überschüttete, um dann fast gekränkt zu sein, wenn die Amme ein Kind nur kurz zum Stillen holte. Und sie konzentrierte ihre Liebe und Zuneigung bald nur auf das jüngste Kind. Dies soll nicht heißen, dass sie ihre Kinder nicht aus vollem Herzen liebte, aber vieles entzog sich einfach ihrem mütterlichen Verständnis. Der kleine Willie entwickelte durch die Therapien schon bald ein eher Unmut erregendes Verhalten, da er lautstark zu weinen begann, wenn diese begannen, vor Angst davonlaufen wollte, schrie, Wutanfälle bekam. Man bezeichnete ihn als schwieriges Kind, dabei resultierten diese Ausbrüche einzig und allein aus den Therapien, die dennoch keinen Erfolg brachten.
Im Herbst des Jahres 1860 reiste der Prinzgemahl Albert nach Coburg, um dort seine Familie zu besuchen. So bot sich für Vicky die Möglichkeit, dass ihr Vater bei einem Abstecher nach Berlin auch den kleinen Willie zum ersten Mal sehen konnte. Niemand ahnte, dass es das einzige Mal werden sollte.

Am zweiten Januar des Jahres 1861 starb König Friedrich Wilhelm IV. von Preußen. Er war bereits nach einem Schlaganfall im November 1859 links halbseitig gelähmt gewesen und konnte nur noch in einem Rollstuhl fortbewegt werden. Da er zum Zeitpunkt des Schlaganfalls in Sanssouci weilte, verblieb der Hof dort. Im November 1860 erlitt er einen zweiten Schlaganfall und verlor das Bewusstsein. Die Königin Elisabeth hatte ihren Ehemann während der ganzen Zeit hingebungsvoll gepflegt, sie wollte weiterhin in Sanssouci verbleiben. Nach dem Ableben des Königs wurde sein Bruder nun Wilhelm I.

König von Preußen, Vicky und Fritz wurden zum Kronprinzenpaar, der kleine Willie zum Thronfolger. Seine Behinderung war damit noch ein größerer Makel für seine Mutter.
Mittlerweile war man dazu übergegangen, den linken Arm des kleinen Jungen mit Elektroschocks zu behandeln, um die Nerven wieder zu stimulieren. Dies verursachte allerdings schnell Panikreaktionen bei dem Kind, wenn er die Apparatur, die man dafür benutzte, nur sah, und so musste man diese Therapie bald wieder abbrechen. Zudem war die Behandlung mehr als schmerzhaft für das Kleinkind.
Vicky, die große Hoffnungen in eben diese Therapiemethode gesetzt hatte, bedauerte deren Abbruch sehr, wenngleich sie auch die Reaktion ihres Kindes verstand. Aber es schwand so für sie nur wieder eine Möglichkeit dahin, ihren Sohn von seiner Behinderung zu befreien, welche seine Zukunft gefährdete. Mit dem verkürzten Arm, der Hand, die er meist nicht richtig öffnen, kaum damit greifen konnte, könne er keine militärische Laufbahn einschlagen. Es stellte sich die Frage, wie er aufgrund seines körperlichen Makels reiten, geschweige denn schießen lernen sollte.

Die kronprinzliche Familie im Jahre 1861 - Fritz, Vicky, Willie und Charlotte

Obwohl Vicky und Fritz nun ein preußisches Kronprinzenpaar waren, veränderte sich ihre Position bei Hofe nicht spürbar. Vielmehr weigerte sich der König Wilhelm I. seinen Sohn finanziell mehr zu unterstützen, weswegen Vicky mehr von ihrer Mitgift in die Haushaltsführung einbringen musste und der Kronprinz sich dem Gespött ausgesetzt sah, finanziell von seiner Gemahlin abhängig zu sein. Zu jener Zeit war dies degradierend für einen Mann seines Standes. Am Hofe tuschelte man sogar über seine angebliche Verarmung.
Ferner mussten die Mitglieder des preußischen Hofes sich Auslandsreisen vom neuen König genehmigen lassen. Angeblich sollte dies in Bezug auf die Kronprinzessin dazu dienen, zu verhindern, dass sie zu oft zu ihren Eltern und Geschwistern nach England reiste, um sich vor allem dem Einfluss der Eltern auszusetzen. Wobei besonders Vickys Vater eine tragende Rolle spielte, da er - politisch liberal - auch bereits einen langen Brief an den König geschrieben hatte, wobei er ihn eben auf diese Haltung hinwies, die er als beste Möglichkeit einer Regierungsführung in Preußen ansah. Dieses Schreiben verärgerte den König jedoch sehr und, da er wusste, dass Vicky und Fritz ebenso dachten wie der englische Prinzgemahl, nahm es ihn gegen sie ein.

Am vierzehnten Dezember 1861 starb der Prinzgemahl Albert an Typhus. Queen Victoria, die ihren Gemahl einst aus Liebe geheiratet hatte und eine überaus glückliche Ehe mit ihm führte, war untröstlich über seinen Verlust. Niemand durfte sein Zimmer betreten, außer das Stubenmädchen, welches von nun an jeden Tag frische Kleidung und Rasier- sowie Waschwasser für ihn bereitstellen musste, auch, wenn er nicht mehr lebte. Das jüngste Kind der Queen, die kleine Prinzessin Beatrice, damals gerade vier Jahre alt, teilte des nachts das Bett mit der Mutter und in ihrer Trauer klammerte sich die Queen geradezu an das Mädchen.
Fritz trauerte mit seiner Gemahlin. Und der Schicksalsschlag traf das Paar, als es gerade in Preußen zu Unruhen kam.
Im sogenannten Preußischen Verfassungskonflikt forderte Wilhelm I. vom Abgeordnetenhaus Gelder, die er für die Reorganisation der preußischen Armee und der Landwehr einsetzen wollte. Man verweigerte ihm diese Ausgaben, so löste der König am elften März des Jahres 1862 das Abgeordnetenhaus kurzerhand auf und erwog seine

Abdankung.
Vicky, die in ihrem Gemahl eben das politisch liberale Potential sah, riet ihm, die Abdankung des Vaters zu akzeptieren und das Opfer zu bringen, ihm als König nachzufolgen. Aber Fritz fand, dass es einmalig in der Geschichte Preußens sei, wenn ein Herrscher aufgrund der Ablehnung des Parlaments abdankte und sich davon einschüchtern ließe. Dies würde aus seiner Sicht nur die Herrschaft eines Nachfolgers erschweren. Zudem sah er seine Rolle als Sohn des Königs und weigerte sich, die Abdankung anzunehmen. Der König setzte nun den konservativen Politiker und Diplomaten für den Bundestag des Deutschen Bundes sowie in Russland und Frankreich, Otto von Bismarck, als Ministerpräsidenten ein. Dieser war bereit, das Amt anzutreten, ohne über eine Mehrheit im Abgeordnetenhaus oder einen genehmigten Haushalt zu verfügen. Bismarck, seines Zeichen erzkonservativ, stieß jedoch bei der Königin Augusta und dem Kronprinzenpaar auf Ablehnung. Vor allem für das Kronprinzenpaar sollte dies bedeuten, dass es nun bei jedem Faux pas in der Kritik stand.
Anfang Oktober des Jahres 1862 begab sich das Kronprinzenpaar auf eine Italienreise und nutzte dafür auch die Yacht der Queen Victoria - die Victoria and Albert. Die Konservativen sahen darin während der Regierungskrise einen Affront, da man auf einer britischen Yacht reiste und zudem noch von der Royal Navy begleitet wurde. Die Liberalen im Land fühlten sich von dem kronprinzlichen Paar im Stich gelassen.
Als sich dann auch noch eine Eheschließung zwischen Vickys Bruder Edward mit der dänischen Prinzessin Alexandra anbahnte, Tochter des dänischen Königs Christian IX., warf die Öffentlichkeit in Preußen Vicky vor, sie habe diese Ehe angebahnt, um die Allianz zwischen England und Dänemark zu fördern, was nicht in preußischem Interesse lag.

Am ersten Juni 1963 veranlasste Bismarck eine sogenannte Presseordonanz. Diese ermächtigte die Verwaltungsbehörden in Preußen, Zeitungen und Zeitschriften aufgrund ihrer wie man es nannte, Gesamthaltung zu verbieten. Dieses Presseverbot kritisierte Fritz während einer Reise nach Danzig öffentlich und erntete dafür harsche Kritik seines Vaters, der ihn sogar von seinen militärischen Ämtern entheben lassen wollte. Ferner drohte er ihm mit einem Ausschluss aus dem Kronrat, dem aus Ministern bestehenden Gesamtministerium des Staates Preußen, welches diesen Titel unter Vorsitz des Königs trug. Manche, wie auch der reaktionäre jüngere Brüder des Kronprinzen, Prinz Carl von Preußen, sprachen sich sogar dafür aus, Fritz vor ein Kriegsgericht zu stellen.

Man glaubte, dass vor allem Vicky hinter der Haltung des Kronprinzen stecke, und in England wurde seine Haltung sehr begrüßt. In der englischen Tageszeitung Times wurden die Meinungsverschiedenheiten zwischen Fritz und seinem Vater publik gemacht. Da man aus einem Briefwechsel zitierte, glaubte man in Preußen, es handele sich um einen Brief, den Vicky an ihre Mutter geschrieben habe, wodurch die Kronprinzessin in ihrem Ansehen in der Öffentlichkeit erheblich sank. Ernst von Stockmar, Vickys Privatsekretär und auch ehemaliger Berater ihrer Eltern, gab nach diesem Skandal sein Amt auf. Daraufhin schienen sich die Wogen etwas zu glätten.

Diese Krisen belasteten das junge Paar zusätzlich zu den Probleme mit dem kleinen Willie.

Der Junge war durch seine Behinderung seelisch sehr verletzlich, aber seine Mutter übersah dies und forderte eine Fortführung von fragwürdigen Therapien, die sein Gebrechen beseitigen sollten. So zeigte sich bei ihm mit vier Jahren ein Schiefhals, eine krankhafte Seitwärtsdrehung des Kopfes. Man steckte das Kind nun für mehrere Stunden täglich in eine Kopfstreckmaschine, wobei mittels einer Eisenstange an der Wirbelsäule des Knaben eine gerade Kopfhaltung erzwungen werden sollte. Hinzu kam kurz darauf eine ebenso geartete Armstreckmaschine. Willie begann bald eine Furcht vor diesen Gerätschaften zu entwickeln, dass er nur noch mehr tobte, schrie und oftmals vor Angst kaum zu bändigen war. Die Eltern wollten die Behinderung ihres erstgeborenen Sohnes einfach nicht akzeptieren.

Vicky schenkte am vierzehnten August des Jahres 1862 einem weiteren Knaben das Leben, der den Namen Heinrich erhielt.

Doch alsbald wurde Vicky jegliche Freude an dem neuen kleinen Erdenbürger getrübt, denn im Alter von etwa einundzwanzig Monaten begann die kleine Charlotte, plötzlich und aus heiterem Himmel

Wutausbrüche zu bekommen, die ihresgleichen zu suchen schienen. Wenn ihr etwas nicht passte, wobei der Grund meist nicht sofort für Außenstehende ersichtlich war, beharrte sie hartnäckig auf etwas, war verstimmt und schrie Zeter und Mordio. Das kleine Mädchen ließ sich in solchen Momenten nur schwerlich beruhigen.

Mit drei Jahren begann sie eine, was die Kronprinzessin hyperaktive Natur nannte, zu entwickeln. Ihr Geist schien meist weiter zu sein als ihr kleiner Körper, wenn es um Neuentdeckungen ging. Sie zeigte sich oftmals übernervös, gleichzeitig aber auch sehr feinfühlig und schnell in der Auffassungsgabe, verfiel aber in Wutausbrüche, wenn ihr Körper der nicht folgen konnte. Dies zeigte sich auch im Spiel. War sie nicht schnell genug, verzweifelte das kleine Mädchen seelisch fast an der Niederlage.

Sie war unruhig in der Nacht, erwachte mehrmals und nahm kaum zu. Ein kleiner grippaler Infekt schlug dem Kind sogleich auf die Leber und den Magen und sie war über eine lange Zeit sehr kränklich.

Dünn wie sie war, wirkte sie so zerbrechlich, dass die Kronprinzessin einmal meinte, ihr Töchterlein könne für Studien in Anatomie dienen, denn sie sei nur Haut und Knochen.

Ein Jahr später befand Vicky, dass Charlotte zu nervös sei, unruhig gar, schnell aufgebracht über Kleinigkeiten und nicht sehr einfühlsam. Kurzum, auch ihr Töchterlein bereitete ihr bald nur noch Kummer und Sorge und folgte damit dem Erstgeborenen.

Dennoch konnte Charlotte aber auch sehr amüsant sein. Als sie drei Jahre alt war, befand sich ihr Vater auf einem Manöver und es war ein sehr heißer Sommer. Vicky spielte mit ihren Kindern draußen im Park des Palastes. Ihre Hofdame, Gräfin Walburga Hohenthal, leistete ihr und den Kindern Gesellschaft. Die kleine Charlotte ging nun zu ihrer Mutter und fragte sie, ob sie sich nicht ausziehen und nackt spielen dürfe, denn es sei so warm. Als nun ein Wachposten vorbeiging, wandte sich der vierjährige Willie an die Hofdame seiner Mutter und fragte sie lautstark, ob sie sich nicht auch ausziehen und mit den Kindern bei den Orangenbäumen fangen spielen wolle.

Vicky schenkte dem Wachposten ein scheues Lächeln und war voller Bewunderung dafür, dass er sich sehr bemühte, ob Willies Frage die Haltung zu bewahren. Die Hofdame nahm es ebenfalls mit einem Lachen hin.

Es waren seltene Momente wie dieser, in denen Vicky Gefallen an ihren Kindern fand. Nur selten zeigte sie sich ihnen gegenüber einfühlsam. Als die Familie Ende September des Jahres 1863 nach Balmoral reisen wollte, um die Queen und die Geschwister zu besuchen, bemerkte Vicky vorher in einem Brief an ihre Mutter, dass Ditta nicht mehr so dünn sei, aber sie sei oftmals krank und entwickele gerade eine ungesunde Abneigung gegenüber Fremden, zeige sich dann sehr scheu und es falle ihr schwer, sich an diese zu gewöhnen. Man müsse daher behutsam mit ihr umgehen.
Ebenso beeindruckte es sie, als ihr Töchterlein ihr gestand, Gott lebe in ihrem Herzen und sie könne es fühlen, worauf ein Streit mit ihrem Bruder Willie ausbrach, der meinte, Gott sei in seinem. Ditta beharrte auf ihrer Meinung und so sagte ihr Bruder schließlich, dass dann eben Jesus in seinem lebe. Ihre Tochter zeigte Willenskraft um jeden Preis ihre Meinung durchzusetzen. In jenem Fall fand sie es positiv, in den meisten anderen jedoch eher negativ.
Für Vicky waren die dauernden Erkrankungen Dittas eine Belastung, denn sie verstand nicht, weshalb das kleine Mädchen beispielsweise eine nur kleine Erkältung so schlecht überstand und lange Zeit brauchte, um zu gesunden. Dabei litt die Kronprinzessin selbst ihr Leben lang unter schmerzhaften Neuralgien im Gesicht, Kopfschmerzen und Hautausschlägen, wobei sie die Schmerzen überwiegend mit Morphium behandelte.

Am ersten Februar des Jahres 1864 kam es zum Deutsch-Dänischen Krieg. In diesem militärischen Konflikt ging es um die Herzogtümer Schleswig und Holstein, vor allem aber um die nationale Zugehörigkeit des Herzogtums Schleswig. Der dänische König Christian IX. wollte das Herzogtum mit einer Verfassungsänderung 1863 stärker an Dänemark binden. Die deutsch gesinnte schleswig-holsteinische Bewegung wollte aber Schleswig in Verbindung mit Holstein einem noch zu schaffenden deutschen Nationalstaat anschließen. Preußen, sein Bündnispartner, das Kaiserreich Österreich, und Dänemark befanden sich nun im Krieg.
König Christian IX. war Herzog der Herzogtümer Schleswig, Holstein und Sachsen-Lauenburg. Holstein und Lauenburg gehörten bis 1806 zum Heiligen Römischen Reich deutscher Nationen und waren

Mitgliedsstaaten des Deutschen Bundes. Das Herzogtum Schleswig war dagegen nur ein Lehen Dänemarks, es war sprachlich und auch kulturell gemischt, deutsch, friesisch und dänisch geprägt.
Schleswig und Holstein dagegen waren seit dem Spätmittelalter eng miteinander verbunden - up ewig ungedeelt.
Bereits in einer ersten kriegerischen Auseinandersetzung 1848 bis 1851 hatte der Wunsch nach Bildung einheitlicher Nationalstaaten dazu geführt, dass Schleswig sowohl von deutschen als auch von dänischen Nationalliberalen beansprucht wurde. In jenem Krieg war es nicht gelungen, Schleswig und Holstein gewaltsam von der dänischen Krone zu lösen.
Nachdem der Deutsche Bund eine Gesamtstaatsverfassung Dänemarks verworfen hatte, erließ die dänische Regierung 1863 die Novemberverfassung. Diese hatte zum Ziel, Schleswig in das dänische Königreich miteinzubinden, was aber gegen das Londoner Protokoll von 1852 sprach, welches man nach dem ersten Krieg festgelegt hatte. Im Jahre 1851 hatte Dänemark auch Sprachreskripte beschlossen, die darauf abzielten, den Sprachwechsel zum Deutschen in den mittleren Teilen Schleswigs aufzuhalten. Auf deutscher Seite stieß dies auf starken Widerstand.
Im Dezember 1863 besetzten nun Truppen des Deutschen Bundes im Rahmen der Bundesexekution gegen die Herzogtümer Holstein und Lauenburg von 1863 die Bundesstaaten Holstein und Lauenburg. In einer weiteren militärischen Aktion überschritten am ersten Februar 1864 preußische und österreichische Truppen rechtswidrig auch die Grenzlinie zu Schleswig, die entlang der Flussläufe von Eider und Levensau verlief. Hiermit begann der eigentliche Krieg. Dänemark sollte mit der Besetzung Schleswigs zum Einlenken bewegt werden und die Novemberverfassung zurückziehen. Preußen verfolgte allerdings das politische Ziel, die sogenannten Elbherzogtümer zu annektieren, damit man einen Kanal durch Holstein bauen könne, um schnellere Transportwege zu erschließen.
Preußen und Österreich sollten siegreich aus dem Krieg hervorgehen, indem sie nicht nur Schleswig, sondern auch den Rest der Halbinsel Jütland eroberten. Der dänische König trat im Wiener Frieden die Herzogtümer Schleswig, Holstein und Lauenburg an die beiden Großmächte ab, die daraufhin die Herzogtümer gemeinsam, als

sogenanntes Kondomonium, regierten.
Otto von Bismarck verfolgte allerdings das Ziel, den Deutschen Bund langfristig zu beenden und Österreichs Einfluss in Deutschland zugunsten Preußens einzuschränken. Der zweite Krieg gegen Dänemark war für ihn ein wichtiger Schritt in diese Richtung.
Großbritannien hatte sich aus dem Konflikt herausgehalten und sich nicht auf die Seite Dänemarks gestellt. Diplomatisch sah man sich auf Seiten des kleinen Königreichs, aber militärisch wollte man sich nicht einmischen. Obwohl der Kronprinz nun erfolgreich im Krieg war, sich bei der Erstürmung der Düppeler Schanzen, einer dänischen Wehranlage bei Düppel in Südjütland, auszeichnete, so den Oberbefehl über das Zweite Armeekorps erhielt, geriet seine Ehefrau schnell in die Schusslinie böser Anschuldigungen und übler Nachrede. Man verdächtigte sie, unglücklich über Preußens militärische Erfolge zu sein, da ihr Heimatland sich nicht am Krieg beteiligte, sie aber als Britin durch und durch galt.
Vicky hatte gehofft, die militärischen Erfolge ihre Gemahls würden sich in der Bewunderung des Volkes auch auf ihren Status übertragen. So schrieb sie an ihren Fritz, dass sie anscheinend nichts richtig machen könne, denn in England halte man sie mittlerweile für zu preußisch, in Deutschland dagegen für zu englisch.
Als junges Mädchen hatte Vicky die bekannte Krankenschwester Florence Nightingale kennengelernt. Diese hatte unter anderem während des Krimkrieges die medizinische Versorgung verwundeter Soldaten entscheidend verbessert. Vicky begann sich nun ihrerseits um die Versorgung verwundeter Soldaten zu bemühen, so rief sie mit Fritz zum zweiundzwanzigsten März des Jahres 1864, am Geburtstag König Wilhelms I., einen Hilfsfond zugunsten der Familien gefallener und schwer verwundeter Soldaten ins Leben zu rufen.
Am fünfzehnten September des Jahres schenkte sie wieder einem Sohn das Leben, der auf den Namen Sigismund getauft wurde.
Die Kronprinzessin hatte schon bei ihren ersten drei Kindern den Wunsch geäußert, diese selbst zu stillen, was am preußischen Hof völlig undenkbar war, denn dafür hatte man Ammen. Die Königin Augusta zeigte sich entsetzt über den Wunsch ihrer Schwiegertochter, ebenso Vickys Mutter in England, die fand, ihre Tochter solle sich nicht zur Kuh machen. Aber Vicky widersetzte sich dem und

entschied, dass sie Sigismund und jedes weitere folgende Kind von jenem Zeitpunkt an selbst stillen wolle.
Ihrer Hofdame fiel bald nach der Geburt des kleinen Jungen auf, wie sehr sich die Kronprinzessin stets um ihre Kinder bemühte, wenn diese noch klein waren. Sie zeigte sich dann geradezu vernarrt in die Kleinen, verwöhnte sie und schenkte ihnen all ihre Aufmerksamkeit. Wurden die Kinder dann älter, was besonders Willie, Charlotte und Heinrich betraf, verlor sie etwas von dieser Vernarrtheit. Zudem schien sie ständig irgendeinen Kritikpunkt an ihnen zu finden. Besonders traurig machte es sie, wenn ihre Kinder nicht ihrem Lerneifer als Kind und Jugendliche nacheiferten, sich an vielem desinteressiert zeigten, was sie selbst aber begeisterte. So ließ sie oftmals gegenüber anderen kein gutes Haar an ihren drei ersten Kindern.
Charlotte hatte als Kleinkind bereits begonnen, an ihren Nägeln zu kauen, zupfte immerzu nervös an ihrer Kleidung herum, biss und kaute auf dieser herum. Vicky bat die Gouvernanten, sie sollten dem Kind diese Unsitten abgewöhnen, aber diese ließen sich nicht so einfach unterbinden, weswegen ihre Tochter dann Handschuhe tragen musste, wenn sie sich in der Öffentlichkeit mit ihren Eltern zeigte, Gäste kamen oder man die Großmutter in England besuchte. Diese ermahnte ihre Tochter, darauf zu achten, dass Charlotte sich vor allem das Nägelkauen abgewöhnen möge, sie solle ihr sagen, die Großmama möge keine ungehorsamen kleinen Mädchen. Daraufhin ließ Vicky die Arme ihrer Tochter an ihrem Körper festbinden, damit sie nicht mehr an den Nägeln kauen konnte. Eine ungewöhnliche und bizarre Methode, die das unruhige und nervöse Kind nur noch zappeliger machte. Oder sie wies sie an, die Hände gefaltet zusammenzuhalten, so, dass man die abgekauten Fingernägel nicht sehen konnte.
Vicky bemängelte, dass ihre ersten drei Kinder in ihrem ganzen Wesen zu preußisch seien, vor allem Ditta aber so gar kein feines Aussehen der Hohenzollern in sich trage. Sie war ihr zu dünn, die Hüften zu schmal, eher zu klein und wirkte nur etwas größer, wenn sie saß. Dies war vor allem ein seltsamer Kritikpunkt, da Vicky selbst nicht gerade über eine ansehnliche Körpergröße verfügte. Und sie entwickelte eine ungeheure Willenskraft und Sturheit, was Vicky darauf schob, dass die Großeltern, der König Wilhelm I. und die Königin Augusta, sie und ihren Bruder Willie zu sehr verwöhnten, den Kindern alles

durchgehen ließen.
Das Preußische sogen die Kinder bei den Großeltern auf. Besonders Wilhelm I. hatte bald einen größeren Einfluss auf Willie, als es seinen Eltern lieb war. Getrieben von dem starken Glauben daran, dass seine Herrschaft ihm von Gott gegeben sei, gab er dies an seinen Enkel weiter, beeindruckte ihn mit seinen Erzählungen von alten Schlachten, wenn er beispielsweise mit dem Enkel alleine speiste. Der Großvater sah sich ebenso als Diener seines Volkes, hatte strenge Regeln für seinen eigenen Tagesablauf, stand auf, bevor der Morgen graute, und schlief auf einem eisernen Feldbett. Es war ein Andenken aus einer der Schlachten, an denen er teilgenommen hatte, und es stand in einem dunklen Raum ohne Fenster hinter einem grünen Vorhang. An einem Alkoven standen aufgereiht seine Schwerter, in einem Glaskasten verbargen sich seine militärischen Auszeichnungen, Orden, Bänder und Abzeichen. Über dem Bett hing ein Holzkreuz. In seinem Ankleidezimmer befand sich keine Badewanne, diese musste immer von einem nahegelegenen Hotel herübergebracht werden, wenn er ein Bad nehmen wollte. In einem weiteren Raum beherbergte er Bücher, zumeist militärischer Natur, einen imposanten Schreibtisch, auf dem Familienfotografien standen, und an einem kleinen mit grünem Samt bedeckten Spieltisch nahm er oftmals mit dem Enkel seine Mahlzeiten ein. In dieser Atmosphäre konnte der kleine Willie dem strengen Elternhaus entfliehen, den Therapien, die sein Handicap doch nicht beheben würden, und der Einfluss des Großvaters war so immens, dass er alsbald schon in kleine Wortgefechte mit der Mutter verfiel, wenn sie fand, dass ihr Sohn sich zu selbstbewusst aufführe, ihr gegenüber hochmütig sei. Das Kind ruhte nach Besuchen bei dem Großeltern in sich selbst, bis Vicky ihn darauf aufmerksam machte, dass niemand so ein Kind möge, welches eingebildet sei. Selbst wenn sie ihn im Scherz, um ihn zu necken, auf seine schwarzen Fingernägel hinwies, sagte, niemand wolle solche Finger zur Begrüßung berühren, gab der Junge sehr böse Kommentare an sie zurück. Diese Auseinandersetzungen sollten bald zu einer täglichen Gewohnheit zwischen Mutter und Sohn werden. Fritz fürchtete, dass der Titel Prinz seinem Sohn zu Kopfe stiege, doch konnte er seinen Einfluss auf den Jungen nur schwerlich durchsetzen, wenn der Großvater dem Enkel immerzu einflößte, wie stolz er auf seine Herkunft und seinen Titel sein solle.

Die Gouvernante und Französischlehrerin der Kinder, Mademoiselle Octavie Darcourt, bemerkte früh, dass nicht nur Willie, sondern auch seine Schwester sich mit dem Lernen sehr schwer taten. Besonders Charlotte war mit ihrer steten Nervosität ein großes Problem für ihre ambitionierte Mutter, die man bereits mit achtzehn Monaten in Französisch unterrichtete und die noch vor Vollendung ihres vierten Lebensjahres Deutschunterricht erhielt. Ab dem sechsten Lebensjahr hatte es für sie nur noch drei Spielstunden am Tag gegeben, der Unterricht begann morgens um acht Uhr zwanzig und endete abends um achtzehn Uhr. Schon früh lernte sie Arithmetik, Geschichte und Geografie, war lernbegierig und fleißig. Zu sehen, dass ihre Kinder ihr in diesem Lerneifer nicht ähnlich waren, betrübte die Kronprinzessin. In Bezug auf Charlotte schrieb sie so auch der Mutter, dass Dummheit keine Sünde sei, aber es mache das Lernen eben zu einer sehr schweren Angelegenheit.

Ebenso wie Willie fand auch Charlotte bei den Großeltern eine Zuflucht, die aber, besonders in Bezug auf die Großmutter, dem Mädchen früh einredeten, dass sie außergewöhnlich hübsch sei und stolz auf sich sein solle, egal, ob die Mutter ihren Lerneifer nun kritisiere oder nicht. Dies führte schon bei dem Kleinkind bald zu einem ebensolchen Hochmut wie bei dem älteren Bruder. Die Gouvernante meinte zu bemerken, dass das Kind sich eben nur weigere zu lernen, weil die Erwartungen ihrer Mutter einfach zu groß seien für ein kleines Mädchen. Es sei nur eine Form des Widerstands und Aufbegehrens.

Vicky und Fritz liebten ihre Kinder und befassten sich auch gerne mit ihnen. Entgegen den Gepflogenheiten des preußischen Hofes reisten sie mit ihnen auch ins Gebirge oder an die See, unter anderem nach Scheveningen, erzogen sie ob ihres Standes früh zur Sparsamkeit. Regelmäßige Besuche in England gehörten auch zu den Reisen, die die Familie unternahm, wobei Queen Victoria stets brieflich über alles, was die Kinder betraf, informiert war. England sollte für sie ein zweites Vaterland werden, schon früh wurden die Kinder zweisprachig erzogen.

Die Kinder wurden trotz ihres Standes nicht mit Geschenken verzogen, es war nur ersichtlich, dass eben den drei älteren Kindern weniger Aufmerksamkeit geschenkt wurde in vielen Situation als den jüngeren Kindern. Verwandte bezeichneten diese meist als verhätschelt. Die

Schuld dafür lag allein bei der Kronprinzessin, die sich meist auf das jüngste Kind konzentrierte, andererseits aber die Fixierung der älteren auf die Großeltern bemängelte.
Queen Victoria nahm sich heraus, ihre Tochter vor allem im Umgang mit Charlotte darauf hinzuweisen, dass sie das Kind nicht dumm nennen, sondern es stattdessen besser mit Verständnis zum Lernen ermutigen solle, aber wann immer es nötig sei, eine milde Strenge an den Tag zu legen.

Der kleine Sigismund nun war schon allein, weil sie ihn selbst stillte, für seine Mutter eine wahre Freude. Er wurde in einem Zimmer neben ihrem untergebracht, sie wusch ihn abends selbst und zog ihn um. Ihre Mutter bemängelte, dass eben durch das Stillen sie aufpassen solle, nicht ihre öffentlichen und gesellschaftlichen Pflichten zu vernachlässigen, denn so bringe sie den preußischen Hof bald gegen sich auf. Vicky ignorierte die Kommentare der Mutter geflissentlich.
Die Kronprinzessin wünschte sich mehr Kinder und bat ihren Ehemann, ihr doch möglichst alle zwei Jahre ein Baby zu schenken.
Sigismund zeigte ihrer Meinung nach bereits früh intellektuelle Fähigkeiten, die sie bei seinen älteren Geschwistern vermisste.
Willie wurde im Jahre 1866, als er sieben Jahre alt wurde, für seinen Unterricht in die Obhut des Pädagogen Georg Ernst Hinzpeter gegeben. Auf Wunsch Vickys wurde kein üblicher militärischer Erzieher für den Prinzen gewählt. Hinzpeter, der Philosophie und klassische Philologie studiert, auch an einem Bielefelder Gymnasium und in zwei adeligen Familien als Hauslehrer unterrichtet hatte, galt als sehr streng. Seine Erziehungsmethoden beruhten auf einer calvinistisch geprägten, spartanischen Erziehung, die auch auf Selbstkasteiung abzielte. Vicky glaubte, dies böte einen Ausgleich zum Handicap ihre Sohnes. Hinzpeter forderte Fleiß und Arbeitseifer, doch der kleine Willie zeigte schon früh, dass er den rigiden Anforderungen seines Lehrers nicht gerecht werden konnte. Vielmehr litt er unter der strengen Erziehung.
Vicky änderte ihre Meinung über Hinzpeter nicht, aber musste sich schon bald mit ihrem Sohn Heinrich auseinandersetzen, der ihr auch nur Grund zur Sorge gab. Mit drei Jahren litt der kleine Prinz im Winter an der Ruhr gepaart mit einer Lungenentzündung und der Hofarzt

Dr. Wegner sagte der Kronprinzessin, sie habe ihn zu kalt werden lassen, dass Kind nicht warm genug angezogen. Sie glaubte an die englische Abhärtung - kalte Duschen am Morgen und viel frische Luft in den Zimmern der Kinder - auch im Winter. So ordnete der Arzt an, dass man die Fenster in den Kinderzimmern nur zum Lüften kurz öffnen, aber ansonsten geschlossen halten solle. Ferner sollte Heinrich von nun an in warme Flanellsachen gekleidet werden und des Nachts warme Wickel für seinen Bauch erhalten. Die Erkrankung ging vorüber, aber sie machte aus dem zuerst lebhaften Kleinkind einen nun zurückhaltenden und schüchternen Jungen, der kaum laufen konnte, viel weinte und immerzu getragen werden wollte.
Im Jahr 1866 schickte sie den Vierjährigen zu seiner Großmutter nach England, aber warnte diese vor, dass das Kind ihr nur Kummer bereite, er lüge nur noch, brülle für Stunden herum, wenn er etwas nicht bekomme, beiße, trete und kratze, wenn die Zofen ihm nicht sofort jeden seiner Wünsche erfüllten. Sie fügte hinzu, sie sei sicher, ihre Mutter liebe dieses arme Kind, welches nichts für seine Hässlichkeit könne, nicht wirklich dumm sei und auch dann und wann sehr amüsant sei.

Am zwölften April des Jahres 1866 gebar Vicky im Neuen Palais in Potsdam eine kleine Tochter, die den Namen Viktoria erhielt. Queen Victoria war natürlich hocherfreut über die Namenswahl.
Da die kleine Prinzessin mit dunklen Haaren zur Welt kam, einen leicht brünetten Teint aufwies, erhielt sie kurz nach ihrer Geburt den Spitznamen Moretta. Es war eine liebevolle Anspielung auf ihr Mohrengesicht.
Doch die Freude über die neue Erdenbürgerin sollte nicht lange währen.

Die Rivalität zwischen Österreich und Preußen im Deutschen Bund führte zu Konflikten. Österreich, als Präsidialmacht, wollte seine Stellung bewahren, den Deutschen Bund im Wesentlichen erhalten. Preußen dagegen wollte diesen in einen vereinten Staat umwandeln. Am zehnten Juni des Jahres 1866 stellte der preußische Ministerpräsident Bismarck dieses Ziel in einem Plan an den Mitgliedsstaaten vor.
Holstein, welches als Herzogtum von Österreich verwaltet wurde, war nun Ausgangspunkt der Streitigkeiten, denn nur kurz nach

Veröffentlichung des Plans marschierten preußische Truppen dort ein. In einem Bundesbeschluss vom vierzehnten Juni 1866 ordnete der in Frankfurt am Main tagende Bundestag auf Antrag Österreichs die Mobilmachung des Bundesheeres gegen Preußen an. Die Mehrheit im Bundestag wollte damit dem Einmarsch in Holstein etwas entgegensetzen, da dieser verfassungswidrig war. Bismarck hielt aber den Beschluss für rechtswidrig und erklärte kurzerhand den Deutschen Bund für aufgelöst.

Angelegenheiten Schleswig und Holstein betreffend waren aber eigentlich Sache des Bundes, da dieser das Recht innehatte, Maßnahmen gegen eine Verletzung des Bundesrechtes einzuleiten.

Für Preußen standen die Chancen auf einen Sieg denkbar günstig, als im Sommer des Jahres nun der Deutsche Krieg ausbrach. Österreich befand sich in einer schweren Finanzkrise, man hatte die gewaltvolle Unterdrückung von Polen durch Russland kritisiert und sich zudem im Krimkrieg nicht auf Russlands Seite als Unterstützer erwiesen. Obwohl es also verwandtschaftliche Beziehungen zwischen Russland und Österreich gab, man in Darmstadt und Stuttgart beispielsweise durchaus pro-österreichisch eingestellt war, stellte sich Russland nicht auf die Seite Österreichs mit militärischer Unterstützung in diesem Krieg.

Großbritannien verhielt sich neutral, da man sich nicht in einen Krieg begeben wollte, dafür konnte aber Preußen Frankreich als Verbündeten gewinnen. Bismarck hatte dem französischen Kaiser Napoleon III. bereits bei einem Treffen am dritten September 1865 Hoffnungen gemacht, Frankreich könne durch einen Krieg Gebiete wie Wallonien oder Luxemburg erwerben. Man bewahrte also Neutralität und Preußen gewann nun zeitgleich das mit Frankreich befreundete Italien, welches Ansprüche auf Venetien stellte, welches Frankreich gehörte. Frankreich unterbreitete Österreich ein Angebot, das Gebiet freiwillig abzutreten, aber Bismarck hatte bereits im April 1866 ein auf drei Monate befristetes Angriffsbündnis gegen Österreich geschlossen. Preußen verstieß damit gegen Artikel XI der Deutschen Bundesakte. Österreich schloss nun seinerseits einen Geheimvertrag mit Frankreich und stellte ihm bei einem Sieg das französisch dominierte Rheinland in Aussicht.

Mit einer geplanten Bundesreform vom zehnten Juni 1866, die den

Gesandtenkongress unter österreichischem Vorsitz durch ein gewähltes Parlament ersetzen sollte, zielte die preußische Regierung propagandistisch auf die Gewinnung der Nationalbewegung. Doch dieser preußische Verfassungskonflikt belastete das Verhältnis zum eigentlich preußenfreundlichen, evangelisch dominierten Deutschen Nationalverein sehr.

Um den Konflikt auf bundesrechtlicher Ebene auszutragen und so mehr Rückhalt unter den Bundesstaaten zu erhalten, wandte sich Österreich am ersten Juni 1866 an den Bundestag des Deutschen Bundes und stellte ihm im Einklang mit der Bevölkerung die Entscheidung über die Zukunft Holsteins anheim. Das Herzogtum, welches eigentlich unter österreichischer Verwaltung stand, wurde aber zum Verdruss Preußens als Nebenregierung von dem Herzog Friedrich VIII. von Schleswig-Holstein regiert, mit Duldung Österreichs. Gemeinsam mit dem Herzog entschloss sich Österreich zur Einberufung der holsteinischen Ständeversammlung. Preußen betrachtete jedoch dieses Vorgehen als Bruch der Gasteiner Konvention, in der Preußen und Österreich 1865 ihre Einflusssphären in der gemeinsamen Territorialherrschaft festgelegt, Schleswig-Holstein aufgeteilt und ihre Politik vereinbart hatten.

Als nun preußische Truppen in Holstein einmarschierten, sah Österreich nur die Möglichkeit, die Bundestruppen zu mobilisieren, indem man eine Bundesexekution wegen verbotener Selbsthilfe Preußens beim Bundestag beantragte. Am vierzehnten Juni stimmte der Bundestag dem Antrag mehrheitlich zu und ernannte bald darauf Prinz Karl von Bayern zum Bundesfeldherrn. Aus Preußens Sicht war dies ein Bruch der Bundesverfassung.

Der Kronprinz musste nun bereits vor Ausbruch des Krieges am vierten Juni in das preußische Hauptquartier an der Front abreisen. Kurz nach seiner Abreise erkrankte der kleine Sigismund an einer Gehirnhautentzündung, die zu jener Zeit das Todesurteil für ein Kleinkind bedeutete. Per Telegramm informierte die Kronprinzessin ihren Ehemann von der Erkrankung des Sohnes. Er konnte aber seiner Frau und der Familie nicht beistehen, da er nicht so einfach aus dem Hauptquartier abreisen durfte.

Vicky war fast gänzlich bei der Pflege ihres Sohnes auf sich allein gestellt, denn alle Hofärzte befanden sich im Kriegseinsatz und sie

konnte nur auf einen unerfahrenen Arzt zurückgreifen. Hilflos musste sie das Leiden ihres Kindes ertragen, welches, von entsetzlichen Krämpfen geschüttelt, nur noch schrie.
Am achtzehnten Juni verstarb der erst einundzwanzig Monate alte Junge.
Für Vicky bedeutete sein Verlust einen schweren Schlag. Sie teilte ihrem Ehemann in einem Telegramm den Tod des kleinen Jungen mit, schrieb an ihre Mutter, hatte aber bald das Gefühl, dass nur wenige den Verlust so bedauerten wie sie. Sie stilisierte Sigismund zu einem idealen kleinen Wesen, den sie vom Moment seiner Geburt an sehr geliebt habe, er schien ihr sogar in der Entwicklung weiter gewesen zu sein als ihre ersten drei Kinder, klüger als diese und sie gestand ihrer Mutter, er habe ihr sogar mehr bedeutet als die drei Erstgeborenen, da sie alle Hoffnung auf ihn gesetzt habe.
Vicky zeigte sich zudem völlig unverständig, dass ihr Ehemann nicht umgehend nach Hause reiste. Während sie die Beerdigung und Trauerfeier für den Sohn organisieren musste, diese ebenso allein ertrug, glaubte sie den Ehemann mit den Truppen den Sieg feiernd bei der Entscheidungsschlacht von Königgrätz am dritten Juli. Ihm war aber durch seine militärischen Verpflichtungen auch eine Teilnahme an der Beisetzung seines Sohnes nicht möglich. So beruhigte sie sich damit, dass ihr Ehemann Ablenkung in seinen Pflichten an der Front fand, während sie versuchte, sich in Tätigkeiten zu flüchten, die sie von der Trauer ablenkten.
Man zeigte sich schnell bei Hofe besorgt, wie sehr die Kronprinzessin sich in ihre Trauer hineinsteigerte. Sie ließ eine Wachsfigur nach dem Vorbild des toten Kindes anfertigen und in sein Bettchen legen, neben dem seine Schuhe standen. Seine Rassel und sein Ball wurden ebenfalls vor diesem platziert, als würde er jederzeit sie wieder zum Spielen nutzen.
Depressionen und ein fast Nervenzusammenbruch ließen die Kronprinzessin sich der Kriegshospitalhilfe zuwenden. Es erschien ihr wie ein sinnvoller Ausweg, um ihrer Trauer zu entrinnen. So richtete sie in Berlin und im Riesengebirge Lazarette für die Kriegsopfer ein.
Ihre Mutter, Queen Victoria, zeigte alsbald kein Verständnis mehr für die ausufernde Trauer ihrer Tochter, obwohl jene selbst einen ausufernden Totenkult um ihren verstorbenen Ehemann betrieb.

Auch der Kronprinz betrauerte den Tod seines Sohnes sehr, etwas, was ihn und seine Frau verband und auch Jahre später noch nicht abgeschlossen sein sollte.
Mit Sigismunds Tod teilten sich die nun verbliebenen vier Geschwister in zwei Gruppen auf, wobei Willie, Charlotte und Heinrich einen geschwisterlichen Verbund bildeten und Viktoria und die folgenden Kinder einen zweiten.

Aus dem Deutschen Krieg ging Preußen Ende Juli 1866 siegreich hervor. Dieser Krieg bedeutete das Ende des Deutschen Bundes. In den Augustverträgen schloss man ein Militärbündnis in Norddeutschland und bereitete die Gründung des Norddeutschen Bundes als Bundesstaat vor. Im Friedensvertrag nach der Niederlage verpflichtete sich Bayern, eine Kriegsentschädigung von dreißig Millionen Gulden an Preußen zu zahlen, da Prinz Karl von Bayern Oberbefehlshaber der bayerischen Armee und der übrigen süddeutschen Kontingente des Bundesheeres gewesen war. Die Summe war vergleichsweise gering, ebenso wie die Gebietsverluste.
Die bis dahin guten Beziehungen zwischen Frankreich und Preußen verschlechterten sich durch den Sieg Preußens nachhaltig. Der französische Kaiser Napoleon III. hatte eigentlich geplant, für seine Vermittlung territoriale Belohnungen zu bekommen, wie das linke Rheinufer. Er wurde aber von der Geschwindigkeit des Kriegsverlaufes überrascht und kam mit seinen Forderungen zu spät.
Der Kronprinz begrüßte die Schaffung des Norddeutschen Bundes, in dem sich nach dem Sieg über Österreich eine Reihe norddeutscher Kleinstaaten, wie etwa das Fürstentum Reuss, ältere Linie, unter der Vorherrschaft von Preußen zu einem Bundesstaat zusammengeschlossen hatten. Er sah dies als ersten Schritt zu einer Einigung Deutschlands. Aber die Verfassung dieses Bundesstaates war nicht durch eine Nationalversammlung beschlossen, sondern gründete auf Monarchen-Souveränität und räumte so dem preußischen König und dem Bundeskanzler Otto von Bismarck sehr weitreichende Rechte ein. So schuf man einen Konstituierenden Reichstag, der das Volk vertrat. Er hatte aber nicht die Kompetenzen eines Parlaments, sondern war ein verfassungsvereinbarendes Gremium.
Die Kronprinzessin sah im Norddeutschen Bund mehr eine

erzwungene Ausdehnung des bestehenden preußischen Systems, dem sie durchaus kritisch gegenüberstand. Sie hoffte, dieser Zustand möge nur vorübergehend sein. Sie teilte ihre Meinung auch ihrer Mutter mit, indem sie meinte, dass alle wahren Patrioten den augenblicklichen Zustand als etwas rein Provisorisches ansahen und auf bessere Gesetze in einer nahen Zukunft hofften. Sie glaubte fest daran, dass man die Menschen nicht enttäuschen werde.

Ab dem Jahre 1867 stand der kronprinzlichen Familie das dem Neuen Palais in Potsdam nahegelegene Krongut Bornstedt zur Verfügung. Die Kronprinzessin widmete sich fortan der Aufgabe, dieses nach englischem Vorbild eines Cottages umzugestalten. Wenn die Familie nun in den Sommern in Potsdam weilte, hatte die Familie eigene Butter und Milch für den Haushalt zur Verfügung, auf der Geflügelfarm konnten die Kinder mit den Küken spielen, die Hühner füttern oder sich mit den Tauben beschäftigen.
Charlotte, die nun auch den Unterricht bei Hinzpeter erhielt, sowie der kleine Heinrich, schienen auf dem Gut regelrecht aufzublühen.
Für das Dorf Bornstedt bedeutete die Anwesenheit des Kronprinzenpaares, dass man so auch Förderung erhielt. So wurde die Kirche ausgebaut und verbessert, es entstanden eine Dorfschule und ein Kindergarten. Abseits vom steifen Protokoll des Berliner Hofes, konnte man sich auf dem Gut einem ländlichen familiären Leben widmen. Den kronprinzlichen Kindern war es durchaus auch gestattet, mit den Kindern aus dem Dorf zu spielen.
Im Juni veranstaltete das kornprinzliche Paar alljährlich ein großes Sommerfest für die Schulkinder aus der Nachbarschaft und die Bornstedter Kinder, welches allen viel Freude machte. An langen Tischen auf dem Rasen hinter dem Rosengarten konnten die Kinder sitzen, es gab Kaffee und viel Kuchen, wobei die kronprinzlichen Kinder diesen nicht nur mithalfen zu backen, sondern ihn auch auftrugen. Danach gab es Spiele, wie Sackhüpfen, und sowohl Vicky als auch Fritz nahmen an diesen teil, was für viel Spaß bei allen sorgte.
Dieses Leben bot der Familie Zeit füreinander und Abstand von der Fremdbestimmung am Berliner Hof, denn wenngleich Vicky und Fritz auch Reisen planten, die Einstellung von Erziehern und andere Belange ihres täglichen Lebens, so hatte doch immer die letztendliche

Entscheidungsgewalt darüber der König Wilhelm I. kontrollierte seine Angehörigen und unterwarf sie Verhaltensvorschriften, die nicht immer dem entsprachen, was die Eltern sich für ihre Kinder vorstellten. Es galt aber bei Hofe das unausgesprochene Gesetz, sich die Gunst des Königs zu erhalten, denn er sicherte auch die finanzielle Unterstützung. Die königliche Autorität unterlief so auch oftmals die des Kronprinzen als Vater.
Und Vicky sah sich oftmals Vorschriften von Seiten der Königin Augusta ausgesetzt, die sie als unsinnig empfand. So kritisierte die Königin, dass ihre Schwiegertochter statt der üblichen vierspännigen Anspannung Kutschen nutzte, die nur von zwei Pferden gezogen wurden. Ein Streit darüber schlug sehr hohe Wellen und so sah sich Queen Victoria gezwungen, zu Gunsten ihrer Tochter zu intervenieren.

In den folgenden Jahren musste der Kronprinz mehrfach den preußischen Hof auf Auslandsreisen vertreten. Seine Ehefrau konnte ihn zumeist nicht begleiten. Dies hätte zusätzliche Repräsentationskosten verursacht, die der Kronprinz nicht tragen konnte, und zudem wollte Vicky ihre Kinder nicht zu lange alleine lassen.
Sie versuchte immer noch, die Trauer über den Verlust Sigismunds zu überwinden. Die kleine Moretta entwickelte sich alsbald zu ihrem Liebling. Schon früh meinte die Kronprinzessin, die Kleine würde sicher nicht so ein Dummerchen wie Ditta werden, sondern sei viel aufgeweckter als diese. Das kleine Mädchen weigerte sich aber bereits als Kleinkind, Deutsch zu sprechen und Vicky schob es auf den vielleicht zu häufigen Umgang mit den englischen Kindermädchen.
Als die Kronprinzessin in den frühen Morgenstunden des zehnten Februar 1868 einen kleinen Prinzen zur Welt brachte, sah sie in dem neuen Baby ein tröstendes Wesen, welches sie die Trauer über den Tod des kleinen Siggi vergessen lassen sollte. Das Baby wurde auf den Namen Waldemar getauft und Waldie, wie die Familie ihn rief, ließ sich die Kronprinzessin in all ihrer mütterlichen Liebe und Fürsorge fast wieder zu sehr auf den neuen Erdenbürger konzentrieren.

Die kronprinzlichen Kinder im Jahre 1870. Willie (hinten stehend), Heinrich, Charlotte und Vicky (ganz rechts)

Heinrich oder auch in der Familie Henry genannt, der nun auch schon seit geraumer Zeit Unterricht bei Hinzpeter erhielt, zeigte aber ebenso wie seine beide älteren Geschwister, aus Sicht der Kronprinzessin, keinen wirklichen Lerneifer. Für ihre drei ältesten Kinder sah sie dies auf den gesamten Unterricht, auch bei anderen Lehrern und Lehrerinnen bezogen, wie eine Bürde an. Gegenüber ihrer Mutter bezeichnete sie sie daher alle als lernfaul und sie fügte hinzu, dass sie alle keine Geistesathleten seien.
In Henrys Fall lag sein kindliches Interesse schon früh bei Schiffen und der preußischen Marine, sodass man ihm bald im Park des Neuen Palais in Potsdam einen Schiffsmast mit Segeln und Strickleitern errichten ließ, an denen er alleine oder unter Anleitung eines Matrosen üben konnte. Besonders der Großvater förderte die Begeisterung des Kindes für die Marine, weil ihn diese mit großem Stolz erfüllte.

Vicky sah nicht, dass ihre drei ältesten Kinder unter Hinzpeter litten. Der Unterrichtstag dauerte zwölf Stunden, unterbrochen nur von zwei Pausen zum Essen und für die körperliche Ertüchtigung. Es gab während des Unterrichts kein Lob, keine kleinen Freuden und auch dazwischen keine Mußestunden. Das von Hinzpeter und Vicky entwickelte Erziehungsprogramm überforderte die Kinder immerzu.
In Hinzpeters Begleitung wurden Museen und Gemäldegalerien besucht, was die Kinder als langweilig empfanden. Diese Ausflüge gerieten für sie bald zu einer reinen Pflichtübung, was die Kronprinzessin sehr enttäuschte. Die beiden Prinzen mussten Hinzpeter auch in Fabriken und Bergwerke begleiten, um die industrielle Arbeitswelt kennenzulernen und einen persönlichen Eindruck von der sozialen Frage zu erlangen. Vicky wollte damit fortschrittlich sein, ebenso wie ihr Ehemann, denn besonders diese Ausflüge geschahen auf den persönlichen Wunsch der Eltern hin. Sie hielten es für zeitgemäß sich damit auseinanderzusetzen. Bei Heinrich weckten wenigstens noch die technischen Neuerungen ein gewisses Interesse.
Charlotte, die seit ihrem siebten Lebensjahr immer mehr zu einem nervösen Kind wurde, welches mit ihrer Hyperaktivität für Missmut bei der Mutter sorgte, war immer noch viel zu dünn und oftmals kränklich. Zu den Schlaf - und Verdauungsproblemen kamen nun auch noch Kopfschmerzen hinzu.

Vicky fand sie höchst schwierig zu erziehen und es ärgerte sie, dass die Tochter ausgesprochen langsam lernte. Und selbst der Kronprinz merkte an, dass seine Tochter für ihr Alter durchaus weiter sein könne, sowohl geistig als auch körperlich.
Die Kronprinzessin sprach ihrer Tochter gar jegliche Klugheit ab oder die Fähigkeit, diese jemals zu erlangen. Das Kind hatte ihr zu wenig Interessen, indem es weder gerne las noch sich für Kunst oder Naturkunde begeistern konnte, und die Kronprinzessin hegte die Hoffnung, dass sie wenigstens nett und ein gutes Mädchen werden würde, da man von ihr sonst nicht erwarten könne.
Ditta zeigte schon früh eine Neigung zu einer Eitelkeit, die so gar nicht zu dem kleinen Mädchen zu passen schien, ebenso störte die Mutter das oftmals boshafte Getratsche über andere Personen, was dem Kind anheim war. Sie galt bald als Unruhestifterin der Familie, denn sie konnte auch zu ihren Geschwistern oftmals sehr boshaft sein. Zudem zeigte sie sich trotz Ermahnungen der Mutter oft sehr ungehorsam, ignorierte deren Worte einfach.
Da die Großeltern besonders Ditta und Willie verwöhnten, war es nicht verwunderlich, dass sich die beiden Kinder stets auf die Seite dieser schlugen, wenn es zu Auseinandersetzungen innerhalb der Familie kam, was die Kronprinzessin sehr verärgerte.

Am vierzehnten Juni des Jahres 1870 gebar die Kronprinzessin im Neuen Palais zu Potsdam wieder ein kleines Mädchen, welches man auf den Namen Sophie taufen ließ. Die feierliche Zeremonie fand am vierundzwanzigsten Juli statt und war überschattet von einem neuen heraufziehenden Krieg.
Die Queen konnte allerdings dem Namen der neuen Erdenbürgerin wenig abgewinnen, sie fand ihn wieder eher passend für eine Kammerzofe. In der Familie sollte die Kleine schnell zwei Spitznamen erhalten, indem man sie Sossy oder Fozzy rief.
Schon bald nach der Taufe der Kleinen musste der Kronprinz wieder an die Front abreisen.
Frankreich hatte sich bereits enttäuscht über den Ausgang des letzten Krieges gezeigt, nun aber kam es zu einem erneuten Konflikt. Ein Auslöser war dabei ein Streit zwischen Preußen und Frankreich um die spanische Thronkandidatur des Prinzen Leopold von

Hohenzollern-Sigmaringen. Die spanische Königin Isabella II. hatte durch einen Putsch im September des Jahres 1868 ihren Thron verloren. Nun suchten die Anführer der sogenannten September-Revolution, die Generäle Juan Prim und Francisco Serrano Dominguez in Europa nach einem geeigneten Thronfolger. Der Prinz aus dem Hause Hohenzollern-Sigmaringen war dabei ein geeigneter Kandidat, der von Otto von Bismarck zur Kandidatur gedrängt wurde.
Der Prinz war verheiratet mit einer Tochter des portugiesischen Königs Ferdinands II.. Seine Gattin Maria II., war Königin von Portugal und Ferdinand an ihrer Seite ein nicht regierender Herrscher, ein Titularkönig. Er selbst lehnte jedoch die Übernahme des Thrones in Spanien ab, verwies aber auf seinen Schwiegersohn. Der französische Kaiser Napoleon III. erkannte aber eine Thronübernahme durch Leopold nicht an.
Der Prinz, der über seine Großmutter Stéphanie de Beauharnais indirekt mit den regierenden Bonapartes in Frankreich verwandt war und weniger mit den preußischen Hohenzollern, wandte sich brieflich an König Wilhelm I. und teilte ihm mit, dass er trotz seiner verwandtschaftlichen Beziehungen mit jeder Faser Preuße und Deutscher sei.
Nachdem der Prinz das Angebot zuerst am zweiten Juli 1870 angenommen hatte, erklärte kurz darauf Leopolds Vater, Fürst Karl Anton, für seinen Sohn dessen Verzicht auf den spanischen Thron. Dennoch kam es, insbesondere durch die in deutschen Landen nicht akzeptierte Forderung der französischen Regierung, Deutsche sollten für immer auf eine Thronkandidatur in Spanien verzichten, zum Deutsch-Französischen Krieg, als Frankreich am neunzehnten Juli des Jahres 1870 Preußen den Krieg erklärte. Entgegen der Erwartung des französischen Kaisers, traten auch umgehend die mit Preußen und dem Norddeutschen Bund verbündeten süddeutschen Staaten in den Krieg ein. Dies waren Bayern, Württemberg, Baden und Hessen-Darmstadt. Innerhalb weniger Wochen besiegten die mit Preußen verbündeten Truppen große Teile der französischen Armeen.
Der Kronprinz sollte sich in diesem Krieg erneut militärisch beweisen. So zeigte sich die von ihm geführte 3. Armee in den Schlachten bei Weißenburg und bei Wörth, also in zwei von fünf entscheidenden Schlachten, siegreich. Ebenso verhielt es sich in der entscheidenden Schlacht bei Sedan in Nordfrankreich.

Als er jedoch bei der Beschießung der eingekesselten Stadt Paris zögerte, war dies ein Anlass von Bismarck, um gegen die Kronprinzessin und die als frankophil bekannte Königin zu intrigieren. In beiden Frauen sah er politische Gegner. So bezichtigte er bei einem Abendessen den Kronprinzen, die Beschießung von Paris nur aus dem Grund zu verzögern, weil seine Ehefrau dagegen und seine Mutter eben den Franzosen gegenüber freundlich gesinnt sei. Diese Anschuldigung drang dann auch zur Presse durch und wurde so publik.
Vicky, die sich nun wieder für verwundete Soldaten engagieren wollte, reiste zuerst nach Homburg, um dort ein modellhaftes Lazarett einzurichten, dann begab sie sich nach Wiesbaden, Biberach, Bingen, Bingerbrück, Rüdesheim und Mainz, um dort Lazarette zu besuchen. Doch solche karitativen und sozialen Aufgaben fielen eigentlich in den Aufgabenbereich der Königin. König Wilhelm I. sprach ein Machtwort, indem er sie anwies, sich solch großartiger Wohltätigkeit zu enthalten, und beorderte sie nach Berlin zurück, wo sie die Königsfamilie zu repräsentieren hatte.
Vicky zeigte sich über diese Zurechtweisung mehr als bedrückt, denn es war ihr ein inneres Bedürfnis, sich sozial zu engagieren, und sie sah es auch als ihre Pflicht an. Dennoch musste sie die Entscheidung ihres Schwiegervaters hinnehmen.

Nach der verlorenen Schlacht bei Sedan ging der französische Kaiser im September 1870 in Gefangenschaft. In Paris bildete sich eine neue nationale provisorische Regierung, die die Republik ausrief. Sie wollte den Krieg fortführen und stellte neue Armeen auf, war aber chancenlos. Paris, vom neunzehnten September des Jahres 1870 bis zum achtundzwanzigsten Januar 1871 belagert, sah sich gezwungen zu kapitulieren, da man feststellte, dass die Versorgungslage der Bevölkerung nicht mehr desolat war. So reichten unter anderem die Mehlvorräte nicht wie geplant bis zum ersten Februar. Man musste kapitulieren. Nach dem Fall von Paris fand sich die französische Regierung bereit, einen Vorfrieden in Versailles zu akzeptieren. Dieser wurde im Februar 1871 geschlossen. Der Krieg endete offiziell am zehnten Mai des Jahres mit dem Frieden von Frankfurt (am Main). Die übrigen europäischen Mächte hatten sich in dem Krieg neutral verhalten.
Preußen konnte sich eine neue Machtposition in Europa sichern, als

die siegreichen Fürsten des Norddeutschen Bundes und die süddeutschen Verbündeten König Wilhelm I. am achtzehnten Januar 1871 in Versailles zum Deutschen Kaiser ausriefen. Vicky und Fritz wurden somit zu Kronprinz und Kronprinzessin des neuen Deutschen Kaiserreichs.
In Berlin feierte man mit Siegesparaden den erfolgreichen Ausgang des Krieges für Preußen und erstmals durfte Willie in Uniform bei diesen mitmarschieren - stolz an der Seite seines Vaters und Großvaters.

Mit zehn Jahren war Willie, im damals üblichen Kadettenalter, dem 1. Garde-Regiment zu Fuß als Sekondeleutnant der preußischen Armee beigetreten
Vicky, die ihren Sohn nun in einer noch weitaus größeren Position sah, da er einmal seinem Vater auf den Kaiserthron nachfolgen würde, zeigte sich sehr bekümmert darüber, dass ihr Sohn womöglich nie richtig würde reiten können. Dies war aber etwas, was bei militärischen Paraden unter anderem essentiell war. Der Gedanke, dass ihr Sohn niemals ein perfekter Reiter würde, war ihr unerträglich und so hatte sie bereits früh damit begonnen, ihn auf ein Pferd setzen zu lassen, und auch wenn der damals erst achtjährige Sohn weinend protestierte, musste er Übungen durchführen. Dies ließ sie immerzu wiederholen. Fiel er zu Boden, wurde er umgehend wieder auf das Pferd gesetzt. So lernte der Junge zwar reiten, aber nur in einer sehr begrenzten Art und Weise. Die Mutter quälte dies sehr, denn gerade in Preußen, was sehr militärisch geprägt war und wo man viel Wert auf eben solch eine Ausbildung legte, besonders in Bezug auf die Rolle eines Thronerben, bemerkte sie, dass hierbei gerade immer wieder auf seine Behinderung hingewiesen wurde. Oftmals kamen ihr Gerüchte zu Ohren, dass auch ihre englischen Ansichten und Ideen sowie ihre unpreußische Gesinnung zum Missraten der Kinder führen könnten. Es kränkte die Kronprinzessin sehr. Sie fand einfach keine Akzeptanz bei Hofe und in der Bevölkerung.

Prinz Wilhelm mit Prinzessin Charlotte und Prinz Heinrich. (Aufnahme vom Jahre 1871 zu Osborne.)

Die drei ältesten kronprinzlichen Kinder bei einem Besuch in Osborne, Isle of Wight, England.

Charlotte, um 1872

Vicky gebar am zweiundzwanzigsten April des Jahres 1872 ihr letztes Kind. Das kleine Mädchen bekam den Namen Margarethe.
Die Kronprinzessin hatte sich während dieser Schwangerschaft oftmals sehr unwohl gefühlt und war vor der Entbindung nervös, da ihre mütterliche Freundin, Gräfin Madeline Blücher, zwei Jahre zuvor gestorben war. Diese hatte ihr stets bei den Geburten beigestanden. Kurz vor der Entbindung noch bemängelte ein Verwandter, wie unleidlich Vicky stets sei, keinen Widerspruch ertrage, Unterhaltungen abbreche, wenn man ihre Meinung nicht teile.
Vicky hatte auf einen weiteren Sohn gehofft, tröstete sich aber nach der Geburt der kleinen Tochter damit, dass Sossy nun eine Spielgefährtin habe.
Den Namen Margarethe wählte man nach ihrer Taufpatin, der italienischen Kronprinzessin Margherita. Da der Kopf des Babys bei der Taufe mit einem dichten dunklen Haarflaum bedeckt war, der an Moos erinnerte, erhielt sie den Spitznamen Mossy.
Mossy sollte wie ihre Schwestern aber als Kleinkind bereits die Erfahrung machen, dass die Eltern die Gouvernanten dazu anhielten, den Töchtern niemals einzureden, sie seien ansehnlich oder gar schön. Man wollte damit verhindern, dass die Mädchen eitel würden, doch so, unter den ständigen, verordneten Vorhaltungen der Gouvernanten, entwickelten die Töchter allesamt schnell Komplexe, von denen fast alle, bis auf Ditta, diese auch im Erwachsenendasein nicht mehr loswurden.

Die beiden ältesten Söhne hatten nur auf dem Gut Kontakt zu Gleichaltrigen und so konzentrierten sich Willie und Henry zumeist aufeinander. Im Herbst des Jahres 1874 entschied Vicky, dass ihre beiden Söhne das Friedrichsgymnasium in Kassel besuchen sollten. Der Besuch einer öffentlichen Schule stand in einem Gegensatz zur traditionellen Erziehung von Hohenzollern-Prinzen, daher untersagte Kaiser Wilhelm I. zuerst den Besuch des Gymnasiums. Im August schließlich gab der Kaiser nach monatelangem Bedrängen schließlich nach.
Willie, der ein fleißigerer Schüler war als Henry, hatte bessere Aussichten, am Gymnasium mit dem Lernstoff zurechtzukommen. Die Prinzen wurden von Hinzpeter nach Kassel begleitet und beim Abschied wurde der Kronprinzessin das Herz schwer. Ihr Wunsch, die

Söhne mit gleichaltrigen Jungen in Kontakt zu bringen, schlug aber fehl. Hinzpeter sorgte für einen sehr strengen Tagesablauf neben der Schule, es gab keine Freiräume, um sich persönlich zu entfalten, und seine ständige Präsenz verhinderte, dass die Jungen, vor allem der schüchterne Heinrich, überhaupt Kontakt mit Jungen ihres Alters außerhalb der Schule herstellen konnten.
Im Januar des Jahres 1877 schloss Heinrich die Schule dann mit der Mittleren Reife ab, sein Bruder schaffte es bis zum Abitur.
Obwohl die preußische Marine, die Flotte des Deutschen Kaiserreichs, eher klein war und die Seestreitkräfte noch nicht als ein besonders Betätigungsfeld für einen Prinzen aus dem Hause Hohenzollern galten, setzte Heinrich seinen Willen durch und wollte eine Marinelaufbahn von der Pike auf ergreifen. Da der Großvater um seine Liebe zu Schiffen und zur See wusste, hatte er den Jungen bereits 1872 an seinem zehnten Geburtstag ehrenhalber zu einem Unterleutnant zur See ernannt. Nun unterstützte ihn der Großvater in seinem Vorhaben, denn so würde die kaiserliche Marine eine Aufwertung erlangen.
Direkt nach der Schule trat der noch nicht ganz fünfzehnjährige Heinrich gemeinsam mit sechsunddreißig Kameraden eine Seeoffizierslaufbahn als Kadett auf dem Segelschulschiff Niobe an. Sein Bruder Willie leistete ihm die erste Nacht auf dem Schiff Gesellschaft. Eine besondere Behandlung stand Heinrich während der Ausbildung allerdings nicht zu. Lediglich erhielt er eine eigene Kammer an Bord.
Theoretische Kenntnisse erlernte Heinrich an der Kadettenschule in Kiel und, als er kurz vor dem Weihnachtsfest im Jahre 1877 wieder nach Hause kam, stellten die Eltern erfreut fest, dass er etwas gewachsen und geistig entwickelter war. Die Abnabelung vom elterlichen Einfluss schien dem Prinzen durchaus zu bekommen.

Willie trat im Februar des Jahres seine militärische Ausbildung bei einem Regiment, der 6. Kompagnie unter Hauptmann von Petersdorff, an.

Die Königinwitwe Elisabeth, die abseits der Familie auf Schloss Sanssouci ihre Tage verlebte, war am vierzehnten Dezember des Jahres 1873 bei einem Besuch ihrer Zwillingsschwester, der Königin Amalie von Sachsen, in Dresden verstorben. Sie hatte zu ihrem

Schwager, dem nun regierenden Kaiser, stets ein sehr freundschaftliches Verhältnis gehabt, aber nicht zu der kronprinzlichen Familie oder deren Kindern.

Innerhalb der kronprinzlichen Familie, vor allem ausgehend von Vicky, waren die drei ältesten Kinder immer noch ihrer ständigen Kritik ausgesetzt, während die vier jüngeren allesamt makellos für sie zu sein schienen. Vor allem der aufgeweckte und wissbegierige Waldie war ihr Liebling. Der Kronprinz teilte diese Begeisterung für den Jungen mit ihr.

Waldemar zeichnete sich schon früh durch seine schnelle Auffassungsgabe aus. So bemerkte sein Vater im Jahre 1876 über ihn, dass der Achtjährige sehr gewissenhaft und voller Eifer beim Lernen sei und vor allem sehr gutherzig. Vicky glaubte gar, in diesem Kind Züge ihres so von ihr bewunderten und regelrecht vergötterten Vaters, des Prinzgemahls Albert, zu sehen. Allerdings war der Prinzgemahl eher von einer ernsten Natur gewesen und wirkte daher auf die meisten Menschen etwas steif. Das extrovertierte und immerzu fröhliche Wesen Waldies stand dazu in einem krassen Gegensatz.

Dennoch schien Waldemar eher den Wunschvorstellungen seiner Mutter einen Sohn betreffend zu entsprechen als die beiden ältesten Prinzen. Sie lobte den Jungen geradezu überschwänglich gegenüber ihrer Mutter, als sie dieser am dreißigsten Juni 1876 schrieb. Er sei so angenehm zu unterrichten, weil er schnell lerne und sei der Begabteste der Jungen aufgrund seines guten Gedächtnisses, des Arbeitseifers. Sie erwähnte auch seine Eigenwilligkeit und seine Ungebärdigkeit, aber seine Sensibilität, seine Selbstständigkeit, die offene und aufrichtige Natur machten dies in ihren Augen wieder wett. Sie sah in ihm bereits viel Potential als erwachsener Mann, wenn Gott ihn nur verschonen möge.

Die kronprinzliche Familie im Jahre 1872. Ditta (links stehend), Kronprinz Friedrich mit dem Töchterchen Mossy, Moretta (unten sitzend), Waldie (stehen rechts), die Kronprinzessin und die kleine Sossy (hinten rechts)

Selbst der Erzieher des Jungen, seines Zeichens Historiker und späterer Reichstagsabgeordneter Hans Delbrück, lobte seinen starken Willen, sein, wie er es nannte, goldenes Gemüt.
Jeder Makel, den sie an Waldie fand, wie unter anderem sein Temperament, was oftmals nur schwer zu bändigen war, glich sie selbst aus,

wenn sie seine Zuverlässigkeit und Ehrlichkeit hervorhob. Dieses Kind war in ihren Augen perfekt.
Der Jungen begeisterte sich sehr für Reptilien und Amphibien, ebenso befand sich ein Aquarium in seinem Besitz. Er kümmerte sich liebevoll um seine Tiere und investierte sein ganzes Taschengeld in diese. Waldemar nannte sogar ein kleines Krokodil sein eigen, welches auf den Namen Bob hörte. Dieses pflegte er in einer Tasche mit sich herumzutragen und, da er es liebte, anderen Streiche zu spielen, ließ er Bob auch einmal bei einem sonntäglichen Familiendinner im Kronprinzenpalais, bei dem auch die Großeltern zugegen waren, über den Esstisch laufen. Die Kaiserin Augusta zeigte sich über alle Maßen erschrocken, selbst die anwesenden Diener wichen zurück, doch der Junge fing das Tier lachend wieder ein und niemand war ihm lange böse.
Eine ähnliche Erfahrung musste Queen Victoria machen, da sie Waldie erlaubte, Bob mit nach England zu bringen. Entgegen dem Glauben des Jungen, seine Großmutter würde den zahmen Bob reizend finden, versetzte das Tier die Queen aber ebenso in Panik, als Waldie es frei herumlaufen ließ, da sie keine Reptilien mochte. Doch auch sie schalt den Jungen nur kurz. Dieser zeigte sich davon zudem gänzlich unbeeindruckt.

Im März des Jahres 1877 waren Charlotte und Henry, gemeinsam mit der Cousine Luise, einer Tochter des Prinzen Friedrich Karl von Preußen, konfirmiert worden, bevor Henry seine Laufbahn bei der Marine einschlug.
Weiterhin konnte sich Vicky nicht wirklich für ihre nun siebzehnjährige Tochter begeistern. Sie war ihr immer noch zu klein, hatte die Hände und Füße ihres Vaters, was für ein Mädchen natürlich völlig ungünstig war aus Sicht der Kronprinzessin. Charlotte distanzierte sich weiter von ihren Eltern, nahm sogar eine teilweise ablehnende Haltung gegenüber ihnen ein.

Bereits im September 1871 hatte die elfjährige Ditta sich bei einem Besuch bei der Großmutter in Balmoral geweigert, John Brown die Hand zu geben, der für Queen Victoria nicht nur ein Bediensteter, sondern auch ein Freund war. Charlotte verkündete hochmütig, dass ihre

Mutter sie angewiesen habe, nicht zu familiär mit Bediensteten zu sein. Vicky, die man eher dafür tadelte, oftmals zu freundschaftlich mit Bediensteten umzugehen, traf keine Schuld an ihrem für Queen Victoria ganz und gar ungebührlichem Verhalten. Dies war eher auf die Großeltern väterlicherseits zurückzuführen, die eben stets auf den Unterschied und Stand hinwiesen, zudem sie Dittas Hochmütigkeit niemals tadelten. Ferner ermutigten beide die älteren Kinder des kronprinzlichen Paares, durchaus auch einmal eine Meinung entgegen der der Eltern zu vertreten, energisch darauf zu beharren, wenn es angebracht sei. Dies führte natürlich ständig zu Konflikten.

Briefe, die Charlotte schrieb, erregten ebenso den Unmut der Mutter. Dies bemängelte die Kronprinzessin aber ebenso an ihren beiden ältesten Söhnen. Vicky fand, dass die Briefe Dittas in einem gänzlich unpassenden Stil für eine Zwölf - oder Dreizehnjährige geschrieben seien, vor allem bezogen auf das Englisch, welches aus ihrer Sicht perfekt sein sollte, da die Kinder es lernten und auch täglich sprachen. Die Handschrift sei ebenso unleserlich und schlecht. Sie tröstete sich damit, dass es eventuell auch daran läge, dass man die Kinder zum Schreiben mit Stahlfedern erzogen habe und nicht mit Federkielen.
Im Jahre 1874 sollte Charlotte eine Seelenverwandte finden, mit der sie eine lebenslange Freundschaft verbinden sollte. Vickys Bruder Alfred, genannt Affie, heiratete am dreiundzwanzigsten Januar desselben Jahres im Winterpalast in St. Petersburg die Großfürstin Marie Alexandrowna Romanowa, einzige Tochter des Zaren Alexander II. von Russland. Der Zar, der mit der Prinzessin Marie von Hessen und bei Rhein verheiratet war, hatte seine Tochter sehr verwöhnt, denn das Zarenpaar hatte im Jahre 1849 seine sechsjährige Tochter Alexandra verloren. Die kleine Sashenka war an einer Meningitis verstorben, sie war das erstgeborene Kind des Zarenpaares gewesen und man bedauerte ihren Verlust sehr. Nachdem die Zarin nach ihr zuerst nur Söhne geboren hatte, freute sich das Zarenpaar, als im Jahre 1853 endlich wieder eine Tochter das Licht der Welt erblickte. Sie blieb das einzige Mädchen in der Familie und wurde von ihrem Vater regelrecht vergöttert. Keinen Wunsch konnte er ihr abschlagen.

Charlotte (links), die Kronprinzessin und Viktoria, Mitte der 1870er Jahre

Die Zarin setzte sich mit Vickys Schwester, der Großherzogin Alice von Hessen und bei Rhein, für eine Verheiratung Affies und Maries ein, da Queen Victoria aus ihrer Abneigung gegenüber Russland

gegen diese war. Sie verachtete das oft pompöse Auftreten des russischen Adels, der mit seinem Reichtum angab und diesen offen zur Schau trug, sowie ihrer Meinung nach hochmütig war.
Marie zog mit ihrem Ehemann zuerst nach England ins Clarence House, aber sie fühlte sich dort nicht wohl. Sie vermisste ihre Heimat, ihre Familie und zudem kam sie mit ihrer Schwiegermutter, der Queen Victoria, nicht zurecht. Von Geburt an eine Großfürstin von Russland, war sie mit Kaiserliche Hoheit anzusprechen. Der Zar bestand auf dieser Anrede seiner Tochter, doch sie stand nun eigentlich unter ihrer Schwägerin Alexandra, der Kronprinzessin und Gemahlin von Edward, dem zukünftigen König von England. Diese wurde mit Königliche Hoheit angesprochen.
Queen Victoria zeigte sich äußerst empört darüber, dass Marie dies kritisierte, sich selbst über die Kronprinzessin stellen wollte. Mit der Eheschließung erwarb Marie den Titel Königliche Hoheit, doch sie sollte sich auch laut Protokoll zum Beispiel bei öffentlichen Auftritten, wie Bällen Alexandra unterordnen, die aus ihrer Sicht nur eine Tochter eines dänischen Königs war, sie aber war die Tochter eines Zaren. Man titulierte sie auch Kaiserliche und Königliche Hoheit, aber dies genügte ihr nicht. In ihrem Stolz und ihrem Hochmut war Marie damit Ditta nicht fern und, als sich beide zum ersten Male in England begegneten, wurden Charlotte und die sieben Jahre ältere Marie, nach der Eheschließung Dittas Tante, sofort zu Seelenverwandten. Beide verband auch, dass sie nicht wirklich mit ihrem Leben zufrieden waren.
Marie war auch in ihrer Ehe nicht glücklich, dennoch schenkte sie bereits am fünfzehnten Oktober des Jahres 1874 einem Sohn, dem Prinzen Alfred, genannt Young Affie, das Leben.
Ditta und Marie begannen einen Briefwechsel, in dem beide ihren Gedanken und Sorgen ein Portal bieten konnten, zudem vor allem Marie in der ersten Zeit ihrer Freundschaft viel Verständnis für den Kummer der damals Vierzehnjährigen zeigte.

Vicky machte es Charlotte nicht leicht. Obwohl sie inzwischen eingestand, dass ihre Tochter durchaus auch nett zu den Geschwistern sein konnte, auch sensibel und folgsam, fand sie sie immer noch dumm, ihre Nase fürchterlich, ärgerte es sie, dass die Tochter stets und ständig kränklich war und sie so gar keine damenhafte Figur hatte, zu klein

und zu dürr war. Queen Victoria ermahnte zwar ihre Tochter erneut, nicht immer nur die Fehler in dem Kind zu suchen, aber in einem Punkt hatte die Mutter durchaus recht. Denn Charlotte sah mit vierzehn Jahren noch aus wie eine Acht - oder Zehnjährige.
Ihre Mutter konnte aber kaum ein gutes Haar an ihr lassen, sie kritisierte ihre Haltung, wenn Charlotte ging, sagte, sie habe viel zu dünne Arme, deren Ellbogen spitz hervorstachen, und so sehe es wenig damenhaft aus, wenn sie sich bewege - die negativen Aspekte überwogen einfach an Ditta. So war es auch nicht verwunderlich, dass diese oftmals Fotografien, die sie der Mutter schenkte, mit ihrem Namen und dem Zusatz the brat unterzeichnete. Mit diesem Zusatz das Gör sollte sie auch noch in späteren Jahren für die Mutter signieren.
Zumeist war Vicky strenger mit dem Mädchen als ihr Gemahl. Im Jahre 1875 veranstaltete das kronprinzliche Paar einen Ball, der den Titel trug: Ein Fest am Hofe der Medici in Florenz.
In einem passenden Kostüm zu erscheinen war Pflicht und die Kornprinzessin trug ein Kleid aus purpurrotem Samt, der Kronprinz ein Kostüm eines venezianischen Edelmannes mit einem Samthut und Federn. Vor dem Ball bat Charlotte ihre Eltern, daran teilnehmen zu dürfen, wollte ein ähnliches Kleid ihrer Mutter tragen als eine Prinzessin von Medici. Fritz wollte es seiner Tochter gerne erlauben, da sie bereits eine junge Dame sei. Die Kronprinzessin lehnte dies grundweg ab, sagte, ihre Tochter gehöre zu der Zeit, wenn der Ball beginne, längst ins Bett und Ditta schmerzte das Nein der Mutter sehr.
Als die Gouvernanten nicht aufpassten, griff sich Charlotte ihre Schwestern Vicky und Waldie. Heimlich schlichen sie sich zur Balustrade und beobachteten von dort aus den Ball. Eine Stunde später bemerkten die Gouvernanten das Verschwinden der Kinder und dies zog natürlich viel Ärger nach sich.
Charlotte, die mittlerweile die ständige Kritik ihrer Mutter leid war, sehnte sich danach, ihr Elternhaus endlich verlassen zu können. In ihrem Vater konnte sie keinen Schutzschild gegen die Kritik der Mutter finden, da der zwar heroisch wirkende Kronprinz mit einer eher nachgiebigen Persönlichkeit gesegnet war und seine Gemahlin eindeutig den dominanten Part in ihrer Ehe innehatte. Dennoch musste man den Eltern zugestehen, dass sie sich anders, als in vielen adeligen Familien damals üblich, sehr für ihre Kinder interessierten und das

Familienleben intakt war.
Nur eine Heirat würde Ditta die Möglichkeit bieten, dem Einfluss der Mutter zu entkommen, und so keimte bereits in der Sechzehnjährigen der Wunsch, möglichst schnell einen geeigneten Heiratskandidaten zu finden. Es kam für sie nur eine Person des europäischen Hochadels infrage, sonst gab es kaum einen anderen Weg, um sich der mütterlichen Aufsicht zu entziehen. In jener Zeit hatte sich lediglich die Prinzessin Therese von Bayern, Tochter des Prinzregenten Luitpold von Bayern, einer standesgemäßen Heirat entzogen, indem sie sich unter anderem als Naturforscherin und Schriftstellerin einen Namen gemacht hatte, aber es lag auf der Hand, dass Charlotte dafür jegliches Potential fehlte.

Als der Erbprinz Bernhard von Sachsen-Meiningen die kronprinzliche Familie im Jahre 1876 besuchte, wurde er eingeladen, Willie, mit dem er befreundet war, und Ditta zu einem Ausflug auf die Pfaueninsel, einem Berliner Park, zu begleiten. Bernhard war ein Cousin dritten Grades der kronprinzlichen Kinder.
Auf der Pfaueninsel hatte der preußische König Friedrich Wilhelm III. im Jahre 1819 eine Holzrutschbahn für seine Kinder anlegen lassen, nachdem er eine dieser russischen Berge genannte Bahn in St. Petersburg selbst hatte bestaunen dürfen. Damals gab es solche Bahnen bereits in Paris, die auch die Bevölkerung zum Vergnügen benutzen konnte. Man bestieg einen kleinen Schlitten mit Eisenrädern und sauste eine steile Holzrampe mit zwei Rollbahnen hinunter, wobei jede etwa sechzig Meter lang war. Die Rollwagen waren mit Leder gepolstert und hatten Messinghandgriffe zum Festhalten. Die Bahn auf der Pfaueninsel wurde allerdings nur von der königlichen Familie und ihren Verwandten genutzt.
Aufgrund des hohen Tempos, welche die Wagen erreichen konnten, musste man sehr vorsichtig sein, wenn zwei Wagen auf einer Bahn genutzt wurden. König Friedrich Wilhelm III. brach sich bei seiner ersten Fahrt fast das Nasenbein, als sein Wagen mit dem seinen Sohnes zusammenstieß.

Charlotte im Jahre 1876

Als Bernhard und Ditta nun in einem Wagen Platz nahmen, ließ Willie diesen mit hohem Tempo herabsausen und erst spät abbremsen, sodass die schockierte und verängstigte Ditta sich an Bernhard klammerte. Dieser nahm es hin. Es war keine Liebe auf den ersten Blick, aber Charlotte fühlte sich sofort zu dem neun Jahre älteren Bernhard hingezogen und dieser war von der Schwester Willies durchaus angetan. Denn während er selbst eher schüchtern und zurückhaltend war, übernahm die extrovertierte Charlotte schnell die Führung. Sie hatte einen geeigneten Heiratskandidaten in dem Erbprinzen gefunden, der aber so gar nichts mit einem Traumprinzen gemeinsam hatte. Er war eher unscheinbar, pingelig, kein guter Tänzer und kein ebensolcher Reiter, seine Manieren altmodisch. Wenn andere ihn sahen, hielten sie ihn eher für einen Komponisten oder Künstler, denn er wirkte nicht wie ein Adeliger. Er hatte unter anderem keine Anmut.

Die Bahn auf der Pfaueninsel auf einem Foto aus dem Jahre 1924

Charlotte war der absolute Gegensatz. Sie war stets fröhlich, offen und hatte sich in den letzten Monaten sehr zum Leidwesen der Mutter in den höheren Kreisen Berlins gerade einen Ruf erworben als eine junge Dame, die keinem Flirt abgeneigt war, sich gerne bösartigem Getratsche hingab und nur Unruhe stiftete.

Dennoch zeigten sich junge Herren von ihr beeindruckt, aber ihre Mutter konstatierte, dass sie zwar nach außen hübsch sei, aber von einer inneren Leere erfüllt, was eine schlechte Kombination sei. Jeder war sofort von ihr verzaubert, aber, wer sie besser kennenlernte, musste schnell ihren wahren Charakter erkennen. Es machte Vicky sehr traurig, da man aus ihrer Sicht nichts dagegen tun konnte, es eine bedauernswerte Tatsache sei und man nur hoffen könne, dass die Zeit und das Leben sie lehren könnten und der gutherzige Bernhard sie beschützen und führen würde. Nur dann, so war sich die Mutter sicher, würden Dittas schlechte Qualitäten ihr nicht schaden.

Selbst eine enge Freundin Vickys, die Prinzessin Catherine Radziwill, bezeichnete Ditta als frivol und töricht. Man könne nicht davon ausgehen, dass dieses Mädchen wirklich zu wahrer tiefer Liebe imstande sei. Dies sagte sie auch der Kronprinzessin, die aber auch glaubte, Charlotte müsste vielleicht nur sesshaft werden und da wäre ein Ehemann durchaus hilfreich. Vielleicht meinte sie, dass dieser dann im Stande sei, ihre Tochter zu zügeln.

Eigentlich hatte Vicky mit dem Prinzen Wilhelm von Württemberg als einem passenden Ehemann für Charlotte geliebäugelt, denn dieser würde einmal König werden. Sie nahm es aber hin, dass die lebenslustige Tochter ihre Verehelichung nun gewissermaßen selbst in die Hände nahm. Sie setzte sich schlichtweg über die höfischen Gepflogenheiten jener Zeit hinweg, als sie am zehnten Dezember des Jahres 1876 Bernhard einen Heiratsantrag machte. Ihre selbstständige Handlungsweise war ein höfischer Skandal, aber sie orientierte sich damit nur am Vorbild ihrer Großmutter, der Queen Victoria, die von höherem Rang als ihr Auserwählter, Prinz Albert, diesem auch einfach eine Antrag gemacht hatte.

Bernhard fühlte sich etwas überrumpelt, denn er hatte mit Antrag seinerseits eigentlich noch bis nach Charlottes Konfirmation warten wollen. Er war durchaus in sie verliebt und war davon ausgegangen, dass er vorher eben nicht um ihre Hand anhalten durfte. Dies erklärte er

auch schriftlich seinem Vater, dem Herzog Georg II. von Sachsen-Meiningen, am dreizehnten Dezember und merkte an, dass die Initiative nun eben von Charlotte ausgegangen sei. Für den Herzog war es eine Ironie des Schicksal, denn er bekam nun die Tochter jener Frau zur Schwiegertochter, die er selbst einmal vorhatte zu ehelichen.
Vicky war sich nicht sicher, ob die Ehe sich positiv auf ihre Tochter auswirken würde, denn, wenn sich Bernhard nicht als ein Mann von starkem Willen erwiese, würde die eigensinnige Ditta nicht zu zähmen sein. Da Bernhard sehr gebildet war, hoffte sie inständig, dies und sein Intellekt würden ausreichen, um den sehr begrenzten Horizont der Tochter zu erweitern.

Die einzige Person, die dieser Heirat nichts abgewinnen konnte, war die Königin Augusta. Aus ihrer Sicht war Bernhard eine eher unbedeutende Partie für die erstgeborene Tochter eines Kronprinzen aus dem Hause Hohenzollern. Sie sah es aus dem dynastischen Aspekt heraus, obwohl Sachsen-Meiningen von den thüringischen Herzogtümern das größte war. Es galt als liberaler Musterstaat, was der Kaiserin eigentlich zu pass kam, aber sie war dermaßen empört über die Eheschließung des Herzog Georg mit einer Bürgerlichen, dass dies für sie überwog und sie sich auch weigerte, an jeglichen Feierlichkeiten teilzunehmen oder zu gratulieren. Sie gestand ihrem Sohn, dem Kronprinzen, frei von der Leber weg, dass sie nicht lügen könne und ihr Kind niemals in solche Verhältnisse entlassen hätte.
Die Verlobung sollte mehr als ein Jahr andauern. Vicky organisierte in dieser Zeit die Mitgift für Ditta.
Die Hochzeit fand am achtzehnten Februar des Jahres 1878 in Berlin statt. Es war eine Doppelhochzeit, bei der auch zeitgleich der Erbgroßherzog Friedrich August von Oldenburg mit der Prinzessin Elisabeth von Preußen, einer Tochter des Prinzen Friedrich Carl von Preußen, eines jüngeren Bruders von Kaiser Wilhelm I., vermählt wurde. Mit dieser Doppelhochzeit wollte man Kosten sparen.

Charlotte und Bernhard, 1876 - eine der Fotografien, die zur Verlobung des Paares veröffentlicht wurden

Vor den Feierlichkeiten hatte es in der Familie Unstimmigkeiten gegeben, denn Kaiser Wilhelm I. nahm sich das Recht heraus, nicht nur das Datum der Hochzeit, sondern auch den Ablauf der ganzen Festivitäten festzulegen. Das Kronprinzenpaar war damit nicht einverstanden, vielmehr fühlten sich beide in der Ausrichtung der Vermählungsfeierlichkeiten für die Tochter bevormundet, sodass Fritz verärgert in seinem Tagebuch unter anderem festhielt, man wolle die bürgerliche Trauung der Tochter feierlich halten, abends stattfinden lassen, aber sein Vater wolle alles so nüchtern wie möglich gestalten.
Neben den Hochzeitsfeierlichkeiten fanden nach dem achtzehnten Februar auch ein Festreigen statt, der festliche Kirchgang, ein Galadiner sowie ein Ball und eine Festvorstellung im Opernhaus.
Die zivile Trauung von Charlotte und Bernhard fand im elterlichen Salon statt, dann begab man sich zur kirchlichen Trauung und fuhr danach in einem achtspännigen Wagen zu den anschließenden Feierlichkeiten ins Stadtschloss. Die Feier endete mit dem traditionellen Fackeltanz.
Doch die Feier war eher ermüdend, zu ernst und viel zu schwerfällig gestaltet für den freudigen Anlass. Besonders Vicky kritisierte dies. Und sogar in der Presse bewunderte man anschließend das Durchhaltevermögen der Gäste. Bernhards Vater zeigte sich ebenso wenig begeistert über die viel zu strengen höfischen Etikette in Berlin.
Dennoch hatte Vicky dafür gesorgt, dass ihre Tochter eine sehr hübsche Braut war. Ditta trug ein Silbermoirékleid mit Spitze, aufgesetzten Orangen - und Myrtenblüten, einer langen Schleppe und ihre Mutter hatte ihr ihren kostbaren Brautschleier aus alter Spitze geliehen. Das Kleid selbst war aus Sicht des Berliner Hofes viel zu aufwendig und unpassend. Catherine Radziwill sagte, man habe die eher kleine Ditta in ein viel zu großes Kleid gesteckt, in dem sie mit ihrer nicht gerade weiblichen Form viel zu plump wirkte, es sei zu viel Zierrat am Kleid gewesen und besonders die vielen Orangenblüten hätten der jungen Braut so gar nicht gestanden.

Vicky, die stets mit Kritik an der Tochter nicht gerade sparsam gewesen war, brachte ihre Tochter nach den Feierlichkeiten in ihr neues Zuhause in der Nähe des Neuen Palais, half ihr beim Entkleiden und bedauerte dann den Verlust der Tochter doch sehr, als sie deren nun leeres Zimmer im kronprinzlichen Zuhause betrat. Zwar war ihr Ehemann geradezu vernarrt in Ditta, aber nun schien jeder Kummer über die Tochter von Vicky zu weichen, da diese eben nicht mehr in ihrer tagtäglichen Nähe war.

Dabei bezog das junge Paar die Villa Liegnitz im Garten von Sanssouci, die einst der Fürstin Liegnitz, Gräfin Auguste von Harrach zu Rohrau und Thannhausen, der zweiten, nicht standesgemäßen Ehefrau von König Friedrich Wilhelm III. von Preußen, gehörte. Man verblieb also in Potsdam in der Nähe und somit unter den strengen Augen der Mutter. Dies lag daran, dass Bernhard ein Kommando bei der preußischen Armee in Potsdam innehatte.

Charlotte und Bernhard, um 1878

Der Erbprinz Bernhard von Sachsen-Meiningen erblickte am ersten April des Jahres 1851 in Meiningen das Licht der Welt. Er war der Sohn des Herzogs Georg II. von Sachsen-Meiningen, geboren im Jahre 1826, und dessen Gemahlin, der preußischen Prinzessin Charlotte, einer Tochter des Prinzen Albrecht von Preußen, einem Bruder von König Friedrich Wilhelm IV. von Preußen, und der Prinzessin Marianne von Oranien-Nassau, jüngste Tochter des Königs Wilhelm I. der Niederlande.

Der Herzog Georg war im Jahre 1848 Premierleutnant im preußischen Garde-Kürassier-Regiment und hatte nur ein Jahr später als Stabsoffizier des Sachsen-Meiningischen Schützenbataillons am Schleswig-Holsteinischen Krieg teilgenommen. Er und seine Gattin lebten abwechselnd in Potsdam und Meiningen, bis sein Vater, Herzog Bernhard II., auf Druck von Bismarck am zwanzigsten November des Jahres 1866 abdanken musste, da er im Deutschen Krieg auf der Seite Österreichs gestanden hatte.

Daneben hatten Georg und Charlotte oftmals auch in der Villa Carlotta in Tremezzo am Comer See gelebt, da Charlotte diese von ihrer Mutter als Geschenk zur Hochzeit erhalten hatte. Georg ließ die Villa sehr aufwendig umgestalten.

Bereits im folgenden Jahr, am einunddreißigsten Oktober, wurde Herzog Georg zum Chef des 2. Thüringischen Infanterie-Regiments Nr. 32 ernannt, welches seinen Standort in der Meininger Hauptkaserne hatte, sodass er mit seiner Familie nun nur noch in Meiningen im Schloss Altenstein wohnte.

Nach Bernhard wurde im Jahre 1852 der Prinz Georg Albrecht geboren und ein Jahr später die Prinzessin Marie Elisabeth.

Charlotte mit den drei Kindern, um 1854

Die Ehe war überaus glücklich, das Paar hatte auch aus Liebe geheiratet, sowohl der Herzog als auch seine Gemahlin waren sehr musik- und kunstinteressiert. Charlotte war von dem bekannten Musikpädagogen und Komponisten Julius Stern ausgebildet worden, sie komponierte selbst einige Märsche, tanzte und spielte Theater mit Künstlern, hielt auch wissenschaftliche Vorträge ab.

Am siebenundzwanzigsten Januar des Jahres 1855 starb der erst dreijährige Sohn Georg Albrecht. Am dreißigsten März folgte ihm seine Mutter, deren Gesundheit stets sehr fragil gewesen war. Sie starb nur wenige Stunden nach der Geburt eines Sohnes im Kindbett. Das namenlose Baby war direkt nach der Entbindung verstorben.
Der Herzog ehelichte nur drei Jahre später, am dreiundzwanzigsten Oktober des Jahres 1858 die Prinzessin Feodora zu Hohenlohe-Langenburg, jüngste Tochter des Fürsten Ernst I. zu Hohenlohe-Langenburg. Ihre Mutter Feodora war eine Halbschwester der Königin Victoria von England.
Die zu jenem Zeitpunkt erst neunzehnjährige Prinzessin war jedoch von Haus aus verwöhnt, wenig bodenständig, nicht sehr gebildet und musisch desinteressiert. Doch die Prinzessin, die man auch nicht auf ihre Rolle als Stiefmutter für zwei kleine Kinder vorbereitet hatte, wurde besonders für den kleinen Bernhard bald zu einer liebevollen Bezugsperson. Schnell entstand zwischen den beiden eine große emotionale Bindung, was vielleicht auch der Jugend der Prinzessin geschuldet war, die in den Kindern ihres Ehemanns so etwas wie Geschwister sah.
Obwohl die Ehe zwischen Feodora und Georg nicht sehr harmonisch verlief, gebar sie ihm am siebenundzwanzigsten September des Jahres 1859 den kleinen Prinzen Ernst und am zwölften Oktober 1861 den Prinzen Friedrich. Und Georg bemühte sich seinerseits, seiner Gemahlin einen besseren Bildungsstand zu vermitteln. So ließ er sie an Vorlesungen über Geschichte teilnehmen, arrangierte für sie Zeichenstunden und daneben Unterricht in diversen Fächern.
Feodora engagierte sich in Meiningen karitativ. So gründete sie einen Zweig des Albert-Vereins und schuf mit dem Anschluss Meiningens an den vaterländischen Frauenverein den Grundstein für die spätere Rot-Kreuz-Schwesternschaft.
Doch so sehr sich die junge Frau auch bemühte, sie musste schnell einsehen, dass sie ihrem Gatten keinen Ersatz für seine erste Ehefrau sein konnte - sie war nur ein Substitut für seinen Kummer über den Verlust Charlottes, konnte ihr aber nicht, wie man so lapidar sagt, intellektuell das Wasser reichen.

Die Herzogin Feodora, 1860er Jahre

Nachdem ihr dritter Sohn, Prinz Viktor, im Jahre 1865 gleich nach seiner Geburt verstorben war, zog sie sich überwiegend aus Meiningen zurück und lebte wieder bei ihrer Familie in Langenburg.
Dennoch gab sie noch im Jahre 1866 den Bau des Feodorenhospitals im Sachsen-Meiningischen Bad Liebenstein in Auftrag.
Am zehnten Februar des Jahres 1872 verstarb die Herzogin an einer Scharlacherkrankung. Obwohl es keine tiefe Liebe zwischen den Ehepartnern gewesen war, hatte Georg sich um Feodora bemüht, litt mit

ihr, als sie erkrankte, und schien ihr einen gewissen Respekt nach ihrem Tode zu zollen, da sie eben seinen Kindern eine gute Ersatzmutter gewesen war.

Bernhard, der den Verlust seiner Stiefmutter sehr lange betrauerte, nahm es seinem Vater mehr als übel, als dieser ein Verhältnis mit der gefeierten Schauspielerin Ellen Franz begann, was vielleicht auch geschah, da der Herzog einsam war nach dem Verlust seiner zweiten Gemahlin.

Marie, Bernhard (mittig), und Ernst, um 1862

Helen Franz, genannt Ellen, war im Jahre 1839 in Naumburg an der Saale als Tochter des Handelsschuldirektors Hermann Franz und der schottischen Adeligen Sarah Grant geboren worden. Schon früh erhielt sie Klavierunterricht bei dem bekannten Klaviervirtuosen, Dirigenten und Kapellmeister Hans Guido Freiherr von Bülow. Durch ihn lernte sie Cosima Liszt kennen, die Tochter des Komponisten Franz Liszt. Cosima war in erster Ehe mit von Bülow verheiratet, ehelichte dann aber, als seine zweite Ehefrau, Richard Wagner. Sie leitete nach seinem Tod im Jahre 1883 die berühmten Bayreuther Festspiele bis zum Jahre 1908. Mit Ellen Franz verband sie schon kurz nach ihrem Kennenlernen eine enge und lebenslange Freundschaft.
Franz nahm Schauspielunterricht bei dem bekannten Heinrich Maar, seines Zeichens Theaterschauspieler und Regisseur sowie bei Frieb Blumauer. Im Jahre 1860 hatte sie ihr Debüt in Gotha und wurde dann von weiteren Theatern in Deutschland engagiert.
Friedrich von Bodenstedt, ein Schriftsteller, namhafter Shakespeare-Übersetzer und Theaterintendant, wurde 1867 aufgrund eben seiner Übersetzertätigkeit und der Veröffentlichung von Shakespeares Werken in drei Bänden als Intendant für das Theater in Meiningen engagiert. Als er Ellen Franz nach Meiningen holte, beeindruckte ihr Spiel den Herzog Georg sofort und er adelte Bodenstedt später für die Wahl der Schauspielerin.
Bereits im Jahre 1868 begann der Herzog ein Verhältnis mit Franz. Ab 1873 ermöglichte er ihr, in tragenden Rollen im sogenannten jugendlichen Fach aufzutreten.
Der Herzog selbst war am Theater in Meiningen als künstlerischer Leiter tätig, arbeitete an einer Reform des Regietheaters. Es handelt sich hierbei um eine Form des Theaters, bei dem die Regie im Sinne einer Interpretation der Stücke durch den Regisseur ein großes Gewicht erhält. Diese Form ist allerdings auch sehr umstritten, da dadurch auch die eigentliche Intention des Autors verletzt werden kann, wenn zum Beispiel durch die Regie Kürzungen vorgenommen werden oder man entbehrliche Szenen verwendete, wie etwa gewalttätige, die nicht handlungstechnisch notwendig wären, aber dem Stück nach Ansicht des Regisseurs eine gewisse Kraft verleihen. Hierzu zählt auch Nacktheit, teilweise oder gänzlich, die zu jener Zeit aber völlig verpönt war.

Herzog Georg trug aufgrund seines Engagements für das Theater den Beinamen Theater-Herzog. Franz stieg durch ihn zu einer bald sehr gefeierten Schauspielerin auf, zudem unterstützte sie ihn bei der Reformarbeit. Gemeinsam mit dem Herzog begann sie auch Theater-Eleven auszubilden.
Da sie bürgerlicher Herkunft war, musste der Herzog sie vor einer Eheschließung in den Adelsstand erheben und verlieh ihr den Titel einer Freifrau von Heldburg, den sie fortan führte. Der Herzog wählte diesen Titel, da sich die Veste Heldburg im südlichen Teil Thüringens, Landkreis Hildburghausen, in familiärem Besitz derer von Sachsen-Meiningen befand.
Am achtzehnten März des Jahres 1873 heiratete Herzog Georg die Freifrau ausgerechnet in der Villa Feodora in Bad Liebenstein.
Für den Erbprinzen Bernhard war es nicht nur schmerzlich zu sehen, dass der Vater die von ihm so geliebte Stiefmutter Feodora noch zu ihren Lebzeiten betrogen hatte, sondern er sie auch noch während der eigentlichen Trauerzeit bereits ersetzte und seine neue Gemahlin in der Villa ehelichte.
In Adelskreisen fand die Eheschließung des Herzog wenig Anklang, da es sich eben um eine nicht standesgemäße Braut handelte, auch, wenngleich sie nun in den Adelsstand erhoben worden war. Zudem monierte man ihre Profession und böse Zungen behaupteten, ihr leidenschaftliches Theaterspiel habe den Herzog wohl verwirrt. Allerdings gab die Freifrau nach der Eheschließung ihre eigene Schauspieltätigkeit auf.
So schrieb die Kronprinzessin Viktoria an ihre Mutter, was diese wohl von dieser Vermählung halte, und die Queen antwortete ihr am sechsundzwanzigsten März 1873, dass sie es schändlich und empörend finde, wie der Herzog das Andenken an seine Frau mit dieser Eheschließung verletze. Es war in ihren Augen eine Schande. Zudem bedauerte sie die armen Kinder und sie forderte ihre Tochter auf, dass Thema durchaus anzusprechen, sollte sie dem Herzog begegnen.
Herzog Georg ließ nach der Vermählung zuerst die Veste Heldburg wiederinstandsetzen und schuf aus der heruntergekommenen Burganlage ein romantisches Bergschloss, um ein Refugium fern vom Hof zu haben. Zudem sollte die Freifrau einen Wohnsitz haben, falls er vor ihr verstürbe. Bald lud man auf die Veste einen durchaus ansehnlichen

Kreis von Künstlern, Intellektuellen, Geistesschaffenden sowie enge Freunde und Vertraute ein.
Ferner bewohnte die Familie von Sachsen-Meiningen das Herzogliche Palais und das Elisabethenschloss in Meiningen.

Mit der unstandesgemäßen dritten Eheschließung war der Herzog auch besonders bei seinen Eltern in Ungnade gefallen. Seinem Vater war bereits die Affäre mit der Schauspielerin ein Dorn im Auge und eine Ehe beider fand dieser höchst unangemessen. Zudem war es für Georg eine Bürde, sich auch bei seiner Mutter Marie, einer geborene Prinzessin von Hessen-Kassel, schriftlich für die Vermählung zu entschuldigen.
Georgs Vater wandte sich aber umgehend an den Kaiser in Berlin und bat diesen, seinen Sohn zur Räson zu bringen, indem er ihn zur sofortigen Trennung auffordern solle und zu seinem Rücktritt als Herzog.
Der Kaiser sah in der morganatischen Eheschließung aber durchaus ein Recht eines Herrschers, er betonte lediglich die niedere Stellung von Ellen Franz und ihre Profession.
Wilhelm I. wies den Herzogvater an, der Dame eben vorzuschreiben, sich ein Jahr lang als respektable Person, auch, was ihren Takt und ihre Bescheidenheit sowie repräsentative Aufgaben betreffe, zu beweisen. Kurzum - es solle aus seiner Sicht Gras über die pikante Angelegenheit wachsen.
Die Mutter Georgs zeigte sich weiterhin tief gekränkt, die Presse sah das Herzogtum ins Wanken geraten, den Staatsminister Krosik musste man aus seiner Verantwortung entlassen, da er sich entschieden gegen die geschlossene Verbindung mit der Freifrau stellte.
Für die Freifrau war die gesamte Situation sehr belastend, denn sie verband mit Georg eine wirklich tiefe Liebe, zudem litt sie bald nach der Vermählung unter den Demütigungen und Verunglimpfungen des Adels, was ihr auch seelisch sehr zusetzte. So schlugen adlige Offiziere Einladungen bei dem neuen Paar vehement aus.

Bernhard erhielt ab seinem neunten Lebensjahr Unterricht bei dem Erzieher und evangelischen Theologen Wilhelm Roßmann. Dieser war sowohl von dem Herzog als auch von seiner Gemahlin Feodoroa bestimmt worden. Die Anstellung ließ Roßmann zu einem Hofrat aufsteigen und er sollte den Erbprinzen bis zum Jahre 1869 unterrichten. Roßmann, vielseitig bewandert, betätigte sich auch als Kunsthistoriker, Autor von historischen Betrachtungen, Bühnenstücken und Reiseberichten. In Meiningen bot sich ihm die Möglichkeit, sich der Kunsthistorie zuzuwenden und ebenso für das Meininger Hoftheater tätig zu sein, wo er die Orestie, eine Trilogie von griechischen Tragödien des Dichters Aischylos, bearbeitete. Roßmann heiratete in Meiningen im September 1862 Marie von Röder, 1867 wurde ihr Sohn Reinhard geboren.

Sein Erzieher hatte einen großen Einfluss auf den Erbprinzen. Er förderte seine Begeisterung für Geschichte, ferner zeigte sich Bernhard auch engagiert beim Erlernen von Sprachen, besonders der neugriechischen.

Als Erbprinz musste er eine militärische Laufbahn einschlagen und wurde im Jahre 1867 Sekondeleutnant à la suite im Sachsen-Meiningischen Infanterieregiment. À la suite bezeichnet hierbei eine besondere Auszeichnung für fürstliche Personen, die zu nicht-preußischen Armeekorps kommandiert waren.

Bernhard unterbrach zeitweise seine militärische Ausbildung, um im Jahre 1869 klassische Philologie in Heidelberg und Leipzig zu studieren. Bald erlaubten ihm seine Kenntnisse Werke der deutschen und neugriechischen Literatur in die jeweils andere Sprache zu übersetzen. Im Winter 1868/1869 hatte sich der Erbprinz in Begleitung von seinem Erzieher auf eine große Bildungsreise durch Italien begeben und zeigte sich dort besonders von der Archäologie begeistert.

Bald darauf diente Bernhard als Ordonnanzoffizier beim 6. Thüringischen Infanterie-Regiment Nr. 95 und hatte damit etwa die Stellung eines Adjutanten inne. Ferner nahm er mit seinem Vater am Deutsch-Französischen Krieg teil, war bei der 6. Kavallerie-Division. Auch bei der Kaiserproklamation in Versailles war Bernhard an der Seite seines Vaters zugegen.

Sein Vater zeigte sich stets zu den Preußen loyal und hatte im Krieg zwei Regimenter von Meiningen geleitet und die ersten beiden französischen Flaggen in der Schlacht von Wörth erbeutet im August des Jahres 1870, ferner gehörte er zum Stab des Königs, als dieser in Paris anlangte.

Nach der Rückkehr aus Frankreich nahm er im Jahre 1871 sein

Studium in Leipzig wieder auf. Nach Abschluss desselben trat er im Jahre 1873 zur Weiterführung seiner militärischen Ausbildung in das Garde-Füsilier-Regiment der preußischen Armee in Berlin ein.
Im Jahre 1878 wurde er Corpsschleifenträger, ein Klaxe, des Corps Saxo-Borussia Heidelberg, einer farbentragenden und pflichtschlagenden Studentenverbindung.
Der gebildete Erbprinz machte sich schon früh einen Namen als Verfasser und Übersetzer in der neugriechischen Sprache und übersetzte unter anderem auch einige Werke von Schiller.
Ab dem Jahre 1873 unternahm Bernhard regelmäßig Studienreisen nach Griechenland und Kleinasien, um Ausgrabungsstätten zu besuchen, wobei er auch Kontakt zu bekannten Archäologen der Zeit hatte.

Die Ehelichung Georgs mit Ellen Franz entzweite Vater und Sohn. Bernhard zeigte sich äußerst verärgert darüber, dass sein Vater eine Ehefrau von niederem Rang gewählt hatte. Er drohte diesem sogar, sich an die Menschen in Meiningen zu wenden, da er sicher war, dass diese seine Meinung unterstützen würden. Sowohl Minister als auch Beamte im Herzogtum stellten sich auf die Seite des Erbprinzen, einige legten sogar aus Protest ihre Ämter nieder. Aber die meisten Menschen in Meiningen akzeptierten die Wahl des Herzogs, zudem Georg seine neue Gemahlin vehement verteidigte, jedem drohte, der sie nicht anerkennen wollte, und, als die obersten Dienstherren des Militärs sich weigerten, die Freifrau zu grüßen, wenn sie an Georgs Seite war, verkündete er, dass es drakonische Strafen nach sich ziehe, wenn dies noch einmal vorkomme. Er schickte sogar einen Gesandten an den Hof des Kaisers in Berlin, der eine Beschwerde überbrachte, aber, obwohl es eine offizielle Beschwerde war, zeigte man sich in Berlin eher gelassen. Die preußischen Offiziere sollten Ellen wie eine Baroness grüßen, aber nicht darüber hinaus salutieren.
Die auf Liebe basierende Ehe war durchaus fruchtbar. Auch wenn ihm seine neue Gemahlin keine Kinder schenkte, so verband beide eben die Leidenschaft für das Theater und die Musik. Gemeinsam mit Ludwig Chronegk, dem Direktor des Hoftheaters in Meiningen, scheuten sie keine Kosten und Mühen, um das Theater und seine Schauspieler in ganz Deutschland bekanntzumachen, wobei alle drei sich auch aktiv an der Gestaltung von Bühnenbildern und Kostümen für alle

dargebotenen Stücke beteiligten. Schauspielschüler aus Meiningen waren auch infolgedessen landesweit gefragt.

Bernhard musste die Entscheidung seines Vaters akzeptieren. Doch die einzige Person, mit der ihn wirklich etwas in seiner Familie verband, war seine Schwester Elisabeth. Die musisch begabte Prinzessin erhielt von 1872/73 an Klavierunterricht bei dem bekannten Komponisten, Dirigenten, Organisten und Pianisten Theodor Kirchner. Bald galt sie als vortreffliche Pianistin und komponierte selbst Stücke, wie den Fackeltanz anlässlich der Vermählung Bernhards und später auch andere Stücke zu höfischen Veranstaltungen in Meiningen und Berlin.

Für Bernhard war die Eheschließung mit Charlotte ein Aufstieg, besonders in militärischer Hinsicht. Doch man kritisierte seinen Vater auch dafür, dass seine Haltung zwar Preußen gegenüber loyal, er aber ebenso sehr liberal eingestellt war. So zeigte sich der Herzog durchaus begeistert für die Ideen einer parlamentarischen Regierung nach britischem Vorbild, für Reformen der Rechtsordnung, des Wahlrechts und der rechtlichen Stellung der Frau. Diese Ansichten fanden beim Kaiser nicht gerade großen Anklang. Auch der Erbprinz vertrat eine ähnliche, konservative Haltung wie der Kaiser und zeigte sich damit ebenfalls nicht so fortschrittlich wie sein Vater.

Nur wenige Monate nach der Eheschließung reisten Charlotte und Bernhard inkognito nach Paris. Sie wurden auf dieser Reise von Willie und einem britischen Diplomaten mit deutschen Vorfahren begleitet. Es war eine sehr heikle Reise, denn die Franzosen waren nach dem verlorenen Krieg von 1870/71 den Deutschen nicht gerade wohlgesonnen. Man musste deswegen sehr vorsichtig sein und es wäre ein absoluter Faux pas gewesen, wenn jemand erfahren hätte, dass die Enkelkinder des preußischen Kaisers in Paris weilten. Die meisten Mitglieder der königlichen Familie wollten nicht mehr als nötig mit den Franzosen zu tun haben, Bernhard und Charlotte aber bildeten eine Minderheit, zu der auch britische und russische Adelige gehörten, die die französische Hauptstadt immer noch als ein verlockendes Reiseziel ansahen. Diese Meinung war unabhängig von den politischen Gegebenheiten des Landes.
So besuchte man den großen Saal in Versailles, in dem Wilhelm I. zum Kaiser ausgerufen wurde, flog in einem Ballon über den Jardin des Tuileries, den ältesten Park von Paris, besuchte das Schloss und den Parc de Bagatelle, den Wohnsitz des Mäzen und Kunstsammlers, Sir Richard Wallace, 1. Baronet, in dem es viele wertvolle Kunstgegenstände zu sehen gab, besuchte die Oper und sah eine Aufführung der Königin von Saba, einer der erfolgreichsten Opern jener Zeit.
Die Reisegesellschaft vermied es, in Restaurants zu speisen, um sich nicht öffentlich zu zeigen. Man nahm das Diner jeden Abend auf den Zimmern im Hotel Chatham ein.

Wieder zurück in Berlin, konnte Ditta nicht wirklich das freie Leben führen, nach dem sie sich so sehr sehnte. Die Villa, in der man lebte, war von der Kronprinzessin mit Möbeln ausgestattet worden. Zudem befand man sich stets unter den wachsamen Augen der Eltern. Das Kronprinzenpaar übte weiterhin viel Einfluss auf die Lebensgestaltung des jungen Paares aus.
Dies behagte auch dem Vater des Erbprinzen nicht. Er fand es unmöglich, dass sich besonders Vicky herausnahm, immer das letzte Wort zu behalten, wenn es um Dinge ging, die ihre Tochter und deren Ehemann

betrafen. Ferner wurde die herzogliche Hofkasse durch die kostspielige Hofhaltung in Berlin und Potsdam sehr strapaziert. So vertraten sowohl Charlotte als auch Bernhard oftmals die Meinung des Kronprinzenpaares, da sie so eng mit ihnen zusammenlebten, wie auch mit dem Rest der kaiserlichen Familie. Von deren Seite versuchte man, sich allerdings einen gewissen Einfluss zu bewahren, da sich der Kontakt zur unerwünschten Freifrau von Heldburg so auf ein Minimum reduzierte, und man wollte somit unerfreulichen Rangfragen für Ditta vorbeugen. Dennoch freundete sich Ditta aber mit dieser an und man begann bald eine vertrauliche briefliche Korrespondenz.
Für den Herzog bedeutete die Eheschließung zwischen Ditta und seinem Sohn nicht die von ihm erhoffte Akzeptanz seiner Ehe mit der Freifrau und so empfand er wenigstens Genugtuung darin, dass man ihn vielleicht als schauderhaften Kerl auf der Hochzeit wahrgenommen habe. Die Kronprinzessin allerdings sah in ihm einen durchaus akzeptablen Schwiegervater für ihre Tochter und blendete die Eheschließung mit der Freifrau schlichtweg aus.

Gegen Ende des Jahres 1878 wusste Ditta, dass sie ein Kind erwartete. Die Vorfreude wurde allerdings für die Familie von zwei Todesfällen überschattet. Am sechzehnten November war die kleine Prinzessin Marie, genannt May, jüngste Tochter der Großherzogin Alice von Hessen und bei Rhein, eine Schwester der Kronprinzessin, an Diphterie verstorben. Alice und ihre älteste Tochter waren von der Krankheit verschont geblieben und die Großherzogin hatte sowohl den Ehemann als auch ihre erkrankten Kinder liebevoll gepflegt.
Aber am vierzehnten Dezember erlag Alice selbst der Diphterie, da sie sich bei einem ihrer Kinder angesteckt hatte.
Es war ein schwerer Schlag für die Kronprinzessin, ihre geliebte Schwester und die kleine Nichte zu verlieren. Dennoch versuchte sie, sich auf die Geburt ihres ersten Enkelkindes zu konzentrieren, dessen Geburt für den Mai des folgenden Jahres erwartet wurde.
Doch sie sollte noch einen weiteren Schicksalsschlag ertragen müssen. Kurz nach seinem elften Geburtstag, am vierundzwanzigsten März des Jahres 1879, erkrankte der Prinz Waldemar an Diphterie. Waldie beklagte sich bei den Proben zur Aufführung des Theaterstücks Schneewittchen und die sieben Zwerge, in der er einen Zwerg darbot, über

Halsschmerzen. Die Erkrankung nahm kurz darauf einen bedrohlichen Verlauf. Vicky schrieb an ihre Mutter, welche Ängste sie durchstehe, und übernahm trotz des hohen Risikos einer Ansteckung selbst die Pflege des Sohnes. Sie zog einen Regenmantel zum Schutz über ihre Kleidung, ließ sich hinterher gründlich mit Karbolsäure desinfizieren. Am fünfundzwanzigsten März konnte der Junge aufgrund der angeschwollenen Rachenmandeln kaum noch schlucken, seinen Mund nicht mehr schließen und bekam schlimme Erstickungsanfälle. Vicky wich nicht von der Seite ihres Lieblingssohnes. Für kurze Zeit schien es eine Hoffnung auf Besserung zu geben, aber am siebenundzwanzigsten März verstarb der Junge im Neuen Palais in Potsdam.
Seine Mutter war in ihrem Kummer gebrochen, sagte, er sei der netteste, liebste und vielversprechendste ihrer Söhne gewesen, lobte ihn über alle Maßen und betrauerte seinen Verlust noch intensiver als den Siggis. Ihr Ehemann schloss sich ihrer Trauer an und beide Eltern sollten den Tod eben dieses Sohnes nie wirklich verwinden. So warf sich der Kronprinz entgegen jeder Etikette bei der Trauerfeier weinend über den Sarg seines Sohnes und seine Gemahlin zeigte sich zutiefst verletzt, dass Bismarck am Abend der Beisetzung eine riesige Soirée für alle Abgeordneten des Reichstags gab.
Da der Kronprinz nach diesem harten Schlag nicht mehr im Leben Fuß fasste, schickte man ihn zur Kur nach Bad Kissingen. Resigniert schrieb er von dort im Mai des Jahres seiner Gemahlin, dass er kein Interesse mehr empfinde oder es der Mühe wert halte, für die wenigen Jahre, die er noch zu leben habe, diese Lebenszeit mit Politik oder Plänen zu verschwenden.
Vicky litt seit dem Tod ihres über alles geliebten Sohnes an schweren Schwindelanfällen, Rheumatismus und Neuralgien. Sie wirkte auf das gesamte höfische Umfeld gebrochen und vergrub sich in düstere Gedanken. Vicky wurde kurzerhand von den Ärzten zur Erholung in ein Kurbad geschickt. Ihre Freundin, die Prinzessin Catherine Radziwill, erkannte sie nicht wieder in ihrem Schmerz und betitelte sie als eine Mater Dolorosa - eine Mutter voll von Schmerzen.

Am zwölften Mai des Jahres 1879 erblickte ich in Potsdam das Licht der Welt. Für Queen Victoria war ich das erste Urenkelkind, für das kronprinzliche Paar das erste Enkelkind. Auf Wunsch meines Vaters hin erhielt ich den Rufnamen Feodora, nach seiner geliebten Stiefmutter. Meine anderen Taufnamen waren Victoria Auguste Marie Marianne.

Natürlich hatte man auf einen Jungen gehofft, damit die Erbfolge des Hauses Sachsen-Meiningen gesichert wäre. Doch mein Vater war froh, dass ich ein gesundes Baby war, und vielleicht hoffte er insgeheim, es würde der Tochter noch ein zweites Kind folgen, was meine Mutter aber sogleich kategorisch ablehnte. Eine Schwangerschaft ruiniere ihre Figur, sie könne währenddessen nicht am gesellschaftlichen Leben teilnehmen, wie sie es wolle, und zudem habe sie ihre Pflicht erfüllt.

Für meine Großmama Vicky und den Großvater Fritz, die erst kurz zuvor Waldemar verloren hatten, war die Freude über meine Geburt getrübt. Sicher freute man sich über ein Enkelkind, aber meine Großmama gestand, dass sie eigentlich lieber ein eigenes Baby gehabt hätte.

Meine Mutter vermisste ihren kleinen Bruder natürlich auch sehr. Sie und die Großmama näherten sich während der Trauerzeit etwas an. Zudem hatte es kurz vor meiner Geburt einen kleinen Faux pas seitens meiner anderen Urgroßmutter, der Kaiserin Augusta, gegeben.

Diese hatte sich bei Mamas Besuch bei ihr nach der Kronprinzessin erkundigt, aber tat dies in einem sarkastischen Tonfall und untermalte es mit einem verächtlichen Lachen. Meine Mutter zeigte sich entsetzt über das Verhalten ihrer Großmutter, die sie eigentlich sehr schätzte, aber sie nahm an, man wolle sich über die Trauer derselben und ihren Kummer lustig machen. So sagte Mama der Kaiserin, sie sei sehr geschockt und es tue ihr weh, wenn diese sich so verhalte. Mama erzählte es nicht ihrer Mutter, aber schrieb es ihrem Vater nach Italien, der das Verhalten seiner Mutter zutiefst kritisierte, doch meinte, man müsse das so hinnehmen. Er sei nicht in der Lage, nun Streitigkeiten zu beginnen.

Mama hatte zwar eine sehr seltsame Natur, doch konnte sie auch Mitgefühl zeigen, wenn sie es angemessen fand, und bedauerte ebenso sehr, wie sich das Verhältnis zwischen ihrem ältesten Bruder Willie und vor allem der Mutter verschlechterte. Sie schob die Schuld auf seine Erzieher Hinzpeter und Madame Darcourt. Sie selbst fand, dass beide sich ihnen gegenüber oft unfair verhalten hätten, zu streng

gewesen seien, und konnte ihnen nicht vergeben, wie sehr sie besonders Willie und ihre Mutter voneinander entzweit hatten, sowohl Mutter als auch Vater oftmals in einem schlechten Licht hatten dastehen lassen, wenn sie Bemerkungen über diese hatten fallenlassen.
Daher freute es Mama besonders, dass Willie sich sehr begeistert von mir, seiner kleinen Nichte, zeigte. Sie hatte ihren Bruder nie so vernarrt in ein Baby gesehen, wenn er mit mir spielte.
Mama schrieb an ihre Mutter, dass ihr Bruder einfach oftmals nicht in der Lage sei, Gefühle zu zeigen, dennoch spreche er auch sehr gut über sie, und sie erwähnte, sie habe ihn mit seinem, in ihren Augen oft ungebührlichem Verhalten, kritisiert, und Willie zeigte sich erstaunt, denn er meinte, Mama habe ihn damit als einen schlechten Sohn hingestellt. Er gestand ihr, dass ein Mann niemals gleich empfinden könne wie eine Frau gegenüber der Mutter. Und Mama sagte ihm, dies sei nicht korrekt, denn er wisse nicht, was es bedeute, ein Kind zur Welt zu bringen und es aufzuziehen.
Meine Mutter hoffte, dass Willie das alles besser verstünde, wenn er einmal eigene Kinder hätte. Erst dann könne er seinen Eltern dankbar sein.
Mama hatte sicher nur gute Absichten in Bezug auf ihren ältesten Bruder. Aber da er ihr sagte, er liebe seine Eltern, zeigte sie ihm all die Briefe, die sie der Mutter geschrieben und in denen sie eben genau über dieses Problem gesprochen hatte. Diese Briefe waren aber eigentlich nur für die Mutter bestimmt gewesen. Willie schrieb daraufhin einen sehr harschen Brief an seine Mutter, in dem er sich eher verärgert darüber zeigte, was sie ihm gegenüber empfinde und wie sie die ganze Situation und ihr Verhältnis zueinander gedeutet habe. Die Kronprinzessin zeigte sich betrübt, tröstete sich aber damit, dass Mama und Willie wenigstens ein gutes Verhältnis miteinander hatten. Dennoch sprach sie es auch gegenüber ihrem Ehemann an, denn sie fand es äußerst indiskret, wie Mama mit diesen privaten Briefen umgegangen war und nannte das Ganze eine unverzeihliche Dummheit.
Mama hatte in guter Absicht gehandelt, es aber nicht geschafft, eine Brücke zwischen Mutter und Sohn zu bauen.
Meine Mutter war durchaus in der ersten Zeit eine sehr engagierte und liebevolle Mutter für mich, wie auch mein Vater mich stets umsorgte. Sie kümmerten sich um mich, verbrachten viel Zeit mit mir.

Mama und ich, 1880

Ich entwickelte mich sehr zur Zufriedenheit meiner Eltern. Im November des Jahres 1880 konnte meine Großmutter stolz nach England berichten, dass ich zu laufen beginne und auch schon erste Worte von mir gebe. Ich sei ein sehr fröhliches, quirliges Kind, manchmal etwas vorlaut. Sie merkte nur besorgt an, ich sei recht klein und zierlich.

Die Großmama hatte nach dem Verlust Waldemars so schwere gesundheitliche Probleme gehabt, dass die Kur in Tirol nicht ausreichte, um sie wieder auf die sprichwörtlichen Beine zu bringen. So hatte sie sich für ein Dreivierteljahr nach Italien begeben, wobei sie ihre drei jüngsten Kinder einfach mitnahm, obwohl der Kaiser eigentlich dagegen war. Zudem reiste der Großvater kurzerhand hinterher und der Kaiser empörte sich sehr darüber. Er verstand auch nicht, wie man sich so in seinem Kummer über den Verlust eines Kindes ergehen konnte, da meine Großmutter im November 1879 schweren Herzens, wie sie überall gestand, ihre Trauerkleidung ablegen musste.
So forderte der Kaiser seinen Sohn schließlich brieflich auf, in Bälde heimzukehren nach Berlin. Mein Großvater musste sich von den Winterfesten in Berlin entbinden lassen, zeigte sich bereit, nach Weihnachten und Neujahr zurückzureisen, um zur Karnevalszeit wieder zu Hause zu sein.
Dennoch sollten aber sowohl Großmama als auch der Großvater die Geburts- und Sterbetage Siggis und Waldies immer wieder nutzen, um sich an diesen in großem Kummer über den Verlust zu ergehen, was jahrelang zu einem Ritus wurde. An diesen Tagen war, lapidar gesehen, mit beiden nichts anzufangen. Hierin war die Großmutter ihrer Mutter in England ähnlich, die es ebenso hielt, allerdings bezogen auf die Sterbetage ihres Gemahls Albert und von Verwandten.
Meine Großmama ging aber noch einen Schritt weiter, indem sie begann, die beiden verstorbenen Söhne in ihren Charakterzügen zu verklären. So sollte sie in den folgenden Jahren an den Geburtstagen der Kinder, besonders dem von Waldie, auch immer Vertraute hinzuziehen, um sich zu vergewissern, dass er ein perfekter junger Mann und Sohn geworden wäre. Vielleicht versuchte sie damit, die in ihren Augen gescheiterte Beziehung zu ihrem erstgeborenen Sohn zu kompensieren.

Meine Mutter sah in ihrem nun erwachsenen Bruder Willie jemanden, der unreif, zu jung sei, um zu wissen, was er tue, kaltherzig und unfähig, sich in irgendjemand anderes zu verlieben, weil er viel zu selbstverliebt sei.
Seit dem Dezember des Jahres 1879 hegte meine Großmama insgeheim die Hoffnung, dass ihr Ältester sich eine Braut gesucht habe. Es handelte sich um die Prinzessin Auguste Viktoria von Schleswig-Holstein-Sonderburg-Augustenburg. Dona, so ihr Spitzname, war die älteste Tochter des Herzogs Friedrich VIII. zu Schleswig-Holstein-Sonderburg-Augustenburg und dessen Gemahlin Adelheid, einer geborenen Prinzessin zu Hohenlohe-Langenburg.
Willie war Dona zum ersten Mal im Jahre 1868 bei einem Besuch im Schloss Reinhardsbrunn in Thüringen begegnet. Danach hatten sich ihre Wege erst einmal getrennt. Dona hatte sich dann im Jahre 1875 in den Prinzen Ernst von Sachsen-Meiningen buchstäblich verguckt. Aber ihre Eltern hielten ihn nicht für eine gute Partie und schickten ihre Tochter zu einem Verwandtenbesuch nach England, da Dona über ihre Großmutter mütterlicherseits eine Großnichte der britischen Queen Victoria war. Auf Schloss Windsor begegneten Willie und Dona einander wieder und er fand sofort Gefallen an ihr.
Da das kronprinzliche Paar mit Donas Eltern befreundet war, traf man sich im Sommer des Jahres 1878 dann erneut in Potsdam.
Dona war schmucklos, schlicht, aber bodenständig, wie es die Großmama nannte, sehr fromm. Daher war sie der Überzeugung, dass diese Braut auch einen positiven Einfluss auf meine Mutter nehmen könnte, da sie deren genaues Gegenteil war.
Auguste hatte fünf überlebende Geschwister. Die Kinder waren alle recht bescheiden aufgewachsen. Zuerst lebte die Familie in Dolzig in der Lausitz im Herrenhaus des Vaters. Mit der Krise in Holstein Ende des Jahres 1863, in der die dänische Regierung das Herzogtum entgegen der internationalen Übereinkunft von 1852 aus der Verfassungsgemeinschaft mit Dänemark und Schleswig ausgeschlossen hatte, zog Donas Vater dorthin zurück, um wie schon sein Vater Christian August in den 1840er Jahren, seine Erbansprüche auf die Herzogtümer Schleswig und Holstein anzumelden. Nachdem Holstein von sächsischen und hannoverschen Truppen besetzt worden war, empfing man den Herzog dort entgegen aller Erwartungen überschwänglich. So

versuchte er dann als Friedrich VIII., denn er sah sich als legitimer Nachfolger des kurz zuvor verstorbenen dänischen Königs Friedrich VII., von Kiel aus zu regieren, nachdem Schleswig, Holstein und Lauenburg durch die Preußen und Österreicher im Deutsch-Dänischen Krieg von Dänemark getrennt worden waren. Die Österreicher, die Holstein verwalteten, ließen den Herzog zuerst gewähren, doch nachdem Preußen Österreich im Jahre 1866 aus dem Deutschen Bund und Holstein vertrieben hatte, war der Herzog politisch gesehen kaltgestellt. Die Familie musste Holstein wieder verlassen. Von da an lebte man teilweise in Gotha oder im Schloss Primkenau im Landkreis Sprottau in Schlesien. Seit dem Jahre 1853 hatte sich das Schloss im Besitz von Donas
Großvater befunden. Man lebte dennoch sehr genügsam, eher spartanisch. Für die Töchter bedeutete dies unter anderem, dass Kleider, die einer Älteren nicht mehr passten, für eine Jüngere umgearbeitet wurden. Sie wurden zur Sparsamkeit erzogen.
Dona und Willie waren Cousine und Cousin zweiten Grades. Dies war aber nicht ausschlaggebend dafür, dass man die eventuelle Eheschließung für nicht standesgemäß hielt. Die kronprinzliche Familie war durchaus dafür, die preußische Hofgesellschaft nicht. Letzterer Meinung schloss sich der Kaiser an, da die Prinzessin Auguste eine bürgerliche Urgroßmutter hatte und eine Großmutter, die nur eine Gräfin war. Damit passte sie nicht zu einem Thronfolger und späteren Kaiser. Zudem befürchtete man, dass es zu politischen Verwicklungen kommen könne, da der Herzog seine Ansprüche gegen die von Preußen im Jahre 1866 annektierten Herzogtümer aufrechterhielt.
Dennoch war der Herzog an einer Verbindung seiner Tochter mit Willie durchaus interessiert, da er darin eine Aussöhnung der Augustenburger mit dem preußischen Staat sah. Auch Bismarck befürwortete aus diesem Grund die Eheschließung, denn ihm gefiel der Gedanke einer ausländischen Braut für Willie nicht und er meinte, die Heirat sei eine Art Wiedergutmachung und Schlussakt für ein konfliktreiches Drama.
Das Kronprinzenpaar begrüßte natürlich eine Vermählung mit Dona, ebenso Queen Victoria.

Meine Mutter hielt nichts von Dona. Sie fand sie zu schüchtern, wenig gesprächig und zu still. Ihr missfiel auch die Tatsache, dass die Prinzessin nicht stets neue Kleider trug, wenn es der Anlass verlangte, sondern mehrmals das gleiche trug. Für Mama, die sich gerne nach dem neuesten Chic kleidete, war dies ein Hinweis auf Donas Geiz, weniger auf ihre anerzogene Sparsamkeit und, da sie an der Seite Willies auch repräsentabel würde aussehen müssen, fand Mama ihre Art sich zu kleiden eher unpassend und viel zu schlicht. Zudem gefiel ihr Donas jüngere Schwester Caroline Mathilde besser. Sie war lebhafter, strahlender. Es ist anzumerken, dass es seltsam erscheint, wie Mama bei allem Missfallen Donas sie dennoch eine gute Partie für den Bruder von Papa fand.

Willie und Dona verlobten sich am vierzehnten Februar des Jahres 1880 in Gotha. Der Vater der Braut war am vierzehnten Januar in Wiesbaden verstorben, daher einigte man sich darauf, die Verlobung erst im Sommer öffentlich zu machen.

Im Mai des Jahres entschloss sich Willie, mit Dona eine Ausfahrt zu unternehmen. Zu jener Zeit galt es als völlig unschicklich, wenn ein unverheiratetes Paar alleine eine Kutschfahrt unternahm, unabhängig davon, ob man einander versprochen war oder nicht. So wurde meine Mama gebeten, das Paar zu begleiten, gewissermaßen als Anstandsdame. Und sie wollte ihnen in einer zweiten Kutsche folgen. Willie wusste, wie sehr Mama Dona gegenüber abgeneigt war, und so lehnte er ihre Begleitung konsequent ab. Er meinte, er wolle keinen Elefanten in seinem Gefolge wissen.

Es ärgerte Großmama sehr, dass Mama gegenüber Dona so kalt war, sich abweisend verhielt. Zudem tat sie überall und jederzeit kund, dass sie Dona nicht möge. Es nahm schlimme Züge an. Also schaltete sich der Großvater ein, zitierte Mama zu sich und warnte sie, es werde sehr negativ für sie enden, wenn sie weiterhin schlecht über Dona rede, statt sie in der Familie liebevoll willkommen zu heißen. Sie würde sich damit nicht nur gegen ihren ältesten Bruder wenden. Es schmerzte den Großvater dann aber umso mehr, als er begreifen musste, dass mein Papa die Meinung Mamas über Dona teilte, sich ebenso wie sie verhielt. Er ging sogar noch ein Stück weiter, nannte Dona auch anderen gegenüber taktlos, dumm und gar eine Analphabetin.

Willie und Dona, 1880

Dona stellte nicht die gleichen Ansprüche wie meine Eltern, sie führte nicht den modernen Lebensstil, war nicht modisch gekleidet und hatte daher so gar nichts mit ihnen gemeinsam. Dies sollte sich nie ändern.

Willie und Dona heirateten am siebenundzwanzigsten Februar des Jahres 1881 in Berlin. Schon kurz darauf mussten meine Großeltern feststellen, dass meine Eltern mit ihrer Einschätzung Donas nicht so falschgelegen hatten. Sie verhielt sich oft engstirnig, zeigte sich bei vielen Themen, die man ansprach, als eine simple Natur mit wenig Geist und verhielt sich fremden Personen gegenüber mehr als abweisend. Bedauerlicherweise hatte sie so nicht den erhofften guten Einfluss auf Willie, sondern nährte eher seine schlechten Eigenschaften.
Die Kluft zwischen Dona und Mama weitete sich zusehends. Meine Mutter hielt Dona zusehends für scheinheilig, farblos und langweilig und für eine klischeehafte unterwürfige Hausfrau. Doch Dona konterte damit, indem sie Mama als oberflächliche Person betitelte, einen intriganten gesellschaftssüchtigen Schmetterling. Bald fanden beide Frauen steten Gefallen daran, hinter dem Rücken der jeweils anderen über diese zu lästern. Natürlich gab es auf Seiten jeder von ihnen auch Personen, die sich hinter sie stellten bei diesen Lästereien. Weder Dona noch Mama hätten es aber jemals gewagt, Namen zu nennen.
Meine Mutter lebte ein völlig anderes Leben als die Frauen ihrer Zeit. Sie liebte Mode über alles, bestellte ihre Couture in Paris, war gerne zu Gast auf Diners, spielte, trank Alkohol in der Öffentlichkeit und rauchte. Ihr größtes Vergnügen aber waren Klatsch und Tratsch. Sie konnte nach außen hin zu jemandem sehr freundlich sein. Wenn sie dann aber über diese Person etwas erfuhr, gab sie dies gerne hinter deren Rücken an andere weiter - es war ihr gleich, ob es der Person schadete, erfunden oder wahr war. Für Queen Victoria und meine Großmama war es buchstäblich das blanke Entsetzen, wie sie sich oftmals in tittle-tattle, kleinem Geschwätz, erging. Zudem gefiel beiden ihre Lebensweise ganz und gar nicht. Mama ließ Kritik aber dahingehend gänzlich unbeeindruckt.
Es schmerzte meine Mutter, dass Willie Dona schätzte und liebte. Ihre Stumpfheit und Fügsamkeit waren ihr ein Dorn im Auge, da sie eben nicht dem Frauenbild entsprachen, welches sie lebte. Und, obwohl Willie ihre Meinung nicht interessierte, war es eindeutig, dass er nur

allzu gerne die Naivität und Loyalität seiner Gemahlin ihm gegenüber ausnutzte, um selbst bei belanglosen Streitigkeiten diese gegen seine Mutter einzusetzen. Dona war kein Ideal einer Gemahlin, das musste selbst meine Großmama bald einsehen. Darin waren sich Mama und sie einig.

Am fünfundzwanzigsten Januar des Jahres 1883 feierten meine Großeltern ihre Silberne Hochzeit. Mama und ihre Geschwister wollten ihre Eltern mit einem sogenannten Tableau Vivant überraschen. Hierbei handelt es sich um ein lebendes Bild, Werke der Malerei und Plastik werden von lebenden Personen dargestellt. Diese Tradition kam im neunzehnten Jahrhundert zur Unterhaltung auf und meine Großmama hatte dies mit ihren Geschwistern oftmals an den Hochzeitstagen ihrer Eltern gemacht.
Dona hatte am sechsten Mai 1882 im Mamorpalais in Potsdam einen Sohn geboren, den man auf den Namen Friedrich Wilhelm taufen ließ. Willie und sie lebten seit dem Jahre 1881 in dem Schloss, von welchem vorher nur die Seitenflügel als Unterbringung für königliche Sommergäste genutzt wurden. Bevor das Paar dort einzog, erfuhr das gesamte Gebäude eine ausgiebige Renovierung in technischer und sanitärer Hinsicht.
Dona war am Hochzeitstag der Großeltern wieder schwanger und das Baby sollte im Juli zur Welt kommen. Natürlich mussten alle Familienmitglieder an der Darstellung des Tableau Vivant teilnehmen. Dona verpasste in ihrem Zustand ein wichtiges Stichwort, doch meine Mama übernahm einfach kurzerhand ihren Part, stahl ihr die Schau, da sie eine sehr gute Amateurschauspielerin war. Und sie liebte es, sich zu produzieren, im Mittelpunkt zu stehen. Sie unterließ es auch nicht, während der Darbietung ihre Verachtung gegenüber Donas Fehler ganz offen zu zeigen.
Der Großmama entging so etwas nicht und sie schrieb an ihre Mutter, dass ihr Charlotte, obwohl sie nun verheiratet sei, stets noch Kummer bereite. Wenn sie sich in solchen Briefen an die Mutter über Mama ausließ, befürchtete sie stets, dass diese intime Korrespondenz irgendwie an die Öffentlichkeit und damit in die Hände von Mama fallen könne. Meine Urgroßmutter versuchte aber einzulenken, meinte, sie solle auch einmal etwas mehr Verständnis oder Interesse an dem

zeigen, was meine Mama eben interessierte. Wenn meine Mutter sich also gerne mit Kunst und Architektur befasste, etwas, was auch die Queen nicht besonders begeisterte, wie Kirchen, Fresken oder Galerien, so möge die Großmutter doch einfach mal Verständnis dafür zeigen und sich eben interessiert geben. Mit anderen Worten solle sie froh sein, wenn sich die Tochter für überhaupt irgendetwas neben ihrem ausschweifenden Lebenswandel begeisterte.

Meine Großmama zeigte sich alsbald überaus begeistert von mir. Vielleicht half es auch, sie von ihrer Trauer und ihrem Schmerz etwas abzulenken. Denn am siebten August des Jahres 1880 war es zu einem Zwischenfall gekommen, der sie tief erschüttert hatte, wie auch den überwiegenden Teil der Familie. Sie berichtete der Queen, dass Waldies zahme Katze tot sei, die sie doch immer noch an ihren Sohn erinnert habe und die alle nun noch mehr liebgewonnen hätten seit seinem Ableben. Ein Jäger hatte das Tier auf einem Weg im Park sitzen sehen und sie erschossen. Dann hing er das tote Tier in einen nahegelegenen Baum und schnitt ihr die Nase ab. Für drei Jahre war das Tier ein treuer Gefährte der Familie gewesen und vor allem Waldies. Meine Großmama konnte nicht aufhören zu weinen. Am Morgen des Tages hatte die Katze noch ihre Nähe gesucht, war zu ihr auf das Bett gesprungen und hatte ihr Köpfchen an die Wange der Großmama geschmiegt. Stets war das Tier anwesend, wenn meine Großmama ihren morgendlichen Tee zu sich nahm. Die Katze hatte wohl sogar immer Waldies Schritte erkannt, wenn er in sein Zimmer ging, und ihn dann freudig begrüßt. Man hatte sie schon als kleines Kätzchen dem Sohn geschenkt.

Dem Jäger konnte man eigentlich keinen Vorwurf machen. Er war angehalten worden, streunende Katzen vom Anwesen fernzuhalten und bekam für jeden Abschuss etwas Geld.

Großmama liebte Katzen und ebenso waren besonders Mamas jüngere Schwestern ergriffen von dem Ganzen. So beerdigten Vicky, Sossy und Mossy die Katze in Waldies kleinem Garten, wo auch schon sein Dackel begraben lag, der noch zu Lebzeiten des Jungen von einer Kutsche überfahren worden war.

Großmama verlangte, dass man den Jäger für den Abschuss der Katze bestrafte und rügte, aber es geschah nichts. Es schmerzte sie aber noch

mehr, dass der Graf Eulenburg bei Hofe über ihren Kummer lachte, denn es sei eben nur eine Katze gewesen und selbst Willie, der kein Verständnis für eine übertriebene Anhänglichkeit an ein Tier hatte, lobte den Jäger über alle Maßen für seinen Eifer, denn streunende Katzen töteten die Fasane im Park, die weitaus höher im Wert lagen als eine Katze.
Queen Victoria pflichtete aber ihrer Tochter bei. Sie schrieb ihr, man solle den Mann in einem Baum aufhängen, was sie natürlich nur bildlich meinte. Man müsse Verständnis zeigen, wenn ein lieb gewonnenes Tier durch solch eine Tat getötet werde. Da ein Tier ihrer jüngsten Tochter Beatrice ebenfalls einmal von einem Jäger erschossen worden war, trugen nun Katzen, die Freilauf genossen, ein Halsband mit den Initialen V.R., Victoria Regina. Damit vermied man einen unbeabsichtigten Abschuss. Sie empfahl ihrer Tochter, in Berlin ebenso zu verfahren.

Großmama schien mich gegenüber ihrer Mutter fast schon übermäßig zu loben, denn diese teilte ihr mit, sie wisse um den Kult, den sie um Babys mache, und sie fand es etwas übertrieben.
Als meine Mama ihrer Mutter sagte, sie werde keine weiteren Kinder mehr bekommen, da sie sich ihr ganzes Leben nach einer Freiheit und einem Lebensstil gesehnt hatte, den sie durch ihre Heirat erlangt habe und eine erneute Schwangerschaft ihr eben dies verwehren werde, stimmte dies die Großmama sehr traurig.
So begann Mama auch recht schnell, wieder in das soziale Leben Berlins einzutauchen, in den - wie Großmama es nannte - Unfug und Tratsch.
Mama war es leid, stets und ständig von ihren Eltern gewissermaßen überwacht zu werden, und so sprach sie im Jahre 1882 beim Kaiser vor, sodass Papa das Kommando eines in Berlin stehenden Infanterieregiments erhielt, und sie erreichte ferner, dass meine Eltern zeitgleich auch eine große Zimmerflucht im Charlottenburger Schloss beziehen konnten. In Charlottenburg, in der Nähe des Tiergartens, war sie endlich in der Lage, ein Leben mehr nach ihrem eigenen Geschmack und Vergnügen zu führen, ohne jemandem Rechenschaft ablegen zu müssen.
Schnell schaffte es Mama, dass sie sich dort einen Anlaufpunkt für

eine Gesellschaft schaffen konnte, die ganz ihren Wünschen entsprach. Man verabredete sich dort im Winter zum Eislaufen, zu anderen Jahreszeiten unternahm man Ausritte, Mama veranstaltete Diners und es wurde viel Klatsch und Tratsch ausgetauscht. Meine Eltern teilten sich dabei auf - während Mama ihre Zeit mit den Damen verbrachte, eben bei den erwähnten Freizeitvergnügungen, unternahm Papa mit den anwesenden Herren Jagdausflüge.
Man bewunderte die Couture meiner Mutter, da, wie ich erwähnte, alles eigens für sie in Paris maßgefertigt wurde und nach dem neuesten Chic. Sie war damit immer en Vogue.
Mama gab sich mondän und frivol, weil sie eben undamenhaft spielte, rauchte und Alkohol trank, nicht in Maßen wohlgemerkt. Bald hatte sie sich einen Ruf erworben, der auch in Adelskreisen bekannt war. Manch eine Dame nannte sie ihre Freundin, erwarb ihr Vertrauen, missbrauchte dieses dann irgendwann und gab intime und pikante Vertraulichkeiten weiter, wenn es ihr zum Nutzen sein konnte.
Dennoch war sie bekannt und beliebt für ihre sehr unterhaltsamen Soirée, zu denen viele stets auf eine Einladung hofften. Wer die Großmama nicht mochte, sich im Glauben befand, sie sei eine immerzu fordernde Mutter gewesen, bezogen auf die drei ältesten Kinder, fand bei Mama sofort Zuspruch und wurde zu einem gern gesehenen Gast. Sie umgarnten Mama, schmeichelten ihr, fanden sie die hübscheste von den Prinzessinnen, die stilvollste und natürlich die interessanteste. Meine Mutter sonnte sich förmlich darin, wenn man ihr schmeichelte, sie scheine heller als ihre jüngeren Schwestern, die als zu sehr fixiert auf ihr Zuhause galten, die man in ihrem Erscheinen, in femininer Eleganz oder Chic gerne als mangelhaft abtat. Vicky, Sossy und Mossy nannte man unvollendete Kreaturen, sie seien nicht strahlend oder witzig - kurzum wenig unterhaltsam. Mit anderen Worten Mama war ein strahlender Stern am Firmament, die Sonne, und ihre Schwestern allesamt der Mond.
Es gab aber auch Menschen, die in Mama eine bissige Frau sahen, der man aus reiner Sicherheit besser aus dem Weg ginge.
Die Liebe meiner Mutter zu Skandalen und sarkastischen Kommentaren sprach sich schnell in Berlin herum und man konnte sie durchaus als einen Wildfang bezeichnen.
Sie fand aber damit stets Anklang bei der Kaiserin, erzählte ihr den

neuesten Klatsch und Tratsch und diese störte es auch nicht, wenn sich dieser direkt gegen jemanden in der Familie richtete - ihre Person natürlich ausgenommen.

Meine hübsche Mama im Jahre 1883

Während meine Eltern sich dem gesellschaftlichen Leben in Berlin hingaben, mein Vater seine militärischen Pflichten erfüllte und in den Jahren von 1873 bis 1894 auch immer wieder längere Studienreisen nach Griechenland und Kleinasien unternahm, um Ausgrabungen beizuwohnen, wurde ich oftmals in die Hände von Verwandten übergeben, vorzugsweise der Großmama.

Mama (mittig), mit den hessischen Cousinen, Viktoria, (stehend hinten links), Elisabeth, Ella, (rechts, sitzend), und ihren Schwestern Mossy (links), Moretta (stehend) und Sossy (rechts), im Jahre 1883

Auch Mama reiste gern und viel, tauschte Briefe mit der Prinzessin Marie aus. Der Prinz Alfred, ihr Gemahl, war Marineoffizier der britischen Marine. Seit dem Jahre 1876 war er auf Malta stationiert und so lebte seine Familie dort mit ihm. Für Mama bot sich also eine Reise dorthin an, um Marie und ihre Familie zu besuchen.
Das Paar hatte im Jahre 1882 vier Kinder, den ältesten Sohn Alfred,

young Affie, Marie, Missy, Victoria Melita, die man aufgrund ihrer entenähnlichen Stimme Ducky nannte und Alexandra, Sandra. Eine Tochter war bei der Geburt gestorben.
Marie hatte mit meiner Mutter nicht nur die Liebe zu Klatsch und Tratsch gemein, vielmehr flüchtete sie oft aus ihrer glücklosen Ehe, verreiste und überließ die Kinder den Händen von Gouvernanten und Erziehern. Dennoch gab sie diesen Anweisungen zur Strenge und besonders für Ducky war dies leidvoll, denn ihre Mutter versuchte stets, die Schüchternheit des kleinen Mädchen auszumerzen, indem sie sie zu Dingen zwang, vor denen sie sich fürchtete, wie öffentlich etwas aufzusagen. Dabei schreckte Marie auch nicht vor einer übermäßigen Härte zurück.
Wenn mein Vater Zeit hatte, reiste er mit Mama.
In Meiningen war meine Mutter allerdings nicht besonders willkommen. Sie litt seid ihrer frühen Jugend unter Ohnmachtsanfällen, die sie dann und wann überkamen, für die man aber keine Ursache fand. Die Ärzten vermuteten, es könne am Einsetzen ihrer Periode liegen, man nannte das in höheren Kreisen den monatlichen Besuch von Madame Becker.
Der Herzog Georg hielt das alles für ein übertriebenes Gebaren, gepaart mit ihren Wutausbrüchen, ihrem taktlosen Verhalten und dem allzu selbstbewussten Auftreten. Da die Ohnmachtsanfälle sich gemeinsam mit den Wutausbrüchen zeigten, ging er davon aus, dass diese für sie ein Mittel zum Zweck seien, um eben das zu erreichen, was sie wollte.
Zuerst war der Herzog noch bestrebt, Mama diese Unarten abzugewöhnen. Aber mein Vater zeigte sich darüber sehr empört und verbat es seinem Vater, sich einzumischen. Papa liebte Mama mit all ihren Eigenheiten und daher kam es oft zum Streit zwischen ihm und dem Großvater. Mein Vater hätte seine Gemahlin immer verteidigt und der Großvater in Meiningen hätte sich stattdessen lieber freuen können, dass Mama sich um die Freifrau sehr bemühte, denn die Mehrheit tat dies nicht.

Einer der Wohnsitze der Familie von Sachsen-Meiningen

Doch für ihn überwog Mamas auffällige Arroganz anderen gegenüber und ihre oftmals sehr kränkenden Aussagen, die er als preußische Untugenden betitelte. Meine Mama kränkelte aber immer noch häufig und hatte eine eher fragile Gesundheit, dies übersah der Großvater aber völlig. Ich denke, sie gab sich manchmal so, weil sie sich nicht wohlfühlte. Sicher waren auch negative Charakterzüge einfach ein Teil ihrer Persönlichkeit.

Jedenfalls sagte der Großvater schließlich abwertend über Mama, sie habe ein Herz aus Kautschuk im Busen. Und leider hatte er ein weiteres Familienmitglied, welches Mama nicht ganz so unähnlich war. Zwar war seine Tochter Marie Elisabeth eine sehr hochmusikalische Frau, aber im Temperament ebenfalls unberechenbar und sie war sich eins mit Mama was ein intrigantes Verhalten und die Vorliebe für Klatsch und Tratsch betraf. Elisabeth lebte für diese schlechten Angewohnheiten neben der Musik, daher war in ihrem Leben auch kein Platz für einen Ehemann.

Elisabeth, und das mochte dem Großvater ein großer Trost sein, hatte sich zu einer vortrefflichen Pianistin entwickelt. Da der Großvater auch die Musik sehr förderte in Meiningen, war das für Elisabeth sehr positiv. Schon als Zwölfjährige komponierte sie einen ersten Festmarsch. Großen Anklang fand weit über Meiningen hinaus dann ihre

Romanze in F-Dur für Klarinette mit Begleitung eines Klaviers und Orchesters. Diese wurde von dem berühmten Klarinettisten Richard Mühlfeld Anfang März des Jahres 1892 dann in Hildburghausen im Rahmen eines Abonnement-Konzerts in der Hofkapelle uraufgeführt, ebenso wenige Tage später durch Mühlfeld und den Hofkapellmeister Fritz Steinbach in Meiningen. Ab dem Jahre 1911 wurden die Noten mit Klavierbegleitung sogar in einem Notenbuch im Verlag der Schlesinger'schen Buch - und Musikalienhandlung in Berlin gedruckt und konnten käuflich erworben werden. Elisabeth selbst wusste um ihr Können, aber vermied es, darum einen großen Wirbel zu machen. So nahm sie Lob zwar dankend an, fand aber ihre Kompositionen nicht von Wert, weil es ihr schlichtweg einfach Freude bereitete. Sicher fühlte sie sich durch die Anerkennung geehrt, aber sie wurde deswegen nicht eitel. Elisabeth stand später auch in Kontakt mit Richard Strauss, komponierte noch ein anderes reines Orchesterwerk und förderte begabte Sängerinnen finanziell in deren Ausbildung.
Sie war auch ein Grund, weswegen die Meininger Hofkapelle deutschlandweit bald einen sehr vorzüglichen Ruf genoss. Man widmete ihr auch Kompositionen, wie Steinbachs Lied Zum neuen Jahr, im Jahre 1898.
Am dritten März des Jahres 1882 verstarb der Vater Georgs in Meiningen. Er hatte sich erst vier Jahre vorher bereit erklärt, seinen Sohn in Begleitung der Freifrau zu empfangen.
Marie, meine Urgroßmutter väterlicherseits, wohnte mit ihrem Ehemann nach dessen Abdankung im Großen Palais in Meiningen und behielt ihre Wohnstatt nun als ihren Witwensitz.
Zu der Meininger Verwandtschaft hatten wir nicht sonderlich viel Kontakt, als ich klein war und wir in Berlin lebten. Ich weiß nicht, ob mein Papa vielleicht einmal außerhalb von Geburtstagen oder anderen Feierlichkeiten dorthin reiste, um seine Geschwister, die Großmutter und seinen Vater zu besuchen. Ich erinnere mich nicht daran, diese oft gesehen zu haben. Es war aber auch sehr schwierig, da Papa eben die Freifrau ablehnte.

Prinzessin Elisabeth Marie als junge Frau

Es gab Besuche in Berlin von Seiten seiner Geschwister, aber ich hatte nie ein enges Verhältnis zu diesen, wie zu Mamas oder eben zu meinen Großeltern in Berlin. Auch nicht zu meinem Meininger Großvater und seiner Gemahlin. Ebenso kann ich mich aber nicht entsinnen, bei den Urgroßeltern, also dem Kaiser und der Kaiserin, oft zu Besuch gewesen zu sein oder bei der Mutter meines Urgroßvaters. Ich meine damit abseits von Festivitäten.

Für meinen Papa war es nicht immer ein leichtes Leben an der Seite Mamas. Sie war zwar seine Eintrittskarte zu den großen und bedeutenden Höfen Europas, aber er war nur der Ehemann an ihrer Seite. Mama spielte die herausragende Rolle, wenn man auf Besuche ging, da sie eben die Enkelin der Queen Victoria war und dazu eine Prinzessin aus dem Hause Hohenzollern. Von Beginn ihrer Ehe an ertrug er mit einer großen Langmut und Großzügigkeit gepaart mit Nachsicht alle ihre Kapriolen und auch ihre Launen.
Mittlerweile rief man mich Feo innerhalb der Familie. Ich war eigentlich bisher ein sehr liebes kleines Mädchen gewesen, aber nun zeigte ich teilweise ein Verhalten wie meine Mutter dereinst als Kleinkind. Ich neigte zum Jähzorn und konnte mich auch sehr in diesen hineinsteigern, was natürlich nicht gerne gesehen wurde.
Viel Zeit verbrachte ich bei meiner Großmutter, da Mamas Amüsierbedürfnis, wie Queen Victoria es nannte, überaus ausgeprägt war. Ein Kind war für sie absolut kein Grund, darauf zu verzichten, und sie fing sich dafür auch viel Tadel von meiner Großmutter ein, der ihre Mutter in England natürlich beipflichtete, und ebenso nicht verstand, wie mein Vater dies dulden konnte. Die Großmama kümmerte sich gerne um mich. Ich denke, ich tat ihr vielleicht auch sehr leid, weil ich eben von klein auf stets bei ihr abgegeben wurde.
Früh viel ihr auf, dass ich ebenso wie meine Mutter auch keine große Lernbegeisterung zeigte. Es fiel mir schwer, mich zu konzentrieren, und ich hatte nur wenig Lust und Eifer, weil ich lieber spielte. Der Großvater war auch sehr lieb zu mir. Ich hatte auch in meinem späteren Leben niemals das Gefühl, dass ich beiden zur Last fiel, wenn ich so oft bei ihnen war, und zudem gab es auch noch die Cousinen Vicky, Mossy und Sossy, die ebenfalls mit mir spielten.
Aufgrund der ständigen Differenzen zwischen Mama und ihrem ältesten Bruder sowie Dona, durfte ich allerdings nicht mit deren Kindern spielen, wenn diese zu Gast waren. Ich weiß nicht, ob Mama die Anweisung an die Großeltern gab oder Dona und Willie ihre Kinder vor Besuchen dahingehend instruierten. Es war also unerheblich, ob meine Cousins die Großeltern besuchten - ich blieb allein. Für die Großmama war es sicherlich sehr bedrückend, denn sie musste auch hinnehmen, dass ich ein Einzelkind blieb, welches auf sie wohl auch verlassen wirkte.

Eine Aufnahme von mir aus dem Jahre 1884

Wenn Mama und Papa fortgingen, kam es durchaus vor, dass ich weinte, weil ich nicht wollte, dass sie mich alleine ließen. Und dann kamen natürlich Wutausbrüche durchaus vor, die ich nicht kontrollieren konnte. Ich liebte meine Eltern, wie jedes Kind. Und ich wusste nie, wann sie wiederkamen. Die Großeltern waren mir ein guter Ersatz, aber eben nicht meine Eltern, die sich eigentlich um mich hätten kümmern müssen. Es gab für mich kein familiäres Heim. Dies fand ich nur bei meinen Großeltern.
Meine Eltern reisten auch überwiegend allein, entweder beide gemeinsam oder getrennt. Nur selten wurde ich mitgenommen. Ich nehme an, dass es dann für Mama eben anstrengend war. Sie konnte sich nicht so frei bewegen und tun und lassen, wozu sie eben Lust hatte, wenn ein Kind stets ihre ganze Aufmerksamkeit einforderte. Und Papas Reisen zu archäologischen Ausgrabungen waren nichts für ein kleines Kind.
Ich erinnere mich, dass ich einmal sehr weinte, als Mama sich von mir verabschiedete, mich an sie klammerte, ihr sagte, ich wolle mitkommen. Sie schob meine Hände von ihren Hüften, drängte mich sanft von sich, beugte sich zu mir herab.
„Feolein, du willst doch ein braves Mädchen sein, oder?"
Sie sah mich abwartend an und ich nickte instinktiv, schniefte.
Die Großmama legte ihre Hände sanft auf meine Schultern, wandte sich an Mama.
„Ditta, bitte, ändere doch deine Pläne und verschiebe deine Reise um einige Tage."
Ihr Tonfall war sehr sanft, nicht vorwurfsvoll. Sie wollte meine Mutter nicht unnötig provozieren.
Die Tränen rannen meine Wangen herab, ich schmeckte das Salz auf den Lippen, wischte mir mit dem Ärmel über die Augen, die Großmama reichte mir ein Taschentuch. Sie drehte sich zu ihr hin, half mir dann, mich zu schnäuzen, wischte mir die Tränen aus dem Gesicht. Ihre Züge hatten so etwas Gütiges, da sie mir den Kopf streichelte.
Mama stand stumm da, seufzte dann hörbar.
„Ich habe die Reise mehrfach angekündigt! Und ich habe Verpflichtungen!"
„Ditta,", meinte die Großmama kaum hörbar, „Du hast in erster Linie ein Kind."
„Wenn ich zurückkomme, dann hole ich sie gleich ab", sagte Mama

barsch, machte aber keine Anstalten, mich nochmals in den Arm zu nehmen oder zu drücken, sondern drehte sich um, wollte gehen.
„Verpflichtungen?“, warf die Großmama ein, „Ach, Ditta … !“
„Ich hole das Kind dann ab. Wie ich es gesagt habe. In einer Woche bin ich zurück“, sie schickte sich an zu gehen, drehte sich nicht mehr um, aber fügte noch laut im Gehen hinzu: “Nur kleine brave Mädchen erhalten von ihrer Mama auch ein Geschenk von der Reise, Feo! Denke daran!“
Bei den letzten Worten hatte ihre Stimme etwas Süßliches, auch wenn man den verärgerten Unterton durchaus wahrnehmen konnte.
Die Großmama drückte mich an sich, flüsterte in mein Ohr.
„Mein kleiner Liebling. Ich weiß, wer nachher mit der Großmama im Park Fangen spielen darf!“
Ich sah zu ihr auf, sah ihr Lächeln, welches so voller Liebe war, dass ich für Sekunden meinen Kummer fast vergaß. Dann hob sie mich auf ihre Arme.
„Und jetzt darfst du dir noch etwas zum Tee wünschen. Na, möchte mein Schätzchen lieber Schokoladen-Biskuits oder vielleicht Kakao und Vanillewaffeln?“
„Koko!“, sagte ich schnell, rang mir auch ein Lächeln ab, „Und Vanillewaffeln!“
„Siehst du, my sweetheart, deine Großmama kennt dich in - und auswendig und weiß doch, was mein kleiner Engel so mag.“
Sie stupste mit dem Finger meine Nasenspitze, setzte mich ab und reichte mir die Hand. Während wir in den Salon gingen, schwieg sie und ich denke, sie dachte über das Verhalten meiner Mutter nach, weil es sie sehr bekümmerte, aber sie hätte es nie gewagt, auch später nicht, dies mir gegenüber anzusprechen.
Für ein Kind sind Tage nichts. Zeit ist ein unendlich dehnbarer Begriff. Eine Stunde kann einem schon lang werden, wenn man auf etwas wartet. Und mehrere Tage fühlen sich an wie eine Ewigkeit.
Wenn ich also begann, Heimweh nach meinen Eltern zu entwickeln, weinte oder deswegen schlecht gelaunt war, weil ich sie so sehr vermisste, wurde stets versucht, mich abzulenken, damit ich nicht mehr daran dachte. Aber manchmal gelang dies nicht und für meine Großeltern musste es ein schwerer Spagat gewesen sein, sich auf mich und meine Bedürfnisse zu konzentrieren, das Verhalten meiner Eltern zu

ertragen, und es gab auch noch andere Enkelkinder, eigene Kinder, die die Aufmerksamkeit der beiden einforderten. Ich hatte aber niemals das Gefühl, ich wäre ein Störenfried, wenn ich bei den Großeltern zu Besuch war, stattdessen fühlte ich mich stets willkommen und wirklich aus tiefstem Herzen geliebt.

Im Januar des Jahres 1884 reisten wir nach England zur Urgroßmutter. Sie freute sich sehr, mich endlich persönlich kennenzulernen, denn ich war, wie erwähnt, ihr erstes Urenkelkind. War sie sonst auch sehr auf Etikette bedacht, so legte sie ihre Steifheit mir gegenüber ab. Ich durfte sie mit Grannie-Gran ansprechen und avancierte sofort zu ihrem Liebling.
Ich fand es wunderschön in England, denn ich konnte mit den Kindern der Kronprinzessin Alexandra, Tante Alix, und des Kronprinzen Edward, Onkel Bertie, spielen. Zudem gab es noch die Kinder meiner Urgroßmutter, wie ihre jüngste Tochter Beatrice, die sie liebevoll Baby nannte. Wir unternahmen Kutschfahrten, bei denen ich an der Seite der Queen in der Kutsche saß, begleitet von der Großmama und Mama, und ich fand es imposant, wie die Menschen der Queen begegneten, ihr freundlich zunickten, Männer ihre Hüte lüfteten zum Gruß, man sich verneigte, wenn die Kutsche vorbeifuhr. Und stets winkte die Queen huldvoll, wies mich auch an zu winken, legte einen Arm um mich, hauchte mir my sweet little Feo dear ins Ohr.
Die Urgroßmama war als junge Frau zu ihren eigenen Kindern oftmals sehr streng gewesen, verhielt sich aber anders gegenüber der jüngsten Tochter Beatrice und auch den Enkeln und mir gegenüber war sie milde, verwöhnte uns mit Süßigkeiten, kleinen Leckereien, ließ vieles durchgehen.
Ich erfuhr erst später, dass der Tod von Großmamas Schwester Alice und der kleinen May für die Urgroßmutter ein sehr schwerer Schlag gewesen war neben dem Verlust ihres geliebten Gemahls. Sie hatte sich angeboten, sich um die Kinder von Alice zu kümmern, und diese sehr gerne in England willkommen geheißen.

Ein weiteres schweres Los hatte sie bei ihrem Sohn, Prinz Leopold, zu tragen, denn er litt an der Bluterkrankheit. Jede kleine Verletzung konnte seinen Tod bedeuten. Leopold war seit dem Jahre 1882 verheiratet mit der Prinzessin Helene zu Waldeck-Pyrmont und das Paar hatte bereits ein Kind, die Prinzessin Alice, geboren im Jahre 1883. Bei unserem Besuch war Helene wieder schwanger und die Ärzte rieten Leopold, sich nach Cannes in Frankreich zu begeben, da er über Gelenkschmerzen klagte, was ein Nebenleiden der Hämophilie ist. Helene riet ihm zu reisen, da das kalte Klima in England ihm nicht bekam.

Also begab er sich in den warmen Süden und niemand konnte zu jenem Zeitpunkt ahnen, dass er nicht wiederkehren sollte. Am siebenundzwanzigsten März des Jahres 1884 rutschte er in der Villa aus, in der er weilte, verletzte sich am Knie und am Kopf. Er verstarb in den frühen Morgenstunden des nächsten Tages an seiner Kopfverletzung, da diese durch die Hämophilie mit einer schweren Hirnblutung einherging.

Vier Monate nach seinem Tod brachte Helene einen kleinen Sohn, Charles Edward, zur Welt. Da Helene deutschstämmig war, wurde er auch Carl Eduard gerufen.

Während unseres Aufenthalts in England genossen wir die Zeit mit den Verwandten. Ich fühlte mich nicht mehr allein, denn es war stets jemand da, der sich mit mir beschäftigte und bei diesen Besuchen kamen auch stets andere Verwandte vorbei, sodass immer etwas los war, wie man so sagt.

Mama liebte alles Moderne und zeigte sich immer offen für technische Neuerungen und Erfindungen. Ich kann mich aber nicht erinnern, ob sie auch eines der damals in Mode kommenden neuartigen Fahrräder ausprobierte. Es wäre ihr aber durchaus zuzutrauen gewesen, da sie auch sehr mutig war, eben voller Selbstvertrauen.

Meine Mutter war ebenso wie mein Vater eine sehr gute Reiterin, die es sich auch in England nicht nehmen ließ, an Ausritten mit den Verwandten teilzunehmen, oder mit der Queen auszureiten, die ein Faible für Pferde hatte und deren Tiere so exzellent gezüchtet waren, dass sie auch oft an den großen Pferderennen, wie in Ascot, teilnahmen.

Mama (links), Großmama Vicky, Queen Victoria und ich, 1884

Von den Kindern meiner Urgroßmama waren bis auf Beatrice alle verheiratet. Sie lebten teilweise in England und Deutschland. Und ich entsinne mich, dass besonders die hessische Verwandtschaft gerne nach England reiste, wenn auch wir anwesend waren. So pflegte Mama ein gutes Verhältnis zu den hessischen Cousinen, vor allem zu den Prinzessinnen Viktoria, Elisabeth und Irene, die ihr vom Alter her gesehen am nächsten standen.

Tante Alix (in der Mitte stehend), ihre Töchter Louise, Victoria und Maud, die Söhne Victor Albert und George und Mama (rechts), 1884

Der verwitwete Großherzog Ludwig IV. von Hessen und bei Rhein begleitete seine Töchter ebenfalls nur allzu gern zur Jagdsaison nach Balmoral in Schottland.

Onkel Bertie, seine Töchter Louise, Victoria und Maud, Tante Alix und Mama (zweite von rechts), im Park von Marlborough House mit den zu jener Zeit modernen Fahrrädern, 1884

.

Dennoch lernte ich schon früh, dass die Queen die Matriarchin der Familie war. Wenn sie etwas sagte, dann war das so etwas wie eine Aufforderung und man hielt auch viel auf ihren Rat. Dies hatte nur dann Grenzen, wenn sie sich dem matchmaking unter Verwandten hingab, also versuchte, Ehen zu arrangieren, beispielsweise für ihre Enkeltöchter. Zumeist war sie damit weniger erfolgreich, was dann die Ehe an sich betraf. Sie befand oft, dass jemand gut zu einer anderen Person passen würde, weil man vielleicht ein oder zwei Vorlieben teilte. Allerdings war dies kein Garant für eine glückliche Ehe und es war schon seltsam anmutend, wie sehr sie es liebte, sich in dieses Arrangieren einzubringen, da sie selbst dereinst eben aus Liebe geheiratet hatte. Und natürlich spielten auch ihre Ressentiments gegenüber gewissen Adelshäusern eine große Rolle. Das russische Kaiserhaus war ihr eigentlich ein Dorn im Auge, dennoch war Alfred mit Marie, der russischen Großfürstin, verheiratet, von der sich die Queen aber aufgrund ihres Verhaltens und ihrer Hochnäsigkeit sehr enttäuscht zeigte. Als daher dann später Mamas Cousine Ella aus Hessen einen russischen Großfürsten aus Liebe heiraten wollte, war das für die Urgroßmama eine Katastrophe. Nur mit viel gutem Zureden ließ sie sich dann erweichen dem zuzustimmen, wollte aber im Weiteren bei Besuchen nur Ella in England empfangen, aber nicht ihren Ehemann. Alix, Ellas jüngste Schwester, sollte sich dann aber noch in den russischen Zarewitsch Nikolaus verlieben, als sie erst zwölf Jahre alt war und er sechzehn. Das Schicksal meinte es nicht gut mit der Queen, was dieses Thema betraf, und sie musste lernen, die Wahl der Enkelinnen zu akzeptieren.

Mama litt immer noch unter den Streitigkeiten mit ihrem ältesten Bruder. Ihr Verhältnis sollte sich eher verschlechtern, da er es immer noch unterließ, seiner Mutter zu schreiben, um Missverständnisse aus der Welt zu räumen und ihr zu zeigen, dass er sie liebte. Doch meine Mutter war dabei stets indiskret, denn sie ließ sich darüber auch bei anderen Verwandten aus. Und sie schrieb Willie mehrmals, wie herzlos und unsensibel sie sein Verhalten fand. Sie bezog sich dabei aber auf beide Elternteile, denn sie fand, dass er auch ihrem Vater gegenüber sehr distanziert sei. Natürlich hatte sie gute Absichten, aber indem sie ihm mitteilte, wie verzweifelt die Eltern über seine stete Ablehnung gegenüber ihnen waren, erzeugte sie nur noch mehr Unfrieden. Und so nannte sie ihn auch anderen gegenüber ein verwöhntes, eingebildetes Baby. Es war sehr heikel, andere in ebendiesen Konflikt miteinzubeziehen, aber das tangierte meine Mama nicht.
Etwas später war sie sehr erschrocken, da sie zugegen war, als es zu sehr unschönen Szenen zwischen Willie und dem Vater gekommen war, wobei es auch um seine Rücksichtslosigkeit gegenüber der Mutter ging. Mama tat es sehr weh, ihren Vater danach fast krank vor Wut zu sehen.
Mein Papa konnte durch die Heirat mit Mama einen enormen Aufstieg in seiner militärischen Karriere verzeichnen. Sein eigentlicher Titel war Erbprinz von Sachsen-Meinigen, aber innerhalb des Militärs bezeichnete man ihn bald als Schwager des zukünftigen Kaisers, wenn über ihn gesprochen wurde.

Natürlich fand seine Bevorzugung bei vielen Beförderungen und Ernennungen nicht immer Anklang. Er stieg in hohe und höchste Führungspositionen auf, andere dagegen wurden nicht berücksichtigt, brachten aber vielleicht die gleiche Leistung wie er. Doch mein Vater genoss eine gewisse Protektion durch das Kaiserhaus.
Für höchste Positionen musste man eigentlich eine Kriegsakademie in Preußen besucht haben, was ein zwei - bis dreijähriges Studium der Militärwissenschaft bedeutete. Dieses Studium hatte Papa aber nie absolviert.
Mein Vater war seit dem Jahre 1872 zum Premier-Leutnant und bis zur Hochzeit mit Mama zum Hauptmann befördert sowie als Compagnie-Chef einrangiert worden, also rangmäßig eingeordnet. Dies geschah alles noch aufgrund seiner militärischen Leistungen.
Mit der Heirat wurde er schon am Hochzeitstag zum Major befördert und etatmäßig, also für die Position eines Stabsoffiziers im 1. Garde-Regiment zu Fuß vorgesehen. Nur vier Monate später wurde er für die Zeit vom neunzehnten bis zum sechsundzwanzigsten September des Jahres zu den Herbstübungen des XI. Armeekorps kommandiert und war dann zur Inspektion der 4. Armee vorgesehen. Ab dem Oktober wurde er dann nicht nur auf ein Jahr zum Kommandeur beim Garde-Husaren-Regiment, sondern auch zum Kommandeur des Füsilier-Bataillons ernannt.
Im Mai des Jahres 1882 versetzte man ihn zum Großen Generalstab, er war im selben Jahr wieder bei den Herbstübungen des V. und VI. Armeekorps eingesetzt und im Juli des Jahres 1885 beförderte man ihn zum Oberstleutnant. Mein Papa machte eine also mehr als hervorragende Karriere beim preußischen Militär und das in einer relativ kurzen Zeitspanne. Man kann also durchaus nachvollziehen, wenn es Neider und böse Stimmen beim Militär gab. Ich möchte damit natürlich keineswegs sagen, dass Papa sich nicht bemühte oder nichts tat, dennoch aber befördert wurde, aber er hatte durch Mama und seine familiäre Beziehung zum Kaiserhaus eine anderen Status und genoss eben damit einhergehende Vorteile.

Am dreißigsten April des Jahres 1884 heiratete die hessische Cousine meiner Mama, Viktoria, den Prinzen Ludwig von Battenberg in Darmstadt und am fünfzehnten Juni ehelichte ihre Schwester Elisabeth den

russischen Großfürsten Sergei in der Kapelle des Winterpalastes in St. Petersburg. Bei dieser Trauung begegneten sich die jüngste hessische Cousine Mamas, Alix, und der Zarewitsche Nikolaus, Sohn des Zaren Alexanders III., zum ersten Mal. Von da an sollten zwischen beiden die ersten zarten Liebesbande geknüpft werden.
Für Queen Victoria war die Wahl Ellas allerdings, wie ich bereits erzählte, nicht passend. Ella war eine sehr hübsche Frau und auch Mamas ältester Bruder hatte durchaus einmal eine Vermählung mit ihr in Betracht gezogen. Sergei war ein Sohn von Zar Alexander II., er galt aber als Sonderling, da er oftmals ein sehr raues Benehmen an den Tag legte und als herrisch galt. Damit untermauerte er sprichwörtlich die Ressentiments meiner Urgroßmutter gegenüber dem russischen Zarenhaus, da dieses aus ihrer Sicht aus herrischen Tyrannen bestand, zudem fehlte es an einer parlamentarischen Regierung, die die Zaren in ihre Schranken verwiesen hätte. Ella heiratete Sergei aus Liebe, sie kämpfte darum, ihn heiraten zu dürfen, und die Queen ließ sich schließlich erweichen. Aber ihre Bedingungen, die ich auch schon genannt habe, waren eben, dass Ella sich nicht im Pomp und Prunk verrennen solle in Russland und nur alleine nach England zu Besuchen der Queen anreisen durfte. Ihr Ehemann war bei Hofe unerwünscht.
Am dreiundzwanzigsten Juli des folgenden Jahres heiratete die jüngste Tochter von Urgroßmama, Beatrice, den Prinzen Heinrich Moritz von Battenberg in der Whippingham Church auf der Isle of Wight. Da Baby, wie die Urgroßmama sie auch als erwachsene Frau noch nannte, sehr an ihrer Mutter hing und beide seit dem Tod des Prinzgemahls Albert eine Einheit bildeten, war es für Beatrice nur allzu selbstverständlich, dass dies auch nach ihrer Vermählung so bleiben sollte. Also lebte das Paar als rechte und linke Hand der Urgroßmama mit ihr zusammen.

In unserer Familie sollte sich aber bald wieder Kummer einstellen, der dieses Mal Moretta, Mamas Schwester Vicky, betraf.
Im Jahre 1881 hatte der Fürst Alexander I. von Bulgarien, ein gewählter Knjaz des Landes, auf Geheiß von Großmama den preußischen Hof in Berlin besucht. Alexander war eigentlich ein geborener Prinz von Battenberg, sein Spitzname war Sandro. Er war ein Bruder des Prinzen Ludwig von Battenberg, dem Ehemann von Mamas hessischer

Cousine Viktoria und von Prinz Heinrich Moritz, Babys Gemahl.
Die Battenbergs waren kein alteingesessenes Adelsgeschlecht, sondern in diesen Stand erhoben worden. Der Prinz Alexander von Hessen und bei Rhein, ein Sohn des Großherzogs Ludwig II. von Hessen und bei Rhein, hatte seinerzeit Julie von Hauke geehelicht, die zwar aus polnischem Adel stammte, aber auch ihre Familie war in diesen erhoben worden. Damit die Ehe standesgemäß war, verlieh der Großherzog Julie den Adelsnamen von Battenberg, nach einer Stadt an der Eder in Hessen. Zuerst erhob man sie in den Stand einer Gräfin, zur Silberhochzeit des Paares dann in den Fürstenstand. Die Nachkommen aus dieser Ehe trugen dann alle den Titel von Battenberg.
Alexander von Bulgarien und seine Brüder waren ebenso Neffen des Zaren Alexander II. von Russland, und zwar über dessen erste Gemahlin, Marie, eine geborene Prinzessin von Hessen und bei Rhein.
In den Jahren von 1875 bis 1878 kam es zu einer Krise, die auf der Balkanhalbinsel ihren Anfang nahm. Zu dieser gehörten Griechenland, Bulgarien, Serbien, Bosnien und Herzegowina, Albanien, Nordmazedonien, Montenegro und der Kosovo. Es war hier zu Aufständen der christlichen Bevölkerung gegen eine osmanische Unterdrückung durch die angrenzende Türkei gekommen. Die Völker der Balkanhalbinsel forderten ihre Unabhängigkeit vom Osmanischen Reich.
Während des Berliner Kongresses vom dreizehnten Juni bis zum dreizehnten Juli des Jahres 1878, hatten sich Vertreter der europäischen Großmächte getroffen, um die Krise auf dem Balkan zu beenden und die politische Karte neu zu gestalten. Man handelte eine Friedensordnung aus.
Da Alexander im Russisch-Türkischen Krieg von 1877 bis 1878 gegen die Türken mit ins Feld gezogen war und mit dem Zarenhaus - wie erwähnt - verwandt war, führte dies dazu, dass man ihn als Oberhaupt eines neuen autonomen Fürstentums Bulgarien vorschlug und die bulgarische Nationalversammlung wählte ihn schließlich einstimmig Ende April 1879 zum Knjaz. Er leistete seinen Eid auf die Verfassung, zog in der Stadt Tarnowo ein, wählte dann aber Sofia zu seinem Wohnsitz.
Es kam jedoch im Land zu Unruhen, auch wenn Alexander sehr um das Volkswohl und die Unabhängigkeit bemüht war. Allerdings stellten sich ihm radikale russophile Agitatoren in den Weg, die auch in

der Armee und der Regierung vertreten waren.

Nun waren meine Großmama und ebenso die Queen in England sehr angetan von Alexander. Er schien ihnen als eine gute Partie für Moretta. Die erst fünfzehnjährige Moretta zeigte sich durchaus angetan von dem gutaussehenden Prinzen und, als er im nächsten Frühjahr erneut nach Berlin reiste, verliebte sie sich in ihn.
Meine Großeltern freuten sich sehr für ihre Tochter. Anders als ihre ältesten drei Geschwister hatte meine Großmama Vicky stets mit Nachsicht behandelt, auch wenn diese sich beim Lernen eher als eine nicht sehr wissbegierige Schülerin herausstellte. Vicky interessierte sich mehr für körperliche Ertüchtigung, war eine passionierte Reiterin und war gerne im Freien. Abseits des üblichen Unterrichts für eine Prinzessin, ließ die Großmama ihre Tochter auch in der Küche mithelfen beim Kochen und Backen, schickte sie im Jahre 1884 auf die von ihr unterstützte Berliner Koch - und Haushaltungsschule der beiden Sozialreformerinnen Hedwig Heyl und Henriette Schrader-Breymann. Damit wollte Großmama sie auch für eine Erwerbstätigkeit von Frauen sensibilisieren und sie für die Frauenbildung begeistern. Moretta zeigte wohl Interesse, aus ihr wurde aber keine begnadete Köchin oder Bäckerin.
In dem Fürsten Alexander sah man nun eine ebenbürtige Partie für die Tochter. Und dass sich zarte Bande zwischen Moretta und Sandro entwickelten, war für die Großmama umso positiver.
Doch Alexander galt auch als politisch unerfahren, weswegen er nicht immer geschickt in seinem halbsouveränen Fürstentum agierte, welches in allen Regierungsbelangen den Weisungen aus Russland folgen musste. Er war mehr oder weniger eine politische Marionette Russlands, weigerte sich aber in Form eines russischen Staathalters, die Geschicke des Landes zu leiten. Damit fiel er bei dem seit dem Jahre 1881 in Russland regierenden Zar Alexander III. in Ungnade.
Und als Moretta ihrer Mutter im Frühjahr 1883 nach einem erneuten Besuch Sandros gestand, dieser sei die Liebe ihres Lebens, zog dies den Unmut Bismarcks, des Kaiserpaars und ihrer ältesten Geschwister, wie auch Mamas, nach sich. Sie alle waren sich darin einig, wie unpassend diese Vermählung sei, weil man annahm, der russische Zar könne sich erbost darüber zeigen, und zudem waren Sandro und er

Cousins ersten Grades.
Im Juli des Jahres verlobten sich Moretta und Sandro heimlich. Großmama war überglücklich, denn sie hatte auch für ihre beiden anderen jüngsten Töchter bereits Heiratspläne geschmiedet, sah diese auf den Thronen Griechenlands und Rumäniens sitzen. Und wenn Moretta dann Fürstin von Bulgarien würde, hätte sie das mit großem Stolz erfüllt, aber sie erntete stattdessen von allen Seiten nur Vorwürfe und Widerstand. Bedauerlicherweise ließ dies Moretta ins Unglück laufen, denn sie musste nun darunter leiden, dass der Kaiser und Bismarck die Eheschließung verboten.
Großmama, die wortwörtlich beabsichtigte, mit dieser Heirat den Orient der Zivilisation zuzuführen, die Mächte West - und Mitteleuropas gegen das autokratische Russland zu einen und den russischen Einfluss auf dem Balkan zu unterbinden. Es war aber nur ein schöner Traum. Denn ihr Wunschdenken war weitab der Realität, politisch gesehen hätte eine Ausdehnung der deutschen Machtstellung auf dem Balkan zu Konflikten mit Russland und Österreich geführt.
Der Großpapa hatte keinerlei Verständnis für die Träume seiner Gemahlin. Er freute sich zwar für die Tochter, aber störte sich sehr an der Herkunft Sandros. Großpapa waren fürstliche Mesalliancen ein Dorn im Auge und so hatte er auch mit großem Missfallen, wie auch einige andere Familienmitglieder des Hauses Hohenzollern, auf die Heirat Babys mit dem Bruder Sandros reagiert. Die Queen verurteilte Großpapa dafür, denn Liko, wie man Heinrich Moritz nannte, war ihr gemeinsam mit Baby eine große Stütze und so kritisierte sie Großpapas Haltung, alles von seinem Geblüt abhängig zu machen wie bei einem Tier.
Sandros Thron in Bulgarien war sehr wackelig, dies war eine Tatsache und er gewinne durch die Heirat mehr als Moretta.
Die ganze Sache mündete in der Battenberg-Affäre und Moretta litt bald seelisch darunter, dass man ihr die Eheschließung verwehrte. Und im April des Jahres 1884 war es dann in aller Munde. Bismarck begann, die Urgroßmama zu beschuldigen, sie sei die Drahtzieherin des Ganzen und wolle nicht wegen romantischer Liebesbande die Ehe befürworten, sondern weil man das Deutsche Kaiserreich auf einen antirussischen Kurs leiten wolle. Er wusste um ihre Vorliebe, Ehebande unter Verwandten zu knüpfen. Er witzelte sogar, sie sei im Stande, den

Pfarrer und den Bräutigam in einen Koffer zu packen und nach Berlin zu bringen, damit die Verheiratung sofort stattfinde.
Bismarck hielt an den guten Beziehungen zu Russland fest, waren diese doch wichtig für die Außenpolitik, nachdem man ein Drei-Kaiser-Abkommen mit dem russischen Zarenhaus und Österreich geschlossen hatte, um Frankreich zu isolieren. Deutschland wollte sich aus den Konflikten auf dem Balkan heraushalten. Die Eheschließung hätte daher bedeutet, dass man sich einmischte. Zudem spielte es eine Rolle, ob man Moretta dann in einer Krisensituation auf dem Balkan würde helfen, mit Deutschlands Macht einstehen müsse oder mit Geld, oder ob man sie einfach im Stich ließe.
So schrieb der Kaiser an meinen Großpapa, er weise ihn und die Großmama an, dieses Heiratsvorhaben zu unterbinden. Ferner solle man sich bei einem weiteren Besuch Sandros in Berlin distanzierter ihm gegenüber zeigen. Und Bismarck sagte Sandro bei einer Unterredung im Mai, man werde ihm von deutscher Seite aus keine diplomatische Unterstützung gegenüber Russland gewähren. Er riet ihm vielmehr, sich eine griechisch-orthodoxe Braut zu suchen, und drohte, bei einer Heirat zwischen ihm und Moretta eine deutlich anti-bulgarische Politik zu verfolgen.
Sandro hatte kaum Vermögen und Moretta war einen gewissen Lebensstandard gewohnt. Bismarck wandte ein, sie werde in Bulgarien eher unglücklich werden. Sandro stritt die Heiratspläne gegenüber Bismarck ab.
Auch das Verhältnis zwischen Willie und Großmama verschlechterte sich durch die ganze Affäre. Er sah das ehrwürdige Haus Hohenzollern durch eine mögliche Heirat mit einem Battenberg beschmutzt, bezeichnete sie abschätzig als Pollacken. Auch Heinrich und Mama stellten sich gegen die Heirat. Großmama sah sich stets und ständig attackiert, Moretta begann gar, so sehr seelisch unter der Situation zu leiden, dass sie kaum noch etwas aß und eine ernstzunehmende Essstörung entwickelte.
Mama störte sich natürlich zum einen daran, wie Willie und auch Dona sich gegenüber der Großmama verhielten, denn Dona pflegte stets die Meinung ihre Gemahls zu übernehmen. Und zum anderen griffen die beiden auch Queen Victoria an. Meine Mutter sah auch ihre Schwester leiden, aber ich denke, sie vertrat eben auch die üblichen

Ressentiments gegenüber einer nicht standesgemäßen Herkunft. Für sie ging es aber zu weit, jemanden wie die Mutter oder die von allen geschätzte Urgroßmutter anzugreifen.

Im April des Jahres 1885 sah sich Sandro schließlich gezwungen, in einem Brief an den Kaiser deutlich zu machen, dass er Moretta nicht ehelichen werde. Offiziell beendete er damit die Romanze zwischen den beiden, die aber für Moretta damit nicht vorbei war, denn sie liebte ihn aus tiefstem Herzen. Inständig hoffte sie, es werde noch eine Chance für ihre Liebe geben.
Bismarck sollte mit seinen Worten aber nicht so sehr Unrecht behalten, denn im September 1886 verzichtete Sandro nach Putschversuchen durch prorussische Aktivisten und nach politischen Konflikten auf seine Herrschaft. Man wählte dann den Prinzen Ferdinand aus dem Hause Sachsen-Coburg-Koháry zu seinem Nachfolger als Fürst Ferdinand I. von Bulgarien.

Es war tragisch, dass meine Mama Ende des Jahres 1884 an Malaria erkrankte. Zudem litt sie an einer schweren Anämie. Die Ärzte rieten ihr, den Winter in wärmeren Gefilden zu verbringen, und so reiste sie nach Cannes. Großmama war sehr in Sorge um sie, da Mama schon seit ihrer Kindheit oft kränkelte, aber Malaria war natürlich durchaus nochmal etwas ganz anderes. Es war auch nicht bekannt, wie sie sich mit dem Erreger infizierte.
Meiner Mutter ging es zeitweise sehr schlecht und sie erholte sich nur langsam. Ihre inneren Organe waren alle bald völlig unterversorgt und ihre Blutbildung in hohem Ausmaß gestört. Sie befand sich bei den besten Ärzten in Behandlung, doch auch mein Papa sorgte sich sehr um sie. Dennoch reiste er nicht zu ihr nach Cannes. Sie sollte sich in Ruhe erholen, körperliche Anstrengung vermeiden. Die meiste Zeit des Tages schlief sie und stand meist erst um zwölf Uhr mittags auf, aber litt dann den ganzen Tag über an Übelkeit, Schwindel und Neuralgien, die überaus schmerzhaft waren. In diesem Zustand konnte sie keinen Besuch empfangen und erst Anfang des Jahres 1885 sah sie sich in der Verfassung, wieder mehr Korrespondenz zu pflegen, als sie sich langsam und allmählich besser fühlte.
Das ganze Debakel um die Verheiratung Morettas belastete sie

zusätzlich zu ihrer Erkrankung, aber als sie im Frühjahr endlich nach Berlin zurückkehrte, war sie erschöpft. Sie fühlte sich körperlich und seelisch nicht in der Verfassung viel zu ertragen. Da war die Tatsache, dass Willie und Dona sich gegenüber der Großmama und Urgroßmama so despektierlich verhielten, eine umso schwerere Bürde für sie.

Klein-Feo, um 1885

Die Großmama, die sich während Mamas Abwesenheit wieder rührend um mich kümmerte,
musste bald einsehen, dass ich im Lerneifer ganz nach meiner Mutter

kam. Ich lernte nur langsam und widerwillig. Wenn mir etwas keinen Spaß bereitete, hörte ich einfach nicht zu, träumte oder zappelte auf dem Stuhl herum. Mir fehlten der Eifer und die Konzentration.
Zudem sorgte sich die Großmama, denn ich war ein sehr schmächtiges Kind, eine schlechte Esserin, zierlich und gesundheitlich ebenso fragil wie Mama als Kind. Eine kleine Erkältung führte bei mir zu Fieberschüben und ich verlor den Appetit, was sehr negativ war, wenn man keine Reserven am Körper hat. Auch litt ich oft unter Kopfschmerzen. Meine Wutausbrüche waren nicht so legendär wie die meiner Mama als Kind, dennoch konnte es schon zu einer Belastungsprobe für alle Beteiligten werden, wenn ich mich aufgrund einer nichtigen Kleinigkeit einfach nicht wieder beruhigen wollte.
Hinzu kam, dass mich die Sehnsucht nach den Eltern oftmals so sehr plagte, dass ich wirklich unleidlich wurde. Es war für meine Großeltern nicht einfach und es gab wohl auch Zeiten, als ich noch kleiner war, in denen ich zu der Großmama Mama sagte, weil sie eben stets anwesend war und sich wie eine Mutter um mich kümmerte.

Im Juli des Jahres 1885 war mein Vater zum etatmäßigen Stabsoffizier im Kaiser Franz Garde - Grenadier - Regiment Nr. 2 eingesetzt worden und sollte diese Position bis zum März 1889 innehaben.
Eigentlich hätte nach Mamas Genesung also alles auf eine schöne Zukunft hingedeutet, auch wenn Moretta immer noch jeden Monat hoffte, man werde ihr die Vermählung mit Sandro noch gestatten.
Mein Großpapa fühlte sich im Winter 1886/87 nicht sehr wohl. Er war ein starker Raucher und während der kalten Jahreszeit war auch er nicht davor gefeit, sich zu erkälten. Allerdings wollte sich im Januar 1887 eine schlimme Heiserkeit nach einer Erkältung und Halsentzündung nicht mehr legen. Zuerst schob man es auf das Rauchen und Großpapa ließ es sich nicht nehmen, noch an einem doch sehr anstrengenden Manöver teilzunehmen.
Sein Leibarzt Wegner bemühte sich redlich um ihn, doch die Heiserkeit verschlechterte sich zusehends. So riet ihm der Leibarzt im März, einen Kehlkopfspezialisten hinzuziehen, denn es konnte sich auch um eine chronische Entzündung des Kehlkopfs handeln. Der Spezialist Carl Gerhardt war ein bekannter Internist mit einem guten Ruf und viel Fachwissen. Bei einer Untersuchung fand man nun Knötchen am

linken Stimmband, die entfernt werden sollten. Zu jenem Zeitpunkt ein nicht gerade einfacher Eingriff und sehr schmerzhaft sowie langwierig in der Heilung.

Mama (mittig stehend), links neben ihr Ducky, rechts Marie, die Gemahlin von Alfred, rechts neben ihr young Affie, vorne sitzend Missy, links sitzend Sandra, daneben ich, aufgenommen bei einem Besuch in England, 1885

Bald bildete sich nach dem Eingriff wieder eine neue Geschwulst am Stimmband. Gerhardt bat darum, einen Kollegen hinzuziehen zu dürfen. Der Chirurg Ernst von Bergmann, seit dem Jahre 1882 Professor für Chirurgie an der Universität in Berlin, untersuchte Großpapa und bestätigte den Verdacht Gerhardts vom fünfzehnten Mai, dass es sich um ein Karzinom handeln könnte. Er empfahl, das befallene Gewebe durch eine Spaltung des Kehlkopfes zu entfernen.
Bismarck schaltete sich ein und riet dazu noch einen Facharzt zu Rate zu ziehen. So lud man den englischen Laryngologen Sir Morell Mackenzie nach Berlin ein, der als erfahrener Diagnostiker und geschickter Operateur galt. Ferner ließ man Großpapa durch den Berliner Laryngologen Adelbert von Tobold untersuchen und schlussendlich diagnostizierte dieser am achtzehnten Mai einen bösartigen Tumor am linken Stimmband.
Mackenzie wollte aber sichergehen, entnahm beim Großpapa eine Gewebeprobe und ließ diese auch noch einmal von dem bekannten Arzt und Pathologen Rudolf Virchow untersuchen. Virchow und Mackenzie waren sich danach sicher, dass es sich nicht um eine Krebserkrankung handelte. So verfasste Virchow am ersten Juni einen Bericht, in dem er deutlich hervorhob, dass mein Großpapa nicht an Krebs leide. Die mikroskopische Untersuchung des entnommen Gewebes habe nicht auf Derartiges hingewiesen.
Da ein großes Ereignis ins Haus stand, erlaubten die Ärzte Großpapa zu reisen und aufgrund der Befunde waren alle Familienmitglieder erst einmal beruhigt.
Im Juni standen die Festlichkeiten zum Goldenen Thronjubiläum anlässlich des fünfzigsten Jahrestages der Thronbesteigung von Urgroßmama am zwanzigsten und einundzwanzigsten Juni in England an. Die ganze Familie freute sich auf die Feierlichkeiten und natürlich darauf, dass die gesamte große Verwandtschaft zusammenkommen würde. Ich war zu diesem Zeitpunkt acht Jahre alt und sehr aufgeregt. In Begleitung von Dona, Willie, Mama, Papa, Großpapa und Großmama reisten wir also nach England. Die Erwachsenen bezogen ihr Quartier bei der Urgroßmama im Buckingham Palast, die meisten der anwesenden Kinder wurden im Palace of Whitehall in der City of Westminster untergebracht.
Uns beaufsichtigte die meiste Zeit, neben einer Gouvernante, die

ehemalige Oberste Hofdame der Urgroßmutter, die Herzogin von Buccleuch, Charlotte Douglas-Montague-Scott. Sie war zu diesem Zeitpunkt bereits sechsundsiebzig Jahre alt, hatte vom September 1841 bis zum Juli 1846 in Diensten meiner Urgroßmama gestanden. Da ihr diese für ihre Dienste sehr dankbar war, wurde sie natürlich auch zu den Festlichkeiten eingeladen und schaute sich mit uns Kindern aus einem Fenster heraus vor allem die mehr als prachtvolle Vorbeifahrt der Queen in einem offenen Landauer an, dem die männlichen Verwandten zu Pferd und die weiblichen in Kutschen folgten, als sie am einundzwanzigsten Juni zur Westminster Abbey fuhr, wo sie einst gekrönt worden war. Urgroßmamas Kutsche folgten indische Kavalleristen, da sie auch Kaiserin von Indien war.
Zu den Paraden, Familiendinners, offiziellen Festbanketten und Umzügen waren fünfzig europäische Monarchen und Fürsten geladen. Der russische Zar allerdings hatte keine Einladung erhalten. Urgroßmama wurde von der Bevölkerung gefeiert und oftmals mit geradezu frenetischem Jubel empfangen.
Ich erinnere mich an die Fahrt meiner Urgroßmama in dem Landauer, wie die Menschen sie bejubelten, Hüte emporgehoben, Fähnchen geschwenkt wurden, die Häuser waren mit der englischen Flagge geschmückt und die Straßen waren rechts und links gesäumt von Menschenmassen. Man spürte deutlich, wie das Volk seine Queen liebte und verehrte.
Neben mir am Fenster stand die kleine Prinzessin Alice von Battenberg. Sie war gerade zwei Jahre alt und die Tochter von Mamas hessischer Cousine Viktoria. Alice war ein wirklich herziges kleines Ding und ich spielte viel mit ihr, wie auch mit den anderen anwesenden Kindern der Verwandten. Aber schnell gewann ich sie sehr lieb, da sie wie ein Püppchen aussah, und ich trug sie gerne herum, was die Herzogin von Buccleuch nicht sehr gut fand, da sie meinte, Alice sei zu schwer für mich.
Mama erzählte mir später, dass die Urgroßmama in der Kirche von jedem Verwandten die Hand geküsst bekam, der am Gottesdienst teilnahm, und sie hatte schließlich Tränen in den Augen, weil es sie so rührte. Ich glaube, sie freute sich auch, all ihre Lieben bei sich zu wissen.

Ein Ausschnitt aus dem Gemälde, welches der dänische Hofmaler Laurits Tuxen anlässlich des Golden Jubilee von meiner Urgroßmama und Familienmitgliedern im Juni 1887 malte. Links die Urgroßmama, ich mittig an der Seite meiner Großmama. Meine Eltern stehen auf diesem Gemälde weiter hinten und es ist bezeichnend, dass ich an Großmamas Seite stehe.

Eines Abends waren Mama und ich bei ihr zu einem Dinner geladen und Urgroßmama verwöhnte mich die ganze Zeit. Sie lobte mich für meine Artigkeit, sagte Mama, ich sei ein hübsches kleines Mädchen und sie so stolz auf mich. Das freute mich natürlich sehr, obwohl ich mich niemals in einer Sonderstellung als ihr erstes Urenkelkind

gesehen hätte. Ich freute mich aber auch, wenn mir jemand seine volle Aufmerksamkeit schenkte, denn dies war etwas, was ich bei meinen Eltern sehr vermisste. Wir waren in England zwar nun alle beisammen, aber Papa verbrachte die meiste Zeit mit den Herren und Mama mit den Frauen.
Das war halt so. Es machte mich aber sehr traurig, als ich sah, wie Alice von ihrer Mutter behandelt wurde, denn diese war eine überaus liebevolle Mutter und kümmerte sich sehr um das kleine Mädchen. Selbst bei den Feierlichkeiten nahm sie sich immer wieder Zeit für sie.

Die Erkrankung Großpapas belastete natürlich auch die Urgroßmama, da sie ihren Schwiegersohn sehr schätzte. Man ging zu jenem Zeitpunkt, aufgrund von Mackenzies Befundbericht davon aus, dass es kein Krebs sei, und das beruhigte alle etwas. Dennoch fiel Großpapa das Sprechen schwer und unterschwellig war die Sorge da, ob er sich wieder vollständig erholen werde.

Willie und Dona zeigten sich während der Feierlichkeiten etwas erbost darüber, dass nicht sie als die offiziellen Repräsentanten des Hauses Hohenzollern geladen worden waren, sondern meine Großeltern.
Mein Onkel nahm seinem Vater übel, dass dieser im Jahr zuvor statt seiner repräsentativen Verpflichtungen offizielle Termine wahrgenommen hatte, und Willie fühlte sich übergangen.
Zudem hatte es ihn in seinem Stolz gekränkt. Nun sah er es als eine kleine Rache gegenüber dem Vater, offen kundzutun, auch vor der Urgroßmama, dass er und seine Gemahlin bei den Feierlichkeiten an erster Stelle hätten stehen sollen, wenn es das Haus Hohenzollern betraf. Ferner bezichtigte er seine Mutter, unterlassen zu haben, darauf hinzuweisen, und merkte an, dass sie sich in den Mittelpunkt habe stellen wollen. Es sei dahingestellt, wie Großmama dies sah, ging es doch bei den Feierlichkeiten um ihre Mutter und ich hatte niemals das Gefühl, sie wäre eine Person, die sich in den Mittelpunkt drängte, denn es lag auf der Hand, wer bei den Feierlichkeiten in diesem stand - die Urgroßmama. Meine Eltern stellten sich auf die Seite Willies und Donas, aber Großmama machte ihrer Tochter keine Vorwürfe dafür. Sie nahm es hin und hatte andere Sorgen, da sie nicht wusste, wie es mit Großpapa gesundheitlich weitergehen sollte.

Aufgenommen zum Diamond Jubilee, Marlborough House, Westminster, England - (v.l.n.r.), vordere Reihe; Louise, Tochter von Tante Alix, Mama, Tante Alix, Prinz Georg von Griechenland, trägt den Großvater, König Christian IX., auf den Schultern; zweite Reihe (v.l.n.r.); Erbgroßherzog Ernst Ludwig Hessen und bei Rhein, seine Schwester Alix, Tante Alix`Sohn und Tochter Edward und Victoria, Konstantin von Griechenland, etwas verdeckt, Tante Alix` Tochter Maud; letzte Reihe, (v.l.n.r.); Großherzog Ludwig IV. Großherzog v. Hessen und bei Rhein und seine Tochter Irene

Wir blieben nach den Feierlichkeiten im Sommer noch einige Zeit in England und reisten mit der Urgroßmama auch nach Balmoral in Schottland, worüber der Großpapa sich besonders freute, denn er ging gerne zur Jagd.

Diese Fotografie von mir wurde im Jahre 1887 in London von den Hoffotografen Downey & Sons aufgenommen.

Die deutschen Ärzte hatten beschlossen, dass Großpapa in England von Mackenzie weiterbehandelt werden sollte. Allerdings kam erst später heraus, dass der deutsche Arzt Carl Gerhardt schon im Mai vermutete, Mackenzie habe eine Gewebeprobe vom rechten Stimmband entnommen, also vom falschen. Ernst von Bergmann und Gerhardt rieten Großpapa zu einer erneuten feingeweblichen Diagnostik, doch er vertraute Mackenzie. Dieser riet ihm, sich in wärmeren Gefilden auszukurieren, und so reiste Großpapa dann über Toblach in Südtirol, Venedig und Baveno am Laggio Maggiore nach San Remo, wo er in der Villa Zirio ein Quartier bezog. Er wollte den Herbst und Winter dort verbringen. Großmama begleitete ihn.

Es machte mich etwas traurig, Abschied von ihr zu nehmen, denn es bedeutete, dass ich wieder in die Hände von Gouvernanten übergeben wurde, da Mama und Papa ihren Verpflichtungen nachgingen. Meine Tage bestanden aus Unterricht, dem ich nur sehr schwer folgen konnte, und dazwischen war ich die meiste Zeit mir selbst überlassen. So musste ich früh lernen, auch meine Fantasie einzusetzen, um mit mir selbst zu spielen.

Im Januar hatte Dona ihren vierten Sohn geboren. Der älteste Sohn, Friedrich Wilhelm, war fünf Jahre alt, Eitel Friedrich, den man auch Eitel Fritz rief, vier, Adalbert drei und das neue Baby erhielt den Namen August Wilhelm.

Ich glaube, Mama neidete es Dona nicht, dass diese in schöner Regelmäßigkeit einen Sohn nach dem anderen gebar. Sie hatte für sich selbst entschieden, es bei einem Kind zu belassen. Aber mein Leid bestand darin, dass ich aufgrund der ständigen Streitigkeiten zwischen ihr und ihrem Bruder nicht mit ihren Kindern spielen durfte. Natürlich sah ich sie bei Dinners, Feierlichkeiten und vielem anderen, aber der Umgang war mir verboten. So konnte ich auch keine wirkliche Beziehung zu ihnen aufbauen.

Hinzu kam, dass Dona eine sehr liebevolle Mutter war. Sie kümmerte sich hingebungsvoll um ihre Söhne, zeigte ihnen all ihre Liebe und auch Willie war von seinen Söhnen sehr angetan. Es schmerzte mich sehr, wenn ich sah, wie sie mit den Söhnen umgingen. Doch als Kind nimmt man das alles so hin, denn man versteht auch vieles noch nicht. Es ist einem unbegreiflich, weswegen man nicht mit Kindern spielen darf, die gleichzeitig anwesend, sind und sich mit einer Gouvernante alleine vergnügen muss, die einem nur versuchen kann, das zu bieten, was andere Kinder beim Spiel täten. Es ist aber niemals vergleichbar mit dem Spiel unter Kindern. Daher benahm ich mich vielleicht auch oftmals schon zu erwachsen. Ich durfte mich nicht beklagen. Trotz und Tränen wurden nicht wahrgenommen oder schlichtweg übersehen. Man machte sich keine Gedanken darüber, ob meine kindliche Seele litt. Und mein einziger Halt, die Großmama, befand sich in Italien. Ich vermisste sie unendlich. Briefe reichten nicht aus, um meine Sehnsucht nach ihrer Liebe und Geborgenheit zu befriedigen.

Willie reiste im Herbst nach Italien, um den Großpapa und die Großmama zu besuchen. Meinem Großpapa ging es trotz des milden und warmen Klimas in Italien nicht besser.
Ernst von Bergmann und Carl Gerhardt waren inzwischen von Mackenzie öffentlich für ihre Befunde diffamiert worden, doch sie sollten recht behalten mit ihrer Diagnose. Auch der Leibarzt Wegner verschwieg dem Großpapa eigentlich nur, dass der Tumor weiterhin wuchs.
Am zehnten November bat Willie die Ärzte in sein Hotelzimmer. Man hatte beschlossen, dass diese den Großpapa nochmals eingehend untersuchen sollten. Willie hatte sogar aus Wien den Professor Leopold Schrötter von Kristelli anreisen lassen. Dieser richtetet im Jahre 1871 die erste laryngologische Klinik der Welt im Wiener Allgemeinen Krankenhaus ein und war seit 1875 Professor für Laryngologie.
Kristelli wohnte auch der Konsultation von Ärzten bei, als man den Großpapa weiteren sehr eingehenden Untersuchungen unterzog. Entgegen Mackenzie stellte auch er eine eindeutige Diagnose - Kehlkopfkrebs.
Es war zwar in gewisser Weise zu verstehen, dass der Leibarzt Großpapa nur schonen wollte, indem er sich mit seiner Vermutung eher bedeckt hielt, ihm Hoffnung machte, wo es kaum noch eine gab. So fasste sich Kristelli ein Herz, vermied aber, die Diagnose Krebs beim Namen zu nennen, und sagte Großpapa, dass er sehr schwer erkrankt sei und nur noch wenige Monate zu leben habe. Er stellte ihn vor die Wahl einer Laryngektomie, bei der der Kehlkopf vollständig entfernt wird, oder einer Tracheotomie, einem Luftröhrenschnitt, um zu verhindern, dass Großpapa durch den Tumor und seine Auswüchse

erstickte. Wenn es sehr schlimm kommen sollte, so willigte Großpapa in letztere Möglichkeit ein.
Für eine Zeitlang machte es danach den Anschein, als ginge es ihm besser. Man musste jedoch auf Kristelli, von Bergmann und Gerhardt vertrauen, denn sie waren Fachleute auf ihrem Gebiet. Abwechselnd reisten also nun Familienmitglieder nach Italien zu den Großeltern, unter anderem auch meine Mama. Sie war sehr traurig, wie alle anderen auch, und rechnete Willie hoch an, dass er die Ärzte, und vor allem Kristelli, nach Italien eingeladen hatte, um dem Vater zu helfen und über seinen Gesundheitszustand Klarheit zu erlangen. Sein Schicksal betraf die gesamte Familie und legte sich wie ein schwarzes Tuch über alles und jeden.
Mein Großpapa hatte lange darauf gewartet, den Kaiserthron eines Tages zu übernehmen, wollte sich als Kaiser beweisen, viel Gutes tun, Reformen vornehmen. Nun zerschlugen sich alle seine Hoffnungen, mehr noch, er war gerade erst sechsundfünfzig Jahre alt und er würde sterben. Für meine Großmama musste es ebenso ein sehr schlimmer Schicksalsschlag sein, denn sie liebte ihren Gemahl sehr und, ihn so leiden zu sehen, setzte ihr sicher sehr zu. Hinzu kam, dass keiner wusste, wie viel Zeit ihm wirklich noch blieb.

In der Nacht vom achten auf den neunten Februar des Jahres 1888 kämpfte Großpapa plötzlich mit schweren Erstickungsanfällen und bat um eine Tracheotomie. Von Bergmanns Oberarzt, Friedrich von Bramann, sollte den Luftröhrenschnitte vornehmen, falls von Bergmann nicht rechtzeitig einträfe. Innerhalb von zwanzig Minuten nahm er unter sehr schwierigen Bedingungen den Eingriff vor und rettete Großpapa so das Leben. Nun konnte er wieder atmen, aber war von diesem Zeitpunkt an stumm.
In Berlin hatte sich der Kaiser schon länger schlecht gefühlt, obwohl er trotz seiner fast einundneunzig Jahre immer noch seinem Motto „Ich habe keine Zeit, müde zu sein“ treu geblieben war. Unermüdlich hatte er sich um die Staatsgeschäfte gekümmert, aber fühlte sich Anfang März sehr schwach und verstarb schließlich am neunten im Alten Palais Unter den Linden.
Die Großeltern mussten aus Italien abreisen und trafen zwei Tage nach dem Tod des Kaisers wieder in Berlin ein. Am sechzehnten März

wurde der Kaiser im Mausoleum im Schlosspark Charlottenburg beigesetzt.
Mein Großpapa war Kaiser, aber gleichzeitig auch ein sterbenskranker Mann. Er konnte nur noch ganz leise flüstern, musste alles auf ein Blatt Papier schreiben, wenn er sich mitteilen wollte. Er wählte für sich den Titel Friedrich III.. Mit diesem Titel übernahm er als Kaiser die Zählweise der preußischen Könige. Eigentlich wollte er sich selbst in der Tradition des Heiligen Römischen Reiches Deutscher Nation und in Anknüpfung an dessen Kaiser Friedrich III., Friedrich IV. nennen, musste aber darauf verzichten, als Bismarck ihn darüber verfassungsrechtlich belehrte.
Großpapa sollte nur drei Monate Kaiser des Deutschen Reiches sein. Bis auf die letzten zwei Wochen seines Lebens verbrachte er nun seine Tage im Schloss Charlottenburg. Seinen Plan, die Regierung und den Reichskanzler stärker an die Verfassung zu binden, sollte er nicht mehr durchsetzen können.
Er versuchte aber dennoch, etwas zu bewirken. So verfügte er die Entlassung des konservativen preußischen Innenministers Robert von Puttkamer infolge der Affäre um dessen unbotmäßige Einmischung bei der preußischen Landtagswahl 1885. Und er erließ auch eine Amnestie für sogenannte Preßvergehen, nach der zahlreiche Dichter und Schriftsteller, wie etwa Eduard Loewenthal, aus dem Exil nach Deutschland zurückkehrten. Es ging dabei um Veröffentlichungen, sowohl in der Presse als auch in der Literatur, die unter Kaiser Wilhelm I. als strafbar gegolten hatten.
Am dreizehnten Juni empfing Großpapa noch König Oskar II. von Schweden. Doch nur zwei Tage später, am fünfzehnten Juni, erlag er im Neuen Palais seinem Krebsleiden. Am achtzehnten Juni wurde Großpapa in der Sakristei der Friedenskirche beigesetzt. Die Großmama nahm am Gottesdienst nicht teil, sie hielt eine kleine Trauerfeier, gemeinsam mit den drei jüngsten Töchtern, auf dem Gut Bornstedt ab, besuchte später mit die Kirche, um mit ihren Töchtern alleine am Sarg des Großpapas zu beten.
Dona gebar am siebenundzwanzigsten Juli ihren fünften Sohn, den kleinen Prinzen Oskar.
Für uns alle lagen Freud und Leid dicht beieinander in dieser Zeit.

Morell Mackenzie wollte die Anfeindungen allerdings nicht so wortlos hinnehmen, die er aufgrund seiner Fehldiagnose von den anderen behandelnden Ärzten Großpapas erhalten hatte. Er behauptete nun gewusst zu haben, dass mein Großpapa neben Kehlkopfkrebs auch Syphilis gehabt habe. Mit dieser solle er sich im Jahre 1869 bei einer Spanierin, die er bei der Eröffnung des Suezkanals kennengelernt hatte, infiziert haben. Mackenzie habe aber aus Loyalität gegenüber der Urgroßmama in England und der Großmama geschwiegen. Seine Behauptung erschien im Jahre 1888 in der französischen Presse und war überaus infam, denn Großpapas damalige Reiseroute widersprach dem Ganzen, zudem der Verlauf seiner Erkrankung überhaupt nicht für Syphilis als eine zweite Todesursache sprach. Es war für meine Großmama eine schreckliche Behauptung, dass die Liebe ihres Lebens sie betrogen haben sollte. Es war eine Lüge, deren kränkende Auswirkung man nicht in Worte fassen konnte.

Ich erinnere mich nicht mehr genau an die letzte Zeit mit dem Großpapa. Er war sehr schwach und musste auch in einem Rollstuhl herumgefahren werden. Da er nicht mehr sprechen konnte, nur noch flüstern, und viel Ruhe brauchte, kümmerte sich die Großmama überwiegend um ihn. Er bekam sicher auch Schmerzmittel. Ich weiß noch, dass ich ihn besuchte, ihm aus einem Kinderbuch vorlas, aber ich weiß den Titel nicht mehr, doch die Geschichte um einen kleinen verletzten Hasen, den ein Mädchen findet und gesund pflegt, fand ich sehr schön. Der Großpapa lächelte mich an, hörte aufmerksam zu, aber das ist das Einzige, was mir im Gedächtnis geblieben ist aus seinen letzten Lebensmonaten.

Mit Großpapas Tod wurde Willie zum Kaiser von Preußen. Da in dem Jahre 1888 nun drei Kaiser an der Macht waren, nannte man es später das Drei-Kaiser-Jahr.

Mein Onkel Willie hatte in der letzten Zeit viel mit seinem Vater gestritten. Es ging auch um die immer noch schwelende Hoffnung Morettas, den Prinzen Alexander von Battenberg heiraten zu dürfen. Und da die Verlobung zwar nie offiziell gemacht wurde, sich Alexander vor Bismarck von Eheabsichten distanzierte, hatte die ganze Affäre den alten Kaiser so verärgert, dass er Großmama und Großpapa in der letzten Zeit auch konsequent übergangen hatte, wenn es um die Vertretung des preußischen Hofes bei Staatsreisen ging.

Mein Großpapa Fritz, wie ich ihn in Erinnerung behielt, um 1887

Stattdessen reiste Willie und das führte natürlich zu Konflikten innerhalb der Familie.
Willie beschloss nun als Kaiser Wilhelm II. der Angelegenheit um die Battenberg-Affäre endgültig ein Ende zu setzen. Kurzerhand löste er am siebzehnten Juni, kurz nach seinem Machtantritt, die Verlobung. Für die arme Moretta war das eine niederschmetternde Entscheidung. Zwischenzeitlich hatte es im Jahre 1885 einmal die Überlegung gegeben, Moretta mit dem portugiesischen Kronprinzen Don Carlos zu verheiraten, aber Großmama fand diesen Vorschlag als eine völlig absurde Einmischung in familiäre Angelegenheiten. Bismarck befürwortete diese Eheschließung auch vor dem Kaiser, aber auch wenn es ein ebenbürtiger Ehegatten gewesen wäre, es kam das Problem der Konfession auf, da Moretta zum katholischen Glauben hätte übertreten müssen.
Manche böse Zungen bei Hofe meinten allerdings, die Großmama habe sich mehr in das Heiratsprojekt hineinversteift als ihre Tochter. Zudem würde sie diese eher in die Depression drängen und sie ihren Kummer, die Verzweiflung, in völlig überzogenem Maße darstellen. Man sah Moretta durchaus auch bei Freizeitvergnügungen während dieser Zeit, dann lächelte sie auch, unterhielt sich mit anwesenden Gästen. Wie unglücklich sie am Ende wirklich war, konnte nur sie allein wissen. Vielleicht hatte sie sich aber über den langen Zeitraum innerlich schon etwas darauf eingestellt, dass ihre Heiratsabsichten mit Sandro zum Scheitern verurteilt waren.
Vor Großpapas Ableben eskalierte die Angelegenheit so sehr, dass selbst die Urgroßmama aus England meiner Großmama riet, sich zu mäßigen in ihrem Eifer und mit der ganzen Sache abzuschließen. Sie solle sich lieber um ihren sterbenden Gemahl kümmern. Willie äußerte im Oktober des Jahres 1886 sogar gegenüber Herbert, dem Sohn Bismarcks, dass er durchaus bereit sei, den Battenberger tot zu schlagen, um das endlich zu beenden. Dies war natürlich nicht ernst gemeint. Aber es zeigt, wie leidvoll die gesamte Affäre für alle war.
Anfang Februar des Jahres 1889 heiratete Sandro in einer kleinen Zeremonie die Opernsängerin Johanna Loisinger, die er am Darmstädter Hoftheater kennengelernt hatte. Er selbst sagte später zum Großherzog Ernst Ludwig V. von Hessen und bei Rhein, dass er die Ehe freudig begrüße, denn damit habe die ewige Verfolgung aus Berlin endlich ein

Ende genommen. Da die Ehe nicht standesgemäß war, wurde das Paar in den Adelsstand erhoben und Sandro erhielt den Titel eines Grafen von Hartenau. Als die Nachricht über die Eheschließung in Berlin eintraf, jubelte Onkel Willie, Moretta schrieb ihrer Mutter, sie habe gehofft, er würde nie wieder glücklich werden, als sie davon hörte. Nun musste man einen anderen Heiratskandidaten für Moretta finden und Großmama drängte zur Eile, denn ihre Tochter hatte begonnen, sich in eine Flirtfreudigkeit zu stürzen, die Züge annahm, dass man durchaus befürchten konnte, sie könne an einen windigen Kerl geraten, ihr weiteres Leben damit ruinieren. Es war schon zu Gerüchten bei Hofe gekommen, in denen man Moretta bezichtigte, sich in der Gesellschaft junger Herren überaus wohlzufühlen und dabei mit einem jeden zu kokettieren.

Ich erinnere mich gut daran, wie Moretta oft bekundete, sie sei hässlich, mit ihrem Leben haderte, welches für sie nur aus Enttäuschungen zu bestehen schien. Und sie legte viel Wert auf ihre Figur, machte Hungerkuren, trank kaum Milch, lehnte zeitweise Zucker, Brot, Süßigkeiten, Butter und Suppe ab. Sie ernährte sich dann nur von etwas Fleisch und Äpfeln, ritt stundenlang aus, spielte mit einer Verbissenheit eine Runde Tennis nach der anderen und kasteite sich regelrecht. Man schickte sie also zur Ablenkung zur Urgroßmama nach England, die feststellte, dass Moretta eigentlich keine Lust mehr habe, sich zu verheiraten. Eine Ehe zu schließen, nur um verheiratet zu sein, fand die Urgroßmama einen schrecklichen Gedanken.

Onkel Willie entschied sich nun, einen geeigneten Heiratskandidaten für Moretta zu finden.

Die Großmama war sehr verletzlich in der Zeit nach dem Ableben Großpapas, was man durchaus verstehen kann. Die Kräfte des alten Kaisers hatten schon länger nachgelassen und der Großpapa gehofft, dass er bald an die Macht käme, wenn sein Vater vielleicht in Erwägung zog, abzudanken. Es hatte sich alles mit der schweren Erkrankung Großpapas zerschlagen, Großmama war nur für drei Monate Kaiserin gewesen.

Mama (mittig), ich unten links und die Kinder von Marie - links Ducky, rechts Missy, unten rechts Sandra und neben Mama stehend Baby Bee, 1887

Ich glaube, es traf sie auch sehr, weil sie in ihrem Gemahl viel Potential sah, um als Deutscher Kaiser viel zu erreichen.
Onkel Willie verzieh ihr zudem nicht, dass sie den Großpapa in seiner Entscheidung unterstützt habe, den Kehlkopf nicht entfernen zu lassen, als man in San Remo geweilt habe. Er hatte gewusst, wie schlimm es um den Vater stand, denn es war schließlich auch Willie gewesen, der die Ärzte dorthin einberufen hatte. Aber er hatte vielleicht geglaubt, dass man seinem Vater noch mehr Lebenszeit durch den Eingriff hätte bieten oder gar sein Leben retten können. Dies belastete die Großmama zusätzlich, da er ihr deswegen Vorhaltungen machte.

Als es dem Großpapa in den letzten Tagen vor seinem Tod immer schlechter ging, man das Ende absehen konnte, veranlasste mein Onkel Willie noch in der Nacht vor seinem Tod das Neue Palais von Gardehusaren,-infanteristen, und -ulanen umstellen zu lassen. Kurz nachdem der Großpapa am fünfzehnten Juni gegen elf Uhr morgens verstorben war, ließ er das Palais von den anwesenden Soldaten in seiner neuen Position als Kaiser besetzen. Alle Räume, die meine Großeltern bewohnten, wurden durchsucht, um ihre Korrespondenz zu aufzuspüren. Doch es wurde nichts gefunden, denn meine Großeltern hatten in weiser Voraussicht ihre gesamten privaten Papiere nach Windsor geschafft. Es war nicht ganz ersichtlich, warum mein Onkel so handelte. Man konnte nur vermuten, dass er die Briefe seiner Eltern beschlagnahmen lassen wollte, damit nichts einmal seiner Reputation schaden könnte, wenn diese an die Öffentlichkeit gelänge. Von Großmama zur Rede gestellt, meinte er später, er habe nach Staatspapieren gesucht. Meine Großmama hatte dazu nur eine Aussage: "Der Polizeistaat blüht!"

Die Maßnahmen, die ihr Sohn gegen sie und seinen toten Vater ergriffen hatte, weiteten nun die Staatsbehörden auf sein Geheiß hin auf Personen aus, die zum engsten Kreis der Vertrauten meiner Großeltern gehörten. Man unterzog sogar die Witwe von Großmamas langjährigem Privatsekretär Ernst von Stockmar einem sehr unangenehmen und langwierigen Verhör. Das Haus des Freiherrn Franz von Roggenbach, einem badischen Politiker, der in sehr gutem Kontakt mit der Urgroßmama Augusta und meinen Großeltern gestanden hatte, wurde durchsucht. Es zog immer weitere Kreise und so ließ meine Großmama die Papiere aus Windsor nach Berlin zurückbringen, um zu belegen, dass es sich nicht um Staatspapiere handelte. Heinrich Friedberg, seines Zeichens Justizminister und von Großpapa noch ausgezeichnet, wurde aus seinem Amt entlassen, riet aber der Großmama, die Papiere vorzulegen. Einen Teil der privaten Korrespondenz übergab sie dem Hausarchiv der Hohenzollern.

Großmama, die sich nun öffentlich Kaiserin Friedrich nannte, sah sich einer Demütigung nach der anderen ausgesetzt. So beanspruchte Willie nun für sich und seine Familie das sehr repräsentative Neue Palais als Wohnsitz und Großmama musste sich sprichwörtlich nach einer neuen Bleibe, einem Witwensitz, umsehen.

Es sollte sich allerdings erst im Dezember des Jahres 1888 eine Möglichkeit für Großmama bieten, als sie von der verstorbenen Herzogin von Galliera, Maria Brignole Sale De Ferrari, einer italienischen Aristokratin, Salonnière und Mäzenin, ein Legat über fünf Millionen Francs erbte. Der Sohn der Herzogin hatte das sehr umfangreiche Erbe seiner Mutter ausgeschlagen. Meine Großmama hatte, wie andere Adelige aus namhaften Häusern, mit der Herzogin viele Jahre in Kontakt gestanden und daher war auch sie beim Erbe von dieser berücksichtigt worden.
Großmama hatte zwar im September schon das etwa hundert Morgen große Gelände der erst zwölf Jahre zuvor fertiggestellten Villa Schönbusch bei Kronberg im Taunus erworben, aber es fehlten ihr noch die finanziellen Mittel zu einem Umbau. Durch das Erbe der Herzogin konnte sie dann im Jahre 1889 den Bau eines Schlosses im neugotischen Tudorstil in Auftrag geben, welches im Jahre 1893/94 fertiggestellt wurde. Es bekam den Namen Friedrichshof. Das Schloss ähnelte einem englischen Herrensitz, worauf Großmama viel Wert gelegt hatte. So waren Herrschafts- und Wirtschaftsflügel voneinander getrennt.
Es war sehr unschön, wie mein Onkel seine Mutter behandelte, sodass sie es vorzog, den überwiegenden Teil des Jahres in Kronberg zu leben und ansonsten viel auf Reisen zu sein, um ihm aus dem Weg zu gehen. Vorerst musste man aber im Neuen Palais ihre Anwesenheit hinnehmen, bis das Schloss fertiggestellt war.
Nach dem Tod meines Großpapas trug meine Großmama nur noch schwarz, wie es damals durchaus üblich war für Witwen. Sie sollte dies bis zu ihrem Lebensende beibehalten.

Ein Lichtblick bot sich in dem Trauerjahr 1888 durch die Hochzeit von Mamas Bruder Heinrich mit einer ihrer hessischen Cousinen, der Prinzessin Irene, am vierundzwanzigsten Mai.
Heinrich und Irene kannten sich schon seit Kindertagen, da Irenes Mutter Alice Großmamas Schwester gewesen war. Bei der Hochzeit von Beatrice und Liko im Sommer 1885 in England waren sich Irene und Heinrich aber nähergekommen. Es gab eigentlich keine wirklichen Einwände gegen diese Ehe. Als zweitgeborener Sohn konnte Heinrich seine Wünsche durchsetzen. Onkel Willie und die

Kaiserinwitwe Augusta sahen eigentlich nur die englische Erziehung Irenes als Nachteil an. Man befürchtete bei Hofe nun noch größeren englischen Einfluss, als er schon durch Großmama vorhanden war. Auch Irenes Vater wandte ein, dass er durchaus gewillt sei, seine Tochter zu überreden, Heinrich einen Korb zu geben, da dieser sich nicht besonders freundlich gegenüber Sandro gezeigt habe, zudem Irene die Meinung ihres Vaters durchaus teile. Dies betraf schließlich das Haus Hessen.

Heinrich war aber sehr verliebt in Irene und diese in ihn. Also hielt er im Januar des Jahres 1887 in Darmstadt um ihre Hand an. Noch zum neunzigsten Geburtstag des greisen Kaisers Wilhelm I., am zweiundzwanzigsten März, machte man die Verlobung öffentlich im Rahmen der großen Geburtstagsfeierlichkeiten. Die Urgroßmama Auguste zeigte allerdings während der Verkündung der Verlobung ohne Scheu offen ihre Abneigung gegenüber dieser.

Doch Irene sollte Heinrich ihre Liebe mehr als beweisen, indem sie ihm stets zur Seite stand, als es Großpapa gesundheitlich sehr schlecht ging, und sie war jederzeit bereit, nach Berlin zu reisen. Er nannte sie seinen kleinen goldenen Schatz und Irene war durchaus liebenswürdig. Ich mochte meine Tante auch vom ersten Moment an sehr.

Mama mit Irene im Jahre 1888

Mama mit Heinrich und Irene, im Jahre 1888

Man beachte bei den Fotografien Mamas kurzgeschnittene Haare. Dies war eine Folge ihrer Malariaerkrankung. Aufgrund von Fieberschüben hatte sie sich die Haare abschneiden müssen, trug sie dann aber weiterhin kurz, da sie es auch sehr pflegeleicht fand.

Mein Großpapa hatte noch an der Hochzeit von Irene und Heinrich im Berliner Schloss Charlottenburg teilgenommen. Allerdings nur für eine kurze Zeit. Man beschloss, die standesamtliche als auch die kirchliche Trauung dort abzuhalten. Die Hochzeit fand an Großmamas Geburtstag statt und man musste eine bescheidene Feier abhalten, da dies die Rücksicht auf den Tod von Urgroßpapa, dem Kaiser, gebot. Es gab also Abstriche am herkömmlichen Festprogramm. So entfiel die traditionelle feierliche Einholung der Braut mit Kutschfahrt durch Berlin und ebenso der Fackeltanz am Ende der Feierlichkeiten.
Eigentlich hätte man die Hochzeit gerne auf einen späteren Termin festgesetzt, aber Großpapa hatte den Wunsch geäußert, noch daran teilnehmen zu wollen, und ließ es sich auch nicht nehmen, trotz seines Zustands noch vieles für die Feier zu organisieren, denn er ahnte, dass es seine letzte Familienfeier werden sollte. Eigens für diesen Tag ließ man die Hoftrauer aussetzen, doch es lag ein Schatten über allem, denn im Mittelpunkt standen nicht so sehr Irene und Heinrich, sondern mehr der todkranke Großpapa, der sich, wenn er nicht sitzen konnte, auf einem Stock abstützen musste.
Meine Großmama weinte während der Trauung und sagte leise, sie solle sich freuen, aber der Gedanke, nie mehr mit Großpapa eine Feier zu erleben, mache ihr das Herz so schwer. Sie trug zum ersten und einzigen Male die preußischen Kronjuwelen, hielt sich tapfer aufrecht, aber selbst Onkel Willie gestand, er habe nie eine Hochzeit so voller Trauer erlebt. Zudem war Großmama innerlich angespannt, denn mein Großpapa litt an Hustenanfällen und sie betete inständig, er möge keinen dieser schlimmen Anfälle während der Zeremonie erleiden.
Die Urgroßmama Augusta litt seit vielen Jahren an schwerem Rheuma. Seit dem Jahre 1849 war der Urgroßpapa Generalgouverneur von Koblenz gewesen und im Jahre 1850 hatten er und seine Gemahlin ein Schloss am Rhein bezogen, welches dem letzten Kurfürsten von Trier gehört hatte. Die Urgroßmama liebte die Stadt und das Schloss, so reiste sie gerne dorthin, um sich zu erholen.

Sie war nun siebenundsiebzig Jahre alt, aber war im Jahre 1881 im Schloss in Koblenz so schwer gestürzt, dass sie sich aufgrund ihres chronischen Leidens nicht mehr wirklich von ihren Verletzungen erholte. Zuerst war sie nur auf Krücken angewiesen gewesen, später vollständig auf einen Rollstuhl. Auch sie wollte an der Hochzeit teilnehmen, verzichtete aber auf jeglichen Schmuck und erschien daher in einem schlichten schwarzen Kleid.

Die Hochzeit von Irene und Heinrich im Schloss Charlottenburg am 24. Mai 1888, mit dem Brautpaar vor dem Traualtar, rechts sitzend die Großmama, mit Fächer, neben ihr der Großpapa, im schwarzen Kleid mit weißen Streifen am Umhang die Urgroßmama aus England, die eigens für die Trauung angereist war; am Vorsprung stehend Onkel Willie, rechts mit Orden, links neben ihm Alix, Irenes jüngste Schwester, vor ihr stehe ich, im Rollstuhl sitzend hinter der Queen, die Urgroßmama Augusta

Am Ende der Zeremonie legte der Großpapa Heinrich die Hand auf den Kopf, umarmte ihn dann sehr lange und es rührte alle sehr zu Tränen, denn es wirkte wie ein letzter Segen und Abschied. Er steckte ihm auch einen Zettel zu, den Heinrich später der Großmama zeigte. Ich las die Zeilen zufällig, weil Großmama so sehr zitterte, als sie ihn in der Hand hielt. Darauf stand: Du hast mir keinen Augenblick Kummer gemacht! Sanft legte ich meine Hand auf die meiner Großmama, sie kämpfte um Beherrschung. Ich wusste nicht, woher der Zettel stammte, verstand aber, dass über der ganzen Feier eine Trauer lag, denn auch wenn mir niemand sagte, wie schlimm es um meinen geliebten Großpapa stand, so sah ich doch seinen körperlichen Zerfall. Kinder haben ein feines Gespür. Meines verriet mir, dass mein Großpapa schwerer erkrankt war, als man mir sagte. Man wollte mich sicher schonen oder ging davon aus, dass ich es nicht in seiner Tragweite überblicken könnte, doch ich ahnte es.
Moretta befand sich auch ständig im Blickfeld der Großmama, da sie um deren Seelenverfassung fürchtete. Statt mit Sandro vor dem Traualtar zu stehen, heiratete ihr Bruder. Moretta gab sich beherrscht, doch man spürte ihre innere Unruhe.

Im Vorfeld der Hochzeit hatte sich auch Heinrich nicht positiv der Großmama gegenüber verhalten. Er stellte sich mal auf die Seite Willies, mal auf die seiner Mutter. Auch er war nach San Remo gereist und tat nachher in Briefen an seinen Bruder kund, dass es ihm so vorkomme, als laufe Großpapa Mackenzie wie ein Hund hinterher. Irgendwie fühlte sich Großmama durch seine Anwesenheit in Italien überwacht, bevor Willie anreiste, denn er überwachte jeden Schritt seiner Eltern genauestens und auch jeden Rat der Ärzte. Einmal war er entschieden gegen den Entschluss Großpapas für eine Tracheotomie, dann wieder befand er dies als gut. Als er sich wieder auf Willies Seite schlug, meinte, die Mutter habe es unterlassen, dem Vater wirklich zu helfen und gar seinen Tod mitverschuldet, indem man die Entfernung des Kehlkopfes so vehement abgelehnt habe, wollte ihn Großmama sprichwörtlich nur noch zur See schicken.

Heinrich und Irene machten ihre Hochzeitsreise nach Schloss Erdmannsdorf im schlesischen Riesengebirge, mussten diese dann aber

abbrechen, als Großpapa im Sterben lag, denn Heinrich wollte natürlich am Sterbebett seines Vaters sein.
Schmerzlich war für Großmama, dass Heinrich Willies Maßnahmen nach dem Tod des Vaters unterstützte.
Er lebte seit seiner Volljährigkeit mittlerweile im Kieler Stadtschloss, hatte dort eine eigene Hofhaltung mit zwölf Bediensteten und einem Hofmarschall. Seit dem Jahre 1871 war Kiel zum Reichskriegshafen geworden und hatte sich so zur bedeutendsten Marinestadt des Kaiserreichs entwickelt. Es war für Heinrich sowohl Dienstsitz als auch Residenz.
Finanziell war Heinrich gut abgesichert, denn vom Großvater erbte er viel Grundbesitz, das gesamte Silber und die Bibliothek. Hinzu kam dann noch das Erbe seines Vaters, wonach ihm dann die Güter Paretz, Uetz und Falkenrehde im Havelland gehörten sowie unter anderem die Nutznießung der Burg Rheinstein am Mittelrhein.
Am zehnten August des Jahres 1888 zogen Heinrich und Irene feierlich in Kiel ein. Da sie dort das Kaiserhaus repräsentierten, erwartete man von ihnen, dass sie entsprechend Hof hielten und auch gesellschaftlich Verpflichtungen nachkamen, so unter anderem bei der berühmten Kieler Woche.
Obwohl sie in Kiel lebten, mussten Heinrich und Irene für Staatsakte und zu wichtigen militärischen und höfischen Verpflichtungen nach Berlin reisen, dennoch hielten sich beide eher ungern am Hof auf. Sie zogen ein abgeschiedeneres Leben vor.
Willie würde in Zukunft seinen Bruder als seinen Repräsentanten bei anderen Höfen einsetzen oder bei Zeremonien, wenn er selbst nicht erscheinen konnte.
Heinrich und Irene waren ein sehr harmonisches Paar, sie liebten das gemeinsame Musizieren und beide verband ihre englische Erziehung so sehr, dass ihre tägliche Umgangssprache für viele Jahre ausschließlich Englisch war. Großmama besuchte das Paar gerne in Kiel. Sie bemängelte nur, dass beide kaum ein Interesse an Kunst, Kultur und Literatur zeigten sowie nicht einmal eine Zeitung lasen.
Dennoch mochte Großmama Irene sehr. Als Irene schwanger war, war für sie die Freude groß, aber sie zeigte sich entsetzt darüber, wie ihre Schwiegertochter ihren Bauch zur Schau stellte, nie einen Schal trug oder längere Kleidung, um die Schwangerschaft zu verbergen. Zu

jener Zeit war dies ein gänzlich unpassendes Verhalten für eine schwangere Frau. Man zeigte sich auch nicht auf öffentlichen Fotografien oder öffentlichen Auftritten mit rundem Bauch, sondern pflegte sich eher zurückzuziehen.
Da Irenes Mutter nicht mehr lebte, sah es Großmama als ihre Pflicht an, Irene bei der Entbindung beizustehen.
Am zwanzigsten März des Jahres 1889 wurde der kleine Prinz Waldemar geboren und Großmama freute sich natürlich sehr über die Namenswahl in Erinnerung an ihren viel zu früh verstorbenen geliebten Sohn. Doch das Leben des kleinen Prinzen sollte von Anfang an unter einem Damoklesschwert stehen, denn er erbte von Irene die Hämophilie. Die Krankheit war über Urgroßmama in England in die Familie gelangt und nicht jede Tochter oder deren Tochter war eine Überträgerin. Meine Großmama war keine, aber ihre Schwester Alice. Ihr kleiner Sohn Friedrich war nach einem Sturz aus dem Fenster des Schlosses in Darmstadt an Gehirnblutungen gestorben. Wobei der kleine Prinz sich so schwer verletzte, dass die schweren Blutungen wahrscheinlich nur einen Teil der Todesursache ausmachten, da er auf die Stufen einer Steintreppe aufgeschlagen war.
Der kleine Waldemar litt bereits kurz nach der Geburt an Blutungen und seine Krankheit bedeutete, dass man sehr behutsam mit ihm umgehen und das Kleinkind dann auch stets im Zaum halten, bewachen musste, damit es sich nicht verletzte. Waldemar zeigte aber von Anfang an ein recht ruhiges Temperament, musste aber im Weiteren viel getragen werden, da seine Fußknöchel oft blau anliefen. Entsprechend groß war natürlich die Belastung für seine Eltern und ihr Leben drehte sich fortan um die Sorge um den Sohn.
Mein Onkel Willie war nicht wirklich auf seine Rolle als Deutscher Kaiser vorbereitet. Seinen Militärdienst, zuletzt als Kommandeur der 2. Garde-Infanterie-Brigade, musste er immer wieder unterbrechen, wurde dann beurlaubt, um sich mit der zivilen Verwaltung vertraut machen zu können. Dies konnte aber nicht wirklich gründlich erfolgen, denn der Urgroßvater war alt und gebrechlich und hinzu kam dann noch die Erkrankung des Großpapas. Doch für die Regierungsgeschäfte war dies nicht negativ, denn Bismarck war seit 1862 zuerst als preußischer Ministerpräsident, dann ab 1871 als Reichskanzler, stets an der Seite des regierenden Kaisers. Die drei siegreichen Kriege

von 1864, 1866 und 1870/71 sowie seine Rolle als Vereiniger Deutschlands zur stärksten kontinentaleuropäischen Macht hatten ihn zu einem weltweit respektierten Staatsmann gemacht. Man vertraute auf sein Urteil, wenngleich es natürlich auch mal mehr oder weniger zwischen ihm, Großpapa und auch Onkel Willie zu Meinungsverschiedenheiten kam.
Nach der preußischen Reichsverfassung hing der Reichskanzler in Bezug auf das Vertrauen auch nur vom regierenden Herrscher ab, nicht von dem des Reichstags.
Im Jahre 1889 weigerte sich Onkel Willie, Soldaten ins Ruhrgebiet zu schicken, um so mit Gewalt einen Streik der Bergarbeiter zu beenden. Mein Onkel sah aber die Aktionäre und Industriellen in der Pflicht, denn die Arbeiter seien ihre Untertanen. Wenn diese sich also nicht auf Forderungen ihrer Arbeiter einlassen wollten, so müssten sie mit den Folgen leben, wie etwa Ausschreitungen der Gewalt gegen deren Willen und weiteres. Dann wäre man auf sich gestellt und Onkel Willie stünde nicht mit Soldaten zur Seite. Für die Bevölkerung deuteten solche Aussagen und Handlungen des Kaisers auf eventuelle soziale Reformen hin.
In den Februarerlassen, im Jahre 1890, wurde ein Ausbau des Arbeiterschutzes angekündigt. Bismarck weigerte sich jedoch, diese anzuerkennen oder gar zu unterzeichnen, er arbeitete sie noch aus und trat dann als preußischer Handelsminister zurück.
Es ging vor allem darum, die Zeit, die Dauer und die Art der Arbeit so zu regeln, dass die Erhaltung der Gesundheit, die Gebote der Sittlichkeit, die wirtschaftlichen Bedürfnisse der Arbeiter und ihr Anspruch auf gesetzliche Gleichberechtigung gewahrt blieben. Man kündigte ferner auch Arbeitervertretungen und eine internationale Arbeiterschutzkonferenz an.
Bismarck riet Onkel Willie, die Erlasse nicht zu veröffentlichen, doch mein Onkel ließ sie ohne Gegenzeichnung Bismarcks am vierten Februar des Jahres veröffentlichen. Nun drohte Bismarck mit seinem Rücktritt als preußischer Ministerpräsident. Er blieb noch im Amt, aber das Verhältnis zwischen ihm und meinem Onkel bekam tiefe Risse.
Die Erlasse wurden im Jahre 1891 dann in der Gewerbeordnungsnovelle teilweise umgesetzt.

Vorher hatte es bereits schon Versicherungen gegen Krankheit, Altersarmut und Invalidität gegeben sowie eine Unfallversicherung, womit Bismarck die Arbeiterklasse für sich gewinnen wollte.
Vielleicht lag das Problem auch an der Tatsache, dass Bismarck meinen Onkel für einen jungen, unerfahrenen Menschen hielt, der aus seiner Sicht zu hitzköpfig agierte, während mein Onkel wiederum in Bismarck einen Menschen sah, der zu traditionell war, an diesen Traditionen zu starr festhielt.
Am fünfzehnten März entzog mein Onkel dem Reichskanzler endgültig die Unterstützung, nur drei Tage später reichte Bismarck sein Entlassungsgesuch ein. Die Probleme zwischen beiden waren sehr vielfältig und es würde ein zu weites Feld sein, diese in ihrer Gesamtheit zu erklären, aber die Zeit des großen Staatsmanns Bismarck war beendet. Daher betitelte die Presse dann auch eine Karikatur, auf der er eine Schiffstreppe hinabstieg, mit der Überschrift Der Lotse geht von Bord.
Bismarck zog sich auf seinen Landsitz Friedrichsruh bei Hamburg zurück, kehrte aber der Politik nicht endgültig den Rücken. Er betrieb eine doch recht umfangreiche Pressepolitik, wobei die Hamburger Nachrichten zu seinem Sprachrohr wurden und er verkündete, seine Memoiren verfassen zu wollen. Mit öffentlicher Kritik an Onkel Willies Politik zeigte er sich nicht sparsam.
Mein Onkel bestimmte nun den politisch unerfahrenen General Leo von Caprivi zu Bismarcks Nachfolger.
Noch unter Bismarcks Kanzlerschaft, sagte mein Onkel öffentlich, er wolle ein König der Bettler sein und forderte damit einhergehend auch für die Arbeiterschaft ein Verbot der Sonntagsarbeit, der Nachtarbeit für Frauen und Kinder, der Frauenarbeit in den letzten Monaten einer Schwangerschaft und die Einschränkung der Arbeit für Kinder unter vierzehn Jahren.
Ein großes Problem war die SPD. Es gibt verschiedene Gründungsdaten für diese. Die Partei selbst berief sich auf den dreiundzwanzigsten Mai des Jahres 1863, als diese durch den Schriftsteller, sozialistischen Politiker und Wortführer der deutschen Arbeiterbewegung, der Allgemeinen Deutschen Arbeitervereins (ADAV), im Leipziger Pantheon gegründet wurde. Von 1871 bis 1875 führte der Schriftsteller, Journalist und Rotgerber Wilhelm Hasenclever den ADAV. Ein

Rotgerber ist eine spezielle Berufsbezeichnung für einen Gerber, der Rinderhäute zu strapazierfähigen kräftigen Ledern verarbeitete.
Ab dem Jahre 1869 gab es die von August Bebel und Wilhelm Liebknecht in Eisenach gegründete Sozialdemokratische Arbeiterpartei (SDAP). Bebel war ein Publizist und sozialistischer Politiker, Liebknecht ein überzeugter Sozialist.
Beim Vereinigungsparteitag vom zweiundzwanzigsten bis zum siebenundzwanzigsten Mai des Jahres 1875 schlossen sich in Gotha der ADAV und die SDAP zur Sozialistischen Arbeiterpartei Deutschlands (SAP) zusammen.
Im Jahre 1883 begann mit der Publikation der Zeitung Die Neue Zeit, einer Theoriezeitschrift der Partei, die man aber zunächst im Geheimen veröffentlichte. Herausgeber der Zeitung war Karl Kautsky, ein österreichisch-tschechischer Philosoph, marxistischer Theoretiker und sozialdemokratischer Politiker.
Diese Zeitung sollte bald ein wichtiges Sprachrohr für theoretische Debatten des Sozialismus und Marxismus werden, sie fand sogar weltweit Beachtung.
Im Herbst des Jahres 1890 änderte die Partei ihren Namen in Sozialdemokratische Partei Deutschlands, nachdem das Sozialistengesetz außer Kraft getreten worden war. Das Sozialistengesetz war ein Gesetz gegen die gemeingefährlichen Bestrebungen der Sozialdemokratie. Es galt von 1878 bis 1890 im Deutschen Reich und wurde während dieser Zeit mehrfach verlängert. Es umfasste diverse Einzelbestimmungen in 30 Paragraphen. So verbot es sozialistische, sozialdemokratische, kommunistische Vereine, Versammlungen und Schriften, deren Zweck der Umsturz der bestehenden Staats - und Gesellschaftsordnung sei. Das Gesetz führte dazu, dass sich sozialdemokratische Aktivitäten in den Untergrund oder ins Ausland verlagerten, und im Zuge des Gesetzes kam es zu Massenverhaftungen und -ausweisungen. Die Sozialdemokraten im Reichstag blieben aufgrund ihrer parlamentarischen Immunität unangetastet.
Aufgrund ihrer Gewerkschaftsnähe und trotz Verfolgung und Unterdrückung während der Bismarck-Ära gewann die SPD immer mehr an Einfluss bei den Arbeitern und im Zuge damit auch im Reichstag. Bald kam die Partei schon auf 19,8 % der Stimmen und war damit erstmals die wählerstärkste Partei im Reich.

Ein Jahr später verabschiedete man auf einem Parteitag in Erfurt das Programm der Partei. Die Leitlinien waren von Karl Kautsky und Eduard Bernstein, einem sozialdemokratischen Theoretiker und Politiker, entworfen worden. Sie lehnten den Reformismus ab und waren dem Marxismus stark angenähert. Dies bedeutete, dass man Reformen in Bezug auf die Arbeiterklasse, also einen sanften Weg eher ablehnte, und Veränderungen durch Revolution derselben befürwortete.
Onkel Willie versuchte, sich also mit der Partei gutzustellen, während Bismarck diese konsequent abgelehnt hatte.
Dona, nun Deutsche Kaiserin, sah sich karitativ in der Pflicht und übernahm zahlreiche Schirmherrschaften, wie etwa für die Deutsche Rot-Kreuz-Gesellschaft und den Vaterländischen Frauenverein. Sie wurde dann auch Schirmherrin für den von ihr und Onkel Willie im Jahre 1887 gegründeten Evangelisch-Kirchlichen Hilfsverein für Berlin zur Bekämpfung des religiös-sittlichen Notstands. Hieraus ging der Evangelische Kirchenbauverein hervor. Dona förderte die Errichtung evangelischer Kirchenbauten in Berlin, was sich hauptsächlich auf Arbeiterquartiere bezog.
Zwar glaubte Onkel Willie nicht daran, sich mit den Sozialdemokraten versöhnen zu können, aber als König der Armen oder der Bettler, wie er sich selbst sah, unterstützte er Dona in ihren Vorhaben.
In Königsberg rief er öffentlich zum Kampf für Religion, Sitte und Ordnung, gegen die Parteien des Umsturzes auf. Dona und ihr Gemahl waren sich sicher, dass man die soziale Frage mit der Förderung von Kirchen lösen konnte. Und so hatte der Verein bald auch Einfluss außerhalb Berlins und man errichtete dann auch unter anderem die Erlöserkirche in Bad Homburg.
Dona engagierte sich auch sehr für die Bildung von Mädchen und Frauen, was sie meiner Großmama in ihrem karitativen Bestreben nicht unähnlich machte, und sie versuchte, sich für die Bekämpfung der Säuglingssterblichkeit einzusetzen.
Aber vorrangig glaubten sie und Onkel Willie daran, dass die alte Verbindung von Thron und Altar, also Staat und Kirche, die beste sei. Ein Arbeiter, der auf Gott vertraute, sich mit seinen Problemen an diesen wenden konnte beim Gebet, würde auch auf den Herrscher vertrauen.
Donas Engagement beim Bau neuer Gotteshäuser prägte sich so sehr aus, dass sie während der Regierungszeit meines Onkels allein in

Berlin für den Bau von achtunddreißig Kirchen verantwortlich war und etwa hundert im ganzen Deutschen Reich. Im Volk nannte man sie daher die Kirchenjuste.
Familiäre böse Zungen nannten sie eher den bösen Geist von Onkel Willie, da sie ihm in allem völlig ergeben war.

Inzwischen hatte man in der Familie begonnen, sich nach einem geeigneten Heiratskandidaten für Sossy umzusehen. Sossy war am vierzehnten Juni des Jahres 1888 achtzehn Jahre alt geworden und ihr sterbenskranker Vater überreichte ihr an diesem Tag noch einen Blumenstrauß und einen Zettel, auf dem stand, dass sie immer fromm und gut bleiben solle. Dies sei der letzten Wunsch ihres sterbenden Vaters.
Es waren Moretta, Sossy und Mossy, die der Großmama nach dem Tod des Großpapas am meisten nahestanden, ihre Stütze waren.
Von den drei jüngeren Schwestern Mamas galt Sossy als die hübscheste, zudem hatte sie stets ein sehr ruhiges, fast würdevolles Auftreten.
Da man in Berlin gute Beziehungen zu Russland pflegen wollte, war sie auch als Ehefrau für den Zarewitsch Nikolaus im Gespräch, was noch mein Urgroßpapa sehr begrüßte und ihn störte auch nicht das Problem der Konfession. Sossy hätte für die Eheschließung zum russisch-orthodoxen Glauben übertreten müssen, aber eigentlich zählte für den Urgroßpapa mehr, dass sich das Paar überhaupt erst einmal kennenlernte. Allerdings war die Zarin Maria Feodorowna, Gemahlin des Zaren Alexanders III. von Russland, nun überhaupt nicht preußenfreundlich eingestellt. Sie hatte eine tiefe Abneigung gegenüber allem Deutschen, denn schließlich war ihr Vater König Christian IX. von Dänemark und die Konflikte aus dem Deutsch-Dänischen Krieg konnte sie nicht vergessen.
Meine Großmama fand allerdings, Sossy würde eher zum Großfürsten Paul, dem jüngsten Bruder des Zaren, passen, da sich das Paar dann alterstechnisch näherstehe. Für Mossy fand sie dann den Großfürsten Nikolaus passender. Er war ein Sohn des Großfürsten Nikolaus Nikolajewitsch. Beide Mädchen könnten dann in einer Doppelhochzeit verheiratet werden und einander in der ersten Zeit in Russland eine Stütze sein, um sich dort einzuleben. Aber für so eine Eheanbahnung hätte Russland die Initiative ergreifen müssen.

Beim Golden Jubilee von Urgroßmama hatte Sossy aber den griechischen Kronprinzen Konstantin von Griechenland, der den Spitznamen Tino trug, kennengelernt und das Paar hatte sich auf Anhieb sehr gut verstanden. Tino war der Sohn des Königs Georg I. von Griechenland und seiner Gemahlin Olga, die als eine geborene russische Großfürstin die Nichte des Zaren Alexanders III. war. Der Kronprinz war großgewachsen, lebhaft und gutaussehend.

Der König von Griechenland war ein geborener Prinz aus dem Hause Schleswig-Holstein-Sonderburg-Glücksburg und im Jahre 1863 durch die griechische Nationalversammlung zum König gewählt worden, nachdem man den König Otto, aus dem Hause Wittelsbach stammend, abgesetzt hatte. Er war der erste König von Griechenland gewesen.

König Georg wollte seinem ältesten Sohn eine gute Ausbildung bieten, überwand seine Ressentiments gegenüber Deutschland und schickte ihn zum Studium nach Leipzig und Heidelberg sowie an die preußische Militärakademie.

Tino galt nicht als Intellektueller, hatte aber einen guten Charakter und ein gutes Herz, was mehr zählte.

Am dritten September des Jahres 1888 verlobten sich Tino und Sossy. Großmama war durchaus sehr angetan von ihrem neuen Schwiegersohn, denn er war zu uns allen überaus freundlich und man spürte, wie verliebt die beiden ineinander waren.

Griechenland galt als eher unterentwickeltes und armes Land, daher kamen bei Großmama schon Zweifel auf, ob ihre Tochter dort glücklich werden könnte. Onkel Willie meinte aber, es werde auf jeden Fall mehrere Herrscherhäuser miteinander vereinen, und aus England kam von Urgroßmama auch ein Segen für das junge Paar.

Bismarck wandte ein, es sei wichtiger, die guten Beziehungen Deutschlands zum Osmanischen Reich zu stärken, nicht die zu Griechenland, aber es tangierte niemanden. Auch wenngleich seine Bedenken über die Politiker in dem Land, die er für unberechenbar hielt, später noch wahr werden sollten, als es zu Unruhen in Griechenland kam.

Sossy und Tino, 1888

Am siebenundzwanzigsten Oktober 1889 fand die Hochzeit von Tino und Sossy in Athen statt. Vorher hatte man noch für Sossy eine kleine Abschiedsfeier in Berlin gegeben, dann war sie am fünfundzwanzigsten Oktober mit der Großmama und ihren Schwestern abgereist, das letzte Stück der Reise machten sie auf der königlich-griechischen Jacht Amphitrite.

Dona hatte die Großmama im Vorfeld noch verärgert, indem sie bei ihrer Anreise mit Onkel Willie einen streng konservativen Hofgeistlichen mitbringen wollte, den meine Großmama nicht mochte, und

zudem hatte man sich mit dem König darauf geeinigt, dass sein Kaplan die protestantische Zeremonie abhalten sollte. Das Telegramm Donas erreichte die Großmama auf der Reise und sie fand diese Eigenmächtigkeit ihrer Schwiegertochter impertinent und hinterrücks.
Um Sossy den Tag nicht mit familiären Streitigkeiten zu verderben, ließ man dann den Kaplan und den Hofprediger die protestantische Trauung vornehmen.
In Athen suchte Dona dann erneut Streit, da man sie und meinen Onkel dort eher schmucklos, wie sie es nannte, begrüßt hatte, obwohl sie das Kaiserpaar waren. Ferner hatte sie das Gefühl, man spreche absichtlich mit ihrem Gemahl Dänisch, welches sie zwar verstand, aber nun stets übersetzen musste, obwohl sie im Vorfeld mehrfach die griechische Königsfamilie darauf hinwies, dass nur sie es verstehe und fließend beherrsche. Sie fühlte sich auch vielleicht zurückgesetzt, denn meiner Großmama gegenüber zollte man mehr Respekt als ihr.
Für Griechenland war die Hochzeit etwas Besonderes, denn es war seit sehr langer Zeit einmal wieder eine Vermählung eines Thronfolgers. So reisten viele Fürstlichkeiten aus dem europäischen Ausland an, das Volk feierte das junge Paar.
Großmama legte für den Hochzeitstag ihre Witwenkleidung ab, trug eine hellgraue Robe. Dies lag auch daran, dass die Griechen in der Farbe schwarz ein böses Omen sahen. Es gab sowohl den kurzen protestantischen Gottesdienst als auch den deutlich längeren griechisch-orthodoxen. Es folgte den Zeremonien ein Galadinner und ein Feuerwerk.
Am griechischen Hof war das Leben an sich weniger von Etiketten geprägt, es gab kein Hofzeremoniell und es war auch nichts pompös. Daher war es für die meisten adeligen Gäste sehr erstaunlich, als auch Bauern in Nationaltracht am großen Hofball anlässlich der Hochzeit teilnahmen. So sagte der Kutscher des deutschen Gesandten diesem völlig offen, er könne seinen Dienst an diesem Tage nicht übernehmen, da er zur Hochzeit eingeladen sei.

Nach Großmamas Abreise aus Griechenland nahm diese einen sehr intensiven Briefkontakt mit Sossy auf, und da sie Land und Leute dort sehr faszinierten, versprach sie ihr, jederzeit wieder auf Besuch zu kommen, woran sie sich auch in den folgenden Jahren halten sollte.

Das junge Paar musste allerdings zuerst in einer angemieteten Villa leben, da es im Palast in Athen keinen Platz mehr gab, und konnte erst im Herbst des Jahres 1898 einen eigens für sie erbauten Palast beziehen.
Im Juli des folgenden Jahres gebar Sossy einen kleinen Sohn in Tatoi, der Sommerresidenz der königlichen Familie. Großmama reiste zur Geburt an, um ihrer Tochter beizustehen. Der kleine Prinz erhielt den Namen Georg. Meine Tante Sossy und ihr Ehemann waren ein überaus glückliches Paar. Allerdings gab es kurzzeitig Gerede bei Hof über die Ankunft des kleinen Prinzen, denn es hatte den Anschein, als sei Sossy nicht jungfräulich in die Ehe gegangen und sogar die Urgroßmama in England rechnete genau nach, denn Sossy wäre erst am siebenundzwanzigsten Juli neun volle Monate verheiratet gewesen, der kleine Georg erblickte aber am neunzehnten des Monats das Licht der Welt, kam aber nicht zu früh.
Man nahm es schließlich mit einem Augenzwinkern hin, dass das junge Paar eben schwer verliebt ineinander sei.

Wenn meine Großmama nun auf Reisen war, blieb ich zurück und vermisste sie sehr. Ich verstand, dass sie sich nicht mehr sehr wohlfühlte am Berliner Hof, seit Onkel Willie Kaiser geworden war, aber sie war immer meine Zuflucht gewesen. Nun kam es vor, dass sie in Kiel bei Heinrich und Irene war oder auch in Griechenland. Zudem überwachte sie den Bau ihres Schlösschens in Kronberg. Hinzu kamen Reisen nach England zu ihrer Mutter. Sicher reiste ich auch mit oder die Familie, aber die meiste Zeit war sie nun nicht mehr da. So blieben mir nur die Gouvernanten, Lehrer und Lehrerinnen, da meine Eltern sich zumeist ihrem gesellschaftlichen Leben widmeten oder Papa dem Militär, seinen Reisen zu Ausgrabungen. Mir blieben auch Moretta, mit der ich ausritt, oder Mossy, aber beide waren schon älter und hatten andere Interessen, als sich die ganze Zeit um mich zu kümmern.

Mama war durch die Thronbesteigung Onkel Willies nun zu einer Person geworden, deren Anwesenheit man sehr schätzte im gesellschaftlichen Lebens Berlins. In Hofkreisen verhielt es sich ebenso. Der Status als älteste Schwester des Kaisers öffnete gewissermaßen Tür und Tor. Man umgab sich gerne mit ihr und auch repräsentative Pflichten

nahm sie von nun an wahr.
Nur zehn Tage, nachdem Onkel Willie am fünfzehnten Juni des Jahres 1888 zum Kaiser geworden war, nahm auch Mama mit an der Zeremonie zur Eröffnung des Reichstags im Weißen Saal des Stadtschlosses in Berlin teil. So saß sie da, in einem schwarzen Kleid, wie es üblich war zu diesem Anlass, neben dem kleinen Kronprinzen Friedrich Wilhelm und Dona, die zu jenem Zeitpunkt hochschwanger mit dem kleinen Prinzen Oskar war.
Großmama, die auch anwesend war, empfand es als seltsam, dass ihre Tochter ebenfalls zugegen sein musste, und ohnehin war ihr der ganze Pomp um die Zeremonie, der anschließende Festzug, zuwider. Sie kannte aber den Geltungsdrang Onkel Willies nur zu gut, wusste, wie gern er im Mittelpunkt stand.
Mama hatte einen fast ebenso großen Geltungsdrang wie ihr ältester Bruder. Doch man zeigte sich sehr besorgt, da sie nicht als jemand galt, dem man wirklich trauen konnte. Immer noch liebte sie Hofgetratsche, Gerüchte und dies fiel besonders Heinrich auf, der ihr ebenfalls oftmals misstraute. Er nannte Mama Charley, die Angeberin. Natürlich nur hinter ihrem Rücken.
Meine Mutter störte aber niemals, wenn man auch über sie tratschte. Sie wusste darum. Sie weitete sogar das Ganze noch aus, indem sie auch Briefe und Fotografien für die englischen Cousins und Cousinen mit Charlotte, the brat, unterzeichnete. Auch für diese bezeichnete sie sich selbst als Gör.
Für meine Großmama bestand nach Onkel Willies Thronbesteigung die Gefahr, dass er zu einem Spielball Bismarcks und dessen Anhängern werden könnte, denn sie unterstellte ihm, ebenso wie Heinrich und meiner Mama, keine Ahnung von Politik zu haben. Ferner ging sie sogar davon aus, dass man besonders Heinrich und Mama auch missbrauchen würde, ob nun von Seiten ihres ältesten Sohnes oder anderen einflussreichen Persönlichkeiten. Sie verstand auch nicht, wenn Tochter und Sohn sich auf die Seite Onkel Willies stellten, seine Härte und Gewalt in politischer Hinsicht unterstützten. Ich weiß aber nicht, ob Mama die Aktionen gegen Großmama durch Onkel Willie nach Großpapas Tod begrüßte. Da war sie eigentlich doch eher zartbesaitet und ich schätze, mehr auf Seiten Großmamas.
Im Jahre 1889 begann die Freundschaft zwischen Mama und Marie,

der Gemahlin von Affie zu wachsen. Alfred, Duke of Edinburgh, zog mit der Familie nach Coburg. Dort regierte sein Onkel väterlicherseits, Herzog Ernst II., aber er hatte keine legitimen Nachkommen. Bertie hätte eigentlich als ältester Sohn der Queen die Regentschaft antreten müssen, aber er lehnte dies ab. So gelangte Alfred an die Thronfolge. Da es dem regierenden Herzog gesundheitlich nicht gut ging, siedelte man also nach Coburg über und erwartete dort die Thronbesteigung. Marie, die England aus bereits erwähnten Gründen hasste, sah in dem Umzug einen Lichtblick. Das Paar hatte mittlerweile fünf Kinder. Im Jahre 1884 war das letzte Kind, die kleine Prinzessin Beatrice, deren Spitzname Baby Bee war, geboren worden.
Alfred musste seine aktive Karriere bei der britischen Marine beenden, er war seit dem Jahre 1887 Admiral. Des Weiteren musste er seine Mitgliedschaft im britischen Oberhaus niederlegen und seinen Sitz im Kronrat. Alle übrigen britischen Titel und seine Ehrenämter durfte er behalten. Seine jährliche Apanage von fünfzehntausend englischen Pfund gab er auf, aber behielt die über zehntausend Pfund, die man ihm zur Hochzeit gewährt hatte, damit er den Londoner Wohnsitz der Familie, Clarence House, behalten konnte. Man würde zwischen Coburg und London pendeln.
Für Marie war es ein Gutes, endlich ihre englische Verwandtschaft verlassen zu können, obwohl sie Coburg, den Regierungssitz des Herzogtums, eher langweilig fand. Für die einstige Großfürstin war es zu klein und zu provinziell.
Mama freute es nur allzu sehr, Marie nun in Deutschland zu wissen, und so lud sie sie und ihre zwei ältesten Töchter, Missy und Ducky, gerne zu sich nach Berlin ein. Die Töchter zeigten sich von Mama sehr begeistert. Es imponierte ihnen, dass sie ihr Haar mittlerweile auch gerne kurz trug.

Obwohl meine Mutter eher klein war, hatte sie dennoch eine gute Figur, war schlank, neigte aber dazu anzusetzen und achtete deshalb auf ihre Ernährung, was ihrer fragilen Gesundheit oftmals nicht bekam. Sie hatte dies bei Moretta kritisiert, aber verhielt sich meist ebenso und machte Hungerkuren.
Ich denke, vielen imponierte auch, dass Mama so gar nicht dem klassischen Rollenbild einer Frau zu jener Zeit entsprach, indem sie eine

hartnäckige Raucherin war, die sich auch von anwesenden Nichtrauchern darin nicht beschränken ließ und oftmals nach Rauch roch. Ihre Kleider waren stets etwas Besonderes und sie gab gerne mit Wissen an, auch wenn sie dieses vielleicht gar nicht besaß. Sie schien oftmals allwissend zu sein, was besonders Pferde, Musik, Blumen, das Kochen oder militärische Dinge betraf. Eigentlich schnappte sie aber oft nur Brocken auf, die sie dann zu diesem Wissen verknotete, und viele bemerkten erst später, wie unwissend sie im Grunde genommen war.
Meine Mutter trug ihr Haar aber zumeist kurz, weil sie eben sehr dünnes Haar besaß, und als sie sieben Jahre alt gewesen war, musste es schon einmal sehr kurz geschnitten werden, denn es ließen sich daraus einfach keine angenehmen Frisuren machen. So war dies keine Revolution ihrerseits gegen das Frauenbild der Zeit, sondern einfach eine notwendige Maßnahme. Vieles an Mama ergab sich im Weiteren für andere als eben nicht so überragend oder beeindruckend, wie es zu Anfang schien, wenn sie sie kennenlernten.
Und Marie und Mama verband vor allem das Faible für Klatsch und Tratsch sowie ein angemessenes gesellschaftliches Amüsement. Dieser ausdauernde Hang zur Klatschsucht sollte aber später nicht nur Mama nicht gut bekommen. Meine Großmama befürchtete stets, es könne sie eines Tages einholen, und damit lag sie nur allzu richtig.
Auch Mama war nun ein gerngesehener Gast in Coburg und dort gab sie sich als die Grande Dame, war aber auch sehr freundlich zu den Kinder, vor allem zu Missy und Ducky. Man kann argumentieren, wie seltsam dies anmuten mag, wenn das eigene Kind eher eine unbedeutende Rolle für eine Mutter spielt.
Einmal lud sie die beiden Mädchen zu sich nach Berlin ein, versprach ihnen einen tollen Aufenthalt und versprach sich ihrer anzunehmen. Aber unter ihrem eigenen Dach war sie dann eine völlig andere Frau. Sie zeigte sich überfröhlich, scherzte über dumme Dinge, auch zum Nachteil anderer, gab sich weltklug und nahm die Mädchen zu gesellschaftlichen Veranstaltungen mit, die absolut nichts für die vierzehnjährige Missy und ihre ein Jahr jüngere Schwester waren. Sie waren schlichtweg zu jung für Gesellschaften, bei denen es nur um Mode oder andere Belanglosigkeiten ging und ganz andere Freizeitinteressen gepflegt wurden, man über Vorlieben und Abneigungen tratschte und sich in einer Sprache unterhielt, bei der zwei junge Mädchen nicht

mitkamen, da sie eben noch Mädchen und keine Frauen waren. Vielmehr stellte sich auch das Problem, dass Mama auf diesen Gesellschaften die beiden Mädchen einfach sich selbst überließ, sich unter die anderen anwesenden Damen und Herren mischte, man auch Andeutungen machte, gleich welcher Art, beim Verbreiten von Gerüchten, deren tieferer Sinn und deren Bedeutung den beiden Mädchen nicht bekannt waren. Mit anderen Worten war die Frau, die sich in Coburg liebevoll um sie kümmerte, in Berlin eine egozentrische Person, die keinerlei Rücksicht auf ihre Gäste nahm. Sie versprach ihnen die Sehenswürdigkeiten von Berlin, Ausritte und vieles mehr, altersentsprechende Aktivitäten, die sie dann aber völlig außer Acht ließ. So war Mama eben.
Für Marie, die sich auch nie wirklich um ihre Kinder kümmerte, selbst Gesellschaften vorzog und Reisen, um ihrem Heim und der Familie zu entkommen, war dies alles völlig in Ordnung und nichts Ungewöhnliches. Ihre Töchter sollten sich mehr über die Einladung nach Berlin freuen und darüber, Mamas Gäste zu sein.
Ich verbrachte auch Zeit mit Missy und Ducky. Beiden waren sehr wohlerzogen und nett.
Nach Coburg nahm mich Mama nicht mit, es sei denn, es ging um Feiern oder besondere Anlässe.
Und so hoffte ich wieder auf die Anwesenheit der Großmama in Berlin, die sich um mich kümmerte. Ein Einzelkind zu sein war in Adelskreisen damals eher unüblich. Doch Großmama und ich teilten ein bitteres Los. Auch sie sah nie viel von den Kindern von Willie und Dona. Wenn man sich sah, bei speziellen Anlässen, hatten die Kinder kein so enges Verhältnis wie ich zur Großmama, weil sie es auch nicht kannten, mit ihr viel Zeit zu verbringen.

Großmama hatte sich es zuerst noch zur Aufgabe gemacht, einen geeigneten Heiratskandidaten für Moretta zu finden. Allerdings scheiterten alle Pläne und so übergab sie es dann auch etwas dankbar in Onkel Willies Hände. Er entschied sich für den Prinzen Adolf zu Schaumburg-Lippe. Er war der vierte Sohn des regierenden Fürsten Adolf I. zu Schaumburg-Lippe und der Fürstin Hermine, einer geborenen Prinzessin zu Waldeck und Pyrmont. Der Prinz galt zwar als eher distanziert und kühl, aber Onkel Willie hatte Erkundigungen eingezogen,

und da Adolf nicht gerade unvermögend war, würde er Moretta alles bieten können, wonach sich ihr Herz sehnte. Sie würde somit einen ihrem Status als Schwester des Kaisers entsprechenden Lebensstil führen können. Zwar war Adolf nicht erbberechtigt, was die Thronfolge im Schaumburger Land betraf, aber er war auch eine standesgemäße Partie und nur sieben Jahre älter als Moretta.
Der Prinz diente seit dem Jahre 1866 als Rittmeister bei den Königshusaren in Bonn. In Schaumburg-Lippe, einem der kleineren souveränen Fürstentümer im Deutschen Reich, zeigte man sich von einer Vermählung zwischen Adolf und Moretta durchaus sehr angetan und betrachtete es sogar als eine Ehre.
Am Berliner Hof fragte man sich nur, ob die eher kleinen Verhältnisse in dem Fürstentum Moretta genügen könnten. Für Onkel Willie zählte dies weniger, denn das Haus Schaumburg-Lippe galt als ausgesprochen wohlhabend.
Moretta und Adolf begegneten sich zum ersten Mal im Schloss Segenhaus bei Neuwied im Frühjahr des Jahres 1888. Das Schloss war der Witwensitz der Fürstin Marie zu Wied, Mutter der Königin Elisabeth von Rumänien, der Gemahlin von König Karl I. von Rumänien. Die Königin war vor allem als Schriftstellerin bekannt, wobei sie aber unter dem Pseudonym Carmen Sylva, in Anlehnung an ihren ehemaligen Hauslehrer Georg Sauerwein, der sich in seinen Publikationen Sylvaticus nannte, ihre Gedichte und Romane veröffentlichte.
Für Moretta und Adolf war es Liebe auf den ersten Blick und Adolf machte ihr umgehend einen Heiratsantrag, den sie annahm. Allerdings meinten böse Zungen, Moretta habe diesen nur akzeptiert, weil er dem Prinzen Sandro von Battenberg durchaus ähnlich sehe.
Moretta teilte ihrer Mutter mit, es sei schon Liebe, aber sie erwarte nach der Battenberg-Affäre keine glückliche Zukunft mehr für sich und für Großmama lag es auf der Hand, dass es nicht das war, was ihre Tochter sich einmal vom Leben erhofft hatte. Onkel Willie tat aber kund, wie sehr er die Verbindung wünsche, und so fügte sich Moretta.
Für Großmama war es auch eher unschön, dass der Prinz nicht wirklich gebildet schien. Zwar hatte er einige Semester Rechtswissenschaften studiert, aber sie befand, er sei sehr steif, schüchtern, mache zwar einen guten Eindruck, sei aber nicht wirklich kultiviert.
Bei Hofe fand man den Prinzen keine wirklich gute Partie, zumal sich

auch bald herausstellte, dass er sogar mit der Orthographie Probleme hatte.

Im Winter des Jahres 1889 erkrankte die Kaiserinwitwe Augusta an der Russischen Grippe. Die Pandemie begann im Sommer des Jahres in Zentralasien, breitete sich über Handelsrouten nach Russland und von da nach Europa aus. Sie sollte bis zum Jahre 1895 zu einer der ersten weltweit schwersten Epidemien werden. Insgesamt drei Wellen gingen um die Welt.
Die Erkrankung verlief zumeist sehr schnell und sehr heftig, gipfelte oftmals in einer Pneumonie.
Die Urgroßmama war noch in ihrem von ihr so genannten rheinischen Potsdam in Koblenz gewesen, hatte am Neujahrempfang teilgenommen, wobei sie sich erkältet hatte. Am siebten Januar des Jahres 1890 erlag sie der Grippe im Alten Palais Unter den Linden.
Für Mama, Heinrich und Onkel Willie war die Trauer um sie wohl am größten, denn gerade sie alle drei hatten das alte Kaiserpaar sehr liebgehabt und sich beiden sehr verbunden gefühlt.
Man gab aufgrund der Hoftrauer die Verlobung von Moretta und Adolf erst am siebzehnten Juni mit einer offiziellen Feier in Potsdam bekannt. Nach Großmamas Empfinden glich das eigentlich freudige Ereignis mehr einer tränenreichen Beerdigungsfeier. Sie fürchtete um Morettas Seelenheil und versuchte daher, noch im Sommer den Erbprinzen Ernst zu Hohenlohe-Langenburg, einen Sohn des Fürsten Herrmann zu Hohenlohe-Langenburg, für ihre Tochter als Heiratskandidaten zu gewinnen. Doch diese Pläne scheiterten. Und zu allem Unglück verguckte sich Moretta noch in den überaus attraktiven adeligen englischen Marineoffizier Captain Maurice Archibald Bourke. Es war bald mehr als ein Flirt und meine Urgroßmama in England und die Großmama begrüßten diese Entwicklung, während Dona, als sie davon hörte, es umgehend ihrem Gemahl mitteilte. Sie sagte, man müsse vor Moretta gewarnt sein, bis es endlich zur Vermählung komme.
Mittlerweile lernte die Urgroßmama dann aber Adolf bei einem Besuch in England kennen und fand ihn durchaus sehr sympathisch. Allerdings meinte sie auch, es sei für Moretta bei Sandro natürlich mehr Leidenschaft und Liebe im Spiel gewesen.

Moretta und Adolf, Veröffentlichung in einem Journal anlässlich der Verlobung, 1890

Man setzte den Hochzeitstermin auf den neunzehnten November des Jahres fest. Doch je näher der Tag der Vermählung rückte, umso bedrückter wirkte Moretta. Eigentlich wirkte sie nur unbefangen, als Großmama ihren Trousseau, die Aussteuer, zusammenstellte, sie viele wunderschöne Kleider anprobieren musste. Auch die vielen Hochzeitsgeschenke, die in Berlin eintrafen, ließen sie lächeln. Viele Mitglieder des Hofes meinten, das Paar passe nicht zusammen und sie werde sicher sehr unglücklich werden.

Die Hochzeit, und das lag auf der Hand, wurde nur aus einer Übereinkunft heraus geschlossen.

Ich durfte einmal anwesend sein, als Moretta einige Kleider anprobieren musste, umringt von Schneiderinnen, die mal hier, mal da etwas einkürzten, nach ihren Wünschen die Kleider mit Schleifen ausstatten. Die Kleider wurden alle in schönen Schachteln geliefert, eingeschlagen in feines Seidenpapier. Schon das Öffnen der Kartons, das Rascheln des Papiers, fand ich ungeheuer aufregend. Moretta lächelte mich an, als sie sah, wie es mich begeisterte, ich über den Stoff eines Kleides strich.

„Es ist wunderschön", sagte ich, „Und du wirst herzallerliebst darin

aussehen, Moretta!“
„Ja“, meinte sie leise, ihr Lächeln verschwand, sie nahm das Kleid aus dem Karton, „Ich würde mir aber dezentere Farben wünschen für meine Kleider.“
Sie besah das Kleid. Es war ein typisches Sanduhrmodell, zu der Zeit in Mode, mit Stehkragen, eckigen Polstern, Puffärmel genannt, die sich von den Schultern aus nach unten hin verengten, einem glockenförmigen Rock. Alles in mintgrün gehalten, feinste Seide.
Ich hätte das Kleid sofort getragen, wenn es meinem Alter entsprochen hätte, aber sie legte es wieder in die Schachtel.
„Welche Farben findest du schön?“, hakte ich nach.
„Braun und schwarz“, meinte sie kurz angebunden, bemerkte, dass eine der Schneiderinnen von ihrer Arbeit aufsah.
„Das sind aber eher Farben für Witwen oder ältere Damen“, merkte diese an, „Nicht für junge Damen.“
Morettas Miene versteifte sich.
„Ich fühle mich aber nicht nach all diesen bunten Farben.“
„Deine Reitkleidung ist braun“, sagte ich, da ich nicht wirklich verstand, worauf sie hinauswollte.
Moretta liebte das Reiten und war, wie ich bereits erwähnte, nicht nur eine passable, sondern mittlerweile eine perfekte Reiterin, die auch das Springen im Damensitz beherrschte sowie die Dressur.
„Ach, Feo, du verstehst das noch nicht“, flüsterte sie, drückte mir einen Kuss auf die Stirn, „Manchmal wirkt auf andere alles schön, aber man selber ist traurig und versucht zu lächeln, obwohl es schwerfällt. Wenigstens ist Adolf ein begeisterter Reiter. Aber man kann sich auch nicht den ganzen Tag über Pferde unterhalten.“
Ich verstand immer noch nicht wirklich. Es sei meinem Alter geschuldet gewesen, denn mit elf Jahren versteht man eben noch nichts von Liebesdingen. Man freut sich auf die Hochzeitsfeier, aber dass nicht jede Braut an diesem Tag glücklich ist, kann man nicht ermessen. Man geht davon aus, es sei so. Und jeder sagte einem, es sei der schönste Tag für eine Frau. Wie sollte man da ahnen, wieviel Kummer auch mit diesem Tag verbunden sein konnte?
Moretta schien meine Nachdenklichkeit zu bemerken, fasste sich wieder und reichte mir eine andere Schachtel.
„Na, magst du da einmal reinschauen? Das kommt aus Paris. Es ist

sicher trés chic!“, rang sie sich ein Lächeln ab und ich widmete mich der Schachtel, holte ein wunderschönes Abendkleid daraus hervor. Sie nahm das Kleid, schob mich zum Spiegel und hielt es mir an. Dann beugte sie sich etwas herab und schenkte mir ein sanftes Lächeln.
„Eines Tages, Feo, wirst du auch einmal solche Kleider tragen. Möge das dann für dich mit mehr Glück verbunden sein.“
Ich besah mich im Spiegel, überhörte den traurigen Unterton in ihrer Stimme und stellte mir vor, wie ich bei einem Ball mit diesem Kleid erschien, an der Hand Papas den Saal betrat und die Blicke auf mich zog.
Erst viel später begriff ich, dass Moretta vielen, wie auch Großmama nur sagte, es sei Liebe, weil sie sich in ihr Schicksal fügen, niemandem Kummer bereiten wollte.
Am Hochzeitstag zitterte bei der zivilen Trauung ihre Hand so sehr, dass sie kaum in der Lage war, die Heiratsurkunde zu unterzeichnen. Die Trauung fand im engsten Familienkreis statt und der Hausminister von Wedel musste Moretta zuflüstern, sie habe nun mit Prinzessin zu Schaumburg-Lippe zu unterzeichnen. Im Nachhinein stritt Moretta ab, dass sie zögerte, weil sie den Prinzen eigentlich gar nicht heiraten wollte, sondern nur sehr aufgeregt gewesen sei, sodass sie die Feder in der Hand nicht ruhig habe halten können.
Es folgte noch die kirchliche Trauung im Berliner Stadtschloss, bei der Moretta, wie in der Familie üblich, den kostbaren Brautschleier Großmamas trug. Den Abschluss bildete ein Galadinner mit vielen geladenen Gästen und leider musste man auf den Fackeltanz verzichten, da Dona hochschwanger war und sich nicht wohlfühlte.
Nach der Hochzeit reisten die frisch Vermählten nach Bückeburg, mussten dort auch noch einige Feierlichkeiten absolvieren. Noch auf der Reise schrieb Moretta der Großmama einen Brief, der diese zutiefst betrübte. Ihre Tochter gestand ihr darin, dass sie lieber unverheiratet und bei ihrer geliebten Mutter geblieben wäre. Sie habe niemals erahnen können, wie schlimm es sein werde, ihr Zuhause und ihre Mutter zu verlassen. So bat sie zurückkehren zu dürfen, da sie nicht die Tapfere spielen könne.
Die Großmama konnte sie nicht zurückholen und versuchte, sie mit Zeilen aufzumuntern, in denen sie ihr erzählte, ihr sei es damals auch nicht leichtgefallen, England und die Mutter zu verlassen, aber sie

habe von der Insel auf den Kontinent gewechselt. Moretta sei immerhin nicht soweit von Berlin entfernt, jederzeit dort willkommen.
Ob es Moretta beruhigte, lässt sich nicht sagen. Aber sie wurde sehr herzlich willkommen geheißen in Bückeburg, die Fürstin Hermine bewunderte ihre schönen Kleider, die Bevölkerung feierte das Paar bei seinem Einzug. Der kleine Hof war ungezwungener als der in Berlin, die Feierlichkeiten üppig, lenkten sie aber nur für kurze Zeit ab. Bald bekam sie wieder Heimweh. Sie gestand, dass sie ihren Gemahl mehr möge als seine aus ihrer Sicht schrecklichen Brüder.
Und Ende November konnte das junge Paar endlich auf eine ausgedehnte und kostspielige Hochzeitsreise über Österreich und Italien bis nach Ägypten gehen.
Moretta bemängelte aber in ihren Briefen an die Mutter, dass ihr Gemahl zumeist nur über Manövergeschichten plaudern könne, sein Humor sei gespickt mit Pointen, die sie nicht verstehe, und so kritisierte sie seinen Mangel an Weitläufigkeit und Gewandtheit. Moretta selber war aber auch nicht gerade kulturell begeisterungsfähig und ihre Hofdame meldete nach Berlin, sie halte sich in Museen meist nur kurz auf, ziehe aber lange Tennismatches diesen vor.
Auf dieser Hochzeitsreise wurde Moretta schwanger, sie und Adolf freuten sich sehr auf das Baby. Man reiste von Ägypten aus noch nach Griechenland, um Sossy zu besuchen, wo die arme Moretta dann eine Fehlgeburt erlitt.
Im März des Jahres 1891 traf das Paar wieder in Deutschland ein, nahm seinen Wohnsitz in Bonn im Palais Schaumburg, einer zwischen 1858 und 1860 erbauten Villa mit einem sehr weitläufigen Park. Adolf begann eine sehr erfolgreiche Karriere bei den Bonner Husaren und Moretta schaffte sich Pferde und Hunde an, denen sie ihre Liebe schenkte. Sie versuchte immer wieder schwanger zu werden, aber auch wenn sie viele Ärzte konsultierte, so sollte ihre Ehe doch kinderlos bleiben.
In Bonn zeigte sich schnell auch, wie trostlos ihre Ehe sein konnte, wenn ihr Ehemann sich tagelang allein auf der Jagd vergnügte oder mit seinem alten Studentencorps, den Bonner Borussen, von einer Kneipe in die nächste zog, betrunken nach Hause zurückkehrte. In diesem Zustand neigte er dazu, seine Gattin aufs Äußerste zu beleidigen und zu demütigen, dennoch bezeichnete sie ihn oftmals vor anderen

als einen überaus ritterlichen, freundlichen und besten Ehemann überhaupt.
Sie hatte keine finanziellen Probleme, bekam eine eigene Reitbahn, einen eigenen Tennisplatz und Moretta hatte kaum gesellschaftliche Verpflichtungen, so konnte sie auch häufig nach Berlin auf Besuch kommen. Oder sie machte einen Halt, wenn sie mit Adolf ins Seebad Scheveningen oder nach Norderney reiste. Sie begleitete Adolf auch nach Österreich zur Jagd, nahm aber an dieser nie selbst teil.
Als Moretta im Jahre 1893 von Sandros Tod in Graz mit nur sechsunddreißig Jahren nach einem Blinddarmdurchbruch erfahren hatte, holte sie die Geschenke hervor, die er ihr einst gemacht hatte, wie ein kleines Brillantherz, und zeigte sich von tiefer Trauer erfüllt, war er doch wahrhaft ihre Jugendliebe gewesen.

Am siebzehnten Dezember des Jahres 1890 gebar Dona den kleinen Prinzen Joachim. Mit den Geburten von fünf Söhnen hatte sie eigentlich ihre Pflicht erfüllt, daher hoffte sie inständig, dass ihr nunmehr sechstes Kind ein Mädchen werde. Sie liebte alle ihre Kinder, aber sie wirkte etwas bedrückter nach der Geburt Joachims als nach der der anderen Buben. Onkel Willie frohlockte natürlich über einen erneuten Sohn.
Für Dona war es zudem schmerzlich, dass ihre Söhne, sobald ihre Schulzeit begann, von ihr fortziehen mussten. Onkel Willie verfügte, dass sie im Plöner Prinzenhaus, einem Gartenschlösschen im Park des Plöner Schlosses, leben mussten und dort unterrichtet wurden. Sie verbrachten also die überwiegende Zeit in Schleswig-Holstein und kehrten nur für die Feiertage oder Festivitäten nach Berlin zurück. Dona sah die Buben dann nur, wenn sie und ihr Gemahl mit dem Zug Plön passierten, dann mussten die Jungen am Bahnhof zum Gruße bereitstehen, während der Zug mit Onkel Willie und Dona am Fenster diesen langsam passierte. Sie konnte also überwiegend nur schriftlich am Leben ihrer Söhne Anteil nehmen.

Ich im Jahre 1890

Großmama zeigte sich erstmals in diesem Jahr mehr als sonst um mich besorgt, denn seit einiger Zeit plagten mich doch sehr schlimme gesundheitliche Probleme. So war ich oftmals wirklich richtig krank, konnte kaum das Bett verlassen und sie fühlte sich wohl an die Leiden meiner Mutter erinnert, wenn mich Durchfälle, starke Hüftschmerzen, Kopfschmerzen oder Schüttelfrost quälten. Ich war sehr dünn und jede Erkrankung ließ einen kleinen Erfolg in der Gewichtszunahme gleich wieder bedeutungslos werden. Meine Haut war blass, manchmal war ich fast bleich im Gesicht und besaß mehr den Körperbau einer Fünfjährigen statt eines Mädchens von elf Jahren. Und ich war zu klein für mein Alter.

Meine Bauchschmerzen waren am Schlimmsten, denn ich hatte schwere kolikartige Schmerzen, die oft tagelang andauerten, konnte dann kaum etwas zu mir nehmen und dazu kamen die erwähnten Durchfälle. Oftmals war ich durch diese dann so geschwächt, dass ich nur noch liegen konnte. Man machte warme Wickel für den Bauch, ich sollte Kamillen-, Fencheltee trinken, doch nichts half. Es ließ sich auch nicht feststellen, warum ich diese Probleme bekam, denn es war keine einzuordnende Reaktion auf ein Lebensmittel. Egal, was ich aß, irgendwann traten die Krämpfe auf. Zeitweise sollte ich keine Milch trinken, dann nur Haferschleim essen, aber man konnte nie sagen, wann es begann und wann es wieder aufhörte. Die Frage war eigentlich nur, warum ich überhaupt diese Symptome zeigte, wenn sich die Ursache nicht finden ließ.

Manchmal hatte ich so schlimme Rückenschmerzen, dass ich kaum aufrecht gehen konnte, es zog bis in die Beine und die Kopfschmerzen waren oftmals unerträglich, weil mir dann auch übel wurde.

Wenn ich in meinem Bett lag, weinte, saß meist die Großmama an meiner Seite. Sie versuchte mich abzulenken, indem sie mir Geschichten aus ihrer Kindheit in England erzählte, mir vorlas oder, wenn ich mich besserfühlte, mit mir auch Karten spielte oder ein Brettspiel. Sie bemühte sich sehr um mich, bat die Ärzte, immer wieder mich zu untersuchen, aber auch sie konnten nur die Symptome lindern. Für Morphium, wie es Großmama gegen ihre Neuralgien oder Kopfschmerzen nahm, war ich allerdings viel zu jung. So bekam ich meist Weidenrinde, Castoreum oder Bibergeil, ein Sekret aus der Analdrüse von Bibern, welches beides Salicylsäure enthielt. Seit dem Jahre 1874 gab es auch Salicylsäure als Medikament, aber dies führte nach der Einnahme oft auch zu schlimmen Magenschmerzen. Es war noch nicht besonders gut verträglich.

So musste ich meine Leiden erdulden. Mama und Papa sorgten sich schon um mich, aber Mama kränkelte selbst oft und hatte dadurch vielleicht etwas das Mitgefühl für andere Personen mit ihren Krankheiten eingebüßt. Ich beklagte mich auch nicht, steigerte mich in nichts hinein, aber ich hatte oftmals das Gefühl, sie könne den Schmerz ihres Kindes in jeglicher Art und Weise ertragen, sah sich selbst mehr leidend. Wenn ein Kind erkrankt, leidet die Mutter mit, möchte seine Qualen lindern. Mama wusste mich ja bei der Großmama in guten Händen, vertraute auf die Ärzte und damit war das für sie so in Ordnung. Nur selten machte sie einen Krankenbesuch bei mir, saß dann auf der Bettkante, strich über mein Haar, nannte mich ihr kleines Feolein, aber sie nahm mich nicht in den Arm, trug auch meist schon ein Kleid für eine ihrer gesellschaftlichen Verpflichtungen. Wenn ich mich dann aufsetzte, matt und schwach, meine Arme um sie legen wollte, ließ sie es zu, aber es wirkte wie bei einer weit entfernten Tante, die man gerade zum ersten Mal sieht, steif und kalt. Ich bat sie, nicht zu gehen, bei mir zu bleiben, aber sie versuchte, sich eher unsanft von mir zu lösen, sagte, ich solle ihr nicht die Garderobe ruinieren.
Manchmal brachte sie mir ein Geschenk mit, wobei sie schon Geschmack bewies, aber es waren meist keines für ein Kind, wie ein kleiner Flakon mit Parfum oder irgendein Buch, welches noch so gar nichts für mein Alter war. Sie wusste auch nicht, was mich interessierte, wenn ich las. Die Großmama legte viel Wert auf Bildung, sie las viel mit mir, versuchte, mich für Geschichten zu begeistern. So hätte sie Mama nur fragen brauchen, was ich oder wir gerade lesen und das Entsprechende besorgen.
So las ich gerade Die Prinzessin und Curdie von George MacDonald aus dem Jahre 1883. Es war ein Buch mit Kobolden, einer Prinzessin, und spielte in der fiktiven Hauptstadt Gwyntystorm. Großmama war davon zwar nicht sehr angetan, aber sie freute sich sehr, wenn mich überhaupt ein Buch fesselte. Meine Mutter schenkte mir stattdessen unter anderen Bildnis einer Dame von Henry James, für das ich wirklich noch zu jung war. Daher nahm es die Großmama auch vorerst an sich, als Mama gegangen war.
Meine Großmama versuchte stets, mir auch englische Kinderbuchklassiker nahezubringen und sie schenkte mir auch das Buch Black Beauty, weil ich Pferde sehr liebte.

Und ich liebte Alice im Wunderland und die Bücher von Frances Hodgson Burnett, wie Der kleine Lord oder Sara, die kleine Prinzessin. Ich erinnere mich daran, wie ich einmal krank daniederlag, Mama gerade Zeit gehabt hätte, um mit mir auszureiten, und mir von einer Reise Die Sturmhöhe mitbrachte. Ein Buch, welches ich durchaus später las, aber erst als junge Frau. Großmama nahm es an sich, verdrehte die Augen.
„Ditta", begann sie, „Warum hast du dem Kind nicht gleich etwas von Nietzsche mitgebracht?"
„Der Buchhändler hat mir gesagt, es sei ein sehr schönes Buch für eine junge Dame!", wandte Mama enttäuscht ein.
„Ditta, deine Tochter ist noch keine junge Dame, sondern noch ein Kind!", seufzte Großmama, „Aber da du ja selber eher in Modejournalen blätterst, als dich einem guten Buch zu widmen, kann dir so ein Händler natürlich alles anbieten."
„Wenn ich mir hier nur Vorwürfe anhören muss, kann ich ja auch gehen!", sagte Mama und stand auf.
„Mama", bat ich sie, „Bleib` doch noch ein bisschen! Wir könnten etwas Karten spielen!"
„Ach, Feo, ich wollte heute mit dir ausreiten, aber wenn du dich nicht fühlst, müssen wir das verschieben. Du weißt doch, dass deine Mama solche Kartenspiele für Kinder nicht mag."
Großmama setzte sich zu mir auf das Bett, strich mir sanft mit der Hand über den Kopf, legte dann den Arm um mich und flüsterte so laut in mein Ohr, dass Mama es hören konnte:
„Deine Mama spielt nur Karten am Spieltisch. Es reizt sie nur, wenn es um Geld geht beim Spiel."
Ich sah Großmama spitzbübisch lächeln. Und Mama schickte sich an zu gehen.
„Eben!", gab sie patzig zurück, straffte ihr Kleid, „Das macht ja auch den Reiz am Spiel aus! Ich spiele doch nicht um einen Nachtisch oder so etwas!"
Als sie gegangen war, sah mich Großmama an.
„Weißt du, Feo, es ist besser so. Ich kann gar nicht mehr zählen, wie viele Spielfiguren, Karten oder Spielbretter wir alle in der Familie aus den hintersten Ecken der Räume zusammensuchen mussten, wenn deine Mama beim Spiel verlor. Ich vermisse heute noch einige schöne

Holzfiguren, die sie wahrscheinlich aus dem Fenster geworfen hat!", lachte die Großmama, schüttelte sich spielerisch, „Man traute sich kaum, eine ihrer Figuren beim Patchesi zu schlagen! Dann zitterten wir anderen alle, wie sie sich wieder aufregen würde!"
Ich musste nun auch lachen, schmiegte mich an die Großmama. Und wieder einmal sagte ich ihr, wie lieb ich sie habe, und sie antwortete mit dem üblichen „Ich weiß, my sweetheart, I love you even more!"

Mit den Meiningern hatte ich, wie ich bereits einmal erwähnte, recht wenig Kontakt.
Am ersten Januar des Jahres 1888 war Papas Großmutter, die Herzoginwitwe Marie, verstorben. Sie war seit sechs Jahren Witwe und lebte im Großen Palais in Meiningen. Ich hatte zur ihr nie viel Kontakt und für mich war sie eine eher unbekannte Frau. An ihrer Beerdigung nahmen nur Mama und Papa teil, wofür sie nach Meiningen reisten.
Papas Stiefbruder Friedrich hatte am vierundzwanzigsten April des Jahres 1889 im Schloss Neudorf in Bentschen die Prinzessin Adelheid, eine Tochter des Grafen Ernst zur Lippe-Biesterfeld geheiratet. Am neunundzwanzigsten Mai des Jahres 1890 wurde dem Paar in Hannover eine kleine Tochter geschenkt. Sie hieß ebenfalls Feodora, nach Friedrichs Mutter. Da Friedrich auch eine Karriere beim Militär machte, lebte die Familie aufgrund seiner Stationierungen überwiegend in Hannover und Kassel.

Papas militärische Karriere war auch weiterhin von Erfolgen gekrönt. Seit dem ersten April des Jahres 1889 war er Generalmajor und somit Kommandeur der 4. Garde-Infanterie-Brigade. Am dritten September kommandierte er als Schiedsrichter bei den großen Herbstübungen das VII. und X. Armeekorps.
Am siebzehnten Januar 1891 beförderte man ihn zum Generalleutnant und zum Kommandeur der 2. Garde-Infanterie-Division. Sein geradezu kometenhafter Aufstieg beim preußischen Militär rief weiterhin viele Neider auf den Plan und er sah sich nicht öffentlichen Anfeindungen ausgesetzt, da diese hinter seinem Rücken stattfanden. Dennoch wusste er darum, denn er konnte es am Verhalten bemerken, wenn jemand ihm nicht wohlgesonnen war.

Mama (mittig), feierte am vierundzwanzigsten Juli 1890 ihren Geburtstag mit Freunden und Verwandten; links steht Marie, ihr Bruder Großfürst Paul Alexandrowitsch (hinten stehend), seine Gemahlin Alexandra, Ducky (unten liegend), Missy, vor Mama, young Affie (unten rechts), neben Missy (links sitzend) ist Mamas Cousine und Schwägerin Irene

Papa scherte sich aber nicht darum, denn er war stolz auf seine Erfolge, auch wenn der Grund für diese eigentlich Mama und seine Verwandtschaft mit dem Kaiserhaus waren. Er wurde schlichtweg stets bevorzugt.
Mein Verhältnis zu Papa war so wie zu Mama - wir waren eigentlich nicht wie eine richtige Familie, denn ich wurde meist bei Großmama untergebracht, während meine Eltern eben unterwegs waren. Nur selten unternahm ich etwas mit ihnen gemeinsam. Sie gingen eben ihren Lieblingsbeschäftigungen nach und sich mit dem eigenen Kind zu beschäftigen, gehörte nicht zu diesen. Ich kannte es aber nicht anders. Selbst wenn wir als Familie verreisten, beschäftigten sich meine Eltern nicht mehr als üblich mit mir. Oft hatte ich das Gefühl, meine Anwesenheit sei eher störend für sie beide.
Tante Irene sah sich irgendwann verpflichtet, Mama in einem Brief mitzuteilen, dass sie es nicht gut finde, wie ich ständig bei der Großmama buchstäblich abgestellt werde, statt dass sich meine Eltern um mich kümmerten.
Ich war gerade bei der Großmama, als Mama vorbeikam. Wir saßen beim Tee und meine Mutter erschien unangekündigt, aufgelöst. Sie hatte eigentlich für den Abend zu einer Gesellschaft geladen, daher zeigte sich auch die Großmama verwundert über ihr unangekündigtes Erscheinen.
Sie stürmte in den Raum, in feinster Couture, mit einem Hütchen auf dem Kopf, welches in der Machart seines gleichen suchte, denn es war mit langen Pfauenfedern an der Seite verziert, die etwas überlang wirkten. Sie wippten bei jedem Schritt meiner Mama hin und her, ließen sie irgendwie kleiner wirken. Böse Zungen hätten den Hut wahrscheinlich überkandidelt genannt. Da meine Mutter aber nie etwas darauf gab, was andere über sie sagten, wäre ihr das gleich gewesen. Eher hätte sie an der anderen Person sofort etwas zu kritisieren gefunden und dies auch so ausgesprochen.
„Mother“, begann sie auf Englisch, und wenn sie Mutter sagte, schwang meist schon etwas Bedrohliches im Raum mit, „Hier! Lies` das!“
Sie griff in ihre Handtasche, zog einen Brief hervor, hielt ihn der Großmama hin, die langsam danach griff.
„Was ist das?“, fragte sie, deutete meiner Mutter Platz zu nehmen, was

diese aber nicht tat.
Sie blieb stehen, legte eine Hand an die Hüfte.
„Das ist von Irene und ich finde es geradezu unverschämt!"
„Mama, hast du nicht heute eine Gesellschaft?", mutmaßte ich, wollte aufstehen, sie begrüßen und unterließ es dann, da sie auch keine Anstalten in diese Richtung machte.
„Kind, das ist jetzt völlig unwichtig!", fuhr sie mich barsch an, „Es ist noch Zeit! Das ist jetzt wichtiger!"
„Ditta, jetzt setz` dich doch bitte erstmal!", forderte Großmama sie auf, nahm den Brief aus dem Umschlag, entfaltete ihn, las.
„Ich bin zu wütend, um mich zu setzen!"
Eine Bedienstete trat ein, fragte Mama, ob sie auch einen Tee wünschte, dann brächte sie noch ein Gedeck.
„Nein!", sagte Mama rüde, „Bringen Sie mir lieber einen kleinen Gin!"
Die Bedienstete sah Mama an, dann Großmama, die seufzend nickte, und verließ den Raum.
„Ditta, es ist gerade einmal sechzehn Uhr!", meinte Großmama vorwurfsvoll, „Und bitte, du machst mich verrückt, wenn du da so im Raume stehst!"
„Lies!", forderte Mama sie nur auf.
Als die Bedienstete ihr den Gin brachte, stürzte sie ihn in einem Zug hinunter, gab einen erleichterten Seufzer von sich und nahm dann auf der Kante eines Stuhls Platz, was ein Zeichen dafür war, dass sie gleich wieder aufbrechen wollte.
Großmama wartete, bis die Bedienstete gegangen war, dann faltete sie den Brief wieder, steckte ihn zurück in den Umschlag und legte ihn auf den Tisch. Sie nahm einen Schluck Tee, sah Mama mit einem sehr ernsten Gesichtsausdruck an.
„Und? Was Irene da schreibt, ist doch die Wahrheit", stellte sie fest, „Tatsache ist nur, dass du diese nicht hören willst."
„Pah!", machte Mama, „Ich liebe mein Kind und Bernhard liebt Feo auch. Eltern können nicht vierundzwanzig Stunden am Tag für ein Kind da sein. Selbstständigkeit ist auch wichtig für ein Kind und Feo kann sich sehr gut auch alleine beschäftigen. Zudem hat sie auch eine sehr nette Gouvernante. Ich habe ihr extra eine sehr freundliche, junge Frau gesucht. Und erst letztens sagte sie mir, dass sie Fräulein von

Kossen sehr möge."
Da hatte Mama recht. Das Fräulein war sehr nett und sie bemühte sich wirklich um mich.
„Ditta, Feo ist die meiste Zeit bei mir, auch bei der Gouvernante und sie hat Unterricht. Aber … ", sie zögerte, sah mich dann, „Feo, würdest du bitte kurz hinausgehen? Ich muss das mit deiner Mama alleine klären."
Ich stand auf, wollte gehen, Mama hielt mich am Arm fest, sah mir tief in die Augen.
„Liebst du deine Mama, Feo?"
„Ja", antwortete ich instinktiv.
„Und den Papa?"
Ich nickte.
„Na also", verkündete meine Mutter, „Alles in Ordnung."
„Ist es nicht", warf Großmama ein, erneut bat sie mich zu gehen, aber Mama hielt mich weiterhin fest.
„Feolein", begann sie mit süßlicher Stimme, „Haben wir dir nicht erst zu deinem Geburtstag dieses wunderschöne Pony gekauft? Missy?"
„Misty", korrigierte ich sie, „Ja. Ich mag es sehr."
Misty war eine wunderschöne kleine weißbraune Shetlandstute. Ich hatte mich sehr darüber gefreut. Doch meine Geburtstage waren anders als die von Tante Donas Kindern, die sogar viele andere Kinder einlud, mit den Kindern Cricket spielte, ein Lakai trug einmal ein Froschkostüm, was sehr lustig war. Sogar Onkel Willie spielte mit den Kindern. Wenn ich Geburtstag hatte, gab es auch schöne Geschenke, eine Kaffeetafel mit meinem Lieblingskuchen, doch ich saß mit meinen Eltern, der Großmama und Mossy am Tisch. Hinterher durfte ich mit meinen Geschenken spielen - mit der Gouvernante, Großmama und Mossy. Mama und Papa hatten meist später noch etwas vor.
Mir fiel schon auf, dass Mama nicht einmal den Namen des Ponys richtig kannte.
„Feo bekommt alles, was sie möchte. Sie braucht es nur zu sagen", sagte Mama nun, wandte sich an Großmama, „Was ist dann falsch? Weil ich keine Übermutter bin wie Dona oder Irene? Und Irene … gerade Irene, mit ihrem kleinen Krüppel!"
„Ditta!", herrschte Großmama sie an, bat mich dann nochmals zu gehen und Mama ließ mich los.

Ich verließ den Raum, blieb aber hinter der geschlossenen Tür stehen, lauschte.
„Wie kannst du so etwas über Irenes Sohn sagen? Schämst du dich nicht? Mein Bruder Leo litt schrecklich unter dieser schlimmen Krankheit und Alices Sohn Frittie auch … es ist eine große Bürde für eine Mutter!“, wurde Großmama laut und sie wurde nur selten wirklich laut.
Mir gegenüber ist sie es nie geworden.
„Ja, ja, schon gut. Es tut mir leid. Aber ich finde, sie sollte nicht solche Briefe schreiben! Es geht sie nichts an, wie ich mein Leben lebe oder was ich tue!“
„Nimm` es um Gottes Willen einfach hin und schreibe ihr nicht mit Hass im Herzen zurück!“, bat Großmama eindringlich.
„Ich werde mir das überlegen. Aber so stehen lasse ich das nicht!“, gab Mama sich starrköpfig.
Ich hörte Schritte von hinten näherkommen, erschreckte mich, als ich eine Hand auf meiner Schulter spürte. Es war Mossy. Ich hielt den Finger an meine Lippen. Sie verstand, lächelte.
„Der Lauscher an der Wand, hört die eigene Schand`!“, flüsterte sie mir ins Ohr.
Ich schüttelte den Kopf.
„Nicht meine. Mamas“, flüsterte ich zurück.
Mossy zog mich sanft von der Tür weg.
„Oh, dicke Luft?“
„Tante Irene hat Mama einen Brief geschrieben und es geht um mich. Sie ist so richtig wütend. Und sie hat den kleinen Waldemar einen Krüppel genannt.“
Missy verzog das Gesicht. Nickte.
„Deine Mama hat mächtig Feuer im Kamin. Wenn die loslegt … “
Ich kicherte.
„Sie hat mich gefragt, ob ich sie und Papa liebhabe.“
„Und hast du?“
„Muss ich ja“, grinste ich, „Sie sind ja meine Eltern.“
Mossy tippte mir an die Nasenspitze.
„Du kleiner Naseweis“, scherzte sie, nahm meine Hand, „Komm`, es ist so schönes Wetter. Wollen wir Fangen spielen im Park?“
„Oh, ja. Gerne!“, freute ich mich und folgte Missy.

Ich weiß nicht, ob meine Mama Tante Irene auf ihren vorwurfsvollen Brief geantwortet hat. Ich erfuhr erst viele Jahre später, dass sie Mama kritisierte, sich nicht um mich zu kümmern, und dies auch auf Papa bezog. Sie zeigte sich besorgt darüber, wie sehr man mich vernachlässigte und stets und ständig in die Obhut der Großmama übergab. So wie ich meine Mama kannte, hat sie sich sicherlich gerechtfertigt und dies auch sicher nicht mit höflichen Zeilen.

Manchmal sehnte ich mich sehr nach Spielkameraden. Zwischen Mama und Onkel Willie nebst Tante Dona war das Verhältnis aber so schlecht, dass jede kleine Streitigkeit kostbar aufbewahrt wurde, besonders unter den beiden Frauen, und stets wie ein Schild vor sich hergetragen. Es ging darum, dass Mama rauchte und dabei nie Rücksicht auf andere nahm. Dona verabscheute das Rauchen an sich, sie ekelte sich vor dem Geruch der Zigaretten. Onkel Willie rauchte also nie in ihrer Gegenwart. Meine Mutter schon. Es wirkte dann, als täte sie es mit Absicht und freute sich innerlich über die Provokation Donas.
Mitte Juli des Jahres 1888 hatte Onkel Willie ein mehrwöchiges Reiseprogramm zu absolvieren gehabt, da er als neuer Kaiser die üblichen Antrittsbesuche bei den Bündnispartnern Deutschlands in Russland, Österreich und Schweden machen musste. Dona erwartete zu jenem Zeitpunkt den kleinen Prinzen Oskar und konnte hochschwanger nicht mitreisen. Oskar sollte gerade dann zur Welt kommen, als Onkel Willie in Stockholm weilte. So wurde der schwedische König Oskar II. einer der Paten des kleinen Prinzen und dieser erhielt auch seinen Vornamen.
Mama entband sich mit einer Ausrede von der Teilnahme an der Taufe, die wohl zu jenem Zeitpunkt durchaus glaubhaft klang, reiste dann aber nach Rom. Sie traf dort Onkel Willie. Es war also eine unangekündigte Reise Mamas gewesen, heimlich, und Dona zeigte sich darüber tief verletzt. Mamas Reiselust war eben für sie wichtiger als die Taufe ihres Neffen. Ob Onkel Willie seiner Schwester dies übel nahm, weiß ich nicht. Aber für Dona war es ein weiterer Grund, um die Streitigkeiten mit Mama aufrechtzuerhalten.
Dona hatte mittlerweile als Kaiserin einen anderen Status erreicht. Sie war groß, schlank und bemühte sich modisch zu sein. Sie orderte niemals selbst ihre Kleider, die Modeateliers schickten ihr die neuesten

Modelle zu und sie entschied sich dann mit der Oberhofmeisterin, welches sie tragen wollte oder nicht. Für Feierlichkeiten und Hoffestlichkeiten brauchte sie etwa zwölf bis fünfzehn Roben, von denen ein Modell um die eintausend Mark kostete. Dies war etwa das Jahresgehalt eines Arbeiters.
Dona hatte durchaus einen gewissen Stil, dennoch war er eher klassisch. Sie war sehr religiös und daher waren die Kleider auch stets so gearbeitet, dass nicht zu viel Haut gezeigt wurde. Man könnte ihren Stil auch züchtig nennen.
Stets war sie bemüht, ihrem Gemahl zu gefallen. Wenn dieser ihre Frisur beanstandete, änderte sie diese. Er zeigte sich beeindruckt von den überaus weiblichen Rundungen der Kronprinzessin Stephanie von Österreich und Dona versuchte zuzunehmen.
Dennoch war ihre Ehe auch nicht immer glücklich. Es wirkte nur nach außen so. Die Kinder hatten Respekt vor dem Vater, er konnte durchaus auch laut werden, sehr streng sein, während eben seine Gemahlin den sanften Part innehatte. Zudem betrog er Dona und hatte zahlreiche Affären.
So hatte eine Straßburger Edelprostituierte namens Emilie Klopp, die sich selbst Miss Love nannte, meinen Onkel versucht zu erpressen. Im Jahre 1885 hatte Onkel Willie die Dame nach Potsdam anreisen lassen, ihre Dienste genutzt, für die sie einhundert Mark und ein Foto mit seinem Konterfei erhielt. Allerdings hatte er sich wohl für besondere Spielarten interessiert, wie Fesselspiele. Die Dame drohte dann, drei Jahre später, als Onkel Willie Kaiser wurde, damit, seine insgesamt sechs Liebesbriefe an sie mit pikanten Details zu veröffentlichen. Als dies meinem Onkel zugetragen wurde, stritt er alles ab, bezahlte aber ein Schweigegeld an die Dame von fünfundzwanzigtausend Mark aus einem geheimen Fond, um die Briefe zu erhalten und vernichten zu können. Man munkelte später, dass das Wissen um die pikanten Schriftstücke auch zu Bismarcks Rücktritt geführt habe. Ich habe dies natürlich auch erst viel später erfahren und hielt meinen Onkel eigentlich bis dato für einen treuen Ehemann. Ich habe Mama nie gewagt zu fragen, ob sie davon wusste. Selbst wenn, denke ich, spielten für sie andere Faktoren eine Rolle, um stets in Streit mit ihrem Bruder und vor allem Dona zu geraten, sodass ich kaum Kontakt zu deren Kindern erhielt.

Mein Vater betrog meine Mutter nie, soweit es mir bekannt ist. Vielleicht war es für beide auch in ihrer Ehe mehr als positiv, dass ein jeder von ihnen jederzeit seinen Vorlieben und Beschäftigungen nachgehen konnte. Sie verbrachten nicht ständig Zeit miteinander, sondern ließen sich Freiräume. Sicher, es mag Paare geben, die wollen einfach stets und ständig zusammen sein, alles miteinander teilen, aber meine Eltern freuten sich, denke ich, mehr aufeinander, wenn sie auch mal etwas getrennt voneinander unternahmen. Ein jeder von ihnen war sich auch selbst Gesellschaft genug.

Papa konnte so seiner Leidenschaft für die Archäologie nachgehen. Diese Begeisterung für die klassische Antike war bei Personen aus dem Adel zu jener Zeit nichts Besonderes. Viele Adelige teilten diese Leidenschaft, so hatten sich auch mein Großpapa und sein Vater sehr für Ausgrabungen in Griechenland, vor allem bezogen auf Olympia, interessiert. Und auch Onkel Willie zeigte eine Faszination für die Thematik. Wobei erwähnenswert ist, dass man generell nicht selbst an den Ausgrabungen teilnahm, diese meist nur beobachtete, aber finanziell unterstützte. Natürlich sammelte man auch gerne antike Stücke, aber zumeist ging es eher um den Kontakt zu bekannten Archäologen, die man dann in ihren Vorhaben protegierte.
Mein Vater stieg nie als Fachmann auf oder erreichte eine Position wie sein Vater, der in Meiningen das Theater so sehr förderte, dass es deutschlandweit Anerkennung fand und man ihn schließlich auch den Theaterherzog nannte. Wobei man auch hierbei seiner Gemahlin Ellen eine nicht ganz unerhebliche Beteiligung am Erfolg der Projekte zugestehen muss.
Papa hatte seinerzeit mit seinem Erzieher Wilhelm Roßmann die besagte Italienreise unternommen und diese hatte als junger Mann seine Begeisterung natürlich sehr gefördert, denn er war bei Reiseantritt gerade einmal siebzehn Jahre alt gewesen. Roßmann engagierte sich gerade im Bereich der antiken Tragödien auch für das Meininger Theater.
Auf der Reise, die noch weitere Personen einschloss und in Neapel begann, besuchte man nicht nur Pompeji, sondern auch so gut wie alle Ruinenstätten jener Zeit, die zugänglich waren, Museen sowie historisch und geographisch bedeutsame Orte. Die so gewonnenen

Eindrücke bearbeitete man im Nachhinein in Bezug auf die Texte Gelehrter oder antike Dramen, literarische Werke.
Die fast viermonatige Reise endete dann in Sizilien.
Nur drei Jahre später reiste Papa in den Orient bis Troja, dann weiter nach Griechenland, in den Libanon, nach Jordanien, Palästina, Ägypten - an der Seite Roßmanns war man so, wieder in Begleitung einer kleinen Reisegesellschaft, fast ein halbes Jahr unterwegs.
Man zog auf dieser Reise auch antike Quellen hinzu, um die Lage von bestimmten Orten zu überprüfen oder die Verteidigungsstätten des Altertums zu inspizieren. Mein Vater interessierte sich also nicht vorrangig für das Leben zu jener Zeit oder imposante Bauwerke. Er studierte die Quellen angeregt durch seinen Erzieher und achtete mehr auf militärische Aspekte, was auf seine militärische Ausbildung sowie seine Vorliebe für alles Militärische zurückzuführen war.
In Troja hörte Papa von dem bekannten Archäologen Heinrich Schliemann, der dort die Ausgrabungen leitete, aber nicht zugegen war, als die Reisegruppe dort eintraf. So lernte Papa ihn erst später in Athen kennen und ließ sich auch seine beeindruckende Sammlung an archäologischen Fundstücken zeigen. Doch Schliemann fiel sofort auf, dass Papas Interesse von einer eher selektiven Art und Weise war, was sich aber keineswegs negativ auswirkte. Es ging nicht darum, meinen Vater für die Ausgrabungen als Helfer oder ähnliches zu gewinnen, sondern schlichtweg für seine Förderung. Sei es nun in Bezug auf die Gewinnung von potentiellen finanziellen Förderern, zu denen Papa den Kontakt herstellen konnte, oder eine mögliche Unterstützung in finanzieller Hinsicht durch das Haus Sachsen-Meiningen selbst, sprich Papas. Folglich musste man sich gutstellen.
Mein Vater reiste kurz darauf nochmals in den Orient und im Jahre 1876 wieder nach Italien. Endpunkt dieser Reise war erneut Griechenland.
Schnell avancierte Papa zu einem Unterstützer Schliemanns und konnte dabei auch auf die Begeisterung Onkel Willies für dessen Ausgrabungen zurückgreifen. Denn so bot sich Schliemann die Möglichkeit, trojanische Altertümer nach Berlin überführen zu lassen, um diese auch in Museen zu präsentieren, sowie Ausgrabungsgenehmigungen erteilt zu bekommen oder Orden an für Schliemanns Belange wichtige Personen durch das Kaiserhaus zu vergeben.

Die eigentliche Funktion meines Vaters bestand also darin, die entsprechenden Institutionen oder Zuständigen in Berlin, Konstantinopel oder dort, wo Schliemann es benötigte, dahingehend positiv zu beeinflussen, dass der Archäologe seine Projekte fortführen konnte.
Papa übernahm dies gerne, dafür musste ihn aber Schliemann natürlich auch hofieren. Mit anderen Worten, wenn mein Vater seinen Besuch in Athen ankündigte, mussten Ausgrabungen unterbrochen werden, damit Schliemann ihn empfing, beherbergte und natürlich unterhielt. Mehrmals bekundete der Archäologe anderen gegenüber, wie ihn so ein Besuch unter Druck setze, von der Arbeit fernhalte und fast schon lästig sei. Aber es war wichtig für ihn, denn er war von Papas Wohlwollen abhängig. Doch ein Prinz musste auch gebührend empfangen werden. So richtete Schliemann Empfänge aus, Essen und Feste, vornehmlich in seinem Athener Stadtpalais, dem Iliou Melathron. Ferner begab man sich auch in die Öffentlichkeit, in Restaurants, damit auch die lokale Presse über den Besuch Papas berichtete. Ein Besuch von Ausgrabungen war natürlich auch stets vorgesehen, wobei von Belang war, dass mein Vater Gäste mit nach Athen brachte, wie einmal Dr. Eduard Brockhaus, den ältesten Chef der Verlagsbuchhandlung F.A. Brockhaus in Leipzig, nebst seinem Sohn Arnold.
Mein Vater war seit dem Jahre 1875 in die Archäologische Gesellschaft zu Berlin aufgenommen worden und hielt dort auch Vorträge. So fertigte er zumeist Skizzen von antiken Orten an, bezog sich dann auf die neuesten Ausgrabungen und hielt darüber die Vorträge. Auch Schliemann lobte eine Dissertation, die er verfasst hatte. Papas Interesse an den Altertumswissenschaften und seine Beschäftigung mit dieser Thematik gingen sicher über das Interesse und den Standard des normalen Bildungsbürgers hinaus. Wenn er von Orten berichtete, die er bereist hatte, so sprach aus seinen Texten auch immer die Sorge um den Erhalt und Zustand der antiken Ruinen und er wandte sich auch so an Fachvertreter, forderte sie auf, sich mit dieser Problematik zu befassen.
Meinem Vater gefiel es, Schliemann zu unterstützen und sein Förderer zu sein, auch wenn dieser ihn oftmals mehr bei der Stange zu halten versuchte. Man kommunizierte auch brieflich miteinander und Schliemann revanchierte sich bei meinem Papa, indem er ihm im Jahre 1881 sein gerade erschienenes Buch über die Ausgrabungen in

Orchemenos, einer antiken Stadt in Mittelgriechenland, mit einer eigens für ihn verfassten Widmung überreichte und meinen Vater auch im wissenschaftlichen Zusammenhang öffentlich erwähnte. Es war also durchaus auch Papas Gönnerschaft gegenüber Schliemann geschuldet, dass dieser Vorträge und veröffentlichte Texte meines Vaters über alle Maßen lobte.
Dennoch hätte Schliemann auch bestimmte Gänge zu Behörden oder Amtsstellen selbst erledigen können, fürchtete aber, ein vorschnelles Handeln von seiner Seite könnte Papa verletzen. Ich denke, die beiden verband schon eine Freundschaft auf der Basis ihres Interessengebiets. Schliemann verstarb am sechsundzwanzigsten Dezember des Jahres 1890 und Papa ließ es sich natürlich nicht nehmen, an einer Gedenkfeier teilzunehmen, die am ersten März 1891 im Berliner Rathaus zu Ehren Schliemanns stattfand.
Mein Vater hatte auch großen Einfluss auf Schliemanns zweite Ehefrau Sophia. Sie begleitete ihren Ehemann oft zu Ausgrabungen und hielt auch nach seinem Tod weiterhin Vorträge über seine Arbeiten, vervollständigte nach seinem Tod auch seine Autobiographie. Papas Einfluss auf Sophia Schliemann war so groß, dass er sie bereits im Jahre 1881 überzeugen konnte, trojanische Altertümer als Geschenk nach Berlin zu schicken, sodass man sie dort in einer Ausstellung präsentierte.
Mein Vater pflegte auch einen guten Kontakt zu Frank Calvert, einem englischen Auswanderer, diplomatischem Beamten im östlichen Mittelmeerraum und Amateurarchäologen. Es war Calvert, der Schliemann im Jahre 1868 auf den Standort des antiken Troja auf dem Hügel Hisarlık aufmerksam machte. Hisarlık Tepe, oder auch Palasthügel, bezeichnet die archäologische Fundstätte des Burgberges von Troja in der Türkei westlich von Tevfikiye in der Provinz Çanakkale. Calvert, der unter anderem auch als britischer Konsul tätig war, hatte sorgfältige Probegrabungen auf dem 1847 von seinem Bruder erworbenen Gut bei Akca Köy durchgeführt. Das über achthundert Quadratmeter große Grundstück schloss Teile des Hügels mit ein. Es handelte sich also im Nachhinein um eine sehr bedeutende Anschaffung. Als Calvert nun Schliemann in Bezug auf den Hügel seine Ansichten mitteilte, welche zuerst auf einer vagen Vermutung beruhten, übernahm Heinrich Schliemann diese.

Calverts Bruder gehörte die östliche Seite des Hügels, der türkischen Regierung die westliche. Schliemann begann nun im Jahre 1873 mit den Ausgrabungen und diese sollten bis 1890 andauern. Nachdem er bedeutende Artefakte zutage gefördert hatte, feierte man ihn als den Wiederentdecker Trojas und nicht Calvert. Dies führte noch zu Schliemanns Lebzeiten zu Differenzen zwischen den beiden.
Mein Vater betrachtete sich durchaus als Freund Schliemanns und Calvert bekam auch mit seiner Hilfe einen Orden vom preußischen Kaiserhaus für seinen Fund verliehen, aber die Anerkennung gebührte allein Schliemann. Ich denke, dass Papa auf Schliemanns Seite stand. Man speiste Calvert mit dem Orden ab und damit war das Ganze erledigt.
Ein weiterer bedeutender Kontakt Papas war Rudolf Virchow. Dieser war eigentlich ein bekannter deutscher Arzt, Pathologe, pathologischer Anatom, Anthropologe und Politiker. Er betätigte sich aber auch als Prähistoriker. Virchow war ebenso wie mein Vater ein Freund und Förderer von Heinrich Schliemann, gleichfalls wie von Franz Boas, der unter anderem als Ethnologe tätig war.
Virchow hatte im Jahre 1879 an einer Ausgrabung in Troja an Schliemanns Seite teilgenommen. Es war Virchow, der Schliemann überzeugen konnte, den bedeutenden Fund von achttausend Artefakten dem Berliner Ethnologischen Museum zu schenken, statt diesen, wie zuerst geplant, nach London zu bringen. Dieser sogenannte Schatz des Priamos, benannt nach dem mythischen trojanischen König, war überaus bedeutend für die damalige Zeit und mein Vater zeigte sich sehr begeistert von Virchows Überzeugungskraft. Mit Virchow korrespondierte Papa auch regelmäßig und es verband die beiden durchaus eine Freundschaft in Bezug auf die Altertumsforschung.
Über Virchow lernte mein Vater auch Max Ohnefalsch-Richter kennen, der sich auf Zypern als Ausgräber zahlreicher cyprischer Heiligtümer und Nekropolen, großen Begräbnisstätten, sowie Siedlungsplätzen einen Namen machte. Ohnefalsch-Richter war eigentlich ein Journalist, seit dem Jahre 1880 führte er das Britische Museum in London, reiste aber in schon frenetischer Art und Weise für diverse Auftraggeber zu Ausgrabungsstätten, um in deren Auftrag Antiquitäten zu finden und diese dann auch an Museen in London, Mannheim, Königsberg und Berlin zu verkaufen. Er konzentrierte sich dabei auf Tempel

und Heiligtümer, war aber ständig in Geldnot und verdiente sich seinen Lebensunterhalt, indem er die Artefakte verkaufte. Dies unterschied ihn von Schliemann, der schon von Hause aus durchaus über finanzielle Möglichkeiten verfügt hatte. Zudem ging Ohnefalsch-Richter ohne jeglichen wissenschaftlichen Ansatz an die Ausgrabungen, er war mehr ein Schatzgräber.
Schliemann und ihn verband die Tatsache, dass beide über ihre Entdeckungen versuchten soziales Prestige zu erlangen, da sie eigentlich keine ausgebildeten Archäologen waren. So kämpften sie um wissenschaftliche Anerkennung. Beide Männer waren cholerisch, hatten einen übersteigerten Geltungsdrang und etablierte Gelehrte belächelten ihre Arbeit eher.
Virchow bemühte sich für Ohnefalsch-Richter, den Kontakt zum Kaiserhaus über Papa herzustellen, damit er finanzielle Unterstützung erhielt. Dies sollte allerdings einige Zeit in Anspruch nehmen.

Mama zeigte ein gewisses Interesse für Papas Beschäftigung mit der Altertumskunde. Sie war stolz auf ihn, als er im Jahre 1889 von der Universität in Athen den Titel Philhelene und einen Lorbeerkranz erhielt. Den Titel erhielt man, wenn man sich für das Griechentum einsetzte, also übersetzt für die Freundschaft zum Griechentum.
Ich denke aber, es ging ihr nie um ein wirkliches tiefes Interesse an den Ausgrabungen oder Artefakten. Sie besah sie sich im Museum und mehr nicht. Die Gesellschaften aber mit Virchow, Schliemann und anderen namhaften Personen aus diesem Bereich trafen dann natürlich mehr ihren Geschmack. Und es störte sie auch nicht, dass sie dann die Frau an Papas Seite war. Sie gönnte ihm seine Leidenschaft.
Während mein Papa Neugriechisch fließend beherrschte, war Mama nie von solchem Lerneifer beseelt. Einmal nahm sie sich vor, Russisch zu lernen. Dies hatte aber wohl mehr den Grund, um sich mit ihrer Freundin Marie in deren Muttersprache auszutauschen, dieser eine Freude zu machen. Allein, Mama tat es auch vor der Großmama kund, doch zeigte sich diese eher skeptisch. Sie kannte den Eifer ihrer Tochter nur allzu gut, sich für etwas zu begeistern, es dann aber ebenso schnell wieder aufzugeben. Und Mama bemühte sich zuerst, gab es dann aber auf, da sie merkte, wie viel sie lernen musste. Es war für sie keine Freude zu lernen und damit war die ganze Sache dann auch

schnell wieder erledigt.
Ebenso unternahm meine Mutter recht halbherzige Versuche Spanisch zu lernen. Des Weiteren war es Italienisch, was ihre Begeisterung weckte. Meine Großmama hoffte immer, ihre Sprachkenntnisse zu erweitern, werde Mama davon abhalten, ständig auf Gesellschaften zu gehen oder selbst welche zu veranstalten und sie mehr an ihr Heim binden. Ihre Hoffnungen wurden aber meist schnell wieder getrübt und Mama kehrte zu ihrem, aus Großmamas Sicht, ziellosem Leben zurück, welches sie von morgens bis spät in die Nacht unterwegs sein ließ.

Natürlich war sie nicht glücklich darüber, wenn die Großmama ihr gegenüber anmerkte, ich sei auch keine emsige Schülerin, aber sie hielt mich auch nie zum Lernen an. Meine Mutter animierte mich nie zum Lesen oder zeigte sich an meinen Lernerfolgen, meinem Wissensstand, Fortschritt interessiert. Vielleicht erachtete sie es auch für ein Mädchen nicht als wichtig, eine mehr als grundlegende Bildung zu haben. Ich bot ihr dahingehend aber auch wenig Talente, denn ich war völlig unmusikalisch, bekam zwar Tanzunterricht und dieser machte mir auch Freude, aber ich war keine begnadete Tänzerin und würde nie eine sein. Ebenso erhielt ich Klavierunterricht, aber auch dahingehend bestand keine Aussicht, dass ich über mehr als kleine Musikstücke, wie ein Für Elise, hinauskommen würde.
Ich machte gerne Handarbeiten mit der Großmama, lernte auch Englisch, was aber ein Leichtes war, da wir es auch in der Familie sprachen, Französisch dagegen sprach ich eher mehr schlecht als recht. Und in Mathematik oder Fächern, die eine intensive Auseinandersetzung mit der Materie an sich forderten, wie beispielsweise Physik, reichten einfache Grundkenntnisse aus. Ein Apfel fällt zu Boden aufgrund der Erdanziehungskraft - so ist das. Meine Lehrer und Lehrerinnen hatten mehr Mühe damit, mich für irgendetwas zu begeistern oder gar meine Aufmerksamkeit zu halten. Und ich empfand den Unterricht oft als Qual.

Ich, im Alter von zwölf Jahren, 1891

Mama, die selbst nie eine gute Schülerin gewesen war, verstand dies vielleicht auch ein wenig und daher nahm sie es hin, wie es war.
Es gab Situationen, in denen wurde Wert gelegt auf eine ordentliche Handschrift und Rechtschreibung. Wenn die Urgroßmama in England Geburtstag hatte, schrieb ich ihr einen Brief oder auch einmal zwischendurch, um ihr zu erzählen, was ich so erlebte. Dann wurde dieser Brief gegengelesen von der Großmama oder Mama, bevor man ihn abschickte. War die Handschrift unleserlich, zu viele Fehler in dem

Brief, musste ich ihn nochmals schreiben. Und dann solange, bis er fehlerfrei und sauber geschrieben war. Das war aber selbstverständlich und ich beschwerte mich nur dann, wenn ich ihn drei - oder viermal neu schreiben musste. Aber während Großmama ruhig und gelassen neben mir saß, auf alles achtete beim Schreiben, saß meine Mama daneben, blätterte in einem Journal und zeigte sich alsbald eher genervt. Sie sagte nichts, verdrehte aber die Augen, seufzte und dieses unterschwellige Missfallen ihrerseits irritierte mich nur noch mehr. Wenn ich dann auch noch fragte, wie man dieses oder jenes schrieb, notierte sie es auf einem Zettel, legte ihn mir hin. Wortlos. Sie erklärte es mir nicht, das war ihr schon zu mühsam. Wenn ich dann anmerkte, ich verstünde es nicht, gab sie nur zurück, ich solle meine Lehrer fragen. Die Großmama machte sich die Mühe und suchte geeignete Bücher heraus, deren Titel sie auf eine Liste schrieb und an meine Lehrer weiterreichte. Sie besprach sich mit diesen.
Da Mama selbst nicht gerne Bücher las, sondern die Journale und Magazine mit Mode und Klatsch und Tratsch bevorzugte, wäre ihre Liste, hätte sie eine verfasst, eher negativ für meine Bildung gewesen.
Ich habe ihr nie einen Vorwurf gemacht, weil sie sich nicht wirklich um meine Bildung kümmerte, denn ich fürchtete ihren Unmut. Zudem war mir schon früh bewusst, wie wenig es sie interessierte.
Ebenso war es ihr verhasst, wenn ich stets kränkelte, obwohl sie mich dann auch bei der Großmama ließ. Es bedeutete für sie niemals, bei mir bleiben zu müssen. So wollte sie an ihren gesellschaftlichen Verpflichtungen teilnehmen, während vielleicht eine andere Mutter bei ihrem kranken Kind geblieben wäre.
Großmama hatte stets das Problem, dass sie nicht wirklich zu Mama oder Papa vordringen konnte. Mama verhielt sich meiner Großmama gegenüber oftmals sehr hochnäsig und war distanziert. Papa gab sich ihr gegenüber auch oft frech, sogar bisweilen unverschämt, unerzogen und machte oftmals sehr spitze und beleidigende Bemerkungen, wenn Großmama Kritik an ihm oder Mama übte. Gerade in Bezug auf mich erntete sie oft Unverständnis und musste dann wiederum ertragen, dass man ihr aus dem Weg ging. Viele in der Familie hielten meinen Vater für einen Menschen, der anscheinend nicht mit Beleidigungen sparen konnte, denn er verteilte gerne kleine Spitzen. Und seine Demut gegenüber Mama irritierte viele, denn es gingen schon länger

Gerüchte am Hof herum, dass meine Mutter nicht nur bei harmlosen Flirtereien blieb, sondern auch außereheliche Affären pflegte. Ob dies nur Gerüchte waren, kann ich nicht sagen, denn natürlich haben meine Eltern dies mir gegenüber nie angesprochen. Vielleicht dichtete man Mama dies aber auch an, um ihr im Gegenzug für ihre Lästereien zu schaden.
Großmama mochte keine sozialen Pflichten. Sie fand Vergnügungen, Theater und Gesellschaften eher lästig, denn sie sah darin keinen Sinn. Und zumeist empfand sie sogar die Unterhaltungen, die man bei solchen führen musste, als eine Bürde und monoton. Da war es für sie völlig unverständlich, wie sehr Mama in all diesen Dingen aufging.
Mamas und Papas Villa in der Nähe des Tiergartens im Stadtzentrum von Berlin war der Anlaufpunkt für die High Society, wenn man es so ausdrücken möchte. Der Hof in Meiningen musste jährlich vierzigtausend Mark für die Miete aufbringen und natürlich verärgerte dies den Großpapa in Meiningen sehr. Meine Eltern waren im Jahre 1888 dort eingezogen und nutzen die Wohnung in Charlottenburg nur noch als Sommersitz. Zudem besaßen meine Eltern seit geraumer Zeit eine Villa in Cannes, was seinerzeit den alten Kaiser sehr ärgerte, denn Frankreich galt als Preußens Erzfeind. Mama aber bestand darauf, dass sie aufgrund ihrer angeschlagenen Gesundheit jedes Jahr die Möglichkeit hatte, den Winter in Cannes zu verbringen. und dabei wollte sie nicht in einem Hotel unterkommen.

Wenn Mama in Coburg weilte, hatte sie nicht nur in Marie eine Verbündete, wenn es um Klatsch und Tratsch bei Hofe ging, sondern auch in Ernst, ihrem Großonkel und Bruder des verstorbenen Ehemanns von Urgroßmama, Albert. Der regierende Herzog Ernst II. von Sachsen-Coburg und Gotha betrog seine Ehefrau Alexandrine stets und ständig. Er hatte drei uneheliche Kinder und war auch stets offen für Gerüchte. In ihm fand Mama jemanden, mit dem sie sich in Coburg ganz ihrer Leidenschaft hingeben konnte, was die Großmama stets beunruhigte, denn der Gedanke, dass sie dort auch Lügen über sie verbreiten würde, war ihr ein Gräuel. Zudem die Großmama immer davon ausging, es könne Mama einmal sehr schaden, dies zu tun. Eine Meinung, die auch andere Familienmitglieder, Verwandte und Freunde teilten. Jeder wurde ermahnt, vorsichtig im Umgang mit Mama zu sein, denn ihre Klatschhaftigkeit verhinderte es, dass man ihr ein Geheimnis anvertrauen konnte.

Die Großmama sollte durchaus in gewisser Hinsicht rechtbehalten mit ihrer Vermutung, es könne Mama einmal schlecht bekommen, sich dieser Klatschhaftigkeit hinzugeben, denn im Januar des Jahres 1891 kam es zu einem Skandal, der in Preußen seinesgleichen suchte.

Das Jagdschloss Grunewald war von je her ein beliebter Ausflugsort der kaiserlichen Familie gewesen. Onkel Willie ging dort zur Jagd und dort fanden auch Gesellschaften statt.

An dem zweiten Sonntag in diesem Januar nun lud Mama zu einer Gesellschaft. Man veranstaltete zuerst einige Schlittenfahrten, da viel Schnee lag, amüsierte sich bei Schneeballschlachten, dann kehrte man im Schloss ein, aß das von den Bediensteten vorbereitete reichhaltige Essen, trank Punsch, Champagner und edlen Wein und tanzte. Im Zuge dieser Gesellschaft kam es dann zu sexuellen Ausschweifungen, einer Orgie mit Partnertausch, bei der sich sowohl die Männer als auch die Frauen ihren Trieben hingaben, wobei auch Männer mit Männern intim wurden und die Frauen untereinander. Die fünfzehn teilnehmenden Damen und Herren, sechs Frauen und neun Männer, gehörten allesamt der Berliner Hofgesellschaft an. Unter ihnen befanden sich unter anderem neben Mama der Herzog Ernst Günther von Schleswig-Holstein-Sonderburg-Augustenburg, der Bruder Donas, der bereits für sein skandalträchtiges Sexualleben bekannt war, Prinz Friedrich Karl von Hessen, die Gräfin Charlotte von Hohenau nebst ihrem Ehemann, der Königlich Preußische Kammerherr Karl Ernst Freiherr von Schrader mit seiner Frau Alide, die Offiziere Max und Paul von Schuler und Senden, Louis Ritter von Berger mit seiner Ehefrau und deren Schwester Baroness Eva von Ramin, Mamas Hofdame, der Freiherr von Knorring, seines Zeichens Angehöriger der russischen Botschaft in Berlin, und der Hofzeremonienmeister Leberecht von Kotze.

Charlotte von Hohenau, die man auch Lory, oder Lotka nannte, war in der Berliner Gesellschaft wohlbekannt, denn zum einen überragte sie ihren Gatten um eine Haupteslänge, zum anderen war dieser auch noch aufgrund seiner homosexuellen Neigungen bekannt, weswegen er den Spitznamen Loloki trug, was für kleines Lottchen stand. Die Gräfin galt als passionierte Reiterin, hatte eine ausgesprochen gute Figur und präsentierte diese auch gerne in der Öffentlichkeit. Sie war zu einer recht zweifelhaften Berühmtheit gelangt, als sie auf einer Gesellschaft einmal mit einem tief dekolletierten Kleid erschien und es sie auch nicht störte, als zu später Stunde ihr leicht entblößter Busen zu sehen gewesen war. Man konnte sie durchaus als eine recht frivole Dame bezeichnen.

Der mehr als ausgelassene Abend im Jagschloss blieb nicht ohne Folgen. Schon einen Tag später erreichten Briefe mit anonymem Absender, die gespickt waren mit Fotografien von Personen in eindeutigen sexuellen Posen, also obszöner Art, auf die man die Köpfe der jeweiligen Adeligen geklebt hatte, eben jene Teilnehmer an der Gesellschaft. In den handschriftlich verfassten Briefen, die stets auf die gleiche Handschrift zurückzuführen waren, wurden die Ereignisse des Abends im Jagdschloss genauestens und in sehr anzüglicher Art und Weise sprachlich wiedergegeben. Zudem enthielten diese auch pikante Zeichnungen von Geschlechtsteilen, besonders von den weiblichen. Und die Briefe waren jeweils an jenen Adeligen gerichtet, wobei auch andere sexuelle Ausschweifungen der betreffenden Person erwähnt wurden. So wurde bei dem Herzog Ernst Günther auf seine Bordellbesuche hingewiesen und seine Geliebten, ferner verglich man sein Engagement an dem betreffenden Abend mit dem eines Rammlers im Frühling. Die Bordellbesuche des Herzogs waren seinerzeit bekannt geworden, da er in einem Bordell seinen Orden vom Schwarzen Adler verloren hatte. Die ehrliche Prostituierte, mit der er die Nacht verbracht hatte, gab den Orden bei der Polizei ab.

Es war damals üblich, dass Bedienstete die Post ihrer Herrschaft morgens öffneten und dieser auf dem Frühstückstisch vorlegten, also entging der Dienerschaft dann auch nicht, welches delikate Schriftstück da eben den herrschaftlichen Haushalt erreichte. So gelangte der Skandal dann auch an die Öffentlichkeit und in die Presse, denn die Mitlesenden behielten den Inhalt der Briefe natürlich nicht für sich. Zumal der Adel eine Moral vorlebte, die anscheinend nur ein schöner Schein war. So verbreitete sich der Inhalt der Briefe auch schnell in ganz Berlin.

Jeder Teilnehmer der Gesellschaft erhielt einen indiskreten Brief, natürlich auch Mama. Ebenso gelangten auch Briefe an Mitglieder des Hofes. Der Skandal war perfekt. Als Onkel Willie davon erfuhr, sah er natürlich das Ansehen des Hauses Hohenzollern geschädigt, zumal

es auch Donas Bruder betraf, die der Inhalt der Briefe aufgrund ihrer Prüderie natürlich noch mehr traf.
Der Absender der Briefe musste über ein sehr intimes Wissen verfügen, denn unter anderem legte er auch die Homosexualität des Prinzen Aribert von Anhalt offen und bezichtigte Alide von Schrader einer Vorliebe für Frauen, nannte das Haus der Gräfin Hohenau ein Bordell. Gravierend war das Offenlegen von Homosexualität, denn dadurch wurde das Ganze hochpolitisch. Homosexuelle Neigungen standen zu jener Zeit unter Strafe. Diese betrug zehn Jahre schwerer Kerkerhaft. Hierbei muss man einwenden, dass jene, die nicht unter dem Schutz des Hofes standen, gnadenlos verfolgt und bestraft wurden, aber man in der Umgebung des Kaisers Homosexualität tolerierte.
Natürlich musste man umgehend feststellen, wer diese Briefe verfasst hatte, und vermutete eine Person aus dem Kreis des Hofes. Man verdächtigte Mama, da sie zur Klatschsucht neigte, gerne Gerüchte verbreitete und ferner sich in den Briefen exakte gezeichnete Darstellungen von weiblichen Geschlechtsorganen fanden, die nur eine Frau so beschreiben konnte. Sie hatte die Gesellschaft auch ohne Papa gegeben und man bezichtigte sie, seit langem außerehelichen Affären zu haben. Doch meine Mutter wies alles von sich, zeigte sich eher sehr empört über die Briefe und so drehte sich die Spirale weiter.
Als nächstes traf es Donas Bruder, doch auch dieser bekundete seine Unschuld, ebenso die Gräfin von Hohenau und ihr Ehemann … schließlich fiel der Verdacht auf den kaiserlichen Zeremonienmeister Leberecht von Kotze, der die Empfänge und Bälle bei Hofe ausrichtete. Er galt als ein überdrehter Kleidernarr, der stets mit seinen ausgefallenen Krawatten angab. Zudem war er klatschsüchtig und eitel.
Es kursierten bald mehr als zweihundert dieser pikanten Briefe und man musste einen Schuldigen finden. Zumal auch unbeteiligte Adelige und Höflinge Briefe erhalten hatten, in denen das Sexualleben des Adels angeprangert wurde - angemerkt in all seinen Facetten. Und die Presse tat ihr Übriges, den Skandal aufzubauschen und auszuschlachten.
Erst im Jahre 1894 machte man graphologische Untersuchungen der Briefe, schloss dann auf eine Frau als Verfasserin, aber man hatte sich da bereits auf von Kotze konzentriert.
Für Mama war aber sicher das Peinlichste, dass nicht nur Intimitäten

ausgeplaudert wurden, sondern auch die Tatsache, dass sie von der Polizei vernommen wurde, wie alle anderen auch, die einen solchen Brief erhalten hatten.
Doch es kam noch schlimmer. Da die denunzierten Personen Onkel Willies Hofstaat angehörten, musste er handeln. Allein dreitausendfünfhundert Personen, darunter zweitausenddreihundertzwanzig Beamte, dienten ihm. Er wählte seine Minister aus, mischte sich auch aktiv in das tagespolitische Geschehen ein. In seinem Obersthofmarschallamt liefen alle Stränge zusammen. Und nun traf es auch dessen späteren Amtsträger, den Freiherrn von Reischach, der in den Briefen als Fremdgänger bezeichnet wurde.
Die Presse prangerte den Verfall der guten Sitten an, wobei auch einiges bereits bekannt war. Der Sohn Bismarcks, Herbert, war bereits schon länger für seinen Umgang mit adeligen Damen verschrien, die er gerne in sein Heim einlud, und bei diesen Treffen soll es zugegangen sein wie in einem Bordell.
Onkel Willie musste selbst auch für den Spott herhalten, denn man legte seine heimlichen Schäferstündchen offen.
Die Briefe, die man teilweise erst im Jahre 1892 der Polizei übergab, waren vorab von den betreffenden Personen so geschwärzt worden, dass die pikantesten Stellen nicht mehr zu lesen waren.
Es wurde aber ebenso bekannt, dass Onkel Willie von Zeit zu Zeit selbst einmal gerne seinen Zeremonienmeister von Kotze in dessen Palais in der Drakestraße besuchte, um den neuesten Klatsch bei Hofe zu erfahren. Mein Onkel protegierte von Kotze eigentlich.
Die Polizei begann zu ermitteln und fand im Juni 1894 in der Wohnung von Kotzes Löschblätter mit Schriftfragmenten, auf denen sich angeblich Tintenspuren jener pikanten Briefe befanden. Baron Karl von Schrader, der sich inzwischen als Hobbydetektiv der Sache angenommen hatte, erhärtete den Verdacht, indem er auf von Kotzes Klatschsucht, seinen Sarkasmus hinwies, ihn als intimen Kenner des Hofes bezeichnete.
Onkel Willie ließ also nun den Zeremonienmeister ohne Strafantrag völlig überstürzt verhaften. Seine Begründung war die Verbreitung von unsittlichen Schriften und verleumderische Beleidigung. Man wollte auf einen ordentlichen Prozess verzichten, um der Bevölkerung kein Spektakel zu bieten. Ferner befürchtete Onkel Willie, dass bei

einem Gerichtsverfahren weitere indiskrete Details über Ausschweifungen bei Hofe ebenso publik werden könnten wie moralisch nicht vertretbare Vorgänge.
Da man aber keine stichhaltigen Beweise gegen diesen vorbringen konnte, musste er nach wenigen Tagen aus dem Gefängnis entlassen werden.
Im Weiteren musste sich von Kotze als Reserveoffizier bald darauf einem Militärgericht stellen. Das Verfahren sollte unter Ausschluss der Öffentlichkeit stattfinden. Allerdings tauchten bald neue Briefe auf, auch während von Kotzes Haft. Er hatte im Gefängnis kein Schreibmaterial erhalten und so konnte der Zeremonienmeister eigentlich gar nicht der Schuldige sein. In einem der neuen kursierenden Briefe wurde sogar gefordert, von Kotze aus der Haft zu entlassen, ihn von sämtlichen Anschuldigungen freizustellen. Man drohte damit, ansonsten einen öffentlichen Skandal herbeizuführen, der den Thron durchaus ins Schwanken bringen können werde.
Onkel Willie weigerte sich, den Zeremonienmeister weiterhin in seinen Diensten zu belassen, ihn also zu rehabilitieren, stattdessen setzte er eine Untersuchungskommission ein, um ein hieb - und stichfestes Urteil gegen von Kotze zu erwirken.
Diese Kommission untersuchte nun im Auftrage Onkel Willies den Fall und ließ sämtliche Mitglieder des Hofstaates verhören. Von Kotze musste monatelang vor dem Gericht um seine Ehre kämpfen. Es kamen während des Prozesses rund tausend Aktenseiten zusammen, aber nichts Belastendes gegen von Kotze. Vielmehr nahm sich der Zeremonienmeister selbst auch einen Anwalt, der geschickt annahm, es sei das Beste, wenn die Öffentlichkeit vom Schicksal seines unschuldigen Mandaten erführe. Hierbei sollte auch die Presse informiert werden. Solches war natürlich für den Kaiserhof untragbar, denn von Kotze konnte nun auch diejenigen selbst denunzieren, die ihn fälschlicherweise beschuldigten. Der Anwalt kam dem Wunsch seines Mandaten nach, nannte der Presse die Namen der betreffenden Personen. Dies betraf auch den Baron Karl von Schrader, der sich nun in seiner Ehre mehr als verletzt fühlte.
Der Baron forderte von Kotze zum Duell. Dieses fand im Jahre 1895 statt und ging für beide Parteien glimpflich aus.
Drei Monate später eröffnete man das Militärgerichtsverfahren gegen

von Kotze.
Doch durch dieses wurde der Zeremonienmeister schließlich rehabilitiert, forderte aber Satisfaktion von seinen Anklägern, denn der Graf von Hohenau und der Baron Karl von Schrader stellten ihre eigenen Ermittlungen gegen von Kotze nicht ein. So schaltete sich nach dem Freispruch mein Onkel ein, forderte diejenigen, die von Kotze beschuldigt hatten, auf, sich umgehend bei ihm zu entschuldigen. Es waren mittlerweile mehr Herren dazukommen, wie auch der Fürst von Fürstenberg. Diese sollten nun auf kaiserlichen Befehl hin bei von Kotzes Wohnsitz vorfahren und sich entschuldigen. Jeder sollte sehen können, dass sie Abbitte leisteten. Aber nicht alle Herren zeigten sich damit einverstanden, wie der Fürst von Fürstenberg. Von Kotze forderte nun die drei Herren, die sich nicht bei ihm entschuldigen wollten, zum Duell. Er wollte seine Ehre wiederherstellen, doch die drei Herren sagten ehrenhalber ab. Man einigte sich auf ein Kollektivmandat, welches bedeutete, dass nur einer oder zwei der Herren sich mit von Kotze duellieren würden.
So forderte er den Obersthofmarschall zu einem Duell. Man traf sich im Morgengrauen am Bahnhof Halensee im Grunewald. Beim achten Schusswechsel wurde von Kotze am Oberschenkel verletzt und kam ins Krankenhaus. Da das Osterfest anstand, schickte Onkel Willie von Kotze ein Blumenarrangement in Form eines Ostereis ans Krankenbett zur Versöhnung und gratulierte ihm.
Duelle waren eigentlich verboten, aber man verhaftete die Kontrahenten nicht.
Doch Leberecht von Kotze wollte weitere Genugtuung, denn seine Reputation bei Hofe sowie seine Lebensgrundlage waren zerstört.
Er forderte also den Baron von Schrader im Jahre 1896 erneut zu einem Duell heraus. Beide Duellanten einigten sich auf ein Barriereduell, bei dem die Schützen aufeinander zugehen und beliebig oft feuern dürfen. Von Kotze traf den Baron in den Bauch, die Kugel zerfetzte seinen Darm und dieser verstarb einen Tag später.
Da sich bereits vor den Duellen jede Menge Gaffer an den entsprechenden Schauplätzen morgens einfanden, arteten auch diese bald in einen Skandal aus. Die ganze Affäre war zu einem Stadtgespräch geworden. Duelle waren eigentlich rechtswidrig und so verbot Onkel Willie auch sämtliche Trauerfeiern für den Baron.

Im Grund genommen hätte ein Gericht Leberecht von Kotze nun aufgrund des Duells wegen Mordes oder Totschlags verurteilen müssen, aber immer noch stand dieser unter dem Schutz meines Onkels.
Wenige Tage nach dem Duell verabschiedete der Reichstag eine Resolution gegen das Duellwesen. Leberecht von Kotze wurde von einem Militärgericht wegen Tötung im Zweikampf zu zwei Jahren und drei Monaten Festungshaft verurteilt. Er trat die Haft mit einem persönlichen Diener an. Man inhaftierte ihn in der Festung Glatz in Schlesien, wo er aber eine bevorzugte Behandlung erhielt, die auch eine stete Versorgung mit Champagner beinhaltete.
Schon nach drei Monaten wurde er von Onkel Willie begnadigt. Aber seine gesellschaftliche Existenz war vernichtet, auch die Ehe mit seiner Gemahlin Elisabeth gescheitert. So zogen sich beide aus Berlin auf ein Gut ins Riesengebirge zurück. Durch die Duelle galt von Kotze unter seinen Standesgenossen aber als Ehrenmann und ehrenhafter Offizier.
Zu jenem Zeitpunkt kursierten dann auch keine pikanten Briefe mehr.

Für Onkel Willie bedeutete die ganze Affäre aber, dass ihm die Presse vorwarf, man habe gezielt das Duellwesen gefördert und zum Rechtsbruch aufgefordert. Man sprach auch im Parlament öffentlich Kritik am Kaiser und dem Hofwesen aus.

Es wurde auch in den folgenden Jahren nie geklärt, wer der Urheber der pikanten Briefe gewesen war. Einiges sprach durchaus für meine Mutter, da selbst die Großmama sie für so böswillig hielt. Aber einen derartigen Skandal anzuzetteln und sich dabei auch selbst bloßzustellen, das hätte ich Mama bei all ihren negativen Eigenschaften auch nie zugetraut.
Mama hatte sich die ganze Zeit fest zu der Unschuld von Kotzes bekannt. Sie fand seine erste Verhaftung nicht annehmbar und sprach sich offen dafür aus, ihm so etwas niemals zuzutrauen, denn sie hielt ihn für einen sehr loyalen Menschen. Zudem wandte sie die Tatsache ein, dass auch während seiner Haft Briefe kursierten. Es schmerzte sie eher sehr zu sehen, wie man ihn behandelte.
Meine Eltern waren gute Freunde von Leberecht und Elisabeth von Kotze. Sie wohnten in unserer Nähe und Ursula, ihre Tochter, war in

meinem Alter und mir von Zeit zu Zeit eine gute Spielgefährtin.
Im Sommer des Jahres 1892 reisten meine Eltern trotz des Skandals mit den von Kotzes nach Palästina und Griechenland. Dort kam es aber irgendwie zum Streit zwischen den beiden Paaren und ein jedes reiste alleine weiter.
Papa stellte sich wie immer hinter Mama. Er war über die Behandlung von Kotzes dermaßen empört, dass er sofort seinen Dienst bei der preußischen Armee quittierte.
Obwohl Papa und Onkel Willie nicht wirklich gut aufeinander zu sprechen waren, wurde Papa von ihm am zweiundzwanzigsten September des Jahres 1893 zum Kommandeur der 22. Division des XI. Armeekorps in Kassel ernannt. Diese Position sollte mein Vater bis zum zwanzigsten Februar des Jahres 1895 innehaben.
Wir siedelten für eine Zeit nach Meiningen über.
Vor allem mein Vater wollte Abstand vom kaiserlichen Hof haben, da Onkel Willie ihn auch bezichtigte, als Kommandeur der 2. Garde-Infanterie-Division diese im Manöver schlecht geführt zu haben. Mein Vater war mittlerweile zum Generalleutnant aufgestiegen. Und dennoch wollte mein Onkel ihn wohl nicht vom Militär ausschließen, denn er förderte seine Karriere weiterhin. Mir ist aber auch nicht bekannt, welche Differenzen es unter den beiden sonst noch gab.
Selbst Onkel Bertie ließen aber die Skandale aus Deutschland nicht ungerührt. Er sagte meinen Eltern im Folgenden im Januar 1894 für einen Besuch bei ihm und seiner Familie in Sandringham ab. Es wurde gemunkelt, dass dies nur geschah, um sich mit Onkel Willie gut zu stellen.

Doch meine Mutter stolperte weiterhin von einem Faux pas in den nächsten, denn während des ganzen Skandals verlor sie im Jahre 1892 auch noch ihr Tagebuch, welches Familiengeheimnisse und kritische Gedanken zu Familienmitgliedern enthielt. Auch dies machte schnell die Runde und mein Onkel Willie sowie der Rest der Familie verzieh ihr dies nur schwerlich. Denn dieses Tagebuch enthielt nicht nur die Anschuldigung gegen Mamas Schwester Moretta, dass diese sich sowohl vor als auch nach ihrer Ehe ständig Affären hingegeben hatte. Es kamen gefälschte Briefe aus dem Tagebuch in Umlauf, die gespickt waren mit obszöner Sprache, reißerischen Anschuldigungen und

Verleumdungen anderer Familienmitglieder. Die Zeilen richteten sich sogar gegen Offizielle am Berliner Hof.
Mein Onkel war verständlicherweise außer sich vor Zorn, da man ihm das Tagebuch übergab, und verlangte eine Untersuchung des Ganzen, aber man fand den Schuldigen nie. Als Verdächtige galten schnell Donas Bruder Ernst Günther und seine französische Geliebte, aber man konnte ihnen nichts nachweisen.
Man beschuldigte auch meine Mutter, die Briefe wirklich geschrieben zu haben, eventuell auch mit Donas Bruder gemeinsam, aber Mama fühlte sich in die Ecke gedrängt, ebenso verleumdet wie von Kotze. Die Worte in dem Tagebuch waren ihre, daran gab es keinen Zweifel, aber die Briefe hatte sie nicht verfasst. Es traf sie dann noch umso mehr, dass man behauptete, es könnten auch von Kotze oder seine Gemahlin gewesen seien, die das Tagebuch gestohlen und die Briefe verfasst hatten, um sich wegen des Skandals zu rächen. Das Tagebuch war auf einer Reise mit den von Kotzes abhandengekommen.
Später stellte sich heraus, dass eine Kammerzofe Mamas das Tagebuch gestohlen hatte. Sie war es dann auch gewesen, die das Geschriebene daraus für Briefe nutzte und mit Mamas Namen zeichnete.

Am dreizehnten September des Jahres gebar Dona eine kleine Prinzessin, die den Namen Viktoria Luise erhielt. Auch wenn ich mich über meine kleine Nichte freute, mich danach sehnte, nun vielleicht endlich eine Spielkameradin zu haben, da ich mich auch gerne mit dem Baby beschäftigt hätte, wurde es mir durch den Skandal um von Kotze und das verlorene Tagebuch verwehrt. Jeder Fehltritt meiner Mutter entzweite sie und ihren ältesten Bruder nur noch mehr. Und sie war nun mal prädestiniert für ein solches Fehlverhalten.

Meine Mutter verachtete Dona. Sie waren einfach zu unterschiedlich in ihrem Temperament und ihren Ansichten, sodass die Kluft zwischen ihnen nur noch wuchs mit den Jahren.
Im Jahre 1892 erschien meine Mutter in Begleitung ihrer Hofdame, der Baroness von Ramin, in den königlichen Ställen. Es stand eine sehr wichtige Jagd an und ihr noch gerötetes Gesicht ließ erahnen, dass sie ein Frühstück der besonderen Art, also mit dem Genuss von Alkohol, genossen hatte. In Berlin nannte man dies zu jener Zeit etwas

spöttisch ein anregendes Frühstück. Meine Mutter war also in absoluter Hochform und prahlte damit, dass sie wie Florence Dixie reiten würde. Dixie war eine bekannte britische Reisende, Journalistin, Schriftstellerin und feministische Exzentrikerin, die sich einen Namen gemacht hatte, als sie auf einem Pferd durch Patagonien geritten war. Mama verlangte nach einem Paar Reithosen, was damals völlig unüblich für eine Frau war. Damen ritten im Damensitz in einem Reitkostüm, bestehend aus Jacke und Rock. Doch nicht meine Mutter. Es war bekannt, dass sie auch in ihren privaten Gemächern gerne einmal Hosen trug. Nach fröhlichem Geplänkel zog Mama sich die Reithosen an, erklärte, sie werde nun jedem zeigen, wie ihre süße Schwägerin auf ein Pferd steige. Gemeint war natürlich Dona. Sie ließ sich also das aufgezäumte und gesattelte Pferd hinstellen, daneben eine kleine Bank, stellte sich auf die Zehenspitzen. Meine alkoholisierte Mutter bestieg das Pferd, ließ sich aber wie ein nasser Sack in den Sattel fallen, sodass das Pferd erbebte, und verkündete laut: „Wie ein majestätischer Mehlsack!“

Nur einen Tag später hatte Dona von allem erfahren. Onkel Willie ließ alle Prinzessinnen und ihre Hofdamen von der Jagd ausschließen. Man gab aber vor, es sei eine Order von Dona. Dies war natürlich für viele teilnehmende Damen ein Affront, doch sie erfuhren schnell, was vorgefallen war, und einige nahmen es mit Humor, wie Mama sich verhalten hatte, andere stellten sich auf Donas Seite, fanden es richtig, dass Mama einen Denkzettel verpasst bekam.

Man munkelte bei Hofe, Dona habe einen schweren Stand, da sie, obwohl sie Kaiserin war, im inneren Familienkreis unter meiner Großmama stand. Oftmals gab sich Dona wohl sehr überheblich, aber dennoch erreichte sie nicht die Position Großmamas.

Bei meiner Mutter hatte man stets das Gefühl, sie fände einen fast schon perversen Gefallen daran, anderen Menschen auf die Füße zu treten.

So scheute sie sich nicht, vor anderen kundzutun, dass der Ehemann von Donas jüngerer Schwester, Louise Sophie, der Prinz Friedrich Leopold von Preußen, brutal sei und diese misshandele. Louise galt zwar als arrogant und ewig schlechtgelaunt, aber es war nach außen hin eher nicht bekannt, wie sehr sie unter ihrem Ehemann litt. Er beachtete sie kaum und war sehr grausam zu ihr. Dies bezog sich nicht nur auf

Verbales. Mama sprach dies aber offen aus, auch vor ihrem Bruder Heinrich und anderen. Sie nannte Friedrich Leopold dabei einen dummen Menschen, der keine Intellekt habe und nur von Brutalität beseelt sei.

Die Gerüchteküche meiner Mutter war mittlerweile so legendär, die Skandale so zahlreich, dass die Großmama sich bereits im Jahre 1891 schon nicht mehr wirklich darüber freute, als meine Eltern sie am Pfingstsonntag besuchten. Sie sah dem Ganzen schon mit gemischten Gefühlen entgegen und ahnte, dass jedes Thema, welches man auch ansprechen werde, in einem Debakel enden könne, meine Eltern ihr jedes Wort im Munde umdrehen und hinter ihrem Rücken dann über sie lästern würden.

Meine Mutter sah allerdings ihre Fehltritte nie wirklich ein. Sie bemerkte sicher schon, dass sich viele Menschen schnell von ihr abwandten, sobald sie ihren wahren Charakter kennenlernten, aber es gab auch viele, die gerade deswegen mit ihr befreundet waren und blieben. Diese schätzten ihre unverstellte Art und Weise, ihre Lästereien und waren nur allzu gern Gast auf ihren Gesellschaften.

Vielleicht war auch meine Großmama nicht so ganz unschuldig daran, wie Mama war. Die dauernde Kritik an ihr als Kind und Jugendliche hatte Mamas Charakter verhärten lassen, sie in die falsche Richtung geformt. Und innerhalb der Familie achtete man meine Mutter bald auch nicht mehr wirklich. Onkel Heinrich, der eigentlich mit jedem Menschen auskam, zog sich auch alsbald von ihr zurück. Man verkehrte auf eine eher distanzierte Art und Weise miteinander. Meine Mutter war aber zu stolz, um sich zu ändern oder sich Fehler einzugestehen. Entweder man nahm sie, wie sie war oder ließ es bleiben.

Am zehnten Januar des Jahres 1893 heiratete Missy den Prinzen Ferdinand von Rumänien, einen Neffen des Königs Karl I. von Rumänien. George, Onkel Berties Sohn, hatte eigentlich um Missys Hand geworben, aber da ihre Mutter Marie England so sehr hasste, stimmte sie der Eheschließung nicht zu. Sowohl Onkel Alfred, der nach dem Tod des Herzogs Ernst II. von Sachsen-Coburg und Gotha im August des Jahres die Erbfolge des Hauses antreten sollte, als auch Onkel Bertie waren für die Ehe zwischen Missy und George gewesen. Aber sie hatten sich beide nicht durchsetzen können. Missy hatte sich in George verliebt und nun musste sie nach Rumänien einheiraten. Es waren keine guten Vorzeichen für eine glückliche Ehe, aber ihre Mutter war sehr dominant, sie setzte ihren Willen bezüglich der Tochter durch. Und ihre Dominanz, auch gegenüber ihrem Ehemann, machte sie Mama wieder ebenbürtig. Die beiden Frauen waren die besten Freundinnen. Wie meine Mutter liebte auch Marie den Klatsch und Tratsch und hörte sich von ihr nur allzu gerne Gerüchte an. Und auch für Marie waren die Kinder zwar da, aber kein Grund, auf ein eigenes Leben mit Gesellschaften und Vergnügungen zu verzichten.

Mama hatte ebenfalls erheblichen Einfluss auf die Verbindung zwischen Missy und Ferdinand gehabt. Die beiden begegneten sich zum ersten Mal in der Villa meiner Eltern in Berlin.

Da Mama bald darauf von den Vergnügungen in Berlin abgeschnitten war durch die Skandale, reiste sie nach der Vermählung von Missy und Ferdinand oft nach Bukarest. Sie freundete sich bei diesen Besuchen auch mit Ferdinands Onkel Carol, auch Karl, dem König, an.

Bald reiste auch mein Vater mit und selbst ich durfte die beiden begleiten. Ich verstand mich besonders gut mit der Königin Elisabeth. Es faszinierte mich, dass sie sich auch als Schriftstellerin betätigte und sehr erfolgreich damit war. Ihre Bücher hatten ihren Handlungsort in Rumänien. Sie schrieb auch sehr schöne Gedichte und war eine ausgezeichnete Malerin. So verbrachte ich jedes Mal viel Zeit mit ihr und malte.

Natürlich unternahmen wir auch Ausflüge und ich genoss diese Urlaube mit meinen Eltern, auch wenn ich meist nur Mitläuferin war, aber mir war dort nie langweilig. Es fand sich immer jemand, mit dem ich Zeit verbringen konnte, und Missy war mir gegenüber auch immer sehr freundlich.

Aber Mama konnte es bald nicht mehr ertragen, wie sehr man Missy schätzte und lobte. Sie begann bereits damals, eine Intrige gegen Missy zu spinnen, indem sie dem König und der Königin Unwahrheiten über sie erzählte, Gerüchte verbreitete. Meine Mutter konnte, wie man so sagt, nicht einmal in ihrem Leben die zweite Geige spielen.

Onkel Willie hatte sich etwas geärgert, dass man von Rumänien aus keinen Staatsbesuch in Berlin plante, denn Ferdinand stammte aus dem Haus Hohenzollern-Sigmaringen. Auch dies wusste meine Mutter erfolgreich zu verhindern, indem sie Gerüchte über Onkel Willie gegenüber dem König streute und damit dessen Ressentiments gegen

den Kaiser befeuerte. Man sollte dies aber bald gewahr werden und sie sollte wieder einmal zu einer persona non grata auch in Rumänien werden.
Nur kurz nach der Hochzeit in Rumänien heiratete Mossy am fünfundzwanzigsten Januar den Prinzen und späteren Landgrafen Friedrich Karl von Hessen-Kassel. Der Prinz kannte Mossy von Hoffestlichkeiten her, da er mit dem Prinzen Max von Baden befreundet war, für den sich Mossy interessiert hatte. Dieser hatte allerdings keine Bemühungen gezeigt, ihre Gunst zu gewinnen.
Friedrich Karl diente als Offizier in Berlin. Da er aber eher schüchtern war, fiel er Mossy zuerst nicht auf. Er war durchaus in Mossy vernarrt, sprach bei der Großmama vor, ob er sie heiraten dürfe, und diese überließ es ihrer Tochter.
Urgroßmama sah es anders. Aus ihrer Sicht musste Mossy zu Hause bleiben, unverheiratet, und sich um die Mutter kümmern, wie sie es auch bei ihrer jüngsten Tochter vorgehabt hatte. Baby heiratete zwar, blieb aber stets auch mit Ehemann und Familie an der Seite der Mutter. Doch Großmama wollte ihre Tochter nicht so an sich binden und auch Onkel Willie stimmte zu, nachdem der Prinz bei ihm vorgesprochen hatte, sodass man die Verlobung bekannt gab. Die Hochzeitsfeierlichkeiten dauerten dann mehrere Tage und waren sehr aufwendig.
Mossy zog danach nach Hessen und lebte überwiegend mit ihrem Gemahl auf Schloss Rumpenheim bei Offenbach. Zur Großmama hielt sie aber steten Kontakt und besuchte sie regelmäßig auf Schloss Friedrichshof, denn es lag nicht weit von Offenbach entfernt.
Während der Zeit, in der sich meine Eltern nach Meiningen zurückzogen, wurde ich immer noch überwiegend in die Obhut der Großmama gegeben und war nun auch oft bei ihr auf Schloss Friedrichshof bei Kronberg im Taunus zu Gast.
Ich war aus ihrer Sicht ein sehr umgängliches Kind, umgänglicher als meine Mama es als Heranwachsende gewesen war. Aber sie bemängelte immer noch meine geringe Lust am Lernen und die Tatsache, dass ich zusehends ein Interesse an Kleidern entwickelte, mich damit beschäftigte, was die Leute trugen und wie sie sich zurechtmachten.
Es waren keine Lästereien wie bei Mama, aber die Großmama mahnte mich, mir nicht immerzu den Kopf über derlei Nichtigkeiten zu zerbrechen.

Eine Fotografie von mir aus dem Jahre 1893

Wenn ein Gast gegangen war, konnte ich mich manchmal in Gespräche über die Garderobe der Person hineinsteigern, auch in Schwärmereien, und das störte die Großmama doch sehr. Sie meinte einmal zu mir, es sei kein Wunder, dass mich so ein nichtssagendes Thema derart faszinieren könne, denn ich komme darin ganz nach meiner Mutter. Ich liebte es auch, Modejournale zu lesen, und Großmama nahm sie

mir nicht weg, aber empfahl mir, doch eher einmal ein Buch in die Hand zu nehmen.
Sie hatte mich gerne um sich, wenngleich sie es sehr bedauerte, dass meine Eltern immerzu unterwegs waren, kaum Zeit mit mir verbrachten und ich so nicht wissen konnte, was ein Familienleben ist.
Ich war auch immer noch zu klein für mein Alter, zu mager. Zudem war meine Befindlichkeit von Zeit zu Zeit so schlecht, dass die Großmama sich ernsthaft Sorgen um meine Gesundheit machte.
Ich bekam bereits Besuch von Madame Becker, wie man die Periode damals nannte. Und dies setzte mir noch mehr zu, denn ich hatte dann starke Unterleibsschmerzen, war müde, abgeschlagen und litt an Kopfschmerzen. Hinzu kam die Appetitlosigkeit und egal welches Medikament mir gab, es war alles vergebens.
Schon einige Monate bevor ich die erste Periode bekam, hatte ich ständig starke Schmerzen im Unterleib. So musste ich mich gründlich untersuchen lassen, denn man konnte keine Ursache für diese Schmerzen finden. Gegen die Krämpfe im Bauch halfen oft nur warme Wickel oder eine Wärmflasche. Als dann das erste Mal meine Periode einsetzte, war es die Großmama, die mir erklärte, ich solle mir keine Sorgen machen, denn nun würde ich zur Frau. Es war auch sie, die an meinem Bett saß, mich liebevoll umsorgte.
Da die Periode sehr stark war, gab man mir Eisen, aber dennoch war ich meist blass und hatte kaum Hunger. Während der Besuche von Madame Becker lag ich oft tagelang im Bett. Es war schrecklich.
Ich genoss dennoch die Zeit bei meiner Großmama sehr. Sie gab mir all die Liebe, die ich bei meinen Eltern so schmerzlich vermisste.
Zudem war ihr Schlösschen ein Traum. Es war wunderschön gelegen, umgeben von Wald, mit einem herrlichen Park, und ich erinnere mich gerne an die Ausfahrten in der Kutsche mit Großmama, die Ausritte oder wenn ich mit meinem Hündchen draußen herumtollte. Da ich so viel kränkelte, hatte sie mir einen kleinen braunen Zwergspitz geschenkt, den ich auf den Namen Lucky taufte.

Schloss Friedrichshof, um 1900

In Meiningen war ich auch zu dieser Zeit nur selten. Papa leistete seinen Militärdienst und widmete sich seinen archäologischen Studien. Nachdem ihn von Virchow darum gebeten hatte, setzte er sich bei Onkel Willie für eine finanzielle Unterstützung Max Ohnefalsch-Richters ein. Im Jahre 1892 wandte sich dieser zuerst selbst an den Kaiser, konnte dann eher auf Papas Unterstützung hoffen. Virchow unterstützte Ohnefalsch-Richter und sorgte dafür, dass dieser im Jahre 1891 bereits einen Vortrag bei der Berliner Gesellschaft für Anthropologie, Ethnologie und Urgeschichte hatte halten können, denn Virchow war dort Gründungs- und Ehrenpräsident. Im Jahre 1892 wurde er durch Virchow auch als ordentliches Mitglied dort aufgenommen.
Papa setzte sich also bei Onkel Willie für die finanzielle Förderung der Zypernforschung Ohnefalsch-Richters ein. Denn dieser hatte auch das Problem, dass die etablierten altertumswissenschaftlichen Kreise seine Forschung eher abschätzig betrachten. Nun erhielt er aber fünfundzwanzigtausend Mark aus dem höchsten Dispositionsfonds meines Onkels. Ein solcher Fond aus dem Staatshaushalt ist nur für einen bestimmten Verwendungszweck festgelegt, daher konnte Onkel Willie die Unterstützung gewähren. Und er tat dies, obwohl es zwischen ihm und Papa kriselte.
Für Ohnefalsch-Richter war mein Vater sozusagen eine Eintrittskarte

zum Hofe. Er erhielt Audienzen bei der Großmama und auch bei der Urgroßmama in England. Ferner ließ mein Vater ihm dreitausend Mark als zusätzlichen Studienzuschuss zukommen. Auch finanzierte er eine Reise von Ohnefalsch-Richter in die USA mit, wohin er über England im Jahre 1893 reiste. In den USA machte er die Förderung in der New York Times publik, erwähnte in Bezug auf die kaiserliche Finanzspritze auch Papa und verwies zeitgleich auf sein demnächst erscheinendes Buch über seine Forschungen zu den antiken Stätten Tamassos und Idalion.

Im Jahre 1895 veröffentlichten Ohnefalsch-Richter und seine Gemahlin zwei sehr prächtige Alben mit Fotografien ihrer Zypernexpedition und widmeten diese als Dank dem Kaiser und meinem Papa.

Dennoch würde Ohnefalsch-Richter niemals dieses Geld wieder zurückzahlen können, was für Papa sicher auf der Hand lag. Aber dies beeinträchtigte die wachsende Freundschaft zwischen ihnen beiden nicht.

Mama verstand sich in Meiningen nach wie vor nicht mit ihrem Schwiegervater, dafür aber mit seiner Gemahlin Ellen und Papas Schwester Elisabeth. Papas Stiefbruder Friedrich lebte mit seiner Gattin Adelheid zumeist auf Schloss Neudorf in Bentschen, welches sich im Besitz der Familie seiner Ehefrau befand. Sie hatten die bereits erwähnte erstgeborene Tochter Feodora. Nach ihr waren 1891 und 1892 die Prinzessin Adelheid und der Prinz Georg geboren worden.

Sie waren nur selten in Meiningen zu Gast, aber ich durfte wenigstens mit den Kindern spielen, wenn die Familie sich dort aufhielt.

Papas Stiefbruder Ernst war seit dem September 1892 verheiratet mit Katharina Jensen, der Tochter des Schriftstellers Wilhelm Jensen. Die Ehe war morganatisch und der Großpapa in Meiningen hatte seine Schwiegertochter vor der Vermählung in den Stand einer Baronin von Saalfeld erhoben, um sie dem Sohn ebenbürtig zu machen.

Onkel Ernst hatte in München Malerei studiert, besaß ein eigenes Atelier und verkehrte mit vielen bekannten Künstlern jener Zeit, wie Franz von Lenbach. Durch Papa hatte auch er Kontakt zum kaiserlichen Hof erhalten. Wie auch Elisabeth stand Ernst seinem Vater sehr nahe, ebenso seiner Stiefmutter Ellen, und war im Jahre 1890 auch mit beiden nach Konstantinopel und Griechenland gereist. Er lebte mit seiner Gemahlin und dem erstgeborenen Sohn Georg Wilhelm überwiegend in München. Zwischen ihm und meinen Eltern hatte eigentlich ein guter Kontakt bestanden, bis es zur Kotze-Affäre und dem Skandal um Mamas Tagebuch gekommen war. Seitdem verhielt sich mein Onkel vorsichtig gegenüber meiner Mutter, denn er befürchtete, ebenfalls eines Tages durch ihre Gerüchte seine Reputation zu verlieren.

In Meiningen verbrachte ich durchaus auch Zeit mit dem Großpapa, aber unser Verhältnis war nicht so eng wie das zu meiner Großmama in Berlin. Ellen mochte ich sehr gerne, sie war immer freundlich zu mir und ich hörte ihr gerne beim Klavierspielen zu. Manchmal spielte sie auch gemeinsam mit Elisabeth. Und natürlich gingen wir in Meiningen auch viel ins Theater, da der Großpapa gemeinsam mit Ellen dort Stücke aufführen ließ, für die er auch die Regie übernommen hatte.

Die Freifrau hatte es nicht leicht in Meiningen. Ich denke, sie war innerlich erleichtert darüber, dass die Eltern des Großpapas nicht mehr lebten, denn besonders seine Mutter hatte sie stets gemieden. Für Ellen haftete ihr stets die bürgerliche Herkunft an und daran änderte es nichts, dass der Großpapa immer wieder bemüht war, ihr doch irgendwie gesellschaftliche Anerkennung zu verschaffen.

Mama stand mit ihr im Briefwechsel und es war wohl ein recht freundlicher. Zudem hatte ich nie das Gefühl, dass meine Mutter gegenüber Ellen ablehnend war. Darin musste man meiner Mama durchaus auch einmal etwas Positives zusprechen. Denn sie hatte keineswegs in dieser Hinsicht Standesdünkel und zeigte sich ebenso nicht distanziert wie viele andere gegenüber Ellen.

Papa dagegen konnte seinem Vater die Eheschließung nie verzeihen. Er verhielt sich meist wirklich sehr unhöflich und ließ Ellen seine Abneigung spüren. Man wechselte gegenseitig Höflichkeiten, mehr nicht.

Großpapa hatte aber nach wie vor Ressentiments gegenüber Mama, denn ihre Art missfiel ihm einfach. Sie war halt keine demütige Gemahlin, sondern gab überwiegend den Ton an und sprach offen aus, was sie dachte. Und er empfand ihr ganzes Auftreten als kalt und abweisend.

Da man Ellen in Meiningen eher abweisend begegnete, waren die beiden oft auf Reisen.

Weil Onkel Bertie meine Eltern im Januar des Jahres 1894 nicht nach Sandringham einladen wollte, entschieden sie sich, nur zur Urgroßmama zu reisen und sich mit ihr in Osborne House auf der Isle of Wight zu treffen. Ich reiste mit ihnen, aber wunderte mich schon, dass wir Onkel Bertie und seine Familie nicht sahen bei diesem Aufenthalt in England. So verbrachten wir aber Zeit mit Beatrice und ihrem Ehemann Liko sowie ihren Kindern Alexander, genannt Drino, Victoria Eugénie, Ena, Leopold und Maurice. Von den vier Kindern litt der kleine Leopold an der Hämophilie. Beatrice hatte die Krankheit übertragen. Man musste daher beim Spiel sehr vorsichtig mit dem Kleinen sein.

Nachdem Mamas Freundin Marie, die nun Herzogin von Sachsen-Coburg und Gotha war, einen Ehemann für ihre Tochter Missy gefunden hatte, begab sie sich auf die Suche nach einem passenden Gemahl für Ducky. Ihre Wahl fiel auf den Großherzog Ernst-Ludwig von Hessen und bei Rhein, genannt Ernie. Er war ein Neffe Großmamas und die Urgroßmama in England befürwortete die Eheschließung der beiden sehr, denn sie fand, dass sie gut zueinanderpassten. Dabei kannten sich beide kaum. Aber auch hier war es wieder Marie, die ihre Tochter zur Vermählung drängte, denn ihre Mutter war selbst eine geborene Prinzessin aus dem Haus Hessen und bei Rhein, zudem erschien ihr Ernie als Großherzog als eine sehr gute Partie für die Tochter. Ducky und Ernie waren aber eigentlich völlig verschiedene Charaktere, doch sie gaben schließlich dem Druck nach.
Am neunzehnten April des Jahres 1894 fand die sogenannte Fürstenhochzeit in Coburg statt, zu der viel europäischer Hochadel anreiste, unter anderem auch die Urgroßmama aus England.
Natürlich reisten auch wir als Familie dorthin.
Einen Tag nach der Hochzeitsfeier gaben auch die Prinzessin Alix von Hessen und bei Rhein und der Zarewitsch Nikolaus von Russland ihre Verlobung bekannt. Sie hatten dies spontan beschlossen und kannten sich bereits seit langem, was ich bereits erwähnte hatte.

Mama im Januar des Jahres 1894 in Osborne House, Isle of Wight

Für Alicky war es nur beschwerlich gewesen, ihre Großmutter, die Queen, von der Wahl ihres Ehepartners zu überzeugen, denn diese war den Russen gegenüber nicht freundlich gesinnt und hatte schon schweren Herzens der Vermählung von Alickys Schwester Elisabeth mit dem Großfürsten Sergei zugestimmt. Nun wollte noch eine Enkelin nach Russland einheiraten und dazu würde sie eines Tages noch Zarin werden. Da Alicky sehr schüchtern war, befürchtete die Urgroßmama auch, sie werde nicht als Zarin Anerkennung finden, da sie dieser Rolle eventuell nicht gewachsen sein könnte.
Für Alicky hatte es viel Überlegungszeit gekostet, denn es war für sie entscheidender, dass sie ihren evangelischen Glauben ablegen und zum russisch-orthodoxen wechseln musste, wenn sie Nikolaus heiratete. Erst, als dieser ihr versicherte, sie können ihren Glauben auch beim Übertritt behalten, stimmte sie einer Verlobung zu und war bereit ihm ihr Eheversprechen zu geben.
Man muss anfügen, dass Ducky und Ernie keine wirklich glückliche Ehe beschieden sein sollte und ebenso Alicky zwar in eine glückliche Ehe ging, aber in keine gute Zukunft an sich.
Ich freute mich sehr auf die Hochzeitsfeier, da ich dann die Urgroßmama wiedersah und mit Sandra und Baby Bee spielen konnte, den jüngeren Töchter von Mamas Freundin Marie.
Zudem waren solchen Familientreffen immer sehr schön.
Meine Eltern nahmen nach den beiden Skandalen aber mehr um Maries Willen teil an der Hochzeit von Ducky und Ernie. Sie waren mittlerweile nicht mehr so gern gesehene Gäste. Ich denke, es lag daran, dass viele, auch aus der Familie, sich lieber von Mama fernhielten, was dann auch Papa traf, der stets auf ihrer Seite stand.
Als Kind konnte ich das noch nicht verstehen, auch nicht als Heranwachsende, denn es mutetet für mich seltsam an, wenn Mama sich zeitweise mit jemandem sehr gern umgab und dann plötzlich diese Person kaum noch in ihrer Nähe auftauchte.

Die schöne Prinzessin Alicky mit ihrer Schwester Tante Irene, 1884 - es war das Jahr, in dem sie dem Zarewitsch zum ersten Mal begegnete.

Baby Bee und ich sitzen ganz vorne, Mama ganz rechts, Coburg, April 1894

Coburg, zwanzigster April 1894:
In der ersten Reihe links Maries Tochter Baby Bee, rechts ich; zweite Reihe (von links nach rechts): Onkel Willie, Urgroßmama, Großmama; dritte Reihe: Young Affie, der Zarewitsch Nikolaus von Russland, Alicky, Mamas Cousine Prinzessin Viktoria von Battenberg, Tante Irene, die Großfürstin Maria Vladmimirowna von Russland, Mamas Freundin Herzogin Marie von Sachsen-Coburg-Gotha; vierte Reihe: Onkel Bertie, Baby, Prinzessin Beatrice von Battenberg, Prinzessin Luise v. Sachsen-Coburg-Gotha, Maries Tochter Sandra, Mama, Herzogin Luise Margarete v. England; fünfte Reihe: Prinz Ludwig v. Battenberg, Viktorias Gemahl, sein Bruder Liko, Beatrices Gemahl, der Großfürst Sergei von Russland, Prinz Ferdinand von Rumänien, Missys Gemahl, der Großfürst Vladimir von Russland, Gemahl der Großfürstin Maria, Herzog Arthur von Connaught, der Gemahl von der Herzogin Luise Margarete; letzte Reihe: Großfürst Paul von Russland, Prinz Philipp von Coburg, der Graf Mensdorf, Missy, Mamas Cousine Elisabeth, Affie, der Herzog von Sachsen-Coburg-Gotha.

Eine weitere Aufnahme der Gesellschaft in Coburg 1894

Im Jahre 1895 hatte Onkel Willie genug von Mama. Und auch die Großmama konnte nur noch schwerlich ihre Eskapaden ertragen. Meine Mutter besuchte sie oft in Kronberg, aber wenn sie dann kam, entfachte ihr mondänes Auftreten immer wieder nur Streit. Mittlerweile puderte sie sich das Gesicht so sehr, dass es oftmals einer Maske glich, sie stolzierte auf hochhackigen Schuhen umher und schnürte sich so eng in ihre Korsetts ein, dass man meinte, sie müsse komplett das Atmen einstellen, um überhaupt noch damit umhergehen zu können. Sie rauchte nach wie vor wie ein Schlot, roch laut der Großmama wie ein wandernder Zigarettenladen. Es war völlig undamenhaft. Und ihr Lieblingsthema war Mode, der äußere Schein. Hinzu kamen ihre Lästereien und die Klatschsucht.
Auf Onkel Willies Geheiß wurde mein Vater am einundzwanzigsten Februar des Jahres 1895 zum Kommandierenden General des VI. Armeekorps in Breslau ernannt. Gleichzeitig wurde er zum General der Infanterie befördert und sollte in dieser Position bis zum achtundzwanzigsten Mai 1903 verbleiben.
Während sich Papa sehr freute und auch Mama überglücklich war über

seine Beförderung, sahen es andere eher skeptisch. Die Großmama befürchtete, ihre Tochter könne dort auch wieder gesellschaftlich schnell unangenehm auffallen, da Breslau durchaus eine bedeutende Stadt war. Über kurz oder lang, so meinte sie, werde Mama dort wieder Zwietracht säen und in die Bredouille kommen. Und Papa war bei seinen Untergebenen nicht besonders beliebt, was zum einen daran lag, dass er durch seine Verwandtschaft mit dem Kaiser einen glänzenden Karrieresprung nach dem anderen beim Militär machte, und zum anderen war sich auch der Chef des Großen Generalstabs Graf von Waldersee sicher, Papa fehle die gute Erziehung. Er konnte aus seiner Sicht nicht mit vornehmen Menschen umgehen, war grob im Umgang mit den Soldaten, fällte übereilte Urteile und zu forsch mit seiner Meinung. Mein Vater, so war man sich gewiss, werde umgehend mit seiner Einstellung gegenüber den Katholiken in Schlesien anecken, denn er liebte es sehr, sich über diese in äußerst wortstarken Ausbrüchen zu ergehen. Im Grunde genommen war mein Vater schon ein guter Offizier, aber ebenso wie Mama sprach er oft aus, was er besser nur hätte denken sollen.

Meine Eltern lebten sich aber sehr schnell in Breslau ein und sahen in der Versetzung meines Vaters dorthin nichts Negatives. Man war nun nicht mehr am kaiserlichen Hof präsent, so kühlte sich das Verhältnis zu Dona und Onkel Willie noch mehr ab und auch die Besuche bei der Großmama wurden seltener. Dies lag aber auch daran, dass sie finanziell auf die Unterstützung von Onkel Willie angewiesen waren und er ihnen die Apanagen einkürzte, weswegen die großen Reisen ins Ausland nicht mehr möglich waren.

Dennoch reisten wir im selben Jahr nach Rumänien zu Missy und ihrer Familie.

Missy hatte mittlerweile zwei Kinder, den Prinzen Carol und die Prinzessin Elisabeth. Sie waren zwei Jahre und ein Jahr alt. Das Verhältnis zwischen Mama und Missy war zu jenem Zeitpunkt noch in Ordnung. Zwar begann sie, wie bereits erwähnt, bereits Gerüchte über Missy vor dem Königspaar zu verbreiten, aber dennoch waren meine Eltern und ich dort noch willkommen.

Mit der königlichen Familie von Rumänien, 1895 - Mama links, Papa ganz rechts stehend und ich vorne rechts sitzend

Meine Eltern fühlten sich in Breslau sehr wohl und mein Vater sagte später einmal, es seien die glücklichsten Jahre ihrer Ehe dort gewesen. Sie nahmen dort eine gesellschaftlich herausragende Position ein.

Onkel Willie, links, Mama, rechts daneben, ich, Papa, Königin Carola von Sachsen und König Albert von Sachsen, um 1895, bei einem Besuch des Königspaars; Onkel Willie ging mit dem König zur Jagd

Im Jahre 1896 bekam meine Mutter von Onkel Willie ein eigenes deutsches Regiment verliehen. Es hatte sich in Preußen seit der Mitte des neunzehnten Jahrhunderts die Sitte eingebürgert, fürstliche weibliche Regimentschefs zu ernennen, und diese Entwicklung nahm mit der anwachsenden Militarisierung unter meinem Onkel Willie zu. So wurde Mama zum Regimentschef des in Breslau stationierten Grenadier-Regiments König Friedrich III. (2. Schlesisches) Nr. 11. Dies beinhaltete für sie nun repräsentative Pflichten, die sie nur allzu gerne und voller Stolz wahrnahm. Bei Paraden ihres Regiments erschien sie hoch zu Ross und in der Uniform desselben.
Meine Mutter hatte natürlich keine militärischen Aufgaben bezüglich des Regiments, es war also mehr eine Ernennung ehrenhalber.
Am ersten April des Jahres feierten wir in Meiningen den siebzigsten Geburtstag meines Großpapas. Es gab natürlich ein großes Fest. Die Menschen in Meiningen liebten ihren Herzog, wenngleich man sich immer noch zurückhaltend gegenüber Ellen verhielt.

Man muss aber einwenden, dass Ellen sich sehr bemühte, sich in der Familie zu integrieren. Sie zeigte immer Interesse an allem, was vor sich ging, und als sie sich für Papa über seine Stationierung und Beförderung in Breslau freute, kam dies wirklich von Herzen. Ebenso teilte sie auch Mamas Freude hinsichtlich ihrer Ernennung zum Regimentschef.
Ellen war stets freundlich zu allen und jeden, sie hatte ein sehr ruhiges Wesen und sie konnte über Mamas negative Eigenschaften in Bezug auf den Charakter hinwegsehen, gerade eben, weil Mama sich ihr gegenüber nie abweisend verhielt. Seltsamerweise lästerte sie auch nie über Ellen oder verbreitete Gerüchte. An sich war meine Mutter auch keine gefühlskalte Person. Sie konnte halt schlecht ihre wahren Emotionen offenbaren und lebte meist hinter einer Fassade. Ich denke, es tat ihr ganz offen und ehrlich leid, wie sehr Ellen auch nach einigen Jahren an der Seite Großpapas immer noch um Respekt und Anerkennung kämpfen musste. Es könnte auch sein, dass es meine Mutter beeindruckte, wie tapfer sie darin war.

Sandra, die Tochter von Mamas Freundin Marie, heiratete am zwanzigsten April den Erbprinzen Ernst Wilhelm von Hohenlohe-Langenburg, den Sohn des Fürsten Hermann zu Hohenlohe-Langenburg, auf Schloss Ehrenburg in Coburg. Es war eine Liebesheirat und wir waren Gäste bei den Feierlichkeiten.
Auch Onkel Willie und Dona waren unter den geladenen Gästen. Meine Eltern gaben sich ihnen gegenüber höflich, aber distanziert, und Mama sagte mir, ich solle es ihnen gleichtun. Da ich nie ein enges Verhältnis zu beiden hatte, fiel mir dies nicht schwer. Ich war fast sechzehn Jahre alt, aber verstand meist nicht, warum meine Eltern diese oder jene Person ablehnten, gerade wenn es um Familienmitglieder ging. Ich musste es so hinnehmen, denn wenn Mama sagte, sie wünsche keinen großen Kontakt mit jemandem, so war das Gesetz. Über viele Streitigkeiten wurde ich erst später in Kenntnis gesetzt oder erfuhr sie aus zweiter Hand. Es lag mir fern, meine Eltern nach den Gründen zu fragen, denn ich fürchtete Mamas Unmut. Zudem waren aus ihrer Sicht überwiegend alle anderen schuld und nicht sie.
Für den Skandal um ihr Tagebuch sah sie es allerdings ein. Es war unbedacht von ihr gewesen, es offen liegenzulassen, vor allem so kurz

nach der Kotze-Affäre. Dies gestand sie aber auch nicht mir gegenüber, sondern ließ es einmal kurz fallen, als sie mit der Großmama sprach, und ich bekam es mit.

In Breslau verbreitete sich kein Klatsch und Tratsch von Mamas Seite aus, aber sie trat oftmals sehr selbstherrlich auf. Der Schriftsteller Theodor Fontane stand in Kontakt mit dem Großpapa in Meiningen und er traf auch einmal Mama. Nach diesem einen Treffen im Sommer des Jahres 1896 nannte er meine Mutter das Hauptstück Erbprinzessin und gab öffentlich zu, dass sich seine eigentlichen Sympathien für den Adel in kürzester Zeit in äußerste Verdrießlichkeit und Missstimmung verkehrt hätten. Was genau bei dem Treffen zwischen beiden vorgefallen war, wusste ich nicht, und meine Mutter tat es auch später nicht kund, aber auch sie war danach von Fontane alles andere als begeistert. Vielleicht, und das wäre dann humoristisch betrachtet, hatte er über Literatur sprechen wollen und damit hatte er bei Mama nun nicht gerade eines ihrer Lieblingsthemen getroffen.

Im Oktober bezichtigte Dona meine Mutter, eine Affäre mit ihrem Hofmarschall Karl Friedrich August Freiherr von Roeder von Diersburg zu haben. Sie teilte es Mama in einem Brief mit und forderte den Freiherrn auf, sofort von seiner Stellung zurückzutreten. Wie Dona darauf kam, dass Mama eine Affäre mit ihrem Hofmarschall haben könnte, weiß ich nicht, und es wurde auch nie bekannt, aber diese Anschuldigung verärgerte meine Eltern sehr. Es bestand die Möglichkeit, dass Dona dies nur behauptetet, um sich an Mama zu rächen für all ihre Bosheiten.
Meine Eltern zeigten sich aber über jeden Verdacht erhaben. Papa bezeichnete das Schreiben Donas als Schmutz. Zudem sprach er sich offen dafür aus, einen Bediensteten niemals aufgrund von Gerüchten, also auf on dits, zu entlassen.
Mein Vater ereiferte sich darüber, wie jede preußische Prinzessin augenscheinlich auch nach ihrer Verheiratung noch unter der von ihm als hauschchefliche Gewalt ausgeübte Überwachung durch den Kaiser und die Kaiserin stehe. Er bezog sich dabei auch auf alle übrigen regierenden Häuser in Deutschland, deren Ehre und Selbständigkeit so ein Verhalten verletze. Somit sah er sich auch veranlasst, diesem

entgegenzutreten und den Gerüchten keinerlei Glauben zu schenken.
Meine Mutter traf das alles tiefer. Zumal sie sowieso schon kaum noch zu ihrem Bruder vordringen konnte. Es war seinerzeit die Vermutung im Umlauf, dass mein Onkel an einem Größen - oder gar Cäsarenwahn leide. Seine geistige und psychische Instabilität war oftmals allzu offensichtlich und es fiel auch Bundesfürsten und anderen hochgestellten Persönlichkeiten auf. Innerhalb der Familie fragte man sich ebenfalls, ob mein Onkel geistig noch zurechnungsfähig sei.
Mama sprach darüber sogar mit ihrem Leibarzt Dr. Schweninger, der auch Bismarcks Leibarzt war, denn ihr Bruder fiel oft sehr unangenehm durch seltsame Aussprüche auf. So sollte mein Onkel im Februar des Jahres 1897 bei einer Rede fallenlassen, dass man seinen Großvater, den Kaiser Wilhelm I., für seine Verdienste im Mittelalter heiliggesprochen hätte. Ferner meinte er, Bismarck sei bloß ein Handlanger des Großvaters gewesen und ein Pygmäe im Vergleich zu ihm. Hinzu kam seine Leidenschaft für Uniformen, die er auch gerne mehrmals am Tag wechselte.
Und es war eine Tatsache, dass man in Berlin stets der Überzeugung war, man habe bei allem, was eben besonders bei Verwandten geschah, ein Wort mitzureden.
Dona hatte aber mit ihrer infamen Behauptung bei meiner Mutter nun gänzlich alles verspielt, denn es kränkte meine Mama wirklich sehr.
Meine Mutter war auch immer noch sehr verärgert über Onkel Willies Verhalten in Bezug auf die Villa in Berlin, in der sie gelebt hatten. Es war noch mein Großpapa Fritz gewesen, der in seiner Funktion als Kaiser ein Arrangement getroffen hatte, dass der Minister für den kaiserlichen Haushalt die Miete dafür aus den finanziellen Beständen des Kaiserhauses zahlen sollte, solange wie meine Eltern es wünschten, dort zu leben. Als nun mein Onkel Willie Kaiser geworden war, ließ er die Ausgaben prüfen und ordnete an, dass meine Eltern keine weitere Übernahme der Mietkosten mehr erhalten sollten. Der Vermieter der Villa erhielt ein Schreiben, in dem ihm angekündigt wurde, dass er nach Ablauf von drei Monaten keine Mietzahlungen mehr aus dem kaiserlichen Haus erhalten sollte. Meine Eltern wurden davon aber erst in Kenntnis gesetzt, als ihnen nur noch wenig Zeit blieb, um auszuziehen. Es war kurz vor dem Umzug nach Breslau, aber dennoch war es ein Affront für meine Eltern seitens Onkel Willie.

Beide befanden sich aber in der unglücklichen Lage, dem Kaiser nicht trotzen zu können. Papa hatte keine großen finanziellen Möglichkeiten, solange sein Vater noch lebte, und so waren sie überwiegend auf die Apanage angewiesen, die Mama als Mitglied des Kaiserhauses erhielt. Aber sie war dabei stets auf den guten Willen und die Freigiebigkeit ihres Bruders angewiesen. Er konnte jederzeit etwas einkürzen oder Gelder nicht mehr bewilligen, ihnen sogar im Weiteren verwehren, Auslandsreisen anzutreten, wenn er dafür nicht seine ausdrückliche Zustimmung gab. Eine Ausnahme gab es nur, wenn sie inkognito reisten und auf sämtliche Ehren verzichteten, die man ihnen sonst als hochherrschaftliche Gäste angediehen lassen hätte.
Schon bei der Silberhochzeit des italienischen Königs Humbert und seiner Gemahlin Margerita in Rom im Jahre 1893 hatten meine Eltern dies zu spüren bekommen, denn während um sie herum alle Staatsgäste hofiert wurden, ebenso natürlich Onkel Willie und Dona, durften sie nicht in einer der königlichen Kutschen in den Straßen und Parks umherfahren, mussten auf eine gewöhnliche Kutsche zurückgreifen. Daher begaben sich beide dann auch auf eine eigene kleine Reise abseits der Feierlichkeiten, auf der sie Sehenswürdigkeiten nur zu zweit besuchten und andere Dinge unternahmen, um sich zu beschäftigen. Meine Eltern genossen die gemeinsame Zeit durchaus, aber es war für Mama eine regelrechte Beleidigung ihrer Person. Sie war es nun einmal gewohnt, anders behandelt zu werden und der Mittelpunkt zu sein. Sie vermutete, ihr Bruder verhalte sich aber so, weil die Großmama zu streng mit ihm als Kind und Jugendlicher gewesen sei, und ihre Kontrollsucht habe ihn zu dem Menschen werden lassen, der er nun sei.
Die Großmama wies dies strikt von sich, zeigte sich aber ebenfalls empört, da Onkel Willie Mama verboten hatte, den Winter in Cannes zu verbringen, obwohl es ihrer Gesundheit zuträglich gewesen wäre. Er empfahl ihr stattdessen das kostengünstigere Neapel und so fügte sie sich. Frankreich als Reiseziel war für meinen Onkel daher schon untragbar, da man verfeindet war, und es hatte daher rein patriotische Gründe, dass er Mamas Reise nach Cannes ablehnte.
Mein Vater nahm sich heraus, trotz seiner Beförderung in Breslau seinen Freund, den König Albert von Sachsen, zu bitten, dieser möge bei einer Reise nach Berlin bei Dona vorsprechen. Dieser bot dies allerdings auch von selbst an und traf Dona, sagte ihr, Mama sei eigentlich

keine Prinzessin von Preußen mehr und gehöre dem Haus Hohenzollern durch ihre Eheschließung nicht mehr an. Sie sei eine Erbprinzessin von Sachsen-Meiningen. Man sei daher auch in Sachsen-Meiningen für ihre Belange zuständig. Dies betraf natürlich nicht ihre Apanage seitens des Kaiserhauses.
Dona nahm dies zuerst hin, zeigte sich dann aber mehr als wütend darüber, dass Mama sich in Breslau öffentlich weiter an der Seite des Freiherrn von Roeder zeigte, worin Papa sie unterstützte. Es war vielleicht so ein Jetzt erst recht! - Verhalten. Aber es erregte noch mehr Unfrieden in Berlin.
Dieser legte sich erst, als von Roeder seine Gemahlin nach Breslau holte und sich auch öffentlich mit dieser zeigte. Dennoch konnten meine Eltern Dona ihre Anschuldigung nicht verzeihen.

Am siebenundzwanzigsten November des Jahres 1896 gebar Tante Irene einen weiteren Sohn, den kleinen Prinzen Sigismund. Großmama freute sich wieder sehr über die Namenswahl in Erinnerung an den kleinen Siggi. Und für Heinrich und Irene war es eine große Erleichterung festzustellen, dass der kleine Jungen gesund war und nicht an der Hämophilie litt.
Im Sommer des Jahres hatte mein Onkel das Gut Hemmelmark bei Eckernförde als Landsitz für sich und seine Familie erworben. Das Gut lag nicht weit entfernt von seinem Kieler Dienstort und er hatte seinerzeit von der Urgroßmama Augusta ein Erbe erhalten, mit dem er einen Teil des Erwerbs der Liegenschaft begleichen konnte.
Hemmelmark war ein großer Besitz, umgeben von Wald, mit einem See und Scheunen und Viehställen, in denen man unter anderem Milchkühe hielt. Tante Irene und Onkel Heinrich nannten es bald ihr Refugium und konnten dort sehr ungestört leben. Zudem sie nun auch Gäste dorthin einluden und meine Eltern und ich besuchten das Gut bald sehr gerne, denn es war sehr malerisch gelegen.

In diesem Jahr, 1896, sprach noch vor meinem siebzehnten Geburtstag im Mai der Prinz Peter Karađorđević aus Serbien seinen Wunsch mich zu ehelichen meinen Eltern gegenüber aus. Er war fünfunddreißig Jahre älter als ich, verwitwet und wartete darauf, den Thron in Serbien übernehmen zu können. Er hatte drei überlebende Kinder, die älteste

Tochter Elena war nur fünf Jahre jünger als ich. Seine Gemahlin Ljubica, genannt Zorka, war 1890 bei der Geburt ihres fünften Kindes ebenso wie das Baby gestorben.
Der Prinz hoffte, mit dieser Vermählung seine Ansprüche auf den Thron von Serbien geltend zu machen und die dadurch entstehenden Beziehungen zu nutzen, um den nun regierenden König Aleksandar vom Thron zu stoßen, da er sich momentan im Exil befand.
Ich fühlte mich nicht bereit zu heiraten und dann widerstrebte mir das Alter Peters, die Stiefkinder, die ich haben würde, denn es wären nicht meine eigenen und zudem erschien mir Serbien nicht gerade als ein Ort, an dem ich leben wollte.
Der Großpapa in Meiningen sah eine solche Verbindung auch sehr skeptisch. Denn auch der König Aleksandar von Serbien hatte sich wohl für mich interessiert, aber Großpapa lehnte dieses Heiratsprojekt umgehend ab, ohne auch nur meine Eltern zu fragen. Er ließ es mittels des preußischen Gesandten Raschdau dann an meine Eltern übermitteln. Die Balkanregion galt damals als Krisenherd und er wollte nicht, dass mich diese Verbindung in Gefahr brachte.
Meine Eltern pflichteten ihm dahingehend voll und ganz bei.
Mama erwähnte das Heiratsangebot auch nur kurz mir gegenüber. Für sie war der Altersunterschied auch viel zu groß, zudem gab sie offen zu, es sei zwar eine Option Königin zu werden, aber für diesen wankenden Thron sei ich viel zu gut.
Ihre Entscheidung war richtig, denn Peter wurde zwar später König vom Serbien, Aleksandar und seine morganatische Ehefrau Draga aber im Jahre 1903 bei einem Staatsstreich auf eine wirklich grausame Art und Weise von Offizieren regelrecht abgeschlachtet. Und Serbien blieb, politisch gesehen ein brodelndes Fass.
Ich war sehr erleichtert über die Entscheidung meiner Eltern gegen diese Ehen.
Doch ich musste bald einsehen, dass ich mich im durchaus heiratsfähigen Alter befand, denn Mamas Freundin Marie äußerte meinen Eltern gegenüber den Wunsch, man könne doch ihren Sohn Alfred, young Affie, mit mir verheiraten. Er war fünf Jahre älter als ich, war aber bekannt für seine oftmals unstandesgemäßen Affären mit Frauen. Alfred diente als Soldat bei einem Regiment in Potsdam, fühlte sich dort aber nicht wohl. Es mag an seiner sehr stillen und

zurückhaltenden Art gelegen haben. Bei seinen Liebschaften fühlte er sich verstanden, doch es hielt sich mittlerweile hartnäckig das Gerücht, er habe sich mit Syphilis infiziert. Marie hoffte, eine Ehefrau werde ihren Sohn wieder auf den rechten Pfad des Lebens bringen.
Ich mochte Alfred schon, aber mehr als Freund, wenn wir die Familie sahen. Seine Liebschaften fand ich eher abstoßend und das sahen meine Eltern ebenso. Sie lehnten diese Verbindung daher ab und Marie sollte es sowohl Mama und mich im Folgenden spüren lassen, wie tief sie dies verletzte.
Als wir sie im Mai des Jahres 1897 in Coburg besuchten, zeigte sie uns überwiegend die kalte Schulter. Sie sagte später gegenüber ihrer Tochter Missy, die es uns erzählte, Mama habe sich meist schweigend gezeigt, habe nicht so erbärmlich ausgesehen wie üblich, ich sei schlecht gekleidet gewesen und ihr mehr als unsympathisch. Sie war einfach in ihrem mütterlichen Stolz gekränkt über die Ablehnung.
Allerdings sollte sich dies auch bald wieder ändern. Denn Alfred heiratete bald darauf in diesem Jahr heimlich die unstandesgemäße Irin Mabel Fitzgerald. Marie versuchte die Ehe annullieren zu lassen, und daher wollte ihr Sohn sich mit einem Gewehr erschießen. Während seine Eltern Ende Januar 1899 ihre Silberhochzeit feierten, lag er in einem abgedunkelten Raum im Schloss, war schwer verletzt. Man sagte offiziell, er leide an Tuberkulose.
Marie schickte ihren Sohn zur Kur nach Meran, doch dort starb er eine Woche später. Der Verlust ihres Sohnes, an dessen Tod sie sich aber nicht die Schuld gab, sollte sie und Mama dann wieder zusammenführen.

Am ersten Mai des Jahres 1897 um elf Uhr, einem Sonnabend, waren meine Eltern und ich bei der feierlichen Eröffnung von Charlottenhall, einer Kinderheilstätte zu Salzungen in Thüringen, zugegen. Im Hotel Kurhaus zu Salzungen gab es ein Frühstück, zu dem unter anderem Hummer und Sherry serviert wurden. Mama war die Namensgeberin der Heilstätte und von Mai bis September gab es vier Durchgänge für Kinder, die zur Kur nach Salzungen kamen. Es wurden klassische Atemwegserkrankungen, wie beispielsweise Asthma, mit Solebädern und Inhalationen behandelt.
Es gab Plätze für über dreihundert Kinder mit etwa fünfzig Freistellen,

vornehmlich sollten Kinder aus den Großstädten, wie Berlin, therapiert werden, die in Folge der hohen Luftverschmutzung dort an Atemwegserkrankungen litten.

Charlottenhall auf einer alten Postkarte

Meine Mutter genoss diesen Tag sehr. Es war für sie eine große Ehre, dass man die Kinderheilstätte nach ihr benannte.

Im Sommer des Jahres 1897 reisten wir als Familie zum Diamond Jubilee von Urgroßmama nach England. Am zwanzigsten Juni 1837 hatte sie den Thron bestiegen und am zweiundzwanzigsten fanden nun die offiziellen Feierlichkeiten statt. Es waren bemerkenswerterweise die ersten Feierlichkeiten überhaupt zu einem so langen Dienstjubiläum eines Monarchen, beziehungsweise einer Monarchin in Europa. Der besondere Feiertag war natürlich ein freier Tag in England, Irland und Indien. Urgroßmama fuhr einer Parade voran in einer Kutsche, neben ihr saßen ihre Tochter Helena und die Kronprinzessin Alexandra. Die Parade führte vom Buckingham Palast zur St. Paul`s Cathedral. Dort fand ein Dankgottesdienst für die Königin statt. Mama saß in der siebten Kutsche bei der Parade, gemeinsam mit Moretta,

Tante Irene und dem Prinzen Ludwig von Battenberg. Wir Urenkelkinder folgten in einer späteren Kutsche, die ich mit den Prinzessinnen Alice und Louise von Battenberg teilte. Alice war mittlerweile zwölf Jahre alt und Louise acht. Es war für Alice nicht einfach, alles so zu genießen wie wir, die jubelnden Menschen rechts und links, die Musik, denn sie war taub. Gleichwohl konnte sie aber von den Lippen ablesen und sprach auch von Zeit zu Zeit, wobei es nicht leicht war, sie zu verstehen. Dennoch genossen wir die Feierlichkeiten an Urgroßmamas besonderem Tag. Sie konnte für den Gottesdienst die Kutsche allerdings nicht mehr verlassen, da sie an einer schweren Arthritis litt und die Stufen bis zur Kirche hinauf nicht mehr bewältigen konnte. Daher fand der Gottesdienst für sie außerhalb statt.
Es waren wunderschöne Tage in England. Auch schienen angesichts der Festivitäten alle Streitigkeiten innerhalb der Familie für eine gewisse Zeit vergessen, denn es herrschte ein freundlicher Umgang untereinander.
Auf der Rückreise von England begaben sich meine Eltern wieder nach Breslau, doch ich fuhr mit der Großmama für einige Tage nach Kronberg.
Ich fasste mir an einem Nachmittag beim Tee ein Herz und sprach mit ihr über das Thema Hochzeit.
„Ich fühle mich noch nicht wirklich bereit zu heiraten“, gestand ich ihr, „Und mir hätte es sehr missfallen, wenn ich den alten Peter aus Serbien zum Ehemann hätte nehmen müssen. Irgendwann einmal möchte ich schon gerne heiraten, aber dann aus Liebe.“
„Ja“, nickte die Großmama und nahm einen Schluck Tee, „Das ist zumeist der Wunsch von uns Frauen, aber oftmals zählen irgendwelche politischen Beziehungen und dann hat man kaum etwas mitzureden. Ich halte hierbei allerdings sowohl deinem Großvater in Meiningen als auch deinen Eltern sehr zugute, dass sie die bisherigen Kandidaten abgewiesen haben.“
Ich lehnte mich etwas vor, berührte sanft ihre Hand.
„Mich quält auch der Gedanke, dass ich von dir fortmüsste. Ich möchte dich stets besuchen kommen … “
„Ach, Feo, ich werde dich auch schrecklich vermissen, aber wir können dennoch in Kontakt bleiben, wenn du heiratest. Ich werde immer deine Großmutter sein, zu der du kommen kannst und bei der du

willkommen bist“, sagte sie mit einem Lächeln, „Und wenn der Richtige kommt, wirst du es schon merken. Ich halte auch nichts von diesem matchmaking an sich, wie es meine Mutter betreibt. Gut, als Mutter wünscht man sich für die Töchter und auch für die Söhne eine gute Partie. Bei den Töchtern ist es allerdings wichtiger, denn sie genießen oftmals weniger Mitspracherecht in dieser Sache und geben sich auch nur allzu gern Schwärmereien hin, wenn man sie nicht führt.“
„Du meinst Moretta?“, spielte ich auf die Affäre um den Prinzen von Battenberg an, den sie so gerne hatte heiraten wollen.
„Auch Moretta“, stimmte sie zu, nahm meine Hand in ihre beiden, “Sieh` dir Ducky und Ernie an. Zwar haben sie nun eine kleine Tochter, aber Ducky ist in dieser Ehe nicht wirklich glücklich. Meine Nichten Alix und Ella in Russland schon. Und Alix ist jetzt Zarin, hat auch eine süße kleine Tochter. Oder Heinrich und Irene … und natürlich auch ich selbst. Ich war mit deinem Großvater all die Jahre, die Gott uns schenkte, sehr, sehr glücklich. Als ich ihn das erste Mal traf, spürte ich, dass da etwas zwischen uns war und das wirst du auch. Wenn der Richtige kommt, wird dein Gefühl es dir sagen.“
„Ja, ich möchte nur mitreden dürfen.“
Sie ließ meine Hand los, lehnte sich im Sessel zurück, schenkte mir ein verschmitztes Lächeln.
„Dafür hast du dann deine Großmama. Ich werde schon dafür sorgen. Mir liegt alles daran, dass du glücklich wirst.“
Ich erhob mich und umarmte sie. In Momenten wie diesen hatte ich einmal mehr das Gefühl, sie sei meine wahre Mutter. Ich liebte sie wirklich von ganzem Herzen und war ihr so dankbar für all die Jahre, die sie mich immer liebevoll aufgenommen hatte.

In Bezug auf eine Verheiratung meinerseits war das Schicksal dann aber schneller.
Durch einen Zufall lernte ich bei einer Parade im Herbst des Jahres 1897 den Prinzen Heinrich XXX. Reuss zu Köstritz kennen. Er war fünfzehn Jahre älter als ich, sehr charmant und diente im Braunschweiger Infanterie Regiment Nr. 92, als königlich-preußischer Major und als Bataillonskommandeur im Leib-Grenadier-Regiment König Friedrich Wilhelm III. (1. Brandenburg). Ferner war er Ritter des Johanniterordens.

Heinrich, genannt Haz, lebte mit seiner Familie auf Schloss Neuhof bei Schmiedeberg im Riesengebirge. Seine Eltern waren der Prinz Heinrich IX. Reuss zu Köstritz und Anna Freiin von Zedlitz und Leipe. Die Familie war nicht reich, man besaß das Schloss Neuhof sowie Schloss Jänkendorf im gleichnamigen Ortsteil der Gemeinde Waldhufen im Landkreis Görlitz in der sächsischen Oberlausitz.
Haz` Vater war ein Mitglied des Corps Borussia in Bonn, von 1874 bis 1894 war er Landrat im Kreis Hirschberg im Riesengebirge gewesen und er hatte zudem am Schleswig-Holsteinischen Krieg, dem Deutsch-Dänischen Krieg, dem Deutschen Krieg und dem Deutsch-Französischen Krieg teilgenommen und war Generalmajor à la suite. Ebenso hatte er im Preußischen Abgeordnetenhaus gesessen, sich als Mitglied des Provinziallandtages der Provinz Schlesien einen Namen gemacht. Somit war er also meiner Familie, besonders Papa und Onkel Willie bekannt, aber sein Sohn war keine Partie, die man sich für mich gewünscht hätte.
Mein zukünftiger Gemahl hatte noch zwei lebende Geschwister. Der erstgeborene Sohn, der wie alle männlichen Nachkommen den Vornamen Heinrich trug und dahinter fortlaufende römische Ziffern, also Heinrich XXI., war im Jahre 1853 geboren worden. Er war mit nur drei Jahren verstorben. Der zweitgeborene Sohn Heinrich XXII. wurde im Jahre 1854 geboren, verstarb aber mit fast vier Jahren.
Der dritte Sohn, Heinrich XXIII. erblickte 1855 das Licht der Welt, er wurde später Königlich Preußischer Leutnant im 1. Garde-Feldartillerie-Regiment. Er verstarb in seinem dreißigsten Lebensjahr.
Haz` Bruder Heinrich XXVI. war Korvettenkapitän und Besitzer des Schlosses Jänkendorf. Er war verheiratet mit der Gräfin Viktoria le Camus von Fürstenstein. Das Paar hatte fünf Kinder.
Die Schwester meines Gemahls, Marie Clementine, hatte den Grafen Heinrich von Witzleben-Altdöbern geehelicht. Dieser war ein bekannter preußischer Unternehmer und Politiker. Der Graf gehörte auch zu den persönlichen Freunden und Vertrauten meines Onkels Willie. So gab er unter anderem für ihn bedeutende Feste auf Schloss Altdöbern in Brandenburg. Im Jahre 1886 hatte ihn mein Onkel als Dank für seine Treue in den erblichen Grafenstand erhoben.
Maries Ehemann war sehr geschäftstüchtig und besaß unter anderem die Brauerei Graf von Witzleben-Alt-Doebern. Ferner kaufte er

mehrere Güter an, wie beispielsweise Reddern, Gräbendorf, Laasdorf, sodass man ihn im Jahre 1894 im Jahrbuch der Millionäre erwähnte, allerdings ohne nähere pekuniäre Angaben.
Marie und ihr Gemahl hatten drei Mädchen, Hilde, Anna und Helene. Da ihr Vater das Johanniterkrankenhaus zu Altdöbern gestiftet hatte, wurde den Töchtern so die kostenlose Erziehung in der familieneigenen Klosterschule Roßleben ermöglicht.

Es war zwischen mir und Haz Liebe auf den ersten Blick und mir war es egal, ob seine Familie reich war oder nicht. In erster Linie bot sich in einer Ehe für mich die Chance, ein eigenständiges Leben zu führen und mich aus Mamas Fängen zu befreien.
Die Großmama meinte, es werde mir sicher guttun, einen älteren Ehemann zu haben, der mich auf dem Boden halte, denn ich hätte ein schlechtes Vorbild in meiner Mutter. Und da ich zeitweise die gleichen Neigungen und Faible wie Mama für Mode und gutes Aussehen zeigte, befürchtete die Großmama ich könnte ihr doch noch irgendwann nacheifern. Aber auch wenn ich mich durchaus für schöne Kleider interessierte, war ich weder klatsch - noch vergnügungssüchtig wie Mama. Mir gefielen zwar Gesellschaften, aber sie waren für mich nicht das Wichtigste im Leben. Vor allem wünschte ich mir ein eigenes Heim, einen lieben Ehemann und insbesondere Kinder, bei denen ich alles besser machen wollte als meine Mutter.
Mit Zustimmung meiner Eltern verlobten wir uns in der ersten Oktoberwoche des Jahres 1897 in Wien und ich war überglücklich. Zwar gab es viele Stimmen wie Mamas Freundin Marie, die sich fragten, wie meine Mutter es zulassen konnte, dass ich einen so unbedeutenden Prinzen ehelichte, denn die meisten hatten noch nie von ihm gehört. Natürlich war er vom Stand her unter meinem, aber dies spielte aus meiner Sicht überhaupt keine Rolle und es berührte mich auch nicht.
Der Schriftsteller Theodor Fontane ließ sich öffentlich darüber aus, dass ich nun die Lagergenossin eines kleinen Reußischen Prinzen aus einer Nebenlinie des Hauses werden sollte. Man erwartete einfach etwas anderes von einer Prinzessin, die die Enkelin der Kaiserin Friedrich und eine Nichte des Kaisers sowie Urenkelin der Queen Victoria war.
Großmama traf den Prinzen bald darauf und fand ihn sehr nett und

höflich, aber er war eben keine glanzvolle Verbindung.

Marie fand meinen zukünftigen Ehemann langweilig und sehr schweigsam, als sie ihm begegnete, aber sie merkte schnell, wie verliebt wir beide ineinander waren. Missy war sich sicher, die Ehe sei für mich genau das Richtige, denn nach meinem lieblosen Elternhaus müsse mir diese dann wie ein Paradies auf Erden erscheinen.

Und ich hatte nicht das Gefühl, dass meine Eltern in irgendeiner Art und Weise unglücklich über meine Wahl waren oder sich sehr betrübt darüber zeigten, dass ich bald mein Zuhause verlassen sollte. Eine Tatsache war sicherlich, dass ich kein liebevolles Elternhaus gekannt hatte, daher fiel der Abschied auch dementsprechend leicht. Meine Eltern waren meine Eltern und ich liebte sie aber auf eine eher distanzierte Art und Weise, da sie mir auch nie das Gefühl gegeben hatten, dass sie sehr an mir hingen und mich aufrichtig liebten. Dies war auch der Grund, warum ich mir inständig eigene Kinder wünschte, und ich gestand Haz, wie sehr ich mich nach einer großen Kinderschar sehnte. Er freute sich natürlich über mein Geständnis.

Als ich dies aber Mama sagte, reagierte sie sehr abweisend und meinte völlig gefühllos, sie lege keinen großen Wert auf Enkelkinder. Dies traf mich schon sehr, aber dann dachte ich an die Großmama, die sich sicher über ein Urenkelchen freuen würde. Es tröstete mich etwas über die harten Worte meiner Mutter hinweg.

Am liebsten hätte ich meinen Haz sofort von der Stelle weg geheiratet, aber sein Vater erkrankte und so mussten wir die Hochzeit vorerst verschieben.

Haz` Eltern waren mir gegenüber übrigens sehr aufgeschlossen und hießen mich herzlich in der Familie willkommen. Man merkte sofort, dass er in einem sehr liebevollen Umfeld großgeworden war. Ich verstand mich auf Anhieb mit seinen Eltern und schloss beide sofort in mein Herz.

Breslau, im Winter 1897

Mama und ich, Breslau, im Jahre 1897

Haz und ich, eine Fotografie anlässlich unserer Verlobung, 1897

Im Januar des Jahres 1898 waren meine Eltern und ich zur Geburtstagsfeier meines Onkels Willie eingeladen. Es war sein neununddreißigster Geburtstag. Man hatte bei den Feierlichkeiten das Gefühl, die Wogen innerhalb der Familie hätten sich geglättet, denn es ging sehr harmonisch zu. Aber dies war nur vorübergehend, denn bald schon sollte sich Dona erneut in unser Leben einmischen.
Vorerst aber bereitete Mama meine Aussteuer vor, wobei sie sich aber nicht so enthusiastisch zeigte, wie die Großmama einst bei ihrer Hochzeit. Es erschien ihr mehr eine lästige Pflicht zu sein. So zeigte sie sich sehr froh darüber, als wir nach Rumänien eingeladen wurden. Papa begleitete uns.

In Rumänien schaffte es aber Mama dieses Mal, mit ihren Gerüchten das gute Verhältnis, was eigentlich zwischen ihr und Missy bestand, endgültig zu ruinieren. Sie verbreitete wieder vor dem König und der Königin Gerüchte über die Schwiegertochter und es ging dabei wohl auch um angebliche Affären Missys. Man muss hierbei einwenden, dass ihre Ehe zwar nicht glücklich war, es kursierten schon seit langem Gerüchte über Liebschaften ihrerseits außerhalb des ehelichen Bettes, aber nichts davon schien der Wahrheit zu entsprechen. Und Mama musste doch ahnen, dass das Königspaar mit der Schwiegertochter über die Gerüchte sprechen würde. Vielleicht interessierte es Mama nicht, vielleicht wollte sie sich nur wichtigmachen oder sich dafür rächen, dass Marie, Missys Mutter, meinen zukünftigen Ehemann so herabsetzte - man kann viel über ihre Gründe für die Klatschsucht spekulieren. Wahrscheinlich war es aber einfach ihre Natur und sie konnte sich nicht beherrschen.
Mir war es auch stets unbegreiflich, wie sie sich mit Marie um Kleinigkeiten überwerfen konnte und dann waren beide wieder die besten Freundinnen.
Ich genoss unseren Aufenthalt in Rumänien, aber man spürte, dass etwas in der Luft lag.

Mama (links), die Königin Elisabeth und ich, in rumänischer Tracht, 1898

Im März des Jahres feierten mein Großpapa und Ellen in Meiningen ihre Silberhochzeit. Sie erhielten allerlei Glückwünsche, freuten sich sehr, zogen es aber vor, sich auf eine Reise zu begeben. Diese ging nach Roquebrune-Cap-Martin an der Mittelmeerküste im Département Alpes-Maritimes an der Côte d'Azur.

Wir übersandten dem Paar natürlich auch unsere herzlichsten

Glückwünsche, wobei sich sogar mein Vater dazu bereit erklärte, obwohl er Ellen nicht sehr schätzte. Aber Mama sagte ihm, er solle es tun, um des lieben Friedens willen und froh sein, dass sein Vater glücklich an Ellens Seite sei.

Der Meininger Großpapa mit Ellen, zur Silberhochzeit im März 1898

Ich besuchte vor meiner Hochzeit auch meine Großmama im Taunus. Sie verbrachte mittlerweile so viel Zeit, wie sie konnte, in Friedrichshof. Zumeist reiste sie im April oder Mai dorthin, blieb dort bis zum Spätherbst. Großmama verbrachte viel Zeit damit, sich mit der Architektur zu befassen, Verschönerungen vorzunehmen, oder sie widmete sich der Park - und Gartengestaltung. Pferde hatte sie stets geliebt und so ließ sie es sich nicht nehmen, dort auch welche zu halten, und ritt gerne morgens durch ihre Wälder voller Pinien und Kastanien. Dabei begleiteten sie stets ein Kammerherr, zwei Stallburschen sowie ein Oberstallmeister. Auch jetzt noch, mit achtundfünfzig Jahren, war sie furchtlos, ritt selbst die wildesten Pferde, die unter ihrer Hand gängig wurden, scheute sich auch nicht davor, im Damensitz kleine Tümpel oder Hindernisse zu meistern. Ein Husar, der zu ihrer Dienerschaft gehörte, sagte, sie habe eine hervorragende Hand, was Pferde betreffe.
Beim Reiten trug sie ein schwarzes Kostüm mit einem Schleier, nur die Reitstiefel waren rot. Im Haus kleidete sie sich nur schwarz im Gedenken an ihren verstorbenen Ehemann, trug stets eine Miniatur mit seinem Bildnis um den Hals, welche an einer Goldkette hing. Ferner hatte sie ihre Brille an der Kleidung befestigt, sodass sie sie stets griffbereit hatte.
In Friedrichshof wirkte sie sehr gelöst, konnte frei, ohne jegliche Etikette, leben.
Nach dem Frühstück gab sie den Bediensteten die Aufgaben für den Tag, begab sich dann in die Bibliothek, wo sie las oder Briefe schrieb. Ich erinnere mich nur zu gut an diese herrliche Bibliothek, die Großmama hatte auch fast alle Bücher, die dort standen, selbst gelesen. Sie kannte sich mit so vielem aus, hatte so viele Interessen, wie auch Theologie und Philosophie. Und oftmals überraschte sie Gäste mit ihrem Wissen, wenn sie zum Beispiel die Ökonomie ansprach und aber wirklich fundiertes Wissen darüber besaß.
Vor dem Mittagessen, welches immer um Viertel nach eins serviert wurde, unternahm sie eine Kutschfahrt über ihren Besitz oder besuchte Nachbarn, wobei sie einem kleinen Plausch niemals abgeneigt war. Man schätzte ihre Anwesenheit in Kronberg sehr, denn sie engagierte sich beispielsweise für den Neubau des Schulgebäudes in Schönberg, übernahm die Schirmherrschaft über das 1893 im ehemaligen Kurhaus im Kronthal eingerichtete Victoria-Pensionat für Mädchen, das im

Jahre 1897 nach Bad Homburg übersiedelte. In Kronberg förderte sie auch die Gründung einer Volksbücherei und die Einrichtung eines später nach ihr benannten Krankenhauses.
Nachmittags, wenn sie sich etwas ausgeruht hatte, widmete sie sich der Malerei, worin sie perfekt war. Am Spätnachmittag empfing sie Gäste oder nahm ihren Tee oder Kaffee auf der Terrasse ein, wenn das Wetter schön war. Dieser wurde immer um sechzehn Uhr dreißig serviert.
Abends, zum Dinner, hatte sie oft Gäste.
Friedrichshof war über die Jahre zu einem beliebten Anlaufpunkt für Freunde und Verwandte geworden. Meine Eltern besuchten sie, ihr Bruder Affie aus Coburg, Mossy und ihre Kinder, Moretta, Tante Irene mit Familie … und, wann immer jemand sie einlud, war die Großmama auch gerne bereit, ihr gemütliches Heim zu verlassen, einen Besuch wahrzunehmen.
Waren hochrangige Persönlichkeiten auf Reisen, passierten Frankfurt am Main, machten sie auch immer einen Abstecher zur Großmama. Sie sagte bald, dass sie so etwas wie ein Gasthof am Waldesrand sei.
Ich verbrachte die Tage gerne mit ihr in ihrem Refugium, vor allem, weil es so ungezwungen war. Sie schimpfte nie, wenn die Enkelkinder im Schloss herumliefen, laut waren, ausgelassen, stattdessen lächelte sie darüber, freute sich an ihrer Freude. Die Dienerschaft fürchtete stets um das Mobiliar, aber ihr war es gleichgültig, wenn etwas zerbrach - fröhliches Kinderlärmen, woran andere sich eher störten, ließ sie aufblühen. Und dann und wann bestärkte sie die Kleinen sogar darin, sich völlig ungezwungen zu verhalten.
Heinrich und Irene gaben den kleinen Waldemar, der mittlerweile Toddy gerufen wurde, gerne in die Obhut der Großmama. Er litt an Hämophilie, aber meine Großmama verwöhnte ihn sehr, achtete auf ihn und erfreute sich seiner Anwesenheit.
Es kam auch oft Besuch aus England, wie Großmamas Bruder Bertie oder ihre Schwester Helena, die man Lenchen rief. Beide verbanden den Besuch mit einer Kur im nahen Bad Homburg, denn Bertie war stark übergewichtig, Lenchen hatte diverse gesundheitliche Probleme, sie litt an Rheuma, Neuralgien und Sehstörungen. Durch Ihre Leiden war sie im Laufe der Jahre medikamentenabhängig geworden, konnte ohne Opium die Schmerzen nicht mehr ertragen.

Auch Onkel Willie reiste nach Kronberg. Allerdings war sein Besuch stets schwierig, da er wie der Kaiser empfangen werden wollte. Seine Entourage umfasste dreiundzwanzig Personen, im Ort wurde er gebührend gefeiert, wenn seine Kutsche durch diesen zum Schloss fuhr, und, im Schloss angekommen, musste man ihn in einer ihm würdigen Art und Weise begrüßen.
Großmama durfte auch Onkel Willies Kinder nun etwas öfter sehen, allerdings nur in Begleitung und unter Aufsicht von Dona. Zudem umfassten diese Besuche nur wenige Minuten. Mehrmals bat Großmama darum, die Kinder öfter und länger sehen zu dürfen, aber dies wurde ihr verweigert. Sie sollten nicht allzu vertraut mit ihr werden, sodass wir alle glaubten, Dona erachte die Gesellschaft Großmamas als schlecht für ihre Kinder. Es musste ihr sehr wehtun, denn sie liebte Kinder doch so sehr, und die eigenen Enkel nicht wirklich kennenzulernen, war sicher umso schlimmer.
Allerdings zeigte Dona auch einmal ein Einsehen, als sie zur Erholung in Bad Homburg weilte. Sie überwand sich und lud die Großmama ein, sie zu sehen, und dann folgte auch noch eine Einladung zur Konfirmation der beiden ältesten Söhne.

Am dreißigsten Juli des Jahres starb Bismarck. Onkel Willie befand sich auf einer Sommerreise mit der kaiserlichen Yacht Hohenzollern in Norwegen. Meinen Onkel erreichte das Telegramm vom Ableben Bismarcks einen Tag später, er übersandte aber umgehend ein Beileidstelegramm an Bismarcks Sohn Herbert.
Obwohl mein Onkel und Bismarck nicht im Guten auseinandergegangen waren, sah er in ihm immer noch den größten Sohn Deutschlands, wie er es nannte, gleichzeitig war Bismarck ein sehr guter Freund von Kaiser Wilhelm I. gewesen. Mein Onkel bestand also auf einer pompösen Beisetzung Bismarcks in der Hohenzollerngruft im Berliner Dom. Er verwies darauf, dass dem Dahingeschiedenen jeder Dank Deutschlands gebühre. Mein Onkel ging sogar so weit, den Bildhauer Reinhold Begas zu beauftragen, um einen standesgemäßen Sarkophag für Bismarck zu entwerfen, und August zu Eulenburg, ein Minister des königlichen Hauses, sollte die Beerdigungsfeier in Berlin wie ein nationales Fest gestalten. Onkel Willie brach umgehend seine Reise ab, reiste nach Friedrichsruh. Aber Bismarck hatte bereits im Jahre 1896

in seinem Testament verfügt, dass er auf seinem Landsitz Friedrichsruh bei Hamburg beerdigt werden wollte. Die Familie respektierte diesen Wunsch und mein Onkel wollte nun wenigstens noch am offenen Sarg Abschied nehmen, er und Dona erreichten zwar den Landsitz am ersten August, doch der Sarg war bereits verlötet.
Die Beisetzung erfolgte im Familienkreis, aber achteinhalb Monate später fand nochmals eine große Trauerfeier auf dem Landsitz statt, wobei auch Onkel Willie zugegen war.

Großmama nahm nicht an der Beerdigung teil, sie wollte stattdessen lieber ihre Papiere neu ordnen, vor allem Briefe, aus denen hervorging, wie sehr sie und ihr Ehemann Bismarck verabscheut hatten. Sie gab auch Anweisungen, was mit den Papieren nach ihrem Tod geschehen solle, sodass sie niemals in die Hände der Öffentlichkeit gelangen konnten. Onkel Willie folgte ihrem Beispiel nicht. Er fand es sogar übertrieben, denn Bismarck hatte durchaus etwas für Deutschland geleistet und Kritik hatte er stets nicht geduldet.
Onkel Willie war aber mehr verstört über die Tatsache, dass die Großmama ihrer Mutter in England in einem Brief von einem geheimen Abkommen zwischen Deutschland und Russland aus dem Jahre 1887 erzählte, welches noch Bismarck mit dem russischen Außenminister Nikolay Girs geschlossen habe. Nur eine Handvoll Offizielle in Berlin und St. Petersburg wussten davon. Der Vertrag sicherte beide Parteien dahingehend ab, dass man sich neutral verhielte, sollte eine dritte Macht Deutschland oder Russland angreifen. Dies beinhaltete aber nicht einen eventuellen Angriff von Seiten Deutschlands gegen Frankreich oder von Seiten Russlands gegen Österreich-Ungarn. Genau genommen griff der Vertrag erst, wenn Frankreich oder Österreich-Ungarn der Aggressor war.
Der Vertrag hatte bis 1890 Bestand, wurde dann aber auf Anraten von Onkel Willies Ministern nicht erneuert, da er Russland auch viele Vorteile zusicherte, wie etwa Deutschlands Protektion, mehr Einfluss in Bulgarien oder die Nutzung des Schwarzen Meeres für militärische Zwecke. Auch das Auslaufen des Vertrages und dessen Ende waren streng geheim sowie die Tatsache, dass Russland, als Deutschland es nicht mehr schützen wollte, sich einen neuen Verbündeten in Frankreich suchte.

Bismarcks Sohn Herbert hatte verbreitet, dass Großmama dazu neigte, auch politische Dinge mit ihrer Mutter brieflich anzusprechen, und so gab er auch weiter, wie sich Großmama nicht gescheute hatte, alles über den geheimen Vertrag auszuplaudern. Auch wenn es keine wirklichen Beweise dafür gab, dass meine Großmama so etwas gegenüber ihrer Mutter ansprach, war die Vermutung nun eben Fakt. Herbert von Bismarck allerdings liebte es, Gerüchte über die Großmama zu streuen, und meist erwiesen sich diese als Lügen, aber Onkel Willie zeigte sich immer offen für solche Gerüchte, die seine Mutter betrafen. Meist schenkte er ihnen durchaus Glauben.

Drei Wochen nach Bismarcks Tod hatte die Großmama einen schweren Reitunfall, den sie nur mit viel Glück heil überstand. Sie ritt mit Mossy und der Gattin von Baron Reischach aus, wobei sie einen dampfbetriebenen Drescher passieren mussten. Ihr Stallbursche stieg ab, wollte das Pferd, auf dem sie saß und welches scheute, an der Maschine entlangführen, aber es bockte, warf sie ab und die Großmama landete unter seinen Hufen. Der Knauf des Sattels verfing sich in ihrem Umhang und dies war ihr Glück, denn er fing so den Sturz ab. Das Pferd traf aber mit einem Huf ihre rechte Hand und dies sollte ihr sehr lange Schmerzen verursachen. Tapfer, wie sie aber war, ging sie zu Fuß zurück zum Schloss und sagte, man möge keinen Wirbel darum machen. Es war ihr Lieblingspferd und so verzieh sie dem Tier, wollte es in ein oder zwei Tagen wieder reiten.
Als wir von dem Unfall hörten, waren wir aber alle sehr erleichtert, dass es nicht schlimmer ausgegangen war, denn ihr Kopf hätte von den Hufen des Pferdes getroffen werden können. Mich versetzten solche Nachrichten immer sehr in Angst, denn ich liebte die Großmama abgöttisch und ich konnte nicht ahnen, was noch geschehen würde.
Sie reiste nach England und ich bereitete mich auf meine Hochzeit vor. Im Februar diesen Jahres waren wir bereits bei der Urgroßmama in Osborne zu Gast gewesen und sie zeigte sich überaus interessiert für meine Hochzeit, denn sie wusste nicht, ob sie nochmals die Hochzeit eines ihrer Enkelkinder erleben und daran teilnehmen werde. Ich wusste, dass sie mich ebenso sehr liebte wie meine Großmama und sie ebenso viel Mitleid für mich empfand, die ich kein wirkliches Familienleben hatte kennenlernen dürfen.

Die Großmama auf Schloss Friedrichshof

Am ersten August verstarb mein Schwiegervater auf Schloss Neuhof. Er hatte sich sehr auf unsere Hochzeit gefreut, aber es war ihm nicht mehr vergönnt gewesen, diese zu erleben. Meine Schwiegermutter gestattete uns, auch während der Trauerzeit zu heiraten, da es ihren Gemahl sehr gefreut hatte, dass sein Sohn endlich eine Braut gefunden hatte. Ich kannte meinen Schwiegervater noch nicht lange oder gut genug, um sehr um ihn zu trauern. Aber ich stand meinem Gemahl natürlich in seiner Trauer um den Vater bei.

Meine Schwiegermama

So wurde unser Hochzeitstermin auf den vierundzwanzigsten September in Breslau festgelegt. Vorher gab es natürlich Gerüchte, dass die Hochzeit nicht verschoben worden sei, sondern gar nicht stattfinde, weil mein zukünftiger Gemahl es doch ablehnte, mich zu ehelichen. Es hieß in der Berliner Gesellschaft, es liege auch gar an mir, da ich ebenso wankelmütig wie meine Mutter sei und mich gegen eine Heirat entschlossen habe. Zudem sei eine lange Verlobungszeit für eine junge Dame mit meinem Temperament und besonderem Charakter eher ein Fehler. Dieses ganze Gerede war Unsinn, zudem ich nicht so wie meine Mutter war, und es ärgerte mich vielmehr, welche dummen

Gerüchte in Berlin kursierten.
Meine Hochzeit in Breslau war ein großes Ereignis. Unter den Gästen befanden sich natürlich meine Eltern, die Schwiegermama, Großmama, Moretta und ihr Ehemann Adolf zu Schaumburg-Lippe, Ernie und Ducky aus Hessen, Tante Irene, young Affie aus Coburg, König Albert von Sachsen, König Wilhelm II. von Württemberg, Prinz Nikolaus von Württemberg, ein Freund Papas aus dem Militär.
Es machte mich sehr traurig, dass die Urgroßmama aus England ihre Anreise aufgrund ihrer nunmehr fast achtzig Jahre absagen musste. Sie schickte daher ihren Sohn Arthur, Herzog von Connaught, und den britischen Botschafter in Berlin, Sir Frank Lascelles.
Onkel Willie nahm nicht an meiner Hochzeit teil. Er befand sich in der Nähe, um jagen zu gehen und an militärischen Paraden teilzunehmen. Mit dieser Absenz machte er nur allzu deutlich, dass er Mama die Skandale um die Briefe und das Tagebuch nicht verzieh. Es hieß später, er habe kommen wollen, aber Dona habe ihn von der Teilnahme an den Feierlichkeiten abgehalten, und man vermutete, er fürchtete ihr eventuell brüskierendes Verhalten gegenüber meiner Mutter auf der Feier. Daher entschied er sich nicht anzureisen, ebenso wie auch Dona darauf verzichtete.
Dona war immer noch tief verletzt über die Skandale und vor allem darüber, wie Mama hinter ihrem Rücken redete, sich lustig über sie machte in aller Öffentlichkeit. Am Berliner Hof sagte Dona, sie könne nicht verzeihen, wie sich Mama auch gegenüber der Großmama benahm, die Dona ja auch nicht wirklich schätzte, und gegenüber den Geschwistern Onkel Willies, Onkel Willie und ihrer selbst.
Dennoch schenkten uns Dona und Onkel Willie ein sehr hübsches siebenundzwanzigteiliges Geschirr, welches sie uns nach Breslau übersenden ließen.
Urgroßmama aus England ließ uns einen wunderschönen indischen Schal für mich überbringen sowie ein edles silbernes Teeservice. Dazu hatte sie eigens für uns in Breslau die Anfertigung einer Jardinière, einer Blumenvase aus Silber, in Auftrag gegeben. Ich freute mich sehr über diese wundervollen Geschenke von ihr, obwohl ich mich auf ihre Anwesenheit bei der Hochzeit sehr gefreut hatte. Aber ich verstand natürlich, dass sie in ihrem Alter nicht mehr eine solch anstrengende Reise auf sich nehmen wollte.

Am dreiundzwanzigsten September gab es abends extra für uns eine Gala Aufführung in der Oper, dann folgte eine von meinen Eltern ausgerichtete Gesellschaft. Zu beiden Veranstaltungen waren selbstverständlich alle Gäste geladen, ebenso wie die Offiziere der Garnison.
Der feierliche Gottesdienst fand am folgenden Tag in der Lutherischen Kirche in Breslau statt. Er wurde geleitet von Dr. von Heim, dem Minister des Herzogtums Sachsen-Meiningen.
Ich trug ein wunderschönes weißes Satinkleid mit Spitze und mit Myrte, Orangenblüten sowie italienischer Spitze besetzt. Meine Mutter lieh mir ihren Brautschleier und ich trug die kleinen Diamanten aus Großmutters Besitz ins Haar eingeflochten.

Eine Postkarte, erschienen zu unserer Vermählung

Haz und ich an unserem Hochzeitstag

Ich an unserem Hochzeitstag als Braut

Nach der Zeremonie fand ein Mittagessen mit hundertachtzig Gästen und mehreren Gängen statt.
Anschließend gab es noch einige kleine, kurze Feierlichkeiten, aber es gab keinen Fackeltanz und die Feier endete am frühen Nachmittag. Um fünfzehn Uhr dreißig verabschiedeten wir uns von unseren Gästen und fuhren nach Schloss Neuhof, welches von nun an unser Zuhause sein sollte. Es ging nun, mit unsere Heirat, in den alleinigen Besitz meines Gemahls über.
Es war eine wunderschöne Feier und die Großmama sagte mir, sie fühle sich mehr wie meine Mutter und sei froh, mich so gelöst zu erleben, als würde ich nur zu einem Spaziergang hinausgehen oder zu einer Ausfahrt aufbrechen, denn es flossen keine Tränen des Abschieds gegenüber meinen Eltern. Ich weinte nur kurz in Großmamas Armen, aber wusste, dass ich sie jederzeit im Taunus besuchen konnte. Meine Eltern verabschiedeten mich kühl und distanziert. Es störte mich aber nicht, denn ich wusste, wie sie beide waren. Ebenso vermisste ich auf meiner Feier weder Onkel Willie noch Dona. Ich war einfach nur sehr glücklich, endlich auf eigenen Beine zu stehen, mit dem Mann, den ich liebte an meiner Seite, und ein eigenständiges Leben führen zu können.

Sogar in einem Journal wurde über unsere Hochzeit berichtet. Auf dieser Fotografie sieht man uns beim Verlassen der Kirche nach der Trauung

Eine weitere Postkarte, veröffentlicht anlässlich unserer Hochzeit

Einige Wochen nach unserer Hochzeit konnte man in dem britischen Journal Truth lesen, dass sich die Familienverhältnisse durch die Abwesenheit meines Onkels bei meiner Hochzeit innerhalb der Hohenzollern verschlechtert hätten. Das Journal zierte sich nicht, auch schwierige Themen anzuschneiden, druckte vieles, was sich andere Zeitungen nicht trauten, und die Artikel wurden dann auch in einigen britischen und deutschen Zeitungen zitiert. Es war nicht so unbekannt, dass Onkel Willie sich nicht mit meinen Eltern verstand. Aber es hatte auch viele Gäste auf der Feier durchaus irritiert, dass er mit Abwesenheit glänzte. Immerhin war ich seine Nichte. Ich erfuhr, dass auch Urgroßmama versucht hatte einzulenken, an meinen Onkel schrieb, aber er betonte ihr gegenüber nur, er werde seine Meinung nicht ändern und ferner wünsche er auch keinerlei Einmischung in seine Angelegenheiten und die seiner Familie. Onkel Willie hielt wirklich nicht viel von Familienbanden, abgesehen von seiner eigenen mit Dona. Manchmal stritt er sich mit seiner Schwester Sophie um Nichtigkeiten, mit Onkel Heinrich oder mit Mama. Wenn die Sprache auf Großmama oder mich kam, war er uns beiden generell abgeneigt.

Unser Heim, Schloss Neuhof

Kurz nach unseren Flitterwochen musste Haz sich wieder seinen militärischen Pflichten widmen und ich widmete mich dem gesellschaftlichen Leben, hatte durch Großmama schon einige Interessen erworben. So hatte sie mich für die Kunst begeistert. Also wurde ich Mitglied eines Lesezirkels für Damen, besuchte in schöner Regelmäßigkeit die Oper und das Theater in Berlin. Wenn Haz Zeit hatte, begleitete er mich. Aber ich konnte mich auch gut selbst beschäftigen.

Für Schloss Neuhof kauften wir uns noch einige schöne Pferde, ritten gerne gemeinsam aus.

Ich fand immer eine Beschäftigung, brauchte aber keine ständigen Gesellschaften wie Mama, sondern liebte es auch, mit meiner Schwiegermama Zeit zu verbringen, da wir uns sehr gut verstanden, oder ich richtete unser Heim gemütlich ein, wobei ich schon einmal ein Zimmer für ein Baby einrichtete, nachdem ich mich so sehr sehnte.

Ich besuchte auch meine Eltern, aber es waren keine schönen Besuche, denn sie beide zeigten sich sehr ablehnend mir gegenüber und auch meinem Gemahl. Manchmal kam es mir so vor, als würden sie meine oder unsere Besuche einfach nur stören.

Selbst Großmama bemerkte, wie wenig Mama meinen Ehemann leiden konnte, und sie wandte ein, es sei mehr als bedauerlich, denn diese habe nur den einen Schwiegersohn.

Mama zeigte nur gerne allzu offen, wie wenig Sympathie sie gegenüber Haz hatte, der sich immer freundlich und nett verhielt, sich wahrlich bemühte.

Es gab einen Artikel in einem Journal über mich, in dem es darum ging, dass sich das Radfahren zunehmend gesellschaftlich etablierte, besonders unter Frauen, und auch ich mit meinen Eltern gemeinsam diesem Sport gerne nachginge.

Mama hatte das Radfahren in einem Velodrom in Breslau für sich entdeckt und konnte auch Papa und mich dafür begeistern.

Als Dona erfuhr, dass Mama das Radfahren als ihre neue Leidenschaft entdeckt hatte, musste sie natürlich sofort intervenieren, denn sie fand es als so gar keine sportliche Betätigung für eine Dame und tat dies in einem Schreiben an Mama kund. Man glaubte damals noch, es könne sich für Frauen negativ auf die Empfängnis auswirken, wenn sie breitbeinig auf dem Sattel des Drahtesels saßen.

Haz, fesch in Uniform, 1890er Jahre

Es war auch nicht leicht für eine Dame, Rad zu fahren, denn die langen Röcke störten natürlich erheblich und es kam auch zu Unfällen, da sich diese in den Speichen verfingen. Meine Mutter bevorzugte Hosen zum Radfahren, wie auf dem Bild in dem Journal oben links zu sehen ist. Diese nannte man Knickerbocker und sie wurden eigentlich von Herren zum Radfahren oder Wandern getragen, wurden aber auch von der Damenwelt bevorzugt, wenn man sich dem Radsport widmen wollte.

Die Radlerin

Internationales Sportblatt der radfahrenden Damen.

Schweizer Touring-Club.

Goldene Medaille München 1897.

Einziges offizielles Organ der Damen des „Deutschen Radfahrer-Bund", „Oesterr. Touring-Club", „Touring-Club Suisse", „Pommersch. R. F.-Verband", „Tiroler R. F.-Verband", „Steirisch. R. F.-Gauverband", „Kärntner R. F.-Gauverband", und zahlreicher Radfahr-Vereine u. Clubs.

Redaktion u. Expedition: Berlin W., Derfflingerstr. 16.

No. 1. III. Jahrgang. Berlin W. und Wien, den 15. Oktober 1898. Preis der Nummer 50 Pfg.

Prinzessin Heinrich XXX. Reuss.

Weit über Breslaus Mauern hinaus erklang in den letzten Septembertagen die Kunde von einer fürstlichen Hochzeit. Die liebliche Braut, deren wohlgetroffenes Bild wir nach einer aus jüngster Zeit stammenden Aufnahme aus dem Atelier des K. u. K. Hof- und Kammer-Photographen Carl Pietzner, Wien, nebenstehend bringen, war Prinzessin Feodora von Sachsen-Meiningen, der glückliche Bräutigam Prinz Heinrich XXX. von Reuss. — Die Eltern der Braut, Erbprinz und Erbprinzessin von Meiningen, befinden sich seit einigen Jahren in Breslau, woselbst der Erbprinz die Stellung eines Korps-Kommandeurs bekleidet.

Die Hochzeit fand im Beisein vieler Fürstlichkeiten — u. a. der Kaiserin Friedrich, des Königs von Sachsen — und vieler hoher Gäste statt und gab dem Breslauer Publikum reichlich Gelegenheit, zu bewundern und seine Sympathien kund zu geben, denn der überaus stattliche Hochzeitszug bewegte sich durch viele Strassen zu der weit hinausliegenden neuen Lutherkirche, und die höchsten Herrschaften fuhren in offenen Wagen.

Prinzessin Heinrich XXX. Reuss j. L.

Nach einer Photographie aus dem Atelier des K. u. K. Hof- und Kammer-Photographen Carl Pietzner, Wien.

Für Anhängerinnen des Radsports bietet die Persönlichkeit der neunzehnjährigen Prinzessin Feodora insofern erhöhtes Interesse, als dieselbe ebenfalls dem Radsport huldigt. Die Mutter Prinzessin Feodora's, Ihre Kgl. Hoheit Charlotte, Erbprinzessin von Meiningen, hatte im Noak'schen Velodrom zu Breslau zugleich mit einem Teil ihres Hofstaates das Radfahren erlernt. Als heuer die erbprinzliche Familie nach Erdmannsdorf im Riesengebirge übersiedelt war, wurden alsbald Herr und Frau Noak nach Erdmannsdorf berufen, woselbst in dem schönen Parke Erbprinzessin Charlotte ihre Radfahrübungen fortsetzte und der Erbprinz von Meiningen sowie die Tochter des hohen Paares, Prinzessin Feodora, sich in der Kunst des Radfahrens unterrichten liessen. Als später Prinz Reuss als Bräutigam Prinzessin Feodora's wiederholt auf Schloss Erdmannsdorf zu Besuch

2 DIE RADLERIN.

weilte, nahm derselbe als geübter Radfahrer häufig an den Radausflügen teil, welche Prinzessin Feodora, die bald eine gewandte Radlerin geworden, gemeinsam mit ihren hohen Eltern veranstaltet hatte.

Voraussichtlich wird die junge Frau in steter Begleitung ihres Gatten sich dem schönen Sport auch fernerhin fleissig widmen.

Die Wünsche zu einer „glücklichen Fahrt" in zweifacher Beziehung folgen der nunmehr aus Breslau geschiedenen Prinzessin herzlich nach.

Donas Schreiben prallte an meinen Eltern ab. Ich glaube, es imponierte meinem Vater, wie sehr Mama sich gerne jeglicher neuen Erfindung ohne Scheu widmete und niemals abgeneigt war, etwas auszuprobieren. Sie schämte sich nicht, wenn man sie in Hosen auf dem Fahrrad sah, und eher war es für meine Eltern unerträglich, dass sich Onkel Willie und Dona einfach nicht aus ihrem Leben heraushalten konnten.
Mein Vater sah auch keinen Grund aufgrund einer möglichen Förderung seiner militärischen Karriere durch Onkel Willie, eine Einmischung weiterhin hinzunehmen.

Wenn Mama gute Laune hatte, pflegte sie mich Babes zu nennen. Aber dies geschah nur selten, weil sie oftmals nicht guter Stimmung war.
Als wir einmal bei meinen Eltern zu Besuch waren, entstand aus einer Nichtigkeit heraus ein Streit zwischen Mama und Haz, bei dem sie ihn auf der Straße, also in aller Öffentlichkeit, ohrfeigte. Ich hatte nicht mitbekommen, worum es ging, und fand es nur überaus anmaßend von ihr, meinen Ehemann anzurühren. Es reichte schon, wenn sie laut wurde, aber mit der Ohrfeige überschritt sie eindeutig eine Grenze. Doch mein Vater stellte sich hinter sie, wie immer, Haz konnte nicht auf eine Entschuldigung ihrerseits hoffen und so sagte er mir, ich solle mich beruhigen, er müsse dies auch tun, sonst würde er handgreiflich gegenüber Mama werden. Dies entsprach aber überhaupt nicht seinem Charakter und daher würde es besser sein zu gehen. Ich verstand meinen Ehemann, aber er weigerte sich auch hinterher, mir den Grund des Streits zu sagen. Stattdessen fragte er mich, wie ich das all die Jahre mit dieser Mutter habe aushalten können, und ich merkte an, sie sei fast nie anwesend gewesen, dies habe vieles erleichtert. Darüber musste er lächeln, ebenso wie ich, obwohl ich erst jetzt begriff, was sie wirklich in mir sah - eine reine Bürde, die nun endlich ihr Haus verlassen hatte, und sie musste sich nicht mehr kümmern oder Vorwürfe anhören, wie sehr sie ihr Kind vernachlässige.
Andererseits entstanden viele Stimmungsschwankungen bei Mama auch durch ihre diversen gesundheitlichen Leiden. Sie litt immer noch unter rheumatischen Beschwerden, hatte dann geschwollene Knie, ihre Gelenke schmerzten. Dann plagten sie schwere Kopfschmerzen, Schlaflosigkeit und eine Störung in der Blutbildung, die zu Anämie

führte. Hinzu kamen von Zeit zu Zeit nervöse Zusammenbrüche und so war sie froh, als sie wieder den Winter in Cannes verbringen konnte.
Ihr Leibarzt, Professor Ernst Schweninger, vermutete bei ihr durch all ihre Leiden eine sekundäre Unfruchtbarkeit, sodass es ihr gar nicht möglich gewesen wäre, ein zweites Kind zu bekommen. Während solch ein ärztlicher Verdacht für andere Frauen eine sehr traurige Gewissheit gewesen wäre, begrüßte Mama diesen.

Es störte sie auch nicht mehr, ob Onkel Willie und Dona ihre Abneigung gegenüber Frankreich deutlich machten, wenn Mama nach Cannes reisen wollte. Ihr Leibarzt verwies auf ihre Gesundheit und man ließ sie ziehen. Vielleicht war man auch froh, wenn sie dort verweilte und in ihrer Abwesenheit keine Unruhe in der Heimat stiften konnte.

Meine Mutter machte aber dennoch durch Schlagzeilen auf sich aufmerksam, da man sie in Cannes, genauer in Laforêt, wo die Villa lag, bald sehr gut kannte, denn sie fuhr in einem der neuartigen Automobile herum, welches sie Angel taufte. Anstatt einen Chauffeur zu engagieren, brauste sie also selbst durch die Straßen. Zudem war sie ein gern gesehener Gast an der Riviera und man freute sich auch sehr über eine Einladung zu ihren Gesellschaften.

Sie blühte dort regelrecht auf, doch weder sie noch ihre Ärzte ahnten, dass zu viel Sonne auch nicht gut war für ihre Gesundheit.

Bei Hofe wusste man, dass Papa sehr unterwürfig gegenüber meine Mutter war. Sie war der dominante Part und gab den Ton an, während mein Vater sich stets fügte, auch gerne ihre Meinung übernahm. Ob er dies zumeist tat, um Streit zu vermeiden, kann ich nicht mit Gewissheit sagen, aber anzunehmen wäre es.
Man sagte meiner Mutter viele Affären nach und sie galt als untreu. Allerdings beruhten diese Affären überwiegend auf Gerüchten, denn viele Männer bei Hofe sahen darin ein Zeichen der Ehre, wenn sie von sich als Liebschaft der Schwester des Kaisers reden machten. Daher denke ich, sie hatte eher viele Flirts, aber keine ernstzunehmende Affäre.

Nach ihrem Reitunfall hatte die Großmama eine eingehende

Untersuchung durch ihren Leibarzt. Er stellte dabei fest, dass sie an Brustkrebs litt. Der Krebs hatte sich schon zu sehr ausgebreitet und man konnte sie nicht mehr operieren. Sie hatte so eine immense Selbstkontrolle, dass sie die Diagnose zwar zur Kenntnis nahm, aber es niemandem aus der Familie sagen wollte.

Als sie in England weilte, überwand sie sich und erzählte es dann der Urgroßmama. Gleichzeitig bat sie diese, als sie aus Osborne abreiste, niemanden davon in Kenntnis zu setzen. Da Beatrice auch anwesend war, bekam sie es mit, musste der Großmama aber auch ihr Wort geben, es für sich zu behalten.

Sie reiste dann weiter nach Sandringham, dort erfuhr es ihr Bruder Bertie.

Von jeher eine starke Frau, fürchtete sie, man würde ihre Erkrankung in Deutschland vielleicht nicht ernst nehmen, vielleicht sogar meinen, sie wolle sich wieder nur wichtigmachen. Und so begab sie sich auch zu Freunden nach Edinburgh, denen sie eigentlich auch nichts sagen wollte, aber dort überkam sie plötzlich ein Schwindel, sie konnte nicht mehr klar sehen, und anstatt auf einem Stuhl Platz zu nehmen, fiel sie daneben auf den Boden. Dennoch erklärte sie den Freunden, sie leide schon lange unter diesen Schwindelattacken und diese würden kommen und gehen. Es sei eventuell eine Folge der Migräne und Neuralgien. Ein oder zwei Tage Ruhe und alles sei wieder in Ordnung.

Großmama reiste also weiter nach Italien, um sich in Bordighera, nahe der italienischen Riviera, zu erholen. Bertie stellte ihr für die Reise seinen privaten Zugwaggon zur Verfügung und die Urgroßmama ließ ihr noch einmal versichern, dass sie, als ihre Mutter, jederzeit für ihr Kind da sein werde.

Großmama blieb bis zum Mai des Jahres 1899 in Italien. Sie liebte den Ort, da es dort ruhiger zuging als in Cannes oder Nizza, weniger Touristen dort weilten.

Aber sie besuchte die Großmama, als diese sich in Cimiez nahe Nizza befand, da ihr das milde und warme Klima dort gegen ihre rheumatischen Beschwerden half. Dort traf man sich mit Alix, Berties Gemahlin, Bertie und verbrachte schöne Tage zusammen in einem sehr modernen und luxuriösen Hotel, in dem die Urgroßmama jedes Mal wohnte.

Großmama bevorzugte aber danach wieder ihre einfache, kleine

Pension in Bordighera, die Wälder und Berge rund um den kleinen Ort. Auch lag der Ort nahe dem Meer und sie unternahm gerne kleine Spaziergänge am Strand.
Die Hofdame Urgroßmamas, Marie Mallet, meinte, die Großmama habe frisch ausgesehen, leicht gebräunt und robust wie eh und je. Der Augenschein trog, aber selbst als Großmama nach Friedrichshof zurückkehrte, täuschte ihre äußerlich gute Verfassung ihren Hofmarschall Baron Reischach. Sie fragte ihn, ob er mit ihr einen kleinen Spaziergang im Park machen würde, und bat ihn um höchste Verschwiegenheit, bevor sie ihn bezüglich ihrer Erkrankung ins Vertrauen zog. Wir hörten erst viel später von ihm, dass er in Tränen ausgebrochen war, als sie ihm alles offenbarte. Und sie sagte ihm, es gebe keinen Grund zu weinen. Sie habe ihr ganzes Leben jede Erkrankung und jedes Leiden erfolgreich bekämpft, habe einen gestählten Körper. Es liege nicht in ihrer Natur aufzugeben, stattdessen werde sie kämpfen wie immer, denn sie wolle noch zehn Jahre leben, ihre Kinder weiterhin im Leben begleiten und ihre Enkelkinder aufwachsen sehen.
Daher wolle sie auch ihre Kinder nicht in Kenntnis setzen, denn sie forderte kein Bedauern ein von denen, die dies zeigen würden, sondern zog den Baron nur ins Vertrauen, weil sie sich etwas aus dem öffentlichen Leben zurückziehen wollte und auf ihren weiteren Reisen nun einen Arzt mitzunehmen gedächte.
Der Baron verstand, aber wollte wissen, ob sie wirklich bezüglich der Diagnose ganz sicher sei, und sie meinte, in England habe sie sich noch Untersuchungen durch Fachärzte unterzogen. Diese hätten die Diagnose bestätigt.
Reischach traute den Ärzten in England nicht und bat sie, doch noch einen deutschen Arzt zu konsultieren und es dann ihren Kindern zu sagen, wenn er die Diagnose bestätigte. So willigte sie ein, Professor Dr. Renvers zu sehen, der von Berlin anreiste. Rudolf von Renvers war der Direktor des Krankenhauses in Moabit und war besonders bewandert auf dem Gebiet der Gelenktuberkulose, genoss auch generell einen sehr guten Ruf. Er untersuchte die Großmama am nächsten Morgen und kam zur gleichen Diagnose. Ferner merkte er an, dass sie es alles mit einer kleinen Operation hätte überstehen können, wenn man es sechs Monate eher festgestellt hätte, aber nun habe der Krebs bereits zu sehr gestreut.

Für den Baron war es schmerzlich, wie sie sich alles von dem Professor geduldig und ruhig anhörte. Sie hatte ihren Gemahl an Krebs sterben sehen und wusste, was ihr bevorstehen könnte.
Da sie ihr Versprechen gegenüber dem Baron gegeben hatte, erzählte sie es einige Wochen nach der Untersuchung Onkel Willie, als er zu einem Besuch in Kronberg war, sowie all ihren anderen Kindern, bis auf Mama. Sie wusste, dass meine Mutter es sofort überall ausplaudern würde, da man ihr nicht vertrauen konnte.
Großmama wollte ihre Erkrankung unter absoluter Geheimhaltung halten, denn sie wusste, wie indiskret die Berliner Gesellschaft war und ebenso war ihr bekannt, dass man sie dort nicht sehr schätzte. Es wuchs in ihr die Befürchtung, man könne sich an ihrem Schicksal erfreuen, eventuell sogar über ihr baldiges Ableben spekulieren.
Da sie Mama in Unkenntnis über ihren Zustand ließ, erfuhr auch ich nichts davon.

Im Frühjahr des Jahres 1899 verschlechterte sich ihr gesundheitlicher Zustand. Ein sicheres Zeichen dafür, dass es ihr nicht gut ging, war die Tatsache, dass sie im Mai nicht nach England reiste, um bei dem achtzigsten Geburtstag der Urgroßmama anwesend zu sein. Sie wurde von einer ständigen Erschöpfung geplagt und war sehr niedergeschlagen, weil sie bei den Feierlichkeiten nicht zugegen sein konnte.
Sossy, die über den Zustand Großmamas eingeweiht war, reiste im Juni an und blieb den Sommer über mit ihren Kindern in Friedrichshof. Sie hatte mittlerweile drei Kinder - Georg war der Älteste, ihm folgten Alexander und die kleine Helena. Sossy war so beunruhigt über die ganze Situation, dass es sie danach verlangte, viel Zeit mit ihrer Mutter zu verbringen, und diese sollte Ablenkung durch Gesellschaft, auch durch die Enkelkinder, finden.
Mossy, die glücklicherweise in der Nähe der Großmama lebte, nahm sich auch stets die Zeit, diese mit ihren Kindern zu besuchen. Sie hatte vier Kinder. Friedrich, Maximilian und die Zwillinge Philipp und Wolfgang.
Man freute sich natürlich auch, sich als Schwestern wiederzusehen, doch Sossy reiste mit einem unguten Gefühl zurück nach Athen, denn der Großmama ging es zusehends schlechter.
Im August lag sie eine Woche im Bett, weil sie zu schwach war

aufzustehen, und konnte so Bertie nicht bei seiner alljährlichen Kur in Bad Homburg treffen. Mittlerweile litt sie an starken Schmerzen und musste medikamentös behandelt werden, um diese zu lindern.
Zu Beginn des Oktobers plagten sie grauenvolle Ischias-Schmerzen, die dazu führten, dass sie sich zeitweise kaum noch bewegen konnte. Die Ärzte schoben dieses Leiden auf die Metastasen, die sich in ihrem Rückenmark ausbreiteten. Man verabreichte ihr warmen Sand in kleinen Beuteln, die man auf den Rücken legte. Professor Dr. Renvers behandelte sie weiterhin, kam oft zu Untersuchungen nach Friedrichshof und zeigte sich etwas erleichtert darüber, dass sie noch Gefühl in den Beinen und dem Rücken verspürte, auch wenn sie unter den starken und konstanten Schmerzen litt.
Da Sossy, Mossy und Moretta sie innigst darum baten, überwand sich die Großmama schließlich und erzählte Mama, als diese auf Schloss Friedrichshof zu Besuch war, dass sie an Krebs leide und die Ärzte keine Hoffnung mehr hätten. Man konnte ihr Leiden nur noch mit Schmerzmitteln lindern. Sie bat meine Mutter inständig, aus besagten Gründen alles für sich zu behalten, und diese gab ihr ihr Wort, auch wenn es eigentlich nichts galt. Mama hielt für ihre Verhältnisse lange durch, einige Monate sogar, aber dann platzte es auch ihr irgendwann heraus. Ich weiß nicht, wem gegenüber, aber im Spätsommer des Jahres 1900 wurde Großmamas Erkrankung dann doch in der Berliner Gesellschaft bekannt.
Meine Mutter war im Grunde ihres Herzens keine bösartige Person, aber sie hatte einfach ein Problem damit, ein Geheimnis für sich zu behalten. Vielleicht reizte es sie auch einfach, wenn jemand etwas erzählte, was schon irgendwie besonders war, die betreffende Person mit einer noch größeren Neuigkeit zu fesseln, ihre Aufmerksamkeit zu genießen. Und zumeist waren die Damen, mit denen sie sich umgab, ebensolche klatschsüchtigen Personen wie sie.
„Mein Gemahl hat gehört, dass Herr XY Männern nicht abgeneigt sei. Sie wissen schon, was ich meine“, begann beispielweise einmal eine ihrer Freundinnen.
„Ach, wirklich? Das habe ich geahnt und schon immer zu X und Y gesagt. Man hört ja auch so einiges. Aber Frau XY, die soll sich bei ihrem Gemahl mit Syphilis angesteckt haben.“
So ähnlich lief das ab, wenn Mama tratschte. Beim Tee oder einer

anderen Gesellschaft ließ sie diese Sachen fallen. Es war einfach ihre Natur. Sie sprach und dachte erst später über ihre Worte nach. Und obwohl sie stets und ständig damit das Vertrauen anderer Menschen missbrauchte, verzieh man ihr wieder und wieder. Ebenso die Großmama.
Zudem Mama, sobald sie von der Erkrankung und dem Zustand ihrer Mutter wusste, sich wirklich um sie kümmerte, oft nach Kronberg reiste, um an ihrer Seite zu sein. Hierbei bewies sie plötzlich, auch viel Mitgefühl zu haben.
Sie wusste, wie sehr ich an Großmama hing, und da sie es mir erzählte, brach ich sofort in Tränen aus. Der Gedanke, diese Frau zu verlieren, die mir immer wie eine Mutter gewesen war, legte sich schwer auf mein Herz.
„Nein, Mama!“, sagte ich, „Hat sie wirklich alle Ärzte kontaktiert, die Fachwissen haben? Es gibt sicher irgendeinen Weg, eine neue Therapie vielleicht.“
Ich konnte nicht aufhören zu schluchzen und seltsamerweise setzte sich Mama zu mir auf das Sofa, auf dem ich saß, nahm mich in die Arme, strich mir über das Haar.
„Nein, Babes, sie hat alles versucht. Man kann ihr nun nur noch ihre letzte Lebenszeit so schön wie möglich machen. Oder sagen wir lieber angenehm. Wir werden versuchen, für sie da zu sein, das ist jetzt das Wichtigste.“
Ihre Stimme war so sanft, so liebevoll und es war das erste Mal, dass ich auch Tränen in ihren Augen schimmern sah. Sie hatte nicht geweint, als der Großpapa beerdigt wurde, und ihre Trauer vielleicht im stillen Kämmerlein mit sich selbst ausgetragen, wie man so sagt, aber nun zeigte sie mir eine Seite von sich, die ich nicht kannte. Meine Mutter zeigte Emotionen.
„Mama … “, begann ich, doch meine Stimme versagte, ich schnäuzte mich, lehnte meinen Kopf an ihre Wange.
„Ich weiß, ich weiß. Manchmal müssen wir Dinge im Leben einfach akzeptieren. Auch wenn dies schwerfällt. Leider ist das so. Und deine Großmama ist eine sehr starke Frau, aber ich denke, es ist nun schlimmer für sie, dass ihre Stärke dahinschwindet. Sie mag es nicht, abhängig von anderen zu sein, aber so wird es kommen. Zeige ihr nicht, wie traurig du bist, wenn du sie besuchst. Weine nicht vor ihr. Ich weiß,

dass sie das nicht möchte. Sei tapfer um ihretwillen. Wir werden einfach so tun, als sei alles normal“, sagte sie und musste sich auch schnäuzen, „Es baut niemanden auf, wenn alle Trauer zeigen, nur weinen. Und sie weiß, wie sehr du sie liebst.“
„Du sie doch auch, Mama?“, fragte ich vorsichtig.
Mama rang sich ein Lächeln ab.
„Das muss ich ja. Sie ist meine Mutter.“
Ich glaube, wir waren uns nie wieder so nahe wie in jenem Moment. Denn schon bald darauf fasste sie sich wieder, entließ mich aus ihrer Umarmung und stand auf. Sie strich ihren Rock glatt, tupfte die Tränen aus ihrem Gesicht und räusperte sich.
„So, und nun genug davon … erstmal. Ich möchte dich nicht zum Aufbruch drängen, Feo, aber ich habe noch eine Verabredung zum Diner. Und ich muss mich noch dafür fertigmachen.“
Ihre Miene wurde wieder emotionslos, da sie die Worte aussprach und so griff ich nach meiner Handtasche, verstaute mein Taschentuch darin, erhob mich ebenfalls.
„Gut. Dann gib mir aber Bescheid, wenn du die Großmama besuchst. Vielleicht können wir zusammen zu ihr reisen“, schlug ich vor.
„Gern“, meinte sie kühl und distanziert, so als verabschiede sie eine völlig andere Person als ihre eigene Tochter und ging zur Zimmertür, hielt sie mir auf.
Sie wies den Diener an, mir eine Kutsche zu rufen. Wir verabschiedeten uns mit einem gehauchten Kuss auf die Wange und ich sagte ihr noch, sie möge bitte Papa von mir grüßen. Mama nickte höflich, wartete nicht ab, bis ich gegangen war, sondern zog sich sofort in ihre Gemächer zurück. Von einer Sekunde auf die andere war sie wieder die Mutter, die ich kannte.

Verständlicherweise teilte ich es meinem Ehemann umgehend mit, der wusste, wie das Verhältnis zu meiner Großmama war, und daher voller Empathie für meine Trauer war. Er versuchte mich zu trösten, mir Halt zu geben. Haz forderte mich dazu auf, die Großmama noch recht oft zu besuchen.
Das Verhalten meiner Mutter später, über die Erkrankung der Großmama in der Öffentlichkeit zu plaudern, ihr Versprechen dahingehend zu brechen, irritierte ihn zutiefst. Wie sollte er es auch verstehen? Kam

er doch aus einer liebevollen Familie, in der es keinen Hass, keine Intrigen gab.

Auch meine Schwiegermama stand mir bei. Sie vermisste ihren Gemahl schmerzlich, Haz natürlich auch seinen Vater. Sie trauerten beide immer noch um ihn, konnten aber Mitgefühl zeigen, gaben mir dennoch Kraft.

Für mich hatte das Jahr 1899 schon nicht gut begonnen, denn im Frühjahr wähnte ich mich schwanger. Ich hatte eigentlich keine großen Beschwerden, bekam nur keinen Besuch von Madame Becker. So begab ich mich zum Arzt und er bestätigte mir, dass ich guter Hoffnung sei. Ich war so überglücklich und als ich es Haz sagte, freute er sich natürlich sehr mit mir. Wir wollten es aber noch nicht überall publik machen, da man nie wissen konnte, was gerade in den ersten drei Monaten der Schwangerschaft passierte.

Aber ich deutete es vor Mama an und sie zeigte sich wieder einmal eher abgeneigt, zeigte keine Freude. Umgehend machte sie mir deutlich, dass sie keinen Wert auf Enkel legte, wie sie es schon einmal kundgetan hatte, sie war auch nicht bereit, sich um diese zu kümmern. Das deprimierte mich sehr. Ich wünschte mir so sehr ein Kind und verwendete viel Zeit darauf, bereits einen Raum für es in unserem Schloss einzurichten.

Papa nahm die Nachricht hin und sprach stattdessen über seine anstehenden archäologischen Reiseplanungen. Seit dem Jahre 1892 war er Ehrenmitglied des Deutschen Archäologischen Instituts, dessen eine Außenstelle sich in Rom befand.

Zudem bot ihm Sossys Heirat nach Griechenland die Möglichkeit, für seine Studien so oft wie möglich dorthin zu reisen und sich seiner Leidenschaft, verbunden mit einem Besuch bei ihr und ihrer Familie, zu widmen.

Seit dem Jahre 1893 wohnten meine Eltern mittlerweile auch einige Monate des Jahres im Großen Palais in Meiningen. Aber aufgrund von Papas militärischen Pflichten in Breslau, hatte man noch zwei Wohnsitze. Und im Winter war Mama dann in Cannes in ihrer Villa.

Während mein Vater sich nun über seine Reiseplanungen ausließ, meine Mutter dann von neuem Mobiliar berichtete, welches sie für ihre Räumlichkeiten in Meiningen erworben hatte, verrann meine Neuigkeit über die Schwangerschaft wie Sand in einer Sanduhr. Sie

bemerkten meine Niedergeschlagenheit nicht.
Auch Haz gab sich alle Mühe, einen guten Kontakt zu meinen Eltern zu pflegen. Doch es war vergebens. Als wir im März 1899 für einige Zeit bei ihnen bleiben wollten, fühlten wir uns wie Störenfriede. Beide schienen erleichtert, als wir endlich wieder abreisten, und mir wurde später zugetragen, Mama habe Ellen in Meiningen geschrieben, ich habe nicht wirklich gut ausgesehen, die Ehe bekomme mir eventuell nicht. Mein Gemahl sei fett geworden, schwerfällig von Natur aus, unsympathisch. Ich hätte mich verändert, aber nicht zu meinem Vorteil. So sei ich abweisend, wenn sie mich auf mein Aussehen, meine Gesundheit anspreche, und sie habe keinen Einfluss mehr auf mich. Daher verhalte sie sich distanziert und lasse mich meiner Wege ziehen - wohin auch immer.
Ellen, mit der ich auch ein gutes Verhältnis pflegte, empfand es wohl als ihre Pflicht, mich darüber in Kenntnis zu setzen. Ich antwortete ihr, es sei das normale Verhalten meiner Mutter, so wie sie sich gebe, die Erde drehe sich nur um sie. Zudem war meine Schwangerschaft ihr völlig gleichgültig, als sie sich über mich vor Ellen ausließ. Diese stand aber zwischen den Stühlen und wusste nicht, zu wem sie halten sollte, da ihre eigene Lage auch nicht leicht für sie war. Somit enthielt sie sich einer Meinung, fand das aber alles nur sehr traurig und bedauerte mich.
Ich verstand ihre Haltung, sie konnte nicht für eine von uns Partei ergreifen.
Wieder war es nach dem Besuch bei meinen Eltern Haz, der mich sprichwörtlich aufbauen musste und mir schon vorschwärmte, was er alles mit dem Kind vorhabe. Ihm sei es gleich, ob es ein Junge oder ein Mädchen werde, denn wir hätten alle Zeit der Welt, weitere Kinder zu bekommen. Und die Schwiegermama versicherte mir sofort, sie könnte sich auch, trotz ihrer fast siebzig Jahre, sofort um das Kind kümmern. Sie lebte die meiste Zeit des Jahres auf Schloss Jänkendorf bei Niesky, welches sie als ihren Witwensitz betrachtete.
Ich verschwieg meinem Gemahl, was Mama über ihn dachte. Er ahnte es sicher. Irgendwie erfuhren britische Zeitungen dann von meiner Schwangerschaft und schrieben, dass meine Urgroßmama demnächst ein erstes Ur-Ur-Enkelkind bekomme. Es war eine Besonderheit, denn keine Königin in England hatte dies bisher erlebt.

Das schöne Schlösschen bei Niesky, Waldhufen

Mein Baby sollte im Sommer zur Welt kommen und ich zögerte, es der Großmama zu sagen, dass ich schwanger war. Ich überwand mich, als die Meldung über meine Schwangerschaft auch in deutschen Tageszeitungen zu lesen war. In mir war die Hoffnung, es werde die Großmama aufbauen, und natürlich freute sie sich sehr.
Aber es mag daran gelegen haben, dass ich dann von ihrer Erkrankung erfuhr, was der Arzt vermutete, denn ich verlor das Kind. Der Kummer war nun zweifach vorhanden in mir.
Haz und die Schwiegermama trösteten mich, ich könne noch viele Kinder bekommen, aber sie konnten nicht nachempfinden, wie es für mich war. Ich hatte mich so sehr nach diesem Kind gesehnt und dann hatte ich versagt, es verloren, und auch der Gedanke daran, ich könne wieder schwanger werden, half nicht.
Tagelang lag ich in meinem abgedunkelten Zimmer, wollte keinen Menschen sehen und konnte nur noch weinen. Haz und die Schwiegermama kümmerten sich rührend um mich, da muss ich ehrlich sein, aber es tat so weh. Der Schmerz über den Verlust war so groß und hinzu kam der sich ausbreitende Schmerz darüber, dass die Großmama bald nicht mehr da sein könnte.
Irgendwann muss man aber einsehen, dass das Leben weitergeht. Ich

war noch jung und so entschloss ich mich, nicht aufzugeben. Denn ich hatte ein schönes Zuhause, einen liebevollen Ehemann, eine ebenso liebevolle Schwiegermama und keine großen finanziellen Sorgen, da ich auch keinen Wert auf teure Kleider legte, mit dem zufrieden war, was ich hatte. Mir war die Liebe der Menschen, die mich liebten, wichtiger als alles Geld der Welt.

Ich besuchte die Großmama in Kronberg recht oft, mit oder ohne Mama. Es war mir sehr wichtig, möglichst viel Zeit mit ihr zu verbringen. Wenn sie sich nicht wohlfühlte, liegen musste, leistete ich ihr gerne Gesellschaft, las ihr vor. Ich wollte ihr zurückgeben, was sie mir einst gegeben hatte, und ich denke, sie wusste dies sehr zu schätzen.

Mama (rechts), Großmama und ich, auf Schloss Friedrichshof, 1899

Meine Großmama verstand auch meine Trauer über das verlorene Kind. Sie, die gerade Kinder so sehr liebte, konnte meinen Schmerz nachempfinden, und obwohl sie selbst Mitleid und Zuspruch brauchte,

gab sie mir all dies.
Eine weitere schlimme Meldung erreichte uns aus Coburg. Affie, Großmamas Bruder und Herzog von Sachsen-Coburg und Gotha, litt an Kehlkopfkrebs. Nach dem Selbstmord des einzigen Sohnes hatten er und seine Frau Marie sich offiziell getrennt. Dies bedeutete aber nicht, dass sie eine Scheidung anstrebten, sondern sie lebten nur getrennt von Tisch und Bett. Alfred konnte seiner Gattin nicht vergeben, wie sehr sie sich in das Leben des Sohnes eingemischt hatte, und er gab allein ihr die Schuld an seinem Tod. Der Kummer über den Verlust des so sensiblen Sohnes führte dazu, dass Alfred zu trinken begann.
Ein Jahr zuvor war Alfred in Alexandria gewesen. Auf dieser Reise stach ihn ein Moskito am Auge und die Infektion heilte nicht mehr vollständig ab. Nun litt er auch noch an Krebs und die Ärzte sahen auch bei ihm keine Hoffnung mehr.
Ich denke, es belastete ihn auch sehr, dass seine Tochter Ducky in ihrer Ehe mit Ernie in Hessen nicht wirklich glücklich war. Marie hatte sie seinerzeit zur Hochzeit gedrängt. Die beiden hatten seit dem Jahre 1895 eine kleine Tochter namens Elisabeth, aber Ducky versuchte, so oft wie möglich bei ihrer Mutter in Coburg zu sein. Sie verabscheute ihre Rolle als Großherzogin und kam auch mit dem Hofzeremoniell nicht zurecht, da sie gegen dieses dauernd rebellierte. Es war weithin bekannt, dass Ernie allzu gerne nach Capri reiste, wo sich junge Männer für Liebesdienste homosexueller Natur anboten; Ducky überraschte ihn auch einmal mit einem Stallburschen im ehelichen Bett und so kam es zu Streitereien im Schloss, die ihresgleichen suchten. Nicht nur einmal warf Ducky in ihrer Wut mit kostbarem Porzellan nach ihrem Gemahl.
Großmama traf die Nachricht tief, dass ihr Bruder der gleichen schrecklichen Krankheit zum Opfer fallen sollte wie sie und vor allem der Großpapa. Und sie bedauerte es sehr, wie sich ihr Bruder bereits aufgegeben hatte. Dies war ihrem eigenen psychischen Zustand nicht gerade zuträglich.

Für den Winter des Jahres 1899 empfahlen die Ärzte der Großmama, sich wieder nach Italien zu begeben, da man die Hoffnung hatte, dass das wärmere Klima dort gerade ihre Rückenschmerzen lindern könnte.

Großmama befürchtete aber, sie könne im Zug aufgrund der Erschütterungen unter starken Schmerzen leiden. Professor Dr. Renvers drängte sie zu fahren, aber eigentlich wäre sie lieber in Friedrichshof geblieben.

Sie kam bis Trient, wo sie in einem Hotel ein Zimmer mietete, aber dort waren die Schmerzen so schlimm, dass sie nur schwerlich die Treppen auf und ab kam. Bald konnte sie nachts auch nicht mehr schlafen und tagsüber kaum sitzen. Wenn sie erstmal in Bewegung war, konnte sie kleine Spaziergänge machen. Also versuchte sie, sich aufzuraffen und so oft als möglich hinauszugehen.

Renvers reiste ihr im November nach und verordnete ihr Elektrotherapie und Massagen. Doch schon bald konnte sie auch nicht mehr in einer Kutsche fahren, weil die Fahrten zu holprig für ihren Rücken waren. Sie ließ ein Seil neben ihrem Bett anbringen, sodass sie es ergreifen und sich umdrehen konnte.

Im Dezember stellte man fest, dass nicht nur ihr Ischias ihr Probleme bereitete, sondern auch die Neuralgie, aber in der Wirbelsäule und den Hüften.

Zu Beginn des Jahres 1900 hatte sie Tag und Nacht konstante Schmerzen, gegen die auch kaum noch ein Medikament half. Es bestand auch nur wenig Hoffnung, dass sie noch viele schmerzfreie Momente erleben würde.

Einer der Ärzte, die sie in England untersucht hatten, Dr. Francis Laking, empfahl ihr Morphium zu nehmen. Sie kam dem nach und alsbald konnte sie die Schmerzen ertragen. Zudem war sie sehr dankbar, dass ihre Mutter Lakings Rechnung für sie bezahlte, um ihrer Tochter zu helfen.

Anfang April stellte sich bei ihr eine kurzzeitige Besserung ein und Renvers zeigte sich sehr zufrieden darüber. Langsam, so meinte sie, fühle sie sich wieder wie sie selbst. Zwar habe sie noch ständig Schmerzen, aber es sei erträglich geworden.

So reiste sie ein paar Wochen später zurück nach Friedrichshof, bat aber darum, dass man im Zugwagen ihr eigenes Bett und Sofa aufstellte. Mossy empfing den Zug in Heidelberg, begleitete die Mutter, ebenso stiegen ihre Kinder und ihr Ehemann in Frankfurt am Main zu. Zu diesen hatten sich Moretta und ihr Ehemann Adolf gesellt. Großmama freute sich sehr über den Empfang, die Gesellschaft und in

Friedrichshof erwartete sie eine zweite Überraschung, denn die Urgroßmama hatte ihr aus England einen Rollstuhl und eine Ponykutsche schicken lassen.
Großmama nutzte den Rollstuhl, aber sie fand es unangenehm, den Bediensteten zur Last zu fallen, die sie von nun an die Treppen herauf - und heruntertragen mussten, denn sie konnte diese alleine nicht mehr bewältigen. Sie fühlte sich wie eine sehr alte Frau und gleichzeitig wie ein hilfloses Kind.
Während sie in Italien weilte, schrieb ich ihr. Allerdings konnte ich nicht so oft schreiben, wie ich wollte, denn vom September 1899 bis zum folgenden März war ich sehr krank.
Es begann mit grippeähnlichen Symptomen, die sich verschlimmerten, mich ermatteten, gefolgt von schlimmen Schmerzen am ganzen Körper und einer halbseitigen Lähmung der Beine. Die Ärzte waren ratlos und ich verbrachte oftmals ganze Wochen im Bett, wobei sich Haz rührend um mich kümmerte, denn er war verständlicherweise in großer Sorge um mich. Zudem musste er mir helfen, mich zu drehen, denn ich konnte mich aus eigener Kraft oft nicht einmal mehr im Bett aufrichten. Zeitweise war es mir nur möglich, die Arme zu bewegen, meine Beine waren taub. Wenn man mir in einen Stuhl half, damit ich wenigstens etwas Korrespondenz bewältigte, wurden die Rückenschmerzen schnell so unerträglich, dass ich wieder im Bett liegen musste. Ich fürchtete mich sehr davor, zu einer Invalidin zu werden, denn ich war gerade einmal einundzwanzig Jahre alt.
Doch so plötzlich, wie die Symptome gekommen waren, verschwanden sie auch wieder. Ich musste aber erstmal wieder zu Kräften kommen, dann reiste ich nach Friedrichshof, um die Großmama zu besuchen. Obwohl sie selbst so schwer krank war, zeigte sie sich erleichtert darüber, dass ich mich wieder vollständig erholt hatte. Sie habe sich sehr um mich gesorgt, gab sie mir zu verstehen. Sie bat mich inständig, Spezialisten aufzusuchen, um abzuklären, woran ich gelitten hatte, und ich versprach es ihr.
Es schmerzte mich nur, dass Mama, die selbst an diversen Leiden litt, keinerlei Verständnis für mich zeigte. Die Durchfälle, die Migräneattacken, die dauernden Erkältungen, die Schmerzen in den Gliedmaßen, im Rücken und die Neuralgien - all dies machte sie ebenfalls durch und dennoch hatte sie vielleicht das Gefühl, ich würde mich in

etwas hineinsteigern.
Mamas Leiden hatten sich seit ihrem dreißigsten Lebensjahr verstärkt. Oftmals fand sie keinen Schlaf, war reizbar, verfiel sogar in Depressionen. Zeitweise litt sie unter einer unangenehmen Bläschenbildung der Haut, in denen sich Wasser sammelte, und diese Bläschen juckten fürchterlich. Ebenso schwollen Hautpartien an, hinzu kamen auch Verstopfung, Schwindelattacken, schwere Bauchkrämpfe, eine Verfärbung des Urins zu lila oder rot und sie hatte ebenso wie ich Lähmungserscheinungen.
Ich weiß nicht, ob ihre Stimmungsschwankungen, ihre Launenhaftigkeit durch ihre Leiden verursacht wurden, aber es machte sie bitter, wenn sie, die Gesellschaften und Partys so sehr liebte, nicht an diesen teilnehmen konnte, weil sie wieder kränkelte. Natürlich versuchte ich, sie dahingehend zu verstehen, aber es fiel mir schwer, wenn sie kein Verständnis für mich zeigte.
So verurteilte sie mich für ein gesellschaftliches Leben als eine junge, frische Dame. Es stand ihr nicht zu, dies zu kritisieren. Sie selbst ging gerne aus, doch wenn ich dies tat, war es etwas völlig anderes. Seltsamerweise warf sie meinem Ehemann vor, er habe mich dahingehend, was dauernde Amüsements betraf, nicht unter Kontrolle.
Bereits im November des Jahres 1899, als es mir wirklich schlechtging, verbreitete Mama Lügen über mich gegenüber meinem Vater. Sie meinte, ich steigere mich in meine Erkrankungen, um Aufmerksamkeit zu erhaschen und im Mittelpunkt zu stehen. Ich erfuhr dies von Ellen in Meiningen, die gleichzeitig Mama anschrieb, ihr berichtete, was ich wiedergegeben hatte, und versuchte zu vermitteln, aber Mama war so tief verletzt, wobei es dafür nun wirklich keine Gründe gab, dass sie Ellen dann sagte, ich sei rüde ihr gegenüber, bereitete ihr nur Kummer und könne dies alles nicht mehr aushalten.

Mein Vater, der seinen eigenen Willen bei der Hochzeit mit Mama für alle Zeiten begraben zu haben schien, log nun, ich sei ein vorlautes Wesen, verlogen und gesegnet mit einer unerträglichen Leidenschaft für Gerüchte und Verleumdung. Diese beiden negativen Eigenschaften hätte ich nicht von meinen Eltern geerbt, sondern mir selbst angeeignet.

Mama in ihrem Zuhause in Breslau im Jahre 1900

Ich musste bald wohl oder übel erkennen, dass mein unterdrückter Vater sich selbst nicht eingestehen wollte, dass er in all seinen Worten eigentlich über Mama sprach. Keineswegs war ich wie sie. Es bereitete mir keinerlei diebische Freude, Gerüchte und Lügen zu verbreiten über andere Menschen. Und ich war nicht ständig gesellschaftlich eingebunden, auf der Jagd nach jeder noch so kleinen Einladung, um mich zu amüsieren.

Mein Vater entschied sich schließlich, mich im April des Jahres 1900 darüber zu informieren, dass er mich nicht mehr sehen könne, bis ich bereit sei, mich bei meiner Mutter zu entschuldigen und vor allem zurückzunehmen, dass sie eine Lügnerin sei. Seine Zeilen an mich waren dabei so distanziert und förmlich gehalten, als schreibe er an eine entfernte Bekannte.

Mein Ehemann nannte das Ganze bald einen kinderhaften Mummenschanz. Ich sah aber nicht ein, mich zu entschuldigen, so herrschte zwischen meinen Eltern, mir und meinem Ehemann bald ein eisiges Schweigen und wir unterließen auch jeglichen Besuch.

Seltsamerweise fasste sich Dona ein Herz und lud die Großmama zur Volljährigkeitsfeier des erstgeborenen Sohnes Friedrich Wilhelm am sechsten Mai des Jahres nach Berlin ein. Die Großmama schlug die Einladung mit dem Verweis auf ihren schlechten gesundheitlichen Zustand aus, aber im Grunde genommen erfüllte sie die Feierlichkeit nur mit traurigen Gedanken. Sie kannte ihren Enkel nicht wirklich und ihr ehemaliges Zuhause in Berlin, in dem sie vierzig glückliche Jahre zugebracht hatte, blieb ihr verschlossen.

Familienfoto aus dem Jahre 1900, Kronberg - vorne, von links nach rechts; Morettas Gemahl Adolf, Mossys Ehemann Karl Friedrich, Onkel Heinrich, Onkel Willie, Sossys Gemahl Tino, Albert von Schleswig-Holstein und Ernie; hinten von links nach rechts; Tante Irene, Sossy, Mama, Dona, Großmama, Moretta und Mossy sowie Sossys Kinder Alexander, Helena und Georg

Großmamas drei Töchter, die ebenfalls zu der Feier erwartet wurden, mussten in Hotels nächtigen. Meine Großmama fand, dass das Schicksal sie aus allem ausschloss, war darin vielleicht egoistisch, aber sie konnte nicht gegen ihre Gefühle ankämpfen.
Da sie den einundachtzigsten Geburtstag der Urgroßmama nicht mit dieser in England feiern konnte, beschloss sie, ihre Kinder nebst Familien zu einem Lunch nach Friedrichshof einzuladen und die Fotografie von allen gemeinsam aufzunehmen, um diese dann der Urgroßmama nach England zu schicken.

Haz und ich reisten im Juli des Jahres zur Urgroßmama nach England. Sie hatte uns nach Windsor eingeladen, um dort einige Tage mit ihr zu verbringen. Unsere Verbindung war immer noch sehr tief. Ich war gerne bei ihr zu Gast. Zudem war sie meinem Gemahl gegenüber sehr freundlich, genoss seine Gesellschaft. Haz war nicht der Mensch, der gerne im Mittelpunkt stand. Er hatte einen sehr ruhigen Charakter, war ein aufmerksamer Zuhörer und hielt sich meist im Hintergrund. Vielleicht gefiel gerade dies der Urgroßmama. Seine Manieren waren auch sehr ausgereift, denn es schien ihm eine wahre Freude zu sein, ihr wann immer möglich zu helfen, auch wenn er ihr nur aufhalf oder den Stuhl zurechtrückte.
Die Urgroßmama und ich sprachen nicht über meine Probleme mit meinen Eltern. Ich wollte sie damit nicht belasten, aber ich spürte, wie sehr es ihr zusetzte, dass sie bald zwei Kinder, die Großmama und ihren Sohn Alfred, verlieren würde. Kinder sollten niemals vor den Eltern sterben. Daher wirkte sie zeitweise sehr bedrückt, aber ich teilte dies mit ihr in Bezug auf die Großmama.

Mamas Freundin Marie war ebenfalls mit ihrer Tochter Baby Bee aus Coburg angereist, aber sie traten bald die Rückreise an, als Alfreds Zustand sich verschlechterte. Es musste die Urgroßmama sehr hart treffen, dass die Ehe zwischen den beiden in Trümmern lag, sie überhaupt kein Interesse mehr an ihrem Gatten zeigte und ihn nun, in seiner schwersten Stunde, alleine ließ.

Mama in Thüringer Volkstracht im Jahre 1900. In der damaligen Zeit gehörte es in den Fürstentümern zum guten Ton sich auch in der regionalen Tracht fotografieren zu lassen, um dieses Nationalgut so zu fördern.

Am dreißigsten Juli verstarb Alfred auf Schloss Rosenau bei Coburg. Als die Nachricht eintraf, versuchte die Urgroßmama, Haltung zu bewahren, aber sie musste irgendwann ihren Tränen freien Lauf lassen. Ich versuchte, sie zu trösten, aber ich denke, es war sehr schwer für sie, sein Ableben zu akzeptieren. Zum Glück war Beatrice immer in ihrer Nähe und sie konnte ihr auch beistehen. Baby hatte ihren Bruder verloren. Marie war, trotz der gescheiterten Ehe, mit ihren Töchtern Ducky, Baby Bee und Sandra bis zuletzt an seiner Seite gewesen.
Dafür konnte sie sich später nicht beherrschen und meinte unter anderem ihrer Tochter Missy gegenüber, sie habe die Gesellschaft von mir und Haz nicht genossen. Er sei eine sehr uninteressante Persönlichkeit, ich dagegen habe auf sie geradezu abscheulich gewirkt. Sie bezeichnete mich als eine vertrocknetes, altbackenes Etwas, in einer Garderobe, die von anno dazumal stamme, und ich hätte mein Haar auftoupiert wie eine Madonna.
Als wir aus England zurückgekehrt waren, reiste ich noch zur Großmama nach Friedrichshof. Es ging ihr wieder schlechter, denn die schmerzhaften Krämpfe im Rücken und den Hüften waren zurückgekehrt, die Medikamente boten kaum noch Hilfe. Sie wollte auch nicht zu viel von dem Morphium einnehmen, da sie fürchtete, dann nur noch schläfrig zu sein, keiner Aktivität mehr nachgehen zu können. Sie versuchte, ihren Zustand also zu tragen, gestand mir aber, sie sei nicht so tapfer wie der Großpapa. Aus ihrer Sicht habe er sein Krebsleiden besser ertragen als sie. Es war dabei keine Frage, ob sie ihr Schicksal nicht ertrug, denn sie hatte es angenommen und akzeptiert, aber sie glaubte wohl oftmals, anderen zu sehr zur Last zu fallen, wenn sie sich über ihre Schmerzen beschwerte. Ich denke, niemand nahm ihr dies irgendwie übel. Vielmehr spürte man, dass ihre Bediensteten auf dem Schloss ihr Leiden mitansehen mussten und hilflos wirkten. Man schätzte sie sehr und - anders als in Berlin - sorgten sich die Menschen um sie, nahmen aufrichtig Anteil an ihrem Schicksal.
Der Tod ihres Bruders hatte der Großmama sehr zugesetzt. Einmal starb er an derselben Krankheit wie der Großpapa und dann kam hinzu, dass man sie und ihre Mutter erst sehr spät über seinen Zustand informiert hatte. Meine Großmama hätte ihren Bruder gerne noch einmal in Coburg besucht, aber sie konnte nicht mehr reisen.
Mittlerweile konnte sie kaum noch die Treppen im Schloss

bewältigen, auch nicht, wenn man sie trug und so nahm sie ihre Mahlzeiten zumeist im ersten Stock in ihrem Zimmer ein oder verbrachte auch ganze Tage dort.
Sie sagte mir auch, dass man Alfred verschwiegen habe, an welcher Krankheit er wirklich gelitten habe. Man wollte ihn wohl aufgrund seines seelischen Zustands nicht der Hoffnungslosigkeit aussetzen. Großmama erklärte, es habe ihm sicher die Angst und Beunruhigung erspart, die sie habe ertragen müssen. Und dem Großpapa habe man auch stets Hoffnung gemacht. Daher habe sie es als Gnade empfunden, wenn man meine Großmama im Unklaren über ihre Erkrankung gelassen habe.
Als ich die Großmama besuchte, lag sie die überwiegende Zeit im Bett, eine Wärmflasche im Rücken, eine unter ihrem Arm, um die Schmerzen zu lindern. Die Ärzte sagten ihr zwar, es könne durchaus sein, dass sie wieder laufen könne, wenn auch nur kleine Wege, aber zu jenem Zeitpunkt schien dies sehr ungewiss.
Es war aber sehr schön für sie, dass sie ununterbrochen Besuch hatte. Sogar Onkel Willie kam oft nach Friedrichshof, meine Eltern, Mossy und die Familienmitglieder wechselten sich ab, damit sie nie lange alleine blieb. Sie freute sich unendlich, als Tante Irene sie mit ihren Kindern besuchte, denn am neunten Januar des Jahres hatte sie ihren dritten Sohn, den kleinen Heinrich, zur Welt gebracht. Bedauerlicherweise war schnell klar, dass der Kleine auch an Hämophilie litt.
Ich freute mich auch sehr, wenn ich bei Großmama war und ihre Enkelkinder kamen, denn ich beschäftigte mich gerne mit ihnen. Doch innerlich fragte ich mich, ob sie die Geburt meines ersten Kindes noch erleben würde.
Wenn so viel Besuch anwesend war, schien die Großmama aufzublühen, aber es ärgerte sie, dass sie ihren Gästen nicht die volle Aufmerksamkeit schenken konnte. Dabei war dies für niemanden wirklich wichtig. Man wünschte sich einfach, dass sie sich wieder etwas erholen würde.
Aber all ihre Hoffnungen sollten sich zerschlagen, denn schon im August kamen die schmerzhaften Krämpfe alle zwei Stunden und hielten bis zu einer halben oder dreiviertel Stunde an. Es war dermaßen schmerzhaft, dass sie zu schreien begann. Ein Arzt zog nun in Friedrichshof ein, damit er auch in der Nacht für sie bereitstand.

Meine arme Großmama musste schmerzlich einsehen, dass ihr Zustand sich nur noch verschlimmerte.
Ihr Bruder Bertie weilte im August wieder zur Kur in Bad Homburg. Dieses Mal begleitete ihn seine Gemahlin Alix, und da die Großmama nicht zu ihnen reisen konnte, kamen die beiden so oft als möglich bei ihr vorbei.
Sie waren kaum wieder nach England abgereist, da verfiel die Großmama in so schlimme Schmerzzustände, dass man fast schon ihr baldiges Ableben befürchtete.
Die Urgroßmama überlegte, nach Kronberg zu reisen, um bei ihrer Tochter zu sein, aber sie war dazu körperlich nicht mehr in der Lage. So bat sie Onkel Willie um Erlaubnis, Dr. Laking nach Kronberg zu schicken, denn er hatte der Großmama Morphium verordnet und zudem war er ein Experte auf dem Gebiet der Schmerzbekämpfung. Aber Onkel Willie stimmte dem nicht zu, denn er meinte, die Anwesenheit eines englischen Arztes könne die Vermutung erwecken, dass man die deutschen Ärzte nicht für gut genug halte, seine Mutter ausreichend zu behandeln. Ferner wandte er sich an Bertie, denn er befand es nicht für positiv, dass seine Mutter nun eventuell versuchen könne, nach England zu reisen. Sie vertrage von jeher keine Schiffsreisen, werde schnell seekrank und dies könne unter Umständen ihrem Herzen schaden, vielleicht sogar zu einem Kollaps führen.
Onkel Willie wirkte gerade in Bezug auf die englischen Verwandten gerne sehr besorgt um seine Mutter, versicherte daher auch Bertie, zuletzt habe er die Großmama besucht. Sie könne in einem Lehnstuhl sitzen, sei wohl auch einige Stunden recht munter gewesen.
Mein Onkel bezweckte eigentlich nur eines mit den Nachrichten nach England - er konnte dann auch andere Themen ansprechen, die für ihn wichtiger waren. So leitete er von einer eventuell geplanten Schiffsreise der Großmama nach England auf den Bau von Schiffen über, vor allem Kriegsschiffen, oder er versuchte, Bertie alleine in Bad Homburg abzupassen, um ihn mit anderen politischen Fragen auszuhorchen.
In Bezug auf den Schiffbau ist anzumerken, dass mein Onkel dann einfach nachfragte, wie es mit der Yacht für die alljährliche Regatta in Cowes aussehe, an der er auch teilnahm. Hatte er dann die nötigen Informationen, wie beispielsweise Berties ausgestattet war, so ließ er

selbst bei einer bekannten englischen Reederei eine Yacht bauen, die speziell so gestaltet wurde, dass sie in der Lage war, Berties bei der Regatta zu schlagen.
Onkel Willie setzte sich aber auch später dafür ein, dass eine neue Yacht für die Urgroßmama in einer der angesehensten Reedereien weltweit gebaut wurde. Er liebte die Queen sehr, da bin ich mir sicher. Ob dies auch für die Großmama galt, kann ich nicht sagen, denn er war zumeist sehr schwer zu durchschauen.
Bezüglich des augenblicklichen Zustands seiner Mutter beschönigte er sicherlich alles für die englische Familie, damit die Urgroßmama, die selbst sehr gebrechlich war, sich nicht zu sehr sorgte. Mit ihrem Sohn Alfred hatte sie, neben Alice und Leopold bereits drei Kinder verloren. Nun würde auch ein viertes Kind vor ihr sterben. Man wollte sie einfach nicht ständig mit schlechten Nachrichten aus Kronberg belasten, aber die Großmama schrieb ihr, wenn es ihr möglich war. Ich denke, sie teilte ihr dann auch nicht jede Einzelheit mit.

Im Oktober und November konnte die Großmama ihr Bett gar nicht mehr verlassen. Sie litt unter solchen Qualen, dass sie nicht mehr zur Ruhe kam. So fand sie auch keinen Schlaf mehr, weinte viel, versuchte aber tapfer, Schmerzensschreie zu unterdrücken. Man gab ihr weiterhin Injektionen mit Morphium, doch es gab ihr nur etwa eine Viertelstunde Ruhe, manchmal half es gar nicht. Man scheute sich allerdings die Dosis zu erhöhen.
Die Elektrotherapie musste beendet werden, da auch diese nur ihre Qualen verschlimmerte. Auch Wärme und kühlende Umschläge brachten keinen Erfolg. Daher versuchte man, sie mit Salben einzureiben, aber es brachte keine Linderung.
Ihre Arme und Hände schwollen an und so musste man ihr den Ehering vom Finger sägen, was sie sehr schmerzte, denn es war das erste Mal, dass sie ihn nicht tragen konnte. Nun war er in zwei Teile gesägt.
Am einundzwanzigsten November wurde sie sechzig Jahre alt, aber da sie ans Bett gefesselt war, konnte sie sich nicht wirklich über diesen Tag freuen. Sie erhielt viele Briefe und Telegramme mit Glückwünschen, weil es ihr so schlecht ging, war sie nicht in der Lage, Besuch zu empfangen. Haz und ich sandten ihr ein wunderschönes Blumenbouquet, aber ich wäre lieber an diesem Tag bei ihr gewesen.

Ihre Mutter schickte ihr aus England einen modernen Rollstuhl, jedoch konnte sie ihn nicht nutzen. Sie glaubte zu jenem Zeitpunkt noch daran, die Urgroßmama noch einmal in England zu besuchen.

Der Zustand Großmamas sorgte dafür, dass er mich und meine Mutter vorerst wieder vereinte. Es war für mich auch schwer erträglich, wenn Mama nach Kronberg kam, ich anwesend war und sie mich ohne jede Emotion begrüßte, aber wir uns vor der Großmama beherrschen mussten. Dennoch schien Mama sehr angetan davon zu sein, wie ich mich um ihre Mutter kümmerte. So hatte ich fast den ganzen September bei ihr verbracht, auch Korrespondenzen für sie erledigt, denn sie musste diese diktieren. Zeitweise konnte sie selbst nicht mehr schreiben. Zudem saß ich an ihrer Seite, las ihr vor, um sie abzulenken, auch wenn sie meinte, ich lese zu schnell, sie könne dem Ganzen kaum folgen.
Wenn ich ihr etwas von einer Gesellschaft erzählte, den Personen, die dort anwesend waren, meinte sie, ich sei sehr oberflächlich, weil ich mich zu sehr über Mode ausließe. Dann ermahnte sie mich, solchen unwichtigen Dingen keine Aufmerksamkeit zu schenken. Ich nahm es hin, denn eigentlich wusste ich, dass so etwas für sie völlig uninteressant war.
Sie machte sich aber wenigstens Sorgen um meine Gesundheit, stellte fest, ich sei sehr blass, wirke anämisch und zerbrechlich. So empfahl sie mir, doch einmal für sechs Wochen nach Trient zu reisen. Ich hatte daran aber kein Interesse, wollte lieber für sie da sein. Zudem ging es mir besser.
Ich erzählte dem anwesenden Arzt beiläufig, was ich für Symptome hatte, als ich Ende des vergangenen Jahres so schwer krank gewesen war und monatelang gelitten hatte. Er meinte, es könne Malaria sein, aber dann sei unklar, wo ich mich mit dem Virus infiziert hätte. Eine eingehende Untersuchung lehnte ich ab, denn ich fühlte mich gut und alles lag Monate zurück. Und Malaria erschien mir als nicht ernstzunehmende Diagnose. Das klang einfach zu abwegig aus meiner Sicht.

Ich war aber noch nicht wieder lange nach Hause zurückgekehrt, als ich erneut erkrankte. Da es sich um dieselben Symptome handelte wie schon vor Monaten, ließ ich es nun zu, dass mich ein Arzt genau untersuchte. Er vermutete auch, dass ich an Malaria litt, verordnete mir

Chinin, welches mir bald etwas Linderung verschaffte.
Aber ich sollte mich die nächsten Wochen noch matt fühlen und zeitweise an solch starken Kopfschmerzen leiden, als hämmere jemand dauerhaft gegen meinen Schädel.
Als ich mir nun ein Herz fasste, Mama darüber berichtete, weigerte sie sich, meine Behauptung zu akzeptieren. Irgendwie war sie so verärgert darüber, dass sie die Lüge in die Welt setzte, ich hätte mir wohl eher von Haz eine Geschlechtskrankheit eingefangen. Das empörte nicht nur mich, sondern auch meinen Gemahl. Es verletzte uns beide sehr tief, aber dies schien sie nicht zu stören.
Meine Mutter ging aber noch einen Schritt weiter. Da ich mich strikt weigerte, mich auf eine Geschlechtskrankheit hin untersuchen zu lassen, sah sie dies als eine Bestätigung für ihre infame Lüge an. Ich forderte sie auf, dies zurückzunehmen, aber sie weigerte sich. Wenn ich mich untersuchen ließe und es sollte keine Geschlechtskrankheit festgestellt werden, wäre sie bereit, sofort alles zurückzunehmen.

Haz und ich im Jahre 1900

Ich verstand meine Mutter nicht. Eine Zeitlang fühlte ich mich ihr näher, weil wir uns beide um die Großmama sorgten, dann aber wurde unser Verhältnis wieder zerrüttet, weil sie solche bösen Gerüchte in die Welt setzte. Immer noch war mir schleierhaft, wie sie so sein konnte, wo sie doch selbst ständig kränkelte.

Am siebzehnten November warf eine psychisch gestörte Frau eine Axt in die Kutsche, in der mein Vater und Onkel Willie durch Breslau fuhren. Es wurde zum Glück niemand verletzt. Man verhaftete die Frau, aber sie konnte keinen Grund für ihre Tat nennen.
Ich war sehr erleichtert, als ich hörte, dass es Papa und meinem Onkel gutging. Da hatte ich wieder Hoffnung, Mama und ich könnten uns versöhnen. Doch ich sollte mich irren.

Vor Weihnachten war es der Großmama möglich, sich aus ihrem Zimmer nach unten ins Erdgeschoss des Schlosses tragen zu lassen, damit sie die Vorbereitungen für das Fest überwachen konnte. Sie freute sich auf ein Fest mit der Familie.
Währenddessen ging es der Urgroßmama in England zusehends schlechter. Sie konnte kaum an Vorbereitungen für das Weihnachtsfest teilnehmen, musste sich bei öffentlichen Auftritten begleiten und helfen lassen, um zu erscheinen. Es strengte sie alles sehr an, zudem ihre Hände ständig zitterten und sie kaum noch etwas sehen konnte. Die Familie zeigte sich besorgt, denn es schien absehbar, dass ihr nicht mehr viel Zeit auf Erden blieb.

Das Weihnachtsfest war schön bei der Großmama, natürlich feierten auch Haz und ich mit seiner Mutter, dann gaben meine Eltern eine Gesellschaft, zu der wir geladen waren. Eigentlich war es sehr nett gewesen, obwohl sich meine Eltern uns gegenüber distanziert zeigten. Wir ertrugen es stillschweigend, auch waren viele Gäste anwesend. Also konnten wir uns aus dem Weg gehen.
Hinterher ließ sie sich aber über mich vor anderen aus. Ich sei blass, dünn, hässlich gar, meine ganze jugendliche Frische sei verblüht. Meine Aufmachung sei nur lächerlich gewesen, meine Frisur die eines Milchmädchens, also vorne am Kopf gescheitelt. Den ganzen Abend über hätte ich nur über das Tanzen, das Theater, Leutnants geredet, sei ignorant gegenüber anderen Gästen gewesen und abweisend. Sie könne nicht glauben, dass diese neugierige, vorlaute Person ihre Tochter sei. Sie sei unfähig, mich zu lieben, ihr Herz fühle sich an wie ein Stein.
Etwas später sollte sie noch hinzufügen, meine Gedanken seien vergiftet, ich hätte mich in den zwei Jahren meiner Ehe mit diesem

dummen Mann an meiner Seite sehr zu meinem Nachteil verändert, sei zu einer nichtssagenden Person verkümmert.
Haz sei in ihren Augen seit der Hochzeit fett geworden, hässlicher und lümmele sich nur faul herum. Sie habe für all dies absolut kein Verständnis.
Ihre Freundin Marie versuchte zu intervenieren, Ellen in Meiningen, aber es half nichts. Meine Mutter hatte einen tiefen Graben zwischen uns aufgerissen, der nun unüberwindbar schien, da sie mich und meinen Ehemann, auch im Namen meines Vaters, nie mehr sehen wollte und uns ihres Heimes verwies. Kurzum - sie wollten weder mich noch Haz jemals wieder um sich haben.
Es gab keine Worte mehr für den Kummer, den sie uns bereitete.
Meine Mutter fühlte sich in letzter Zeit auch gesundheitlich nicht wohl, hinzu kam die Sorge um ihre eigene Mutter, aber dies waren alles keine Gründe dafür, mich und meinen Ehemann so zu behandeln. Ferner war sie stets nebst Papa von ihrer Mutter kritisiert worden, doch konnte einfach nicht einsehen, wie sehr sie dieser nun in ihrem Verhalten ähnelte, auch wenn meine Mutter dabei kritischer war, Gerüchte verbreitete und alles nur allzu gern auch öffentlich ausplauderte.
Wenn sie meinen Lebensstil kritisierte, wiederholte sie nur, was sie sich all die Jahre durch die Großmama hatte anhören dürfen. Und sicher waren wir uns auch ähnlich in manchen Dingen. So waren wir beide sehr willensstark - ich allerdings in Bezug auf die Tatsache, dass ich mit allen Mitteln schwanger werden wollte, sie, wenn es darum ging, sich gegenüber anderen durchzusetzen, im Mittelpunkt zu stehen, die Menschen zu dominieren, wofür mein Vater das beste Beispiel war. Dies war aber niemals der Fall zwischen mir und Haz. Er liebte mich so, wie ich war, und ich ihn.
Unsere Familienstreitigkeiten verstand er allerdings nicht. Auch Missverhältnisse unter Verwandten und Freunden waren ihm fremd. Somit widerstrebte ihm auch, dass meine Eltern sich herausnahmen, mich als seine Gemahlin anzugreifen oder ihn in seiner Person.
„Dann gehen wir ihnen erstmal aus dem Weg“, meinte er zu mir, lächelte, „Ich kann die Hand deiner Mutter auf meiner Wange heute noch spüren und ich möchte doch vermeiden, dass sie noch einmal Gewalt gegen mich anwendet.“

Er nahm es mit Humor. Aber es heiterte mich nicht auf. Vielmehr tat nicht nur er mir leid, es tat mir auch für ihn leid.
„Ich lebe mit diesem Auf und Ab seit Kindertagen, Haz. Ich bin es so leid“, gestand ich.
„Manchmal braucht es etwas Zeit, dann folgt die Einsicht. Deine Mutter wird sich schon wieder beruhigen. Es wird niemals etwas so heiß gegessen, wie es gekocht wird“, stellte er fest und nahm mich in den Arm, plusterte seine Wangen auf.
„Dann bin ich eben fett geworden und du zu dürr, weil ich dir alles wegesse!“, nuschelte er, „Aber, Feo, du bist keine alte verbitterte Frau wie deine Mutter, wenn du mir gestattest, dies festzustellen. Spinatwachtel träfe es auch.“
Ich musste nun auch lächeln, machte eine abwertende Handbewegung.
„Ich bitte dich, Haz! Es geht um meine Mutter!“
„Ja, natürlich“, grinste er, „Und ich bin heilfroh, dass sie nicht meine ist.“
Ich sah meinem Gemahl in die Augen und fühlte, dass ich niemals eine bessere Wahl hätte treffen können. Er würde mir stets beistehen - egal, was kommen sollte.

Die Großmama wurde in Kenntnis gesetzt über den Vorfall zwischen Mama und mir. Ich weiß nicht, ob Mama sie selbst davon unterrichtete oder es ihr jemand anderes gewissermaßen zutrug, aber es belastete mich noch mehr, dass sie, eine todkranke Frau, sich nun auch noch mit so etwas auseinandersetzen musste.
Meine Großmama führte viele von Mamas Leiden auch auf ihren Lebensstil zurück, vor allem auf das Rauchen. Und sie ahnte schon, dass ihre Tochter dann besonders ungehalten war, wenn es ihr schlechtging. Aber das ging nun alles zu weit. Sie sah das ebenso.
Doch ihr Versuch zu intervenieren, scheiterte kläglich. Mama empfand nicht nur die Einmischung von Seiten der Großmama als untragbar, sondern sie wurde auch noch wütender auf mich und Haz. Vielleicht glaubte sie auch, ich hätte die Großmama gebeten, mich zu unterstützen. Dem war ganz und gar nicht so. Es wäre mir, wie erwähnt, niemals in den Sinn gekommen, meine schwerkranke Großmama in unsere Streitigkeiten in irgendeiner Art und Weise mit hineinzuziehen. Meine Mutter verfügte also kurzerhand, dass nun auch niemand mehr

meinen Namen oder den meines Ehemannes in ihrer Gegenwart mehr nennen solle.
Großmama wandte sich an Onkel Heinrich und Tante Irene. Sie galten in der Familie als sehr ruhige und bedachte Menschen, und da sie überall stets freundlich auftraten, man nie etwas Negatives über sie hörte, wurden sie insgeheim the very amiables, die sehr Liebenswürdigen, genannt, wenn über sie gesprochen wurde. Mein Onkel hatte zudem noch den Ruf eines guten Streitschlichters in der Familie, doch mit Mama hatte er auch so seine Probleme. Oft verstanden sie sich gut, dann wieder nicht. Da sie aber Geschwister waren, einander schon nahestanden, machte mein Onkel meist wieder den ersten Schritt auf Mama zu, wenn sie Streit gehabt hatten.
Nun versuchte er, gemeinsam mit Tante Irene zu vermitteln, denn ich tat den beiden sehr leid. Wir hatten uns stets gut verstanden, gerade die Tante hatte oft bedauert, wie Mama mich schon als Kind behandelt hatte, und daher sahen sie es wohl als ihre Pflicht an, den Streit zu schlichten. Besonders Mamas konsequente Ablehnung zu verzeihen, wenngleich auch der Fehler bei ihr lag, machte es aber sehr schwer. So schrieb mein Onkel an sie, ließ dabei aber auch seinem Unmut freien Lauf und dies führte nun auch dazu, dass Mama ihn und Tante Irene auch erst einmal nicht mehr sehen wollte - allerdings nicht so vehement ablehnte wie mich und meinen Ehemann, die sie uns nun gänzlich aus ihrem Leben ausschloss.

Aus England erreichten uns Anfang des Jahres 1901 keine guten Nachrichten. Der Urgroßmama schien es zusehends immer schlechter zu gehen. Sie verfiel gesundheitlich, wobei einmal der Tod ihres Sohnes Alfred ihr sehr zugesetzt hatte sowie die Sorge um Großmama. Hinzu kamen aber die Konflikte in Südafrika im Rahmen des Ersten und Zweiten Burenkrieges, welche im Oktober 1899 begonnen hatten. Der Sohn von Urgroßmamas Tochter Lenchen, Christian Victor, hatte als Offizier und dann als Captain und Brevet-Major, also als ein Major auf Zeit, bei der Britischen Armee in Südafrika gekämpft. Im Oktober des Jahres 1900 infizierte er sich, als er in Pretoria stationiert war, mit Malaria. Am neunundzwanzigsten Oktober verstarb er infolge der Erkrankung, musste aber vor Ort bestattet werden. Er wurde nur dreiundzwanzig Jahre alt.

Die Urgroßmama wollte ihrer Tochter noch in ihrer Trauer um den Sohn beistehen, aber sie hatte keine Kraft mehr. Sie schrieb noch einen Brief an die Großmama, hoffte auf Besserung ihres Zustand, aber die Ärzte sprachen von einem rapiden körperlichen Verfall. Sie litt zunehmend auch an geistigen Ausfallserscheinungen, war oft verwirrt, hatte keinen Appetit, konnte nachts nicht mehr schlafen, fühlte sich schwach und matt.
Am neunzehnten Januar ließ der britische Hof eine Nachricht an alle Kinder Urgroßmamas versenden, man möge sich in Osborne House auf der Isle of Wight einfinden, da das Ende absehbar sei. Großmama konnte nicht mehr nach England reisen, obwohl sie es sicher gerne gewollt hätte, um ihre Mutter noch einmal zu sehen. Ihr Bruder Arthur hielt sich zu jenem Zeitpunkt gerade in Berlin auf, über ihn erreichte auch Onkel Willie die Nachricht aus England. Sofort machte er sich auf den Weg nach England, obwohl man ihn nicht darum gebeten hatte, anzureisen.
Meine Urgroßmama verstarb am zweiundzwanzigsten Januar in den Armen von Onkel Willie, der sich allein an ihr Bett setzte, nachdem alle ihre Kinder von ihr Abschied genommen hatten. Er war nicht besonders beliebt bei seinen Onkeln und Tanten.
Allerdings verhielt er sich dann doch sehr höflich, als er darauf bestand, an der Beerdigung teilzunehmen, aber nicht als Kaiser, sondern als ein einfaches Familienmitglied, denn er hatte die Urgroßmama sehr geliebt.
Die Beisetzung der Urgroßmama fand am vierten Februar statt, nachdem man sie vorher zwei Tage in der St. George`s Chapel von Schloss Windsor aufgebahrt hatte. Sie wurde neben ihrem Ehemann im Royal Mausoleum von Frogmore, auf dem Gelände des Schlosses beigesetzt. Das Mausoleum hatte sie für sich und Albert errichten lassen.
Nach dreiundsechzig Jahren, sieben Monaten und zwei Tagen, endete die in der englischen Geschichte am längsten dauernde Regierungszeit eines Monarchen. Bertie, Urgroßmamas ältester Sohn, trat nun die Thronfolge als König Edward VII. an.
Ich konnte nicht zur Beisetzung meiner so sehr von mir geliebten Urgroßmama reisen, da ich wieder an starken Schmerzen in den Beinen, Appetitlosigkeit, Kopfschmerzen und Schüttelfrost litt. Es war für mich sehr schlimm, dass ich nicht bei ihrem letzten Gang anwesend

sein konnte. Ich bat Haz, für uns beide hinzureisen, mich zu entschuldigen, was er natürlich auch umgehend tat.
Ich trauerte sehr um meine Urgroßmama. Natürlich würde ich noch nach England reisen, da ich mich sehr gut mit den Verwandten dort verstand, aber es würde nicht mehr dasselbe sein ohne sie. Diese Urgroßmama, diese große alte Dame, konnte nichts ersetzen. Und ich war ihr erstes Urenkelkind gewesen, sie hatte mich stets sehr umsorgt, wenn ich in England gewesen war, hatte sie mich ihre Liebe spüren lassen.
Ihr Tod war meinem gesundheitlichen Zustand nicht gerade zuträglich. Die andauernden Streitigkeiten mit meinen Eltern schlugen sich auf meine Psyche nieder, hinzu kamen die anderen Beschwerden und so lag ich wieder tagelang im Bett, fühlte mich kraft - und antriebslos.
Als Haz aus England zurückkam, überraschte er mich kurz darauf mit einem wunderhübschen Pärchen Lovebirds, Agaporniden oder Rosenköpfchen, die man auch Unzertrennliche nennt, denn Männchen und Weibchen, einmal verpaart, bleiben lebenslang zusammen. Die Vögel saßen in einem eigens für sie angefertigten Vogelbauer und ich freute mich sehr über sein Geschenk.
„Wie diese zwei Vögel kann uns nichts und niemand trennen, Feo“, sagte er, „Und sie müssen nicht lange in dem Bauer wohnen. Solange es dir nicht gutgeht, sollen sie dir hier Gesellschaft leisten. Aber sobald es dir bessergeht, bauen wir ihnen im Park eine wunderschöne Voliere.“
„Danke, Liebster“, antwortete ich, deutete ihm, sich zu mir auf den Rand des Bettes zu setzen, lächelte, aber dann überkam mich wieder die Trauer, „Verzeih` mir, wenn ich dich nicht anspringe vor Freude. Aber der Tod der Urgroßmama - nun liege ich hier … aber ich muss doch wieder zur Großmama … sie braucht mich.“
„Ich weiß, ich weiß“, sagte er sanft, „Aber ich lasse dich nicht nach Kronberg fahren, wenn es dir nicht gut geht. Du musst erstmal selbst wieder auf die Beine kommen. Einstweilen kannst du ihr schreiben.“
Haz setzte sich auf die Bettkante, gab mir einen Kuss auf die Stirn, strich fast väterlich über meine Wange.
„Der Schmerz über einen Verlust geht nie ganz weg, aber es wird besser mit der Zeit, Feo“, dann senkte er den Kopf, flüsterte, „Aber mit deinen Eltern … ich werde aus ihnen wohl nie schlau werden oder sie

verstehen können. Ich hoffe, dass sie noch über alles nachdenken und die Lage sich wieder beruhigt, denn du bist ihr einziges Kind."
„Ach, Haz, sie ist eben, wie sie ist. Ich bin sicher nicht perfekt. Wer kann das schon von sich sagen? Aber ich würde unser Kind oder unsere Kinder niemals so behandeln."
„Das weiß ich doch, Liebes", gab er mir zu verstehen, „Du wirst sicher eine sehr gute, verständnisvolle und liebevolle Mutter sein."
Er erhob sich und ich nickte, aber in jenem Moment übermannte mich wieder dieses Gefühl der Sehnsucht nach einem Kind, kaum, dass er es angesprochen hatte. Ich wünschte es mir so sehr. Aber irgendwie schien zu jener Zeit alles immer nur noch aussichtsloser zu werden, stürmte zu viel auf mich ein und ich wusste nicht, wie ich dem allen noch standhalten sollte. Ich konnte aber auch nicht andauernd meinen Ehemann mit meinen Problemen belasten. Er wusste ja darum. Tief in mir drin hoffte ich, meine Eltern könnten sich noch besinnen.

Onkel Willie besuchte die Großmama direkt nach seiner Rückkehr aus England. Er hatte sie seit dem November des letzten Jahres nicht mehr gesehen und war geschockt über ihren Zustand, da nicht mehr nur ihre Arme und Hände angeschwollen waren, sondern auch ihre Beine und Füße. Ihr Gesicht war nur leicht geschwollen und sie hatte zum Glück kaum noch diese schlimmen Schmerzen im Rücken, litt aber nun an Verdauungsproblemen. Sie hatte kaum noch Appetit, Blut im Stuhl, fühlte sich elend. Sie verbrachte nun fast alle Tage im Bett liegend.
Mittlerweise bat sie um höhere Dosen des Morphins, aber die Ärzte verweigerten ihr dies. Sie befürchteten, sie könne süchtig werden, immer mehr verlangen, was aber in ihrem Zustand völlig abwegig war. Gleichzeitig wollten sie ihr Leben durch zu hohe Dosen des Schmerzmittels nicht verkürzen.
Sie schrieb dies an ihren Bruder in England und Bertie besuchte sie Ende Februar. Er brachte Dr. Laking mit, der seiner Schwester mit Schmerzmitteln helfen sollte, um, wie er sagte, das Leiden einer sterbenden Person erträglicher zu machen. Die Großmama begrüßte die Anwesenheit Lakings und die Bemühungen ihres Bruders, der auch einen Überraschungsgast nach Kronberg mitbrachte. Frederick Ponsonby war einer seiner Sekretäre, aber auch gleichzeitig der Patensohn vom verstorbenen Großpapa.

Da es sich um die erste Reise Berties als neuer König von England handelte, bot ihm Onkel Willie an, im Schloss in Bad Homburg zu wohnen, ließ alles herrichten, aber Bertie lehnte ab. Er wollte bei seiner Schwester in Friedrichshof wohnen, bei ihr sein und reiste ausschließlich ihretwegen an. Onkel Willie wollte ihm aber dennoch einen würdigen Empfang bereiten, holte ihn mit einem neuen Pferdeschlitten, der von zwei prächtigen Schimmeln gezogen wurde, vom Bahnhof ab. Leider hielt er am Protokoll fest und so musste Bertie sich dann auch zu einem Mittagessen nach Homburg begeben, wobei er, aufgrund der offiziellen Einladung beim Kaiser, eine preußische Uniform trug.
Onkel Willie wollte dann abends zum Dinner nach Friedrichshof kommen, aber Bertie ließ sich entschuldigen, da er müde sei. Er wollte nur Zeit mit seiner Schwester verbringen, nicht mit Onkel Willie und ungestört sein.
Das Morphium, welches die Großmama nun in höheren Dosen erhielt, zeigte alsbald seine Wirkung und sie hatte Phasen, in denen sie aufrecht im Bett sitzen, sich unterhalten konnte, wie früher. Manchmal packte sie dabei ein Redeschwall. Vielleicht meinte sie auch, sie müsse vieles nachholen, was während ihrer Abgeschlagenheit ungesagt geblieben war.
So ließ sie auch Ponsonby an ihr Bett kommen, fragte ihn zuerst beiläufige Dinge, ob er ihre Kunstsammlung im Schloss gesehen habe, ob er sich wohlfühle in Friedrichshof, und ging dann über zu ernsteren Themen. So wollte sie wissen, ob er ihren Bruder für einen geeigneten konstitutionellen Monarchen halte und was er generell über diese Form der Monarchie dachte, wobei sie darauf verwies, dass sie diese bevorzuge.
Sie merkte noch an, wie sehr es sie verletzt habe, als Onkel Willie in das Goldene Buch der Stadt München die Sentenz Suprema lex regis voluntas – des Königs Wille ist höchstes Gesetz eingetragen hatte. Sie fand das unter anderem vielleicht passend für einen Zaren, aber dass ihr Sohn so eine Richtung einschlug, fand sie höchst unpassend.
Dann wollte sie einiges über den Krieg in Südafrika wissen und Ponsonby hatte für einige Zeit das Gefühl, er spreche nicht mit einer sterbenden Frau, sondern mit jener Frau, die immer so lebhaft und interessiert gewesen war. Doch dies hielt nur etwa eine Viertelstunde an,

dann wurde sie wieder schläfrig, bat ihn aber, noch etwas an ihrer Seite sitzenzubleiben. Ponsonby kam ihrem Wunsch nach, aber es stimmte ihn sehr traurig, sie so verfallen zu sehen.
Sie bat ihn noch um einen großen Gefallen. Er sollte ihre gesamte private Korrespondenz mit nach Windsor nehmen und diese dort aufbewahren lassen, damit diese Onkel Willie nicht in die Hände falle. Niemand sollte wissen, dass sie diese Vorkehrung traf, und Ponsonby gab ihr sein Wort. Er werde über die ganze Angelegenheit Stillschweigen bewahren, die Briefe mit nach England nehmen.
Da die Großmama nie ein Tagebuch geführt hatte, hatte sie ihre Mutter einmal gebeten, die Briefe, die sie an sie schrieb, zu retournieren, damit sie einmal ihr Leben in Deutschland aufschreiben konnte, die Anschuldigungen gegen sie und den Großpapa aus der Welt räumen konnte, die Onkel Willie und Bismarck einst in die Welt gesetzt hatten. Wenn sie diese Art Autobiographie fertiggeschrieben hätte, wollte sie die Briefe an die Mutter wieder mit nach England nehmen, sie ihr wiedergeben, aber sie hatte es nicht mehr geschafft, alles aufzuschreiben.
Nach dem Tod Großpapas hatte sie bereits die Härte ihres ältesten Sohnes zu spüren bekommen und Ponsonby war nun ihre letzte Chance, eben jene Briefe wieder nach England mitzunehmen. Sie sah keine andere Möglichkeit, diese sonst aus Deutschland herauszubekommen. Und sie befürchtete, die Korrepondenz sei nach ihrem Ableben nicht mehr sicher.
Als Ponsonby nun abreiste, übergaben ihm Bedienstete zwei große Schachteln, die von der Größe her fast schon Koffern ähnelten, über die man schwarze Tücher legte. Der Sekretär konnte die Schachteln oder Boxen nicht so einfach aus dem Schloss und weitertransportieren, da die Geheimpolizei des Kaisers aufgrund des Besuches von Bertie das Schloss bewachte. Man würde die Boxen inspizieren wollen. So überlegte er kurz, wies dann die Bediensteten an, auf eine der Boxen „Vorsicht chinesisches Porzellan“ und auf die andere „Vorsicht antike Bücher“ zu schreiben und daneben die Adresse seines Hauses in England. So konnte er vor der Geheimpolizei und auch Berties Kurier sagen, er habe einige schöne Sachen für sich in Hamburg gekauft, als er kurz dort geweilt habe, und nun brauche er Hilfe, um diese durch den Zoll zu bekommen.

Am ersten März schmuggelte Ponsonby also auch unter den wachsamen Augen Onkel Willies die Briefe aus dem Schloss, als er mit Bertie abreiste. Zurück in England, brachte er sie nach Windsor und ließ sie gut wegschließen.

Mama besuchte die Großmama auch oft. Allerdings tat sie dies, wenn ich nicht zugegen war. Da die Großmama bald keinen Stift mehr halten konnte, viel zu schwach zum Schreiben war, übernahm Mama dann das Schreiben ihrer Korrespondenz. So sind alle Briefe aus den letzten Lebensmonaten meiner Großmama von Mama nach ihrem Diktat niedergeschrieben worden. Auch Mamas Schwestern reisten nach wie vor nach Friedrichshof und leisteten ihrer Mutter Beistand und Gesellschaft. Es wurde aber zusehends schwerer, ihr Leiden mitanzusehen, denn gerade in diesen letzten Lebensmonaten, in denen sie nur noch im Bett liegen konnte, schrie sie oft vor Schmerzen auf, weinte und schämte sich dann, wie sehr sie sich in alldem ergehe, obwohl ihre Qualen furchtbar gewesen sein müssen. Niemand machte ihr einen Vorwurf dafür. Und einmal sagte sie mir, sie fühle sich meiner Mutter nun näher. Vielleicht lag dies an der Tatsache, dass ihre Leiden beide Frauen vereinten, aber ich kann das nur mutmaßen.
Da niemand wusste, wie viel Zeit der Großmama noch blieb, buchte Bertie seine alljährliche Kur in Bad Homburg für Mitte August, um wieder in der Nähe seiner Schwester zu sein, und Onkel Willie plante die Manöver in Kassel für dieselbe Zeit, um in Berties Nähe zu sein, wenn er in Deutschland weilte. Er reiste Ende April noch einmal zu seiner Mutter nach Friedrichshof und dann Mitte Juli.
Es begann bald ein wahrer Pilgerzug von Verwandten und Freunden nach Friedrichshof. Alle ihre Kinder kamen mit ihren Kindern, Ehemännern, Onkel Heinrich und Tante Irene besuchten sie so oft als möglich, ihre Schwestern Lenchen und Beatrice ebenso wie Alix, die nun an Berties Seite Königin von England war, Großmamas Nichte Ena von Battenberg und viele mehr.
Sie ließ es sich auch nicht nehmen, an Ostern die Bediensteten anzuweisen, für die anwesenden Enkelkinder Ostereier im Park zu verstecken, und versuchte dem geschäftigen Treiben zu folgen, als die Kinder lachend und jauchzend vor Freude durch den Park liefen, um diese zu suchen. Man öffnete ihr hierzu ein Fenster und richtete sie soweit

im Bett auf, dass sie wenigstens etwas sehen konnte, aber auch die Geräusche drangen an ihr Ohr und es bereitete ihr viel Freude.
Großmama war ein Briefwechsel sehr wichtig und das war der mit ihrer Tochter Sossy. Tante Sossy konnte nicht ständig aus Griechenland zu ihr reisen, aber es war ihr wichtig, mit ihr Kontakt zu halten. Sossy würde einmal Königin von Griechenland werden und die Großmama unterstützte sie darin, sich auch beim Volk durch Wohltaten beliebt zu machen. Obwohl es ihr schlechtging, entsandte sie jemanden, der die Einrichtung von Suppenküchen für die Armen mitanleiten sollte, und schickte eine in einem ihrer Krankenhäuser ausgebildete Oberschwester nach Griechenland, die dort Krankenschwestern und Entbindungshelferinnen ausbilden sollte.
Die Großmama leitete Sossy gewissermaßen an, auch Hospitäler zu modernisieren, neue einzurichten, auch Kindergärten, Berufsschulen und sich für den Tierschutz einzusetzen, indem sie in Griechenland einen Zweig der S.P.C.A., der Society for the Prevention of Cruelty to Animals, also der Gesellschaft zum Schutz vor Grausamkeiten an Tieren, gründete.
Sossy zeigte sich ebenso wie ihr Ehemann Tino hocherfreut über jede Hilfe ihrer Mutter und sie war fast den Tränen nahe, als die Großmama noch in diesen letzten Lebensmonaten versuchte, Griechisch zu lernen. Jeden Morgen übte sie einige Wörter und Sätze. Aber sie gestand, es sei einfacher, wenn man eine Sprache auch gesprochen hörte, um sie zu erlernen.
Die Briefe an Sossy wurden nach dem Frühjahr des Jahres 1901 seltener, aber die Großmama mühte sich sehr, weiterhin zu schreiben beziehungsweise Briefe zu diktieren. Und Sossy antwortete ihr stets umgehend, fürchtete dann aber doch so sehr den rapiden Verfall ihrer Mutter, dass sie und Tino nebst Kindern, Anfang Juni noch einmal nach Friedrichshof reisten.
Es war der Großmama unter Mühen noch einmal möglich, in einer Kutsche im Park mit den Kindern herumzufahren, dann musste sie wieder liegen. Mittlerweile litt sie auch oft unter Atemnot. Sossy schmerzte mehr, dass sie dann auch noch meinte, ein jeder Gast könne sich langweilen, da sie sich nicht wirklich kümmern konnte. Sie sagte das zu jedem, der sie besuchte. Es war traurig, denn sie dachte so oft an andere und kaum an sich selbst.

Bevor Onkel Willie zu seiner jährlichen Kreuzfahrt aufbrach, besuchte er die Großmama, fand aber, sie sei durchaus noch mit einem wachen Geist gesegnet, und meinte zu allen anderen Verwandten, sie lebe sicher noch bis zum Winter.

Die Großmama diktierte kurz darauf ihren letzten Willen. Es ging ihr um ihre Möbel, den Schmuck, das Silber, die Kunstsammlung und wichtige Papiere. Mossy sollte Friedrichshof erben, ihren Schmuck und die Kunstsammlung die anderen Kinder und Verwandte, wobei sie genau festlegte, wer was bekommen solle. Zusätzlich verfügte sie, dass jeder und jede Bedienstete ihres Haushalts etwas erhalte und jede Person, die ihr irgendwann in ihrem Leben einmal nahegestanden habe.

Wenngleich auch ihre Töchter bald begriffen, dass sie nicht mehr lange leben werde, erließ man in Berlin eine öffentliche Mitteilung über ihren Gesundheitszustand, in der es hieß, er sei zufriedenstellend. Erst einen Tag vor ihrem Tod revidierte man dies und gab bekannt, dass ihre Kräfte zusehends im Schwinden begriffen seien.

Onkel Willie befand sich zu jenem Zeitpunkt auf seiner alljährlichen Schiffsreise auf der Nordsee. Auf der Yacht kümmerte er sich um seinen Freund Fürst Philipp zu Eulenburg und Hertefeld, der an einem Nervenleiden litt. Man unternahm schon lange gemeinsam diese Nordlandfahrten. Phili, wie man ihn in intimen Kreisen nannte, war ein preußischer Diplomat und seit dem Jahre 1886 mit Onkel Willie befreundet. Der fünfzehn Jahre ältere Freund übte oftmals einen positiven Einfluss auf meinen Onkel aus, auch wenn man ihm nachsagte, sich mehr für Männer als für Frauen zu interessieren und dahingehend auch diese Freundschaft zu bevorzugen.

Seit nun auch die Ärzte Großmamas baldiges Ableben befürchteten, reiste Onkel Willie umgehend zurück nach Kiel, wo ihn Dona empfing. Sie wollte gemeinsam mit ihm nach Friedrichshof reisen, aber er schalt sie vor allen Anwesenden, beschimpfte sie, weil er wusste, dass seine Mutter Dona auf keinen Fall um sich haben wollte. Dona war aber nun einmal ihre Schwiegertochter und so folgte sie ihrem Gemahl, betrat aber dann nicht die Gemächer Großmamas und diese wurde auch nicht mehr von ihrer Anwesenheit in Kenntnis gesetzt. Man traf in Kronberg schließlich sechsunddreißig Stunden vor

Großmamas Tod ein. Onkel Willie eilte sofort zur Großmama, verblieb an ihrer Seite, verließ kaum den Raum. Mossy war ebenfalls anwesend und Sossy. Mossy, die schon seit vielen Wochen unermüdlich an Großmamas Seite gewesen war, sich aufopferungsvoll um sie gekümmert hatte, befand sich mit Sossy im Park, um eine kurze Auszeit zu nehmen. Onkel Willie sagte ihnen nicht Bescheid, als die Großmama starb. So rief man sie erst kurz danach in die Gemächer.
Die Großmama starb am fünften August. Wir anderen wurden alle erst zu spät über ihr nahes Ende informiert und daher konnten unter anderem weder Mama noch ich, bei ihr sein. Ich fand dies sehr schmerzlich, denn ich wäre gerne an ihrer Seite gewesen. Schließlich war sie so etwas wie eine Mutter für mich gewesen.
Und dass ausgerechnet Onkel Willie zum Schluss bei ihr war, verärgerte einige. Er, der stets Streit mit ihr hatte. Vielleicht, so dachten wir, habe ihr Leiden doch noch sein Herz erweicht, denn sie war schließlich seine Mutter gewesen, aber wir sollten uns täuschen.
Schon kurz nach ihrem Ableben ließ er Soldaten am Schloss aufmarschieren. Er postierte berittene Soldaten um das gesamte Areal, Polizisten patrouillierten vor dem Gebäude und er schickte einige Geheimpolizisten los, um alle Räume durchsuchen zu lassen. Man fand natürlich nichts, aber die Befürchtung der Großmama erwies sich damit als rechtens. Schon wie beim Tode des Großpapas hoffte mein Onkel, irgendetwas zu finden, dessen er habhaft werden musste, bevor es öffentlich werden konnte.
Großmama hatte auch ihre Beisetzung bis ins kleine Detail festgelegt, dies ihrer Schwester Lenchen in den letzten Sommermonaten diktiert. So wollte sie keine Autopsie, wie man sie beim Großpapa vorgenommen hatte, keine Einbalsamierung, keine Fotoaufnahmen von ihr auf dem Sterbebett und keine prunkvolle Aufbahrung. Man sollte ihren Körper mit der preußischen Flagge bedecken, den Sarg dann schließen und in der kleinen Stadtkirche von Kronberg aufbahren, bevor man ihn nach Potsdam verbrachte, wo sie neben ihrem verstorbenen Gemahl im Mausoleum der Friedenskirche im Park von Sanssouci beigesetzt werden wollte. Der Hofkaplan sollte keine Trauerrede halten, sondern nur ein kurzes Gebet für sie sprechen.

Da Onkel Willie im Schloss Friedrichshof nichts finden konnte, also

Großmamas private Korrespondenz, um sie anschließend zu vernichten, musste er auf anderem Wege den letzten Rest ihrer Glaubwürdigkeit in Berlin zerstören und so traf er sich zu einem Spaziergang im Park mit seinem Kanzler Bernhard von Bülow, den er nach Kronberg einlud, um ihm anzügliche Häppchen zu servieren, welche man im Englischen tidbits nennt. So sagte er von Bülow, seine Mutter habe gewünscht, nackt und eingehüllt in die englische Flagge, den Union Jack, im Sarg beigesetzt zu werden. Ebenso sollten ihre sterblichen Überreste nach England transportiert werden, damit man sie dort beisetze.
Von Bülow glaubte Onkel Willie und teilte seine gespielte Empörtheit darüber, denn ebenso, wie er es vorgab, war auch der Kanzler der Ansicht, dass dies keinesfalls vertretbar sei. Dies werde die deutsche Bevölkerung doch mehr als entsetzen und die Würde Deutschlands verletzen. Eine deutsche Kaiserin, nackt und nur bedeckt von der britischen Flagge, die nicht in deutscher Erde ruhen wollte - dieses infame Gerücht verbreitete sich alsbald darauf im ganzen Land. Besonders in Adelskreisen kursierte es schnell und so meinte die Prinzessin Radziwill, eine von Großmamas schärfsten Kritikerinnen, sogar zu einem Journalisten in Paris, dass es schlimm sei, welchen Schmerz die Verstorbene noch bei ihrem Sohn hinterlasse, indem sie dies verfügt habe. Es gab keine Möglichkeit mehr, das Gerücht zu unterbinden. Sorgsam hatte Onkel Willie seiner Mutter auch so die letzte Würde genommen und sie endgültig degradiert. Schwerwiegend war daran, wie sehr er sich in diesem Verhalten seinem Unmut darüber hingab, die private Korrespondenz nicht in Kronberg vorgefunden zu haben. Man kann es durchaus als seinen Rachefeldzug dafür bewerten.
Er setzte dem Gerücht bald darauf noch hinzu, die Großmama habe auch in ihrem letzten Willen bezüglich der Beisetzung auf alle ihr eigentlich zustehenden Ehren als Kaiserin verzichtet. Sie wolle wie eine englische Prinzessin zu Grabe getragen werden. Sogar einen Sarg hatte sie noch für sich aus England bestellt und die Anreise eines anglikanischen Bischofs verfügt, den sie gut kannte. Dieser sollte die Leichenschau vornehmen, eben nach dem Ritus der Anglikanischen Kirche. Damit wollte sie angeblich ein Zeichen setzen, wie sehr sie Deutschland verabscheut hatte, sich immer noch mehr Englisch fühlte, nach all diesen Jahren in der neuen Heimat.

Man begann aber gerade in Berlin, diese Gerüchte aufzubauschen. Bald kursierte auch dieses, welches besagte, sie habe ein Tagebuch verfasst, welches sie noch vor ihrem Tod zerstört habe, ebenso wie ihre Briefe an die Mutter in England, aus denen sonst hervorgegangen wäre, wie sehr sie Deutschland hasste.
Es war alles so schändlich und traurig.

Allerdings sollte Onkel Willie seine bösen Worte über Großmama noch bereuen. Als Ponsonby und Bertie anreisten zur Beerdigung der Großmama, setzte er den Grafen August zu Eulenburg, seines Zeichens Minister des königlichen Hauses, auf Ponsonby an. Eines Abends nach einem Dinner ließ Eulenburg gegenüber Ponsonby wie beiläufig fallen, man habe nach der Durchsuchung aller Räume von Schloss Friedrichshof keine private Korrespondenz oder andere gleichwertig Papiere der Verblichenen gefunden und daher sei er nun vom Kaiser beauftragt worden, herauszufinden, ob sich diese eventuell in Windsor befinden könnten. Er bezog sich dabei auf das Archiv. Ponsonby war aber so schlau gewesen, die Boxen, die ihm die Großmama übergeben hatte, in seinem eigenen Wohnbereich in Windsor zu belassen.
So versprach er Eulenburg, umgehend an Lord Esther, den Archivverwalter in Windsor, zu telegraphieren, um etwas herauszufinden. Er blieb völlig ruhig und gelassen. Natürlich kam sogleich die Nachricht zurück, dass sich im Archiv in Windsor nichts dergleichen befinde.
Man zeigte sich darüber sehr enttäuscht und nahm sicher an, Großmama habe alles vernichtet.
Ponsonby sollte sein Wort gegenüber Großmama für weitere fünfundzwanzig Jahre halten. Er bewahrte die Korrespondenz in seiner Wohnstatt auf. Erst als Onkel Willie im Jahre 1928 dann seine Memoiren veröffentlichte, die natürlich ihm wohlgefällig waren, entschied sich Ponsonby, die Korrespondenz einzusehen und ungeschönt herauszugeben. Dies war dann ein später Triumph für Großmama über ihren erstgeborenen Sohn und Bismarck.

THE FUNERAL OF THE EMPRESS FREDERICK.

KING EDWARD AND THE KAISER AT THE ENTRANCE TO THE CHURCH, CRONBERG, AUGUST 11.

Trauerfeier für die Großmama in Kronberg am elften August 1901; vor dem Eingang (rechts) Bertie, davor (stehend) Onkel Willie

Bei der Trauerfeier für die Großmama waren Haz und ich natürlich zugegen. Meine Eltern, die auch anwesend waren, begrüßten uns kalt mit einem Nicken, Mama hielt mir ihre rechte Wange hin, legte kurz die Hände auf meine Oberarme, sagte aber kein Wort. So küsste ich sie kurz auf die Wange, vermied aber auch jeden weiteren Wortwechsel mit ihr. Haz, der eigentlich lieber Frieden innerhalb der Familie haben wollte, war von mir vorher instruiert worden, ihnen höflich, aber ebenso zu begegnen, wie sie uns empfingen. Daher verkniff er sich eine innige Begrüßung, verhielt sich förmlich.
Noch hoffte ich, dass, wenn meine Eltern dies sahen, wie alle anderen uns freundlich empfingen, man sich innig begrüßte - in der Trauer vereint - sie sich auch erweichen ließen. Aber sie konnten beide einfach nicht über ihren Schatten springen. Und ich war in dieser Hinsicht dann auch starrköpfig, wollte mich nicht für etwas entschuldigen, was nicht meine Schuld war.
Ich trauerte sehr um meine Großmama. Sie war nicht nur wie eine Mutter zu mir gewesen, sondern ein Anlaufpunkt, wann immer man sich ausweinen wollte, Beistand suchte oder sich einfach nur geborgen fühlen wollte. Natürlich konnte ich weiterhin nach Kronberg reisen, Mossy und ihre Familie dort besuchen, mich mit anderen Verwandten dort treffen, aber der Mittelpunkt unserer Familie war aus meiner Sicht fort - unwiederbringlich. Egal, wie sie zu ihren Kindern gewesen war, für mich war sie eine besondere Frau gewesen, die einen großen Einfluss auf mich gehabt hatte. Doch sie in ihren letzten Monaten so leidend zu sehen, war ebenso unerträglich gewesen wie der Schmerz über ihren Verlust. Und sie hatte mich wieder beeindruckt, indem sie sich schämte, wenn sie vor Schmerzen weinte, bedauerte, nicht tapfer zu sein, es zu ertragen. Dabei hatte sie noch so vieles geregelt, sich bemüht, dennoch für jeden da zu sein. Ich würde ihr niemals vergessen, was sie für mich getan hatte.
Als ich mich später mit Moretta unterhielt, ihr sagte, wie sehr ich die Großmama geschätzt hätte, versicherte mir diese, sie werde ihr ebenso fehlen, denn sie hatte sich bei ihr auch immer sehr geborgen gefühlt. Mama ging an uns vorbei, blieb stehen, lauschte und machte dann ein Geräusch, dass irgendwie verachtend klang. Sie schüttelte den Kopf und murmelte, man solle eine Person auch nicht verklären, aber sie wisse, dass ihre jüngeren Schwestern die Lieblinge ihrer Mutter

gewesen seien.
„Ihr wart eben perfekt!“, schnaubte sie und ging weiter.
Moretta blickte mich mit einem vielsagenden Blick an, seufzte.
„Sie kann ihr einfach nichts verzeihen, so, wie sie niemandem etwas verzeihen kann. Manchmal denke ich, sie führt darüber Buch, wann und wo ihr jemand auf die Füße getreten ist.“
„Ja, es wäre dann schon ein dicker Wälzer“, musste ich schmunzeln.
„Die Bibel von Ditta!“, witzelte Moretta, hielt sich aber die Hand vor den Mund, als sie über ihre Worte lachen musste.
Ich beugte mich vor, flüsterte ihr zu: „Und sie schreibt immer noch am Neuen Testament!“
Moretta wurde wieder ernst, nahm mich spontan in den Arm, drückte mich sanft.
„Ach, Feo, du tust mir wahrlich leid in dieser Hinsicht. Aber deine Mutter ist oft ein sturer Esel!“
Ich erwiderte ihre Umarmung, dann lösten wir uns voneinander und mischten uns wieder unter die anderen anwesenden Trauernden. Es tat gut, dass mich so viele Menschen verstanden und auch zu mir und meinem Ehemann hielten. Sie ließen Mama unterschwellig spüren, wie sehr ihnen ihr Verhalten missfiel. Es ihr zu sagen, wäre in jenem Moment unpassend gewesen und Vermittlungsversuche schlugen auch schriftlich fehl. Man erntete nur noch mehr Unmut von ihr, wenn man sich einmischte.
Ich möchte niemals damit ausdrücken, dass ich unfehlbar war oder stets die Leidtragende, die sich unterdrücken ließ, aber auch als junge Frau spürte ich, wie ungeliebt ich immer noch war. Man musste hinnehmen, dass ich da war, so dachte und fühlte, aber eigentlich war man froh, wenn ich mich im Hintergrund hielt. Nichts, was ich tat, war richtig. Ich hätte mich noch so sehr bemühen können und irgendwann war man es leid. Es führte zu nichts, dennoch würden meine Eltern immer einen Kritikpunkt an mir finden oder an Haz. Wir waren personae non gratae, wie Haz es ausdrückte, unerwünschte Personen für meine Eltern.

Papa im Jahre 1901 an seinem Arbeitstisch im Großen Palais in Meiningen

Es war noch nicht lange nach dem Tod der Großmutter, als meine Eltern Ellen erzählten, es sei ihnen zu Ohren gekommen, dass ich schreckliche Lügen vor der Großmutter erzählte, um besonders in ihren letzten Lebensmonaten Geld aus ihr herauszupressen.
Meine Großmama war nie sehr reich gewesen. Sie war eine sehr gutherzige Frau und oftmals sehr generös, wenn jemand Geld brauchte. Es war bekannt, dass man sie dahingehend auch ausnutzen konnte. Natürlich war sie mir gegenüber immer großzügig gewesen, denn sie liebte mich wie ein eigenes Kind und ich sie mehr als meine richtige Mutter. Ich hätte zweifelsfrei jederzeit ihre sanfte Seite ausnutzen können, auch in finanziellen Dingen. Meine Eltern, die immer das Schlimmste von mir dachten, setzten damit ihrerseits eine geradezu ungeheuerliche Lüge in die Welt. Eine schwerkranke Frau, dann sterbend, noch derart auszunutzen - es hätte meiner Mutter nur allzu gut in ihre Karten gespielt, wenn ich dies getan hätte.

Mama in Trauerkleidung nach Großmamas Tod, 1901

Haz und ich waren nicht steinreich, aber wir konnten uns durchaus einen guten Lebensstandard leisten. Wir nagten nicht am Hungertuch, wie man so sagt. Ich war niemals darauf angewiesen, meine Großmama oder irgendeinen Verwandten um Geld zu bitten. Sicher steckte mir die Großmama auch mal etwas zu, aber dies hatte sich stets im Rahmen gehalten. Eben so, wie es eine Großmutter gegenüber ihren Enkeln tut.

Mama und ich waren mittlerweile wie Feuer und Wasser. Sie hatte diese Neigung zum Lügen, zum Unfug machen und ich war stets die Leidtragende. Natürlich spielte auch bei ihr, wie bei mir, jedes körperliche Leiden mit hinein, aber bei ihr schien es sich mittlerweile auch auf ihre mentale Gesundheit auszuwirken.
Als Mama erfuhr, dass die Ärzte mich weiterhin auf Malaria hin behandelten, war sie sich immer noch sicher, dass dahinter eine weitaus schlimmere Erkrankung stecken könne und ich dies vor ihr verheimliche, wie auch vor meinem Vater. Sie war auch so weit gegangen, Moretta und ihren Brüdern zu erzählen, dass es sicher um Syphilis handele. Es war so peinlich für mich und meine Ehemann, demütigend.
Ellen schrieb mir, Mama sage, sie könne es nur direkt den Menschen sagen, sie könne vor lauter Entsetzen es nicht mit einem Stift zu Papier bringen, um alle über meinen wirklichen Zustand zu informieren. Und sie könne nichts tun, mein Ehemann und ich sollten uns doch endlich einer Behandlung unterziehen, was wir natürlich beide ablehnten, denn es war keine Syphilis.
Sie drängte mich auch, mich doch endlich von ihrem Leibarzt Dr. Schweninger dahingehend untersuchen zu lassen, doch ich lehnte ab und sie meinte, in dieser Ablehnung wieder einmal zu erkennen, dass sie Recht habe.
Haz und ich mussten etwas tun. So informierten wir meinen Onkel Heinrich und andere Familienmitglieder über Mamas Lüge und ihr schreckliches Verhalten uns gegenüber. Besonders mein Onkel, der stets Frieden in der Familie haben wollte, riet uns, das Haus meiner Eltern nicht mehr zu betreten, bis Mama sich bei uns beiden entschuldigte.
Andere Familienmitglieder versuchten meine Eltern zu beschwichtigen, aber die Fronten waren zu verhärtet - sie waren nicht bereit, den ersten Schritt auf uns zu zuzugehen. So gingen wir unserer Wege.
Mama und ich stellten den schriftlichen Kontakt insofern ein als dass sie mich nur noch bei bestimmten Dingen informierte, wie zu Familienfeiern, Geburtstagen. Und ich zeigte mich auch störrisch, indem ich mit meinen Eltern ebenso verfuhr. Vielmehr beschloss ich auch, sie beide nicht zu informieren, wenn ich schwanger würde. Mama wollte keine Enkelkinder, dann konnten sie es auch erst später

erfahren. Natürlich nicht erst, wenn das Kind auf der Welt war, aber irgendwann im Laufe der Schwangerschaft.

Eine Ansichtskarte von mir aus dem Jahre 1902

Am achtzehnten Februar des Jahres 1903 feierten meine Eltern ihre Silberhochzeit. Onkel Heinrich und Tante Irene organisierten für sie eine Feier im Schloss zu Kiel. Meine Eltern luden einige Gäste ein, so auch mich und Haz, Mossy und Moretta mit ihren Ehemännern. Es gab an Bord von Onkel Heinrichs Schiff, auf dem er diente, zuerst ein

Lunch, welches recht harmonisch verlief.
Abends besuchten wir alle gemeinsam eine Theatervorstellung. Man gab das Stück Die zärtlichen Verwandten, ein Lustspiel, welches im November des Jahres 1900 in Breslau im Thalia Theater zum ersten Mal aufgeführt wurde. Das Stück war recht amüsant. Es war eigentlich von Onkel Heinrich gut gewählt, da so viele Familienmitglieder zur Feier anwesend waren, aber der Witz des Stückes bestand im andauernden Streit der Familienmitglieder untereinander. Moretta meinte hinterher, man sei eine sehr harmonische Gesellschaft, allerdings mit einem Augenzwinkern, denn meine Eltern, mein Ehemann und ich rissen uns für diesen besonderen Tag zusammen. Ich hatte an diesem Tag nicht absagen können, auch wenn ich nicht wirkliche Lust gehabt hatte, zu erscheinen. Haz redete mir gut zu und es waren auch noch andere Verwandte zugegen, auf die man sich konzentrieren konnte.
Meine Eltern zeigten sich Haz und mir gegenüber höflich, aber distanziert. Sie beherrschten sich ebenso wie wir.
Wir blieben noch einige Tage in Kiel und Hemmelmark, verbrachten Zeit mit Onkel Heinrich, Tante Irene und ihren Kindern sowie den anderen Verwandten.

Meine Eltern sprachen mehrmals aus, wie dankbar sie Onkel Heinrich für die Organisation des besonderen Tages seien.
Moretta, die eigentlich über das schlechte Verhältnis zwischen mir und meinen Eltern eingeweiht war, schrieb Ende der zwanziger Jahre ihre Memoiren nieder und veröffentlichte diese als erste im Bonner General-Anzeiger. Sie schrieb alles aus ihrer Sicht der Dinge und verklärte ein bisschen einige Fakten. So sollte sie dann auch schreiben, dass ich so etwas wie der Augapfel meiner Eltern gewesen sei. Vielleicht wollte sie Familienstreitigkeiten nicht erwähnen, ich verzieh ihr ihre Aussage in den Memoiren. Ebenso stellte sie Mama als eine sehr freundliche und liebevolle Person dar und schien ihre Schwester völlig anders in Erinnerung zu haben, als diese wirklich gewesen war.

Auf der SMS Kaiser Friedrich III. am achtzehnten Februar des Jahres 1903: In der ersten Reihe sitzen (von links nach rechts): ich, Tante Irenes Sohn Sigismund, Mama, Tante Irene; in der zweiten Reihe (stehend): ein Herr Paira, von Basse, Borkenhagen, Erich von Müller, sie waren allesamt Freunde von Onkel Heinrich und zur Besatzung gehörend; Onkel Heinrich, von Ammon, Mossy, Schmidt von Schwind, Tante Irenes Sohn Waldemar, Moritz von Egidy, Onkel Bein, Mossys Ehemann Friedrich Karl, genannt Fiffy, Frau von Basse, Haz, Morettas Ehemann Adolf; dritte Reihe (stehend) Moretta und Onkel Willies Sohn Adalbert

Onkel Willie und Dona hatten ihren Sohn Adalbert an ihrer statt geschickt. Donas Anwesenheit war auch eher unerwünscht. Und ich denke, sie wäre auch nicht gerne gekommen. Sie galt in der Familie als zu spröde und zu steif und leistete sich einen Faux pas nach dem anderen. Als die Zarenfamilie im November des Jahres 1899 zu Besuch in Deutschland gewesen war, wo man natürlich zuerst Alix` Verwandte in Hessen besucht hatte, hatte es auch einen Staatsbesuch in Berlin gegeben. Dona hätte Alix und ihren Ehemann, inzwischen Zar Nikolaus II. von Russland, zum Bahnhof begleiten müssen.

Mama und Papa im Februar des Jahres 1903

So sah es das Hofprotokoll vor. Da Alix aber am Vorabend ein dekolletiertes Kleid auf einem Ball trug, was Dona anstößig fand, weigerte sie sich. Es war aber nur ein vorgeschobener Grund, der auch politische Missstimmung verursachte. Der wahre Grund lag in der Tatsache, dass Alix bei ihrer Heirat mit dem russischen Zarewitsch zum russisch-orthodoxen Glauben übergetreten war, wie es das Protokoll vorgab. Dieser Konfessionswechsel behagte der tiefgläubigen Dona nicht. Wenn sie sich aber korrekt informiert hätte, so wäre sie eingeweiht gewesen, dass es Alix ausdrücklicher Wunsch gewesen war, beim Konfessionswechsel ihren evangelisch-lutherischen Glauben behalten zu dürfen. Sie bekam dies zugestanden und war damit die erste Gemahlin eines russischen Thronfolgers, die ihren Glauben weiterhin ausleben durfte, aber auch eben den anderen annehmen musste.
Ferner hasste Dona aber Alix` britische Allüren, wie sie sagte, aber was sie genau damit meinte, darüber schwieg sie.
Indem sie Alix so behandelte, verletzte sie damit deren Schwester Tante Irene. Daher war man sicher nicht traurig, als sie nicht zur Silberhochzeit geladen war.
Dona aber sah sich in ihren moralischen Vorstellungen völlig im Recht

und so gab sie auch einmal einem Prinzen bei einem Empfang nicht die Hand, weil dieser eine Liebesbeziehung im Ausland führte, aber sie reichte sie allen anderen Anwesenden.
Mit diesem Gebaren schloss sie sich auch selbst von der Familie aus.
Mama und Dona eckten ständig aneinander an, da meine Mutter sich sehr modisch kleidete und den Kurzhaarschnitt, damals völlig unüblich für eine Frau, sehr bevorzugte. Das Radfahren war für sie mittlerweile zu einer Passion geworden und sie kümmerte sich nicht mehr darum, ob ihre Schwägerin dies als undamenhaft verurteilte. Meine Mutter war für ihre Zeit eigentlich sehr fortschrittlich, denn sie begeisterte sich für Sport und Technik. So besaß sie ein eigenes Automobil, was ich bereits erwähnte, fuhr mit ihrem heißgeliebten Angel auch durch Breslau und Meiningen. In Laufe der Zeit erwarb sie stets neue Fahrzeuge dazu, hatte so bald einen kleinen Fuhrpark, auf den sie sehr stolz war. Und man muss ihr zugestehen, dass sie sich auch mit der Technik dieser Wagen sehr gut auskannte. Zudem war sie auch eine gute Fahrerin. Man kann also durchaus sagen, dass Mama stets auf dem Höhepunkt der Zeit war, sich nicht in das damals übliche klassische Frauenbild einordnen wollte.
Sie war sogar Ehrenmitglied einiger Automobil-Clubs im Deutschen Reich, wie dem Schlesischen Automobil-Club in Breslau, und stand diesem auch als Protektorin vor.
Distanzfahrten waren eigentlich mit Pferd und Kutsche populär. Man versuchte an einem Tag eine bestimmte Strecke zurückzulegen, wie beispielsweise mit Pferd und Kutsche fünfundzwanzig bis hundertsechzig Kilometer, oder auf mehrere Tage verteilt eine bestimmte Entfernung. Mit einem Automobil war dies natürlich leichter, da es keine Pausen brauchte, zudem gab es noch keine Beschränkungen für die Geschwindigkeit an sich oder Ruhepausen des Fahrers oder in Mamas Fall, der Fahrerin. Natürlich hielt man sich an gewisse Regeln, was verständlich ist. So fuhr man nicht mit großer Geschwindigkeit durch eine Ortschaft. Zu jener Zeit hatten viele Menschen noch nie in ihrem Leben in einem Automobil gesessen, die Präferenz der meisten Reisenden lag noch in einer Kutsche.

Von links nach rechts: Frl. v. Rochow. Frau v. Woyrsch. Oberst v. Rohrscheidt. General v. Woyrsch. Die Erbprinzessin. v. Rochow. Graf Pfeil. Oberstleutnant Gomlicki. Der Chauffeur. Major Freiherr v. Frentz. Freiherr von Roeder-Diersburg. Gräfin Geßler. Hofdame Frl. v. Abeken.

Die Erbprinzessin von Sachsen-Meiningen als Distanzfahrerin: Abfahrt von Breslau. — Phot. Fischer.

Mama als Distanzfahrerin im Jahre 1904 in Breslau - sie saß nur für die Aufnahme im Fond des Wagens, denn sie fuhr natürlich selbst

Meine Eltern hatten trotz aller Fortschrittlichkeit aber auch Vorlieben und Ansichten, die nicht allen Menschen im Deutschen Reich gefielen. Als sie beide heirateten, hatten die anglophilen und liberalen Kreise manche gewisse Hoffnung in das Brautpaar gesetzt, da sie beide einem liberal gesinnten Elternhaus entstammten. Doch diese Hoffnung zerstreute sich alsbald, denn sowohl Mama als auch Papa befürworteten einen Krieg, wenn er denn nötig wäre.

Man kann sagen, dass die national-konservativen Kreise in Berlin und das Offizierskorps, dem Papa angehörte, einen unbestreitbar großen Einfluss auf das politische Denken der beiden ausübte.

So vertrat mein Vater innenpolitisch konservative bis reaktionäre Positionen, denn er verachtete die Sozialdemokraten, Liberale, Katholiken, was ich schon erwähnte, und den Parlamentarismus im Allgemeinen. Natürlich kam es dadurch auch zu Konflikten mit anderen und zu unüberbrückbaren Meinungsverschiedenheiten.

Leider verschlechterte sich damit einhergehend auch Papas Verhältnis zu Onkel Willie.

Schon in den Jahren 1892 und 1893 hatten die beiden so unterschiedliche Ansichten gehabt, dass sie darüber in Streit gerieten, mein Vater mit dem Abschied aus der Armee drohte. Sogleich folgte eine

Beförderung von Seiten Onkel Willies und dies glättete die Wogen zunächst wieder.
Meine Eltern konnten Dona nie verzeihen, dass sie die Behauptung aufgestellt hatte, Mama habe eine Affäre mit dem Hofmarschall Karl-August Freiherrn Roeder von Diersburg gehabt. Zwar hatte sich Dona brieflich an meine Eltern gewandt, aber die Anschuldigung lag beiden immer noch auf der Seele. Der Freiherr hatte sich zu jenem Zeitpunkt kurzfristig von seiner Gemahlin getrennt, wie wir unter der Hand erfuhren, aber dies bedeutete nicht sofort, dass er sich dann Mama zuwandte, nur, weil er in Diensten meiner Eltern stand.
Im Jahre 1903 kam es dann zum endgültigen Bruch zwischen Papa und Onkel Willie. Mein Vater hatte eigenmächtig einen Befehl gegen Soldatenmisshandlungen durch ihre Vorgesetzten erlassen. So sollte der eigentliche Weg durch die Instanzen umgangen und eine Beschwerde von Seiten des betreffenden Soldaten direkt an das Generalkommando gemeldet werden. Bei einer gerechtfertigten Beschwerde konnte sich der Soldat dann so zu einem anderen Truppenteil versetzen lassen. Man nahm Papas Befehl sofort wieder zurück.
Sogleich reichte mein Vater sein Abschiedsgesuch bei der Armee ein. Dies erregte sehr großes öffentliches Interesse.
Am neunundzwanzigsten Mai des Jahres 1903 ernannte Onkel Willie ihn daher zum Generalinspekteur der 2. Armeeinspektion und zum Generaloberst. In letzterer Position sollte er bis zum fünften Dezember des Jahres 1912 verbleiben.
Papa musste hinnehmen, dass man ihm seine Posten und Beförderungen weiterhin neidete. Der Generalfeldmarschall Alfred von Waldersee meinte, dass, wenn die Prinzlichkeiten solche Vorteile innehätten, es für die Armee ein Schlag ins Gesicht sei. Zudem befand er, dass die meisten Prinzen traurige Gesellen seien, wobei er Papa aber noch als den vielleicht besten empfand, wobei er aber einwandte, er sei eben auch mit Schwächen gesegnet.
Mein Vater geriet in diesem Jahr bei der Armee dennoch etwas auf das Abstellgleis, wenn man es so nennen möchte. In Meiningen regierte immer noch der Großpapa. Er konnte aber aufgrund seines Alters nicht mehr so viele Repräsentationspflichten wahrnehmen und daher übernahmen dies Papa und sein Halbbruder Ernst. Sie vertraten ihn dann bei Veranstaltungen, wie Einweihungen.

Meine Eltern reisten gerne und so fuhren sie mit dem Automobil durch das Herzogtum und das Deutsche Reich. Papa studierte dabei genau das Land an sich und wurde bald zu einem Kulturpessimisten. Ihm fiel die allgemeine Verweichlichung der Menschen auf, die Überfüllung der Städte durch Menschen, die vom Land wegzogen, um dort Arbeit zu finden, der übermäßige Alkoholgenuss in der männlichen Bevölkerung. Ferner kritisierte er die Faulheit der Menschen, die anstatt zu Fuß zu gehen, die überall angelegten elektrischen und anderen Bahnen benutzten, und ihn störte die Sucht nach Frieden, die den Kindern schon in der Schule eingetrichtert wurde. Es durchzog für ihn die gesamte Bevölkerung von oben nach unten. Ebenso kritisierte er die Unfähigkeit der Heeresleitung um den Kaiser. Dies alles führte dazu, dass er in Bezug auf einen eventuell kommenden Krieg schwarz sah, und befürchtete, dass die Bevölkerung im Falle eines solchen durch ein Meer von Blut und Tränen ginge.
Mama sorgte sich wegen des steten Stimmenzuwachses der Sozialdemokraten bei den Wahlen und der unberechenbaren Persönlichkeit Onkel Willies. Die Sozialdemokraten stellten das bestehende politische und gesellschaftliche System in Frage, wie unter anderem die aristokratisch geprägte Klassengesellschaft.
Mama vertraute ihrem Leibarzt an, dass sie ihren Bruder für unfähig halte, besonders in Bezug auf die Zukunft des Reiches, was die politischen, dynastischen und die Regierungsverhältnisse betraf. Sie war der festen Überzeugung, sie müsse den Prinzregenten Luitpold von Bayern bitten, gemeinsam mit den anderen Bundesfürsten Onkel Willie dahingehend zu überzeugen, dass man die Probleme des Reiches nur in einer Vereinigung mit all diesen würde lösen können.

Papa wartete auf seinen Regierungsantritt in Sachsen-Meiningen. Er war dreiundfünfzig Jahre alt und fühlte sich wie Bertie, der ebenfalls lange auf die Thronbesteigung in England hatten warten müssen. Nicht, dass mein Vater den Tod seines Vaters herbeisehnte, aber er wollte während seiner Regierungszeit noch etwas erreichen, musste aber abwarten. Als im Jahre 1905 der erst einundzwanzigjährige Carl Eduard den Thron in Sachsen-Coburg und Gotha bestieg, da nach dem Tod von young Affie kein Erbe vorhanden war und 1908 der sechsunddreißigjährige Ernst in Sachsen-Altenburg die Regentschaft für seinen verstorbenen Onkel Ernst I. übernahm, ärgerte dies meinen Vater schon sehr, denn sie waren beide jung, für Neuerungen offen, setzten diese um. Papa wartete immer noch auf seine Regentschaft. Vielleicht hoffte er auch, der Großpapa werde schon früher zu seinen Gunsten abdanken, aber dieser erfreute sich bester Gesundheit und hatte auch eventuell keine großen Hoffnungen in seinem Sohn gesetzt. Die Gründe kenne ich nicht, ich kann es nur vermuten. Ich verstand meinen Vater durchaus, wenn ihn der Großpapa in die Regierungsgeschäfte nicht wenigstens ansatzweise integrierte. Der Großpapa in Meiningen war im Jahre 1903 siebenundsiebzig Jahre alt, aber erfreute sich bester Gesundheit.

Mama begab sich ab dem Jahre 1903 nun nicht mehr nur für die Wintermonate nach Cannes, sondern auch im Frühjahr. So meinte sie im Sommer des Jahres, dass ihre Nerven in buchstäblichen „Fetzen“ lägen, obwohl man es ihr nicht ansah. Sie litt seit geraumer Zeit wieder an ständigen Kopfschmerzen und Schwindel, was sie sehr deprimierte. Sie fühlte sich krank, matt und bekam immer wieder Ausschlag am ganzen Körper sowie einen unangenehmen Juckreiz. Und viele Wochen lang litt sie an Neuralgie im Gesicht, die sich alsbald über dem linken Auge fixierte. Dazu kam, dass sie sich ständig übergeben musste. Dennoch versuchte sie, auch ihre repräsentativen Verpflichtungen wahrzunehmen, besonders in Bezug auf ihr geliebtes Regiment.

Ich erfuhr in dieser Zeit das meiste über meine Eltern nur aus den Magazinen, von Ellen oder anderen Verwandten. Bedauerlicherweise nahmen meine Eltern keinen Anteil mehr an unserem Leben. Dabei erwähne ich viele von Mamas, sagen wir besonderen Fähigkeiten, nicht ohne Grund. Ich fand es durchaus bewundernswert, wie sehr sich gegen das klassische Frauenbild der Zeit stellte und einfach Mut besaß, das zu machen, was sie wollte. Es kümmerte sie nicht, wenn man sie dafür verurteilte, und sie hatte natürlich viele Bewunderer, was diesen Mut betraf. Die meisten Frauen zeigten sich nicht begeistert oder gar beeindruckt, denn sie besaßen nun einmal nicht ihr Selbstvertrauen, sich einfach durchzusetzen.

Nummer 32. Seite 1483.

1. Major Frhr. v. Röder. 2. Lt. v. Prittwitz und Gaffron. 3. Oberlt. v. Wedel. 4. Major u. Bataillonskommandeur v. Hertzberg.
5. Erbprinzessin von Sachsen-Meiningen. 6. Maj. Frhr. v. Marschall. 7. Frl. v. Chappuis. 8. Lt. Frhr. v. Schleinitz.

Das Tintenfassschiessen der Offiziere vom Füsilierbataillon des Grenadierregiments König Friedrich III. (2. Schlesisches) Nr. 11.

Die Erbprinzessin von Sachsen-Meiningen beteiligt sich am Wettschießen.

P. Fischer-Breslau phot

Man erwähnte bereits im Jahre 1902, dass sie auch am sogenannten Tintenfassschießen ihres Regiments teilgenommen hatte. Wie man auf dem Bild sehen kann, scheute sie sich nicht, ein Gewehr in die Hand zu nehmen.

Ich teilte ihre Interessen dahingehend nicht so sehr. So fuhr ich zwar auch gerne Rad, aber hätte mir nicht zugetraut, ein Automobil selbst zu steuern. Wenn ich aber dahingehend die Ambitionen meiner Mutter geteilt hätte, so wäre Haz sicher damit einverstanden gewesen, denn er ließ mir meine Freiräume. Man konnte sich als Frau in der damaligen Zeit kleine Fluchten suchen und einmal zu Hause eine Hose tragen, sich für eine technische Neuerung begeistert zeigen, ein Buch lesen, welches vielleicht nicht für die Damenwelt passend schien, nennen wir einmal Nietzsche, aber den Ausbrauch aus den gesellschaftlichen Klischees wagten nur wenige. Die Welt war von Männern dominiert. Ein unweibliches Gehabe konnte schnell zu viel Unmut hervorrufen und die meisten Männer sahen ihre Frauen als etwas an, was sich hübsch anzuziehen hatte, Gäste am Klavier unterhielt oder mit Gesang, und sich ansonsten, wenn zum Beispiel die Herren sich unterhielten, aus den Gesprächen heraushielt, das Zimmer verließ oder sich mit den anwesenden Damen vergnügte.
Mama war die große Ausnahme, weil sie auch politische Themen ansprach. Was ihre Klatschsucht betraf, war sie dann wieder eine Frau, die dem gängigen Klischee entsprach.

Am sechzehnten November des Jahres verstarb Tante Irenes kleine Nichte, die Prinzessin Elisabeth von Hessen und bei Rhein, Duckys Tochter. Sie war mit ihrem Vater zu Besuch im Jagdgebiet des Zaren in Skierniewice, damals in Russisch-Polen gelegen, und steckte sich dort mit Kindercholera oder Kindertyphus an. Die Achtjährige war der Liebling ihres Vaters Ernie gewesen. Ducky und Ernie waren seit dem Jahre 1901 geschieden, da es in der Ehe einfach zu sehr kriselte, was ich bereits angesprochen habe. Ducky brachte zudem ein Jahr vor der Scheidung einen Sohn tot zur Welt, weil sie auch während der Schwangerschaft nicht auf das Reiten hatte verzichten wollen. Das kleine Mädchen hatte nach der Trennung der Eltern im Wechsel eine Zeit bei Ducky in Coburg oder mit ihr im Haus ihrer Mutter Marie an der französischen Riviera gelebt und dann bei Ernie in Darmstadt. Es tat mir sehr leid für die trauernden Eltern, denn die kleine Prinzessin war ein sehr hübsches und liebes Kind gewesen. Sie hatte ihrer Mutter sehr ähnlich gesehen. Da ich Ducky bereits seit ihren Kindertagen kannte, schrieben Haz und ich ihr einen Brief und ebenso an Ernie,

den wir beide auch sehr gut kannten, denn er war Tante Irenes Bruder. Oftmals war er bei Familientreffen auch zugegen gewesen, man sah sich auch in Hemmelmark. Es interessierte mich nicht, dass man über ihn sagte, er sei eher Männern zugetan als Frauen. Wenn ich ihn mit seiner Tochter zusammen sah, machte es mich eher traurig, dass ich noch kein Kind hatte. Zeitgleich freute ich mich über das sehr innige Verhältnis zwischen Vater und Tochter, denn es war etwas, was ich so nie kennengelernt hatte. Der Schmerz über den Verlust des kleinen Mädchens musste für beide sehr schlimm sein.
Man munkelte, Ducky habe bereits einen neuen Verehrer. Bei der Krönung des Zaren Nikolaus II. von Russland war sie im Jahre 1896 dem Großfürsten Kyrill wiederbegegnet. Marie, Duckys Mutter, war Kyrills Tante. Kyrill und Ducky hatten sich bereits 1891 kennengelernt. Ob die beiden ein lockeres Verhältnis pflegten, weiß ich nicht zu sagen, jedenfalls wurde er in den Scheidungsskandal mit hineingezogen und Alix, in ihrer Position als Zarin, bat ihren Gemahl Kyrill, für sein angebliches Verhältnis mit Ducky in den Osten zu schicken. So sahen sich beide vorerst nicht wieder. Ich denke, sie hielten aber einen heimlichen Kontakt.
Ich wusste aber nichts weiter darüber. Ernie für seinen Teil begab sich nach dem Tod des Kindes auf Reisen, unter anderem nach Indien, um Abstand zu haben und seine Trauer zu verarbeiten.

Ende des Jahres 1903 wurde Haz nach Flensburg, nahe der deutsch-dänischen Grenze, versetzt. Die Region war bekannt für ihr mildes Klima. Wir waren damit auch in der Nähe von Hemmelmark und ich freute mich, nun Onkel Heinrich und Tante Irene öfter zu sehen. Mein Ehemann und ich verstanden uns mit ihnen ausgezeichnet.
Wir zogen in ein kleines Haus mit einem wunderschönen Garten, dessen Pflege ich nur allzu gerne übernahm. Haz erwarb zwei Pferde für uns, damit wir gemeinsam morgens ausreiten konnten. Meine Gesundheit besserte sich zusehends, ich nahm zu, ging gerne spazieren und fühlte mich bald viel kräftiger und belebter. In den folgenden Monaten blühte ich zusehends auf.
Zumeist waren Haz und ich uns genug. Natürlich besuchten wir auch weiterhin seine Mutter, aber die meiste Zeit blieben wir in unserem Domizil.

Da wir einer Nebenlinie des Hauses Reuss angehörten, hatten wir keinerlei Kontakt zu dem anderen Zweig der Familie. Die alte Linie des Hauses Reuss existierte nicht mehr. Der letzte Fürst war verstorben und sein Sohn aufgrund einer geistigen Behinderung nicht regierungsfähig. Es gab noch eine sogenannte jüngere Linie des Hauses mit dem Fürsten Heinrich XXVII. zu Reuss. Haz`Familie gehörte zum nichtregierenden Teil, sie waren apanagiert, was bedeutet, dass man diese Seitenlinie der Familie mit Landbesitz, Einkünften aus Liegenschaften oder Geldzahlungen zur Ermöglichung eines standesgemäßen Lebenswandels abgefunden hatte. Diese Apanage oder Abfindung wurde entweder bis zum Tod des apanagierten Adligen gewährt oder bis zum Aussterben der von ihm begründeten Linie. Sollten Haz und ich also keine Nachkommen haben, würde die Abfindung buchstäblich versiegen und der Besitz an die Stammlinie des Hauses Reuss im Falle unseres Todes zurückgehen.
Wir hatten also kein allzu großes Einkommen, aber es reichte uns aus. Natürlich, und dahingehend muss ich ehrlich sein, wäre eine kleine finanzielle Zuwendung seitens meiner Eltern durchaus hilfreich gewesen, aber unser Verhältnis war derart zerrüttet, dass ich mich nicht herablassen wollte, sie um Geld zu bitten. Es belastete mich, dass wir keinen wirklichen Kontakt mehr hatten, man uns auf Familientreffen kühl begegnete. Natürlich fragten sie uns, wie es uns gehe, wie wir auch sie, aber auf einer eher distanzierten Ebene - von ihnen aus ohne wirkliches Interesse.
Es belastete mich zudem auch, dass ich nicht schwanger wurde. Ich wollte unser Haus so gerne mit Kinderlachen füllen, aber es klappte einfach nicht. Man riet mir von Seiten eines Arztes, es ruhig angehen zu lassen, aber ich versuchte, mich doch schon abzulenken, indem ich spazieren ging, manchmal sogar ein oder zwei Stunden, ausritt, mich um den Garten oder das Haus kümmerte. Doch dann überkamen mich die Hoffnungslosigkeit und die Verzweiflung, vielleicht niemals Mutter zu werden. Mein Gemahl tröstete mich, er versuchte, mir eine Stütze zu sein, meinte immer, wir hätten doch noch Zeit, denn ich sei noch jung, aber es half mir wenig.
Ellen, die von meinem Kummer wusste, riet mir, mich für eine Zeit in ein Sanatorium nach Langenschwalbach im südhessischen Rheingau-Taunus-Kreis zu begeben. Die Stadt war bekannt für das älteste

hessische Heilbad. Das Sanatorium auf dem Paulinenberg wurde von Ellens Bruder, Dr. med. Reinhold Franz, geleitet. Er hatte in den späten 1880er und Anfang der 1890er Jahre als Brunnenarzt in Liebenstein praktiziert. Liebenstein ist ein Ortsteil der Landgemeinde Geratal im Ilm-Kreis in Thüringen. In seiner Funktion als Brunnenarzt hatte er die Medicinalaufsicht über die dortige Heilquelle und zugleich nahm er die das Bad Besuchenden in ärztliche Behandlung.

In Langenschwalbach war er Badearzt oder auch Kurarzt, führte aber auch eine eigene Praxis für Elektrotherapie.

Ellens Bruder war aber gleichzeitig auch der Leibarzt vom Meininger Großpapa, denn dieser verstand sich sehr gut mit seinem Schwager. Sie tauschten sich oft über Medizin aus. Reinhold Franz genoss einen guten Ruf als moderner Mediziner mit entsprechenden Kontakten zur Fachwelt. Diese nutzte er nicht nur im Dienste des Großpapas, sondern auch im Interesse der Meininger Ärzteschaft. Großpapa revanchierte sich, indem er seinerseits die Karriere von Ellens Bruder unterstützte. Er war es, der den Aufstieg desselben zu einem Bade - und damit wohl auch zu einem Modearzt ermöglichte

Zur Mitte der 1890er Jahre ließ sich mein Großvater nicht nur von ihm regelmäßig besondere Pulver und Rezepte gegen seinen regelmäßig einsetzenden Herbstkatarrh zusenden. Er übersandte dem Arzt dafür auch in ausführlicher Form die neuesten bakteriologischen Forschungsergebnisse, die Otto von Schrön in Neapel erzielte, wenn er dort mit Ellen weilte. Von Schrön war ein bekannter deutscher Arzt und führend auf dem Gebiet der Epidemiologie. Der Großpapa ernannte seinen Schwager schließlich zum Hofrat, womit dieser hoffähig wurde. Und der Titel öffnete ihm auch die Türen zu einer eigentlich immer finanzkräftigeren Klientel. Was Ellens Bruder aber auszeichnete, war die Tatsache, dass ihn das Geld nur peripher interessierte. Er sorgte sich mehr um die Gesundheit seiner Patienten sowie darum, dass vielen eine teure Behandlung nicht möglich war.

Großpapa hatte sehr viel Vertrauen in Ellens Bruder, denn wann immer er sich nicht wohlfühlte, konnte er diesen kontaktieren und er kam sofort nach Meiningen gereist.

Aufgrund dieser Beziehung zum Großpapa und der guten Reputation ihres Bruders hoffte Ellen sehr, dass mir ein Aufenthalt in Langenschwalbach helfen werde, und ich sollte dort auch unbedingt

Moorbäder zur Entspannung wahrnehmen. So besprach ich mich mit Haz und auch er meinte, so eine kleine Auszeit könne mir sicher guttun, mich auf andere Gedanken bringen.
Bedauerlicherweise kam mir vorher noch zu Ohren, dass meine Mutter erfahren hatte, wie sehr ich mich darum bemühte schwanger zu werden. Sie verstand dies ganz und gar nicht. Es war ihr fremd, wie man sein ganzes Leben auf so etwas ausrichten konnte. Es war drei Monate her, aber sie hatte den Ausspruch getan, dass sie ohne diese verdammte Brut sehr gut leben könne, womit sie sich auf eventuelle Enkelkinder bezog. Dies verletzte mich wieder einmal sehr.
Ich reiste also nach Langenschwalbach und begab mich für vier Wochen ins Sanatorium.

Das Sanatorium auf dem Paulinenberg in Langenschwalbach, im Jahre 1927 wurde der Ort zu einem anerkannten Kurort und hieß dann Bad Langenschwalbach

Das Sanatorium war sehr schön gelegen, ich hatte viele Anwendungen, Gespräche mit Dr. Franz, aber ich musste schnell einsehen, dass mir dies alles nicht wirklich half. Mein Inneres war buchstäblich auf den Kopf gestellt und ich empfand diese ganzen Enttäuschungen zusehends als widerlich. Anders konnte ich es nicht ausdrücken. Ich

sollte erholt zurückkehren, ausgeglichen, aber diese andauernde Fehde mit meinen Eltern war immer noch präsent. Es ließ mich einfach nicht zur Ruhe kommen.
Meine Mutter wusste um meine Kur durch Ellen, aber sie konnte für meinen Zustand kein Mitgefühl aufbringen und verwies auf ihre eigenen Leiden. Haz meinte zu mir, sie wolle vielleicht auch keine Enkelkinder und finde es besser für mich, keine Kinder zu haben, weil sie und ich ständig diesen gesundheitlichen Problemen unterworfen seien. Es war durchaus eine schwerwiegende Überlegung meines Gemahls, ob ein Kind dann nicht mit ebensolchen Leiden geplagt sein werde. Selbstverständlich hatte ich auch schon daran gedacht, dass ich vieles in Bezug auf meinen Gesundheitszustand von meiner Mutter geerbt hatte, wie beispielsweise die Neigung zur Migräne, zu den wandernden Bauchschmerzen. Aber ein eigenes Kind konnte doch auch gesund sein. Und so verwies ich Haz darauf, dass bei Tante Irene auch nur zwei Kinder die Hämophilie geerbt hätten, eines aber gesund sei. Oder bei der Urgroßmama. Nur Leopold hatte die Bluterkrankheit geerbt. Bei Tante Irenes Schwester Viktoria waren alle Kinder gesund, wenn man eben davon absah, dass Alice taub geboren worden war. Es gab genug Beispiele in der Familie und Verwandtschaft. Ich war nicht zwangsläufig dazu verdammt, ein krankes Kind zu gebären, und fand es daher eher nicht deprimierender, dass er überhaupt an so etwas dachte.
Haz drängte mich nicht dazu, schwanger zu werden, oder wollte unbedingt einen Erben haben, dass muss ich einwenden. Er wünschte sich ebenso wie ich ein Kind, aber sah das alles viel gelassener. Hinzu kam, dass es für einen Mann im Prinzip egal war, in welchem Alter er Vater wurde, aber den Frauen lief irgendwann die Zeit davon. Ein Kind hätte unsere Liebe, wie man so sagt, gekrönt. Jedenfalls sah ich dies so und war bereit, nach jedem Strohhalm zu greifen.
Haz war durchaus davon überzeugt, dass eine zweite Kur mir helfen könne. Man hatte bei mir eine Anämie festgestellt. Er war der nicht der Ansicht, dass die Kur meine gesundheitlichen Probleme umgehend beseitigen werde, man verbrachte einfach seine Zeit dort, so meinte er, aber sie würde meinen Geist sicher erfrischen und vielleicht sei Langenschwalbach einfach nicht der richtige Ort gewesen.
Dr. Franz hatte mir Arsen und Thorium in Tablettenform verschrieben

gegen die Blutarmut, meine Schilddrüsenprobleme sowie meine Hautekzeme. Ich begab mich auch in seine private Praxis, was natürlich kostspielig war. Aber solange ich die Tabletten nahm, legte ich an Gewicht zu, fühlte mich nicht wirklich wohl. Sobald ich mich dazu entschied, sie abzusetzen, verlor ich umgehend wieder Gewicht, war wieder dünn wie eh und je und blass.
Zu jener Zeit glaubte man, dass Badetherapien auch halfen, um zur Entspannung einer Patientin beizutragen, wenn sie ungewollt kinderlos blieb. Aber dies hatte mir alles nichts gebracht. Vielleicht war ich innerlich einfach zu angespannt, hatte zu viele Dinge im Kopf, die mich neben dem Kinderwunsch beschäftigten.
Ich hatte auch immer wieder Phasen, in denen ich sehr krank war. Ich litt unter ständigen Zahnschmerzattacken und Migräneanfällen. Im Oktober bekam ich eine Grippe, die mich wieder für eine lange Zeit niederwarf. Noch Wochen danach hatte ich kaum Appetit, war lustlos und immerzu müde.
Dennoch wollte ich unbedingt schwanger werden. Mein ganzes Denken und Streben drehte sich um diesen meinen sehnlichsten Wunsch. Ich erkundigte mich nach weiteren privaten Kliniken, Fachärzten, die mir vielleicht helfen konnten, meinen Wunsch zu erfüllen.
Ich sagte Ellen nicht, dass ich von ihrem Bruder enttäuscht war, aber sie ahnte es wohl anhand meiner Zeilen, da ich ihr mitteilte, es habe mir alles nicht geholfen. Sie zeigte aber sehr viel Mitgefühl, als sie hörte, dass ich im Winter wieder sehr krank war.
In der Sonnenstraße in München lag die Praxis des Frauenarztes Dr. Albert Döderlein. Er hatte die Milchsäure-Bakterien im Scheidensekret der Frau entdeckt, die nach ihm als Döderlein-Bakterien benannt wurden. Zudem hatte er aus aseptischen Gründen erstmals Gummihandschuhe für die Geburtshilfe und gynäkologische Behandlungen eingeführt. Döderlein war seit dem Jahre 1897 ordentlicher Professor an der Universität in Groningen gewesen, dann in Tübingen, bevor er seine eigene Praxis in München führte. Was ihn aber für mich so interessant machte, war die Tatsache, dass er auch führend auf dem Gebiet der künstlichen Befruchtung war. Es ging bei diesem Thema auch um eine Bekämpfung des Bevölkerungsrückgangs. Die Problematik einer eventuellen Unfruchtbarkeit einer Frau wurde von ihm völlig anders wahrgenommen. Natürlich war der Fortbestand einer Nation auch in

Bezug auf die Aufrechterhaltung von Geschlechterrollen wichtig. Dies war aber der damaligen Zeit geschuldet. Man widmete sich der Hormonforschung, um in den individuellen Körper zu intervenieren, ihn zu verbessern, zu manipulieren.

Man begann, natürlich zuerst in der Tierzucht zu forschen, aber versuchte schon einige Erkenntnisse auf den Menschen anzuwenden. So gab es durchaus erste Versuche, ein weibliches Ei und ein männliches Spermatozoon im Reagenzglas zu vereinigen. Man hatte auch bereits Seeigel-Eizellen mit chemischen Stoffen angeregt. Mit Spermieninjektionen in der Viehzucht erzielte man bald Erfolge und hoffte, dies auch auf den Menschen anwenden zu können.

Als ich diese Möglichkeit einer künstlichen Befruchtung in Erwägung zog, war man so weit, dass man die männlichen Spermien in eine Gebärmutter einführen konnte, aber dann musste man abwarten. Eine Vereinigung im Reagenzglas, die Zellen sich teilen zu lassen, also sicher sein zu können, dass sich lebensfähige Zellen bildeten, aus denen einmal ein Embryo erwuchs, dies steckte alles wissenschaftlich noch in den Kinderschuhen.

Aber es gab bei der künstlichen Befruchtung von Frauen durchaus einige, wenn auch wenige Erfolge. Döderlein behandelte nun aber auch gleichzeitig die Frau als ganzheitliches, also auch ihre Psyche sowie die Physiologie. Bevor diese nicht im Einklang standen, erwog er auch keine künstliche Befruchtung. Er ging sogar davon aus, dass diese Methode auch einen eventuellen Ehebruch verhinderte.

Viele Moralisten fanden es undelikat und peinlich für die Frau, dass der Gynäkologe zuerst darauf bestand, nach dem Geschlechtsverkehr direkt bei der Frau Gebärmutterschleim zu entnehmen, um diesen zu untersuchen.

Ich hatte so viel über dieses Thema gelesen, war voller Eifer dafür und auch bereit, mich als Versuchsobjekt zur Verfügung zu stellen, um schwanger zu werden. Allerdings weigerte sich Haz, mit mir intim zu werden, nur, damit ich danach sofort zum Frauenarzt ging, damit er mich untersuchen konnte. Das war meinem Gemahl dann zu peinlich und zu viel des Guten. Ich verstand ihn in seiner männlichen Ehre, seinem Stolz durchaus.

Also reiste ich zuerst einmal nach München, um bei Döderlein vorstellig zu werden. Nach einem langen eingehenden Gespräch

untersuchte er mich eingehend, befand, ich sei aus seiner Sicht in der Lage, ein Kind zu empfangen, aber man müsse erstmal meine Konstitution verbessern. Das verstand ich natürlich.
Er empfahl mir aber, meine etwas zu großen Muttermundslippen entfernen zu lassen. Dies geschah zu jener Zeit schon unter einer lokalen Betäubung, aber mit einem Brenneisen. Daher war der Eingriff sehr schmerzhaft in der Heilung, aber ich unterzog mich diesem in einer Münchener Klinik.
Ich tat dies alles nicht nur für mich, sondern auch für meinen Ehemann. Und je mehr ich litt, umso mehr erfüllte es mich auf eine seltsame Art und Weise, denn ich wollte Haz glücklich über Nachwuchs sehen.
So dachte ich bald, ich müsse nur noch mehr aushalten, größere Schmerzen ertragen, um sicher zu sein, dass ich alle Wurzeln des Üblen in mir ausmerzte und meinem Ziel näher käme.
Im Verlauf der Behandlungen, denen ich mich nun auch in den folgenden Monaten und Jahren unterziehen sollte, riet mir Döderlein, alle Gebiete und Länder zu meiden, in denen man sich mit Malaria infizieren konnte, denn er glaubte, ich leide an ähnlichen Symptomen des Virus. Auch sollte ich nicht mehr mit dem Zug reisen, viel spazieren gehen an der frischen Luft, Ausfahrten mit der Kutsche machen. Er war sich alsbald sehr sicher, dass ich schwanger werden würde.
Natürlich waren seine Behandlungen nicht günstig und Haz zahlte sie, ohne mit der Wimper zu zucken. Er wiederum wollte mich glücklich sehen.
Aber obwohl ich mich an alles hielt, wurde ich nicht schwanger.
Döderlein riet mir nun zu einer weiteren Operation, bei der man den Gebärmutterhals entweder chirurgisch erweiterte oder durch eine Amputation korrigierte. Ich hatte große Angst vor diesem Eingriff, begab mich aber vertrauensvoll in seine Hände. Mir war aber auch bewusst, wie ich zu einem seiner Versuchsobjekte wurde, doch dies musste ich ignorieren. Ich hatte mein Ziel klar vor Augen, also war es wichtig, nichts unversucht zu lassen.
Während des Eingriffs entschied Döderlein, wie zu verfahren sei, und erweiterte meinen Gebärmutterhals. Es dauerte lange, bis ich mich von dem Eingriff erholte, denn ich bekam starke Blutungen, die sich auch nicht besserten, als mich Madame Becker einmal im Monat aufsuchte.

Aber nun, versprach mir Döderlein, würde ich in den nächsten drei Monaten schwanger werden. Leider war es mir die ersten Wochen nach der Rekonvaleszenz aber überhaupt nicht möglich, ohne Schmerzen mit Haz intim zu werden. Und so verstrichen die drei Monate, da mein Gemahl dann lieber auf jeglichen Kontakt dieser Art verzichtete.
Wir besuchten meine Schwiegermama und sie zeigte sich sehr besorgt über meine Ambitionen in Bezug auf den Kinderwunsch. Sie versicherte mir zwar, dass sie sich sehr über ein Enkelkind freuen würde, aber nicht auf Kosten meiner Gesundheit. Ich ließ mir dahingehend aber nicht ins Gewissen reden. Ich gestand ihr, ich täte es auch für meinen Ehemann, Haz wünsche sich auch ein Kind und es liege mir alles daran, ihn glücklich zu machen. Ich glaube, sie verstand dies schon, aber machte sich große Sorgen um mich, ebenso wie auch Tante Irene, Ellen … alle waren verständnisvoll, was meinen sehnlichsten Wunsch betraf, aber sorgten sich auch um mich.
Ellen informierte meine Mama natürlich, was vor sich ging bei Haz und mir, aber diese machte nochmals deutlich, wie wenig ihr an einem Enkelkind liege, daher fand sie meine Bestrebungen auch unsinnig und sah darin lediglich eine Geldverschwendung. Ich solle mich nicht besamen lassen wie eine Zuchtstute. Damit war das Thema für sie erledigt.

Haz und ich im Jahre 1903

Wir besuchten auch Mossy und ihre Familie in Kronberg, da ihr nun Schloss Friedrichshof gehörte. Ihre Kinderschar war auf sechs Buben angewachsen. Darunter waren zwei Zwillingspärchen und ich liebte die Jungen sehr, verbrachte gerne Zeit mit ihnen. Mossy meinte zu mir, ich würde einmal eine sehr gute Mutter sein, aber es erfüllte mich mit Trauer, wenn ich die Buben ansah und selbst kein Kind mein Eigen nennen konnte.
Wenn ich mich also nicht gerade wieder einer Behandlung bei Döderlein unterzog, reiste ich auch viel allein, aber mit der Kutsche, wie von dem Gynäkologen empfohlen. Ab und an nutzte ich auch ein Automobil, ließ mich aber chauffieren. Haz übernahm auch gerne das Fahren, wenn er Zeit hatte.
Meinem Gemahl kamen aber Zweifel an den Anordnungen des Arztes, denn er verbot mir, mit dem Zug zu reisen, aber untersagte mir das Reiten nicht. Als Haz dies anmerkte, zuckte ich nur mit den Schultern und meinte, Döderlein habe sicher seine Gründe, zudem genoss ich unsere Ausritte. Und ich sollte mich ja auch wohlfühlen, Freude haben, Ablenkung. Ich hegte keinerlei Zweifel an Döderleins Aufrichtigkeit mir gegenüber oder an seiner Kompetenz.
Immer wenn ein Monat verging, ich Besuch von Madame Becker bekam, darüber in Depressionen verfiel, weil ich wieder nicht schwanger war, versuchte Haz mir Mut zu machen, aber er brachte mittlerweile auch Beispiele für glückliche kinderlose Paare an, wie Moretta und Adolf. Moretta hatte eine Fehlgeburt gehabt und ich wusste nicht, ob sie sich weiterhin Kinder wünschte, wir sprachen nie darüber. Doch sie war auch ausgelastet mit ihren Pferden, den Hunden und Reisen. So verbrachte sie gerne Urlaube gemeinsam mit Onkel Heinrich, Tante Irene und den Kindern auf Norderney. Das Reiten war nach wie vor ihre absolute Passion. So hatte sie eine Reithalle sowie eine Reitbahn am Palais Schaumburg in Bonn, welche beide eigens für ihre Leidenschaft erbaut und angelegt worden waren.
Ich liebte Tiere ebenfalls, wir hatten die Pferde, auch einen kleinen Spitz für mich, den ich Shadow taufte, weil er ein schwarzes Fell hatte, und Haz` Deutsche Dogge Tyras. Das Tier war nach einem von Bismarcks Hunden benannt. Dies war auch noch lange nach seinem Tod im Deutschen Reich in Mode und so hießen auch viel Doggen nach dem zweiten Hund Rebeckchen.

Unsere Tiere konnten mir aber kein Kind ersetzen, auch wenn ich sie innig liebte.

Der Februar des Jahres 1904 sollte ein wahrer Trauermonat werden. Zuerst verstarb am siebten Februar Heinrich Ruzzo, der erstgeborene Sohn von Haz` ältestem Bruder und dessen Gemahlin Viktoria. Der Junge wurde nur siebzehn Jahre alt.
Am fünfundzwanzigsten Februar des Jahres 1904 ereignete sich in Hemmelmark eine Tragödie. Der kleine Prinz Heinrich, gerade vier Jahre alt geworden, kletterte von einem Stuhl auf den Tisch, als Tante Irene gerade etwas holen wollte. Der Junge war trotz seiner Hämophilie ein sehr lebhaftes Kind. Man musste ihn ständig beobachten, auf ihn aufpassen, vieles war ihm verboten, wie etwa das Herumtoben. Als Irene nun den Raum wieder betrat, wollte Heinrich schnell wieder auf den Stuhl zurückklettern, weil er wusste, dass seine Mutter mit ihm schimpfen würde. Er stürzte und schlug mit dem Kopf voran auf dem Parkettboden auf. Sofort begann er fürchterlich zu schreien vor Schmerzen, doch verlor gleich darauf das Bewusstsein. Heinrich hätte den Sturz überleben können, wäre er ein normal gesundes Kind gewesen, aber so erlitt er eine schwere Gehirnblutung. Irene wich nicht von seiner Seite, hielt ihren sterbenden Sohn im Arm, der nicht mehr erwachte. Am Morgen des nächsten Tages schlief er in ihren Armen ein. Meine Tante war untröstlich und gab sich die Schuld am Tod des Jungen. Man setzte Heinrich auf dem Friedhof von Barkelsby in der Nähe von Hemmelmark bei und Haz und ich reisten natürlich zur Beerdigung an, wie andere Verwandte auch, aber Tante Irene fand natürlich keinen Trost in unser aller Beistand. Noch viele Jahre später sollte sie erwähnen, dass sie sich Heinrichs Tod nicht verzeihen konnte.
Sicher trauerte auch Onkel Heinrich um den Kleinen ebenso wie die beiden älteren Brüder, aber ich hatte niemals das Gefühl, dass einer von ihnen bei dem Unglück, was passiert war, die Schuld meiner Tante sah.

Tante Irene mit Sigismund (rechts), Waldemar (stehend) und dem kleinen Heinrich, 1904

Nach der Beerdigung unterhielt ich mich mit Mossy und erfuhr, dass mein Onkel es mit der Treue leider auch nicht so genau nahm. Er hatte zwei uneheliche Söhne mit der deutsch-ungarischen Opernsängerin Julie Salinger. Sie hießen Otto und Gustav und wurden später in den Adelsstand erhoben, erhielten den Nachnamen von der Schulenburg. Beide lebten mit ihrer Mutter in Hamburg. Das Verhältnis meines Onkels mit der Sängerin hatte ihre Ehe zerstört, sie war geschieden. Beide kannten sich seit dem Jahre 1894, als sie ein Engagement in Hamburg angenommen hatte, sie war mittlerweile als königlich-preußische Kammersängerin ausgezeichnet worden.

Dies zu erfahren, war ein großer Schock für mich, denn ich sah meine Onkel nun leider in einem anderen Licht. Die Ehe zwischen ihm und Irene hatte ich immer für mustergültig gehalten.

Als ich es Haz später erzählte, meinte er nur etwas sarkastisch: „Unter jedem Dach, findet sich ein Ach!"

Das Einzige, was mich beruhigte, war, dass sich mein Onkel um die Buben kümmerte, aber dazu nach Hamburg fuhr. Ich konnte verstehen, dass meine Tante sie nicht auf Hemmelmark haben wollte. Allerdings muss ich eines anmerken - ich hätte meinen Ehemann einen solchen Fehltritt nicht verziehen.

Es war im April des Jahres, als ich glaubte, schwanger zu sein. Ich bekam keinen Besuch mehr von Madame Becker, ich verspürte morgendliche Übelkeit. Natürlich keimte in mir die Hoffnung und ich erzählte es Haz.

Dieser meinte aber, es sei besser, erst einmal abzuwarten. Die ersten drei Monate einer Schwangerschaft waren immer sehr kritisch, doch ich war so voller Vorfreude, dass ich von seiner Seite ebenfalls Freudensprünge erwartete. Seine Skepsis war eher ein Dämpfer für mich.

Ich schrieb es Ellen, behielt es erstmal ansonsten für mich. Sie teilte meine Freude schon, riet mir aber auch, vorerst Ruhe zu bewahren.

Jede Woche, die verging, in der meine Periode ausblieb, machte mich glücklicher, obwohl ich bald unter starker Übelkeit litt und dies nicht nur am Morgen. Ich konnte kaum noch etwas bei mir behalten. Zudem hatte ich sehr häufig starke Kopfschmerzen, zog mich die meiste Zeit des Tages über in mein Bett zurück oder lag auf einer Couch in unserem Haus. Spaziergänge unternahm ich auch, unterließ aber das Reiten ebenso wie die Gartenarbeit.

Ich informierte Döderlein über meinen Zustand und er bat mich, zu einer gründlichen Untersuchung nach München zu kommen, sobald

ich mich dazu in der Lage fühlte.
Es war etwa Ende Mai, als ich das erste Mal starke Unterleibsschmerzen bekam, es tat nur auf der linken Seite weh, aber die Schmerzen waren meist stechend und mein Bauch an dieser Stelle sehr druckempfindlich. Ellen riet mir, mich umgehend untersuchen zu lassen, denn meine Beschwerden hörten sich für sie eher nach eine Blinddarmentzündung an als nach einer Schwangerschaft. Ich wusste, dass man während einer Schwangerschaft auch Bauchschmerzen haben konnte, wenn das Kind sich im Uterus einnistete, aber auch, wenn etwas nicht in Ordnung war.
Schon stieg in mir die Angst auf, das Kind zu verlieren. Weil es mir nicht wirklich gut ging, meinte Haz, ich solle einen hiesigen Arzt aufsuchen, aber ich wollte zu Döderlein nach München reisen. Also nahm ich die anstrengende Reise auf mich. Da Haz militärische Verpflichtungen hatte, konnte er mich nicht begleiten, aber ich versicherte ihm, ich würde es schon schaffen. Doch ich vertraute nur Döderlein, wollte zu keinem anderen Gynäkologen gehen.
Döderlein untersuchte mich eingehend, sah mich dann mit einem Blick an, der nichts Gutes erahnen ließ.
„Sie haben bedauerlicherweise eine Eileiterschwangerschaft", stellte er fest, „Die Chance, dass das Baby so heranreifen kann, ist eher gering."
Die anwesende Schwester half mir, mich hinter einem Paravent wieder anzukleiden. Ich konnte meine Tränen nicht zurückhalten, sie strömten einfach aus mir heraus. So begann ich hemmungslos zu schluchzen, sie reichte mir ein Taschentuch, sah mich mitleidsvoll an. Der Arzt bat mich in sein Sprechzimmer.
Während ich weinte, versuchte die Schwester, mir in mein Kleid zu helfen, aber ich war so nervlich zerrüttet, dass ich sie etwas unwirsch wegschob.
„Ich mache das schon selbst!", meinte ich barsch und es tat mir leid, aber sie schien zu verstehen, trat einen Schritt zurück.
„Ich bin einfach unfähig, ein Kind zu bekommen!", brach es aus mir heraus, „Warum nur?"
„Vielleicht ist es für Sie noch nicht an der Zeit", sagte sie leise, „Manchmal ist das so. Und dann, wenn man gar nicht damit rechnet, läuft alles gut."

„Es tut mir leid", sagte ich, „Aber es ist alles so demütigend."
„Nein, das ist es nicht. Vergleichen Sie sich niemals mit anderen Frauen. Manche wollen nicht, immer wieder und wieder schwanger werden, aber es klappt nun mal. Und Sie sind nicht die Erste, die hier die Nerven verliert. Das macht mir nichts aus, vielmehr tut es mir für Sie sehr leid."
Sie half mir, mein Kleid am Rücken zuzuknöpfen, dann nahm sie mich sanft am Arm, geleitete mich ins Sprechzimmer, wo ich am Schreibtisch gegenüber von Döderlein Platz nahm.
Ich schniefte immer noch, bedeckte meine Nase mit dem Taschentuch, rang um Beherrschung, aber wirklich folgen konnte ich seinen Worten nicht.
Er erklärte mir, dass so etwas vorkomme. Meistens wandere der Embryo in den Bauchraum, würde dann einfach vom Körper absorbiert werden. Aber es kam auch vor, dass er an dieser falschen Position verblieb. Es komme zu einer Verklebung des Eileiters, dann müsse man diesen ganz oder das Gewebe, sprich auch den Embryo, operativ entfernen. In meinem Fall sei letzteres angebracht und er wolle mich sofort in die Klinik einweisen. Döderlein würde mich dann höchstpersönlich operieren.
„Aber,", wandte ich ein, „Sie sagten, manchmal kann das Baby auch im Eileiter heranreifen, gesund geboren werden."
„Es kann dort heranreifen, aber das ist alles sehr gefährlich und zumeist wird es sich nicht richtig entwickeln. Und Sie möchten doch ein gesundes Kind, Prinzessin."
Ich nickte. Welche Frau wünschte sich nicht ein gesundes Kind? Doch ich klammerte mich immer noch an die Hoffnung, es könne auch nun in mir heranreifen, dann eben im Eileiter. Mein Kinderwunsch ließ mich an jede noch so kleine Möglichkeit glauben.
Leider musste ich einsehen, dass es besser war, sich operieren zu lassen, doch ich stimmte nur widerwillig zu. Vor der Operation hatte ich keine Angst, aber es schmerzte mich so sehr, dieses kleine Wesen zu verlieren. Dennoch war die Gefahr, dass es auch mein Leben bedrohen könnte, zu groß.
Ich telegraphierte also Haz, forderte ihn aber nicht auf, zu mir zu reisen, und begab mich in die Klinik. Natürlich kam er dennoch. Er wollte mir beistehen.

Ich überstand den Eingriff gut, aber danach fiel ich wieder in ein Stimmungstief, aus dem ich nur schwerlich wieder herauskam.
Döderlein wollte mit mir und Haz sprechen, aber als er begann, von einer künstlichen Befruchtung zu sprechen, vor der mein Gemahl sein Spermium in einem glasähnlichen Behältnis auffangen solle, um es dann schnell zur Praxis zu bringen, damit man es mir einführen könne, stand Haz auf. Man merkte, wie sehr ihn dies demütigte.
Damals empfahl man Ehemännern, mit der Gattin intim zu werden, aber den Coitus nicht bis zum Ende zu vollziehen, das Spermium aufzufangen. Man konnte es noch nicht konservieren oder, sagen wir, lange haltbar machen. Es musste dann unverzüglich der Frau in die Gebärmutter eingeführt werden, was eine sehr schmerzhafte Prozedur zu jener Zeit war. Und dann hieß es abwarten.
Wir lebten in sehr prüden Zeiten, was auch bedeutete, dass man niemals einen Mann bat, Hand an sich selbst zu legen, um das Spermium zu gewinnen. So etwas war völlig indiskutabel und zu delikat.
In Zeiten, in denen die Aufklärung einer jungen Frau darin bestand, dass die Mutter ihr erklärte, Besuche von Madame Becker seien so und so zu handhaben, und der erste Geschlechtsakt mit einem Mann etwas war, auf das man zumeist völlig unvorbereitet zuging, konnte man nicht so einfach sexuelle Dinge thematisieren. Auch nicht unter vier oder sechs Augen. Als Frau musste man beim ersten Mal alles selbst entdecken oder bekam gesagt, man solle es einfach über sich ergehen lassen. Und daher lag es auf der Hand, dass Haz auch nicht wissen wollte, wie man etwas in mich einführte oder was an mir genau untersucht wurde. Es war ihm schlichtweg peinlich.
Für mich waren die Untersuchungen durch Döderlein auch nicht gerade angenehm. Sich vor einem fremden Mann auszuziehen, war auch mir peinlich. Aber es war aus meiner Sicht notwendig. Wenn Döderlein gewollt hätte, dass ich in Unterwäsche vor ihm tanzte, weil es zur Untersuchung dazugehörte - ich wäre wie eine Ballerina durch sein Behandlungszimmer geschwebt! Seine Meinung und sein Fachwissen waren wie die Bibel für mich. Ich hing an seinen Lippen, seine Empfehlungen waren für mich Gesetz.
Als Haz mir riet, doch noch einmal die Meinung eines anderen Gynäkologen einzuholen, wurde ich fuchsteufelswild.
„Ich zwinge dich nicht, da irgendetwas in einem Einwegglas

aufzufangen! Aber Döderlein ist eine Koryphäe auf seinem Gebiet! Ich werde mich nicht in die Hände eines Feld-, Wald - und Wiesenarztes begeben, der mir umsonst Hoffnungen macht! Oder mir sagt, ich solle mich entspannen, dann werde schon alles gut!"
„Feo, es war nur ein gut gemeinter Rat. Du könntest dich auch mit anderen Frauen beraten, wie Irene", meinte mein Gemahl ruhig, versicherte mir dann, dass er meinen Kinderwunsch verstehe, aber er fürchte um meine Gesundheit.
Ich empfand es als Vorwand.
„Dich stört doch mehr, dass es alles viel Geld kostet!", warf ich ihm an den Kopf.
„Ich würde mein letztes Hemd für einen Wunsch deinerseits geben!", gab er nun verärgert zurück, „Aber du solltest dich nach dieser Operation erstmal schonen. Dann sehen wir weiter. Ich habe volles Verständnis für alle deine Leiden, aber nicht für Hysterie oder Vorwürfe!"
Es war unser erster richtiger Streit und ich sagte ihm, er solle gehen. Natürlich tat es mir sehr leid, was ich gesagt hatte, und wir versöhnten uns wieder. Ich musste einsehen, dass er es auch wahrlich nicht leicht hatte. Der Konflikt mit meinen Eltern, der Bruch mit ihnen, und dazu sah er mich oftmals krank daniederliegen, richtig krank, er erkannte dies alles als wahres Leiden an, aber es war auch eine Bürde für ihn. Sicher war er oftmals froh, wenn er sich seinen militärischen Verpflichtungen widmen konnte, dann Abstand von all dem hatte. Doch ich empfand mich nicht als egoistisch, denn ich tat dies auch alles für ihn.

Ich informierte mich weiterhin über eine künstliche Befruchtung, die man entweder mittels einer Sonde vornahm, die man in den Halskanal des Uterus einführte. Der Arzt blies dann mit dem Mund in die Sonde, um das Sperma in die Gebärmutter einzubringen. Bei der Verwendung einer Glasspritze, die man bis in den Uterus einführen musste, blieb oftmals das Spermium darin zurück, was schlecht war, wenn man nur wenig davon zur Verfügung hatte. Sterilität behandelte man so, als müsse man Barrieren überwinden, um das Spermium an die gewünschte Position zu bringen. So eine Behandlung konnte bis zu fünf Monate dauern. Man versuchte es jeden Monat aufs Neue. Aber wie sollte man den Ehemann dazu bringen, seine Prüderie zu überwinden

und Spermium aufzufangen?
Ich musste es erstmal anders versuchen, mich nicht mehr so sehr auf den Kinderwunsch konzentrieren, mir Ablenkung suchen, meine Gesamtkonstitution verbessern.
So versuchte ich zu lesen, aber andere Bücher als Berichte über Schwangerschaften oder über Themen dieser Art, machte auch Handarbeiten, aber ich war nie wirklich gut darin. Ich begann zu malen. Aber es gelang mir immer nur für kurze Zeit, meine Gedanken in eine andere Richtung zu lenken. Und zusätzlich lag mir der Streit mit meinen Eltern auf der Seele - ich hatte keine Mutter, an die ich mich mit meinen Problemen wenden konnte. Es gab auch keine verständnisvolle Großmutter mehr.
Verwandte, wie Tante Irene, die gerade ein Kind verloren hatte, und dazu noch durch ein so tragisches Unglück, wollte ich nicht damit belästigen. Sie wusste um die Operation, aber mehr wollte ich ihr nicht aufbürden oder den anderen, wie Mossy.

Am zwölften August des Jahres gebar Tante Irenes Schwester Alix einen Sohn, den Zarewitsch Alexei. Als Zarin von Russland erwartete man von ihr, einem Thronfolger das Leben zu schenken, doch seit dem Jahre 1895 hatte sie in schöner Regelmäßigkeit vier Töchter zur Welt gebracht - die Großfürstinnen Olga, Tatjana, Marie und Anastasia. Ich wusste von Irene, wie sehr es an ihrer Schwester nagte, dass sie keinem Sohn das Leben geschenkt hatte, obwohl sie und ihr Gemahl sich über jedes Kind freuten. Sie führten ein sehr harmonisches Familienleben, doch während die Schwester des Zaren, Xenia, erst eine Tochter zur Welt gebracht hatte und dann einen Sohn nach dem anderen, wuchs die Erwartungshaltung und der Druck auf die Zarin.
Daher musste es auch eine große Bürde von ihr genommen haben, als der kleine Zarewitsch das Licht der Welt erblickt hatte.
Leider wurde das Glück der Familie schon bald nach der Geburt des Kindes dadurch getrübt, dass das Baby am Nabel zu bluten begann. Eine böse Vorahnung sollte sich bewahrheiten, denn Alexei litt an der Hämophilie. Seine Mutter war ebenso wie ihre Schwester Irene eine Überträgerin der grauenvollen Erkrankung.

Die Zarin mit dem kleinen Alexei, 1904

Die Großfürstinnen Olga (vorne), Marie (hinten links), Tatjana (hinten mittig) und Anastasia mit ihrem kleinen Bruder, 1904

Ich erfuhr es von Tante Irene, die es sehr belastete, da sie erst ihren kleinen Sohn an dieses Leiden verloren hatte. Schwerer wog aber noch, wenn man das so sagen kann, dass Alexei der Thronfolger war. Er würde eines Tages Zar von Russland werden und so musste man gut auf den Jungen achtgeben.
Ich hatte keinen großen Kontakt zu der Zarenfamilie. Man begegnete sich aber durchaus auf Familientreffen in Hemmelmark. Die Mädchen sprachen mit der Mutter Englisch, mit dem Vater Russisch und beherrschten auch Französisch neben dem Deutschen, was aber eher schlecht war.
Es waren sehr wohl erzogene Mädchen und ich erinnere mich besonders an Anastasia, die Jüngste, die allen stets gerne Streiche spielte.

Ich reiste nicht mehr so viel nach England. Es war mir auch aus finanziellen Gründen nicht mehr möglich, da ich zwar die Verwandtschaft dort sehr schätzte, aber mich auch auf meinen Kinderwunsch konzentrieren wollte, das uns zur Verfügung stehende Geld auf die Behandlungen verwendete.

Das Verhältnis zu meinen Eltern besserte sich nicht wesentlich. Wir hatten versucht, uns auszusöhnen, aber Mama schien nur noch genervt von mir. Für sie war ich nur noch eine merkwürdige, laute Person. Sie könne keine mütterlichen Gefühle für mich aufbringen und viel schlimmer wog ihre Aussage, dass sie mich nicht lieben könne. Ihr Herz fühle sich an wie ein Stein. So schrieb sie es Ellen, die über diese Aussagen mehr als verstört war, mir dies berichtete. Ich nahm es zur Kenntnis, tief verletzt, aber ich sah keine Möglichkeit, dies zu ändern. Meine Mutter hatte stets mehr Wert auf ihre Position in der sogenannten High Society gelegt als auf ihre Mutterrolle. Die schillernde mondäne Berliner Gesellschaft, die Breslauer oder wo immer sie sich gerade aufhielt, vereinnahmte sie völlig.
Mama war am politischen Tagesgeschehen sehr interessiert, etwas, was für eine Frau in der damaligen Zeit völlig atypisch war. Sie las mit großer Begeisterung die Zeitschrift „Die Zukunft". Diese war im Jahre 1892 von dem Schauspieler, Theaterkritiker und Journalisten Maximilian Harden erstmals veröffentlicht worden. Die Wochenzeitschrift enthielt Essays zu Politik und Kunst. Er sah sich selbst als

Verbreiter der Wahrheit und als intellektuelle Kampfnatur, arbeitete in seinen Veröffentlichungen das politische, soziale und kulturelle Zeitgeschehen ab. Harden verfasste die Essays meist selbst und war bald sehr gefürchtet für seine offene, klare Sprache, bei der er kein Blatt vor den Mund nahm. Seine Zeitschrift war bald auch ein Sprachrohr für progressive Denkerinnen und Denker, wie für die Sexualreformerin Helen Stöcker, die sich für unverheiratete Mütter und deren Kinder einsetzte.

Harden hatte sich zuerst als Monarchist gesehen, war ein Verfechter Bismarcks gewesen, aber mit der Thronbesteigung durch Onkel Willie stand er der Regierung sehr kritisch gegenüber. So griff er schon früh des Kaisers Kamarilla der Kinäden, wie Bismarck es nannte, also das Privatkabinett von Onkel Willie, welches aus einigen homosexuellen Männern bestand, an. Diese standen unter dem Schutz meines Onkels, wie ich bereits ausführte.

Für Mama war ihr Bruder uninformiert, da er nur den Berliner Lokalanzeiger las, der national-konservativ war. Im Weiteren informierte er sich über Presseausschnitte, die man ihm von Seiten des Auswärtigen Amtes zukommen ließ.

Meine Mutter fand, er müsse beide Seiten lesen, um sich genauestens zu informieren, und nicht nur das, was Onkel Willie zum Wohlgefallen geschrieben wurde. Sie fand Hardens Zeitschrift sehr interessant, zeigte eine solche Begeisterung für ihn auch als Person, dass sie begann, ihn mit höfischen Interna zu versorgen. Es war abzusehen, dass ihr dies auf Sicht nicht gut bekommen würde.

Mein Vater widmete sich in seiner freien Zeit weiterhin der Archäologie. Als meine Eltern in Berlin lebten, hatte er Unterricht in Neugriechisch bei Professor Johannes K. Mitsotakis genommen, von dem auch bereits Sossy zur Vorbereitung ihres Lebens ins Griechenland unterrichtet worden war. Der Kreter hieß eigentlich Ioannis, sein Vorname wurde aber eingedeutscht. Er war Gräzist, beschäftigte sich also wissenschaftlich mit dem Altgriechischen und der dazugehörigen Kultur, Pädagoge, Lehrer und Übersetzer. Nebenbei betätigte er sich auch als Schriftsteller. So hatte er unter anderem im Jahre 1882 die Anthologie „Ausgewählte griechische Volksmärchen. Für die deutsche Jugend bearbeitet." veröffentlicht.

Mama im Jahre 1904 auf Reisen mit dem Automobil, dieses Mal mit Chauffeur

Papa war einer seiner bekanntesten Schüler. Die Tätigkeit für Papa als sein Privatlehrer öffnete Mitsotakis Tür und Tor. Man stellte ihn am Berliner Seminar für Orientalische Sprachen ein, wo er in der Zeit zwischen 1887 und 1905 als erster Lektor der neugriechischen Sprache arbeitete. Im Zuge dieser Lehrtätigkeit veröffentlichte er 1891 eine neugriechische Grammatik, einen Sprachführer, eine Chrestomathie, eine Sammlung ausgewählter Texte aus den Werken bekannter Autoren für den Unterricht sowie ein Taschenwörterbuch der neugriechischen Umgangs - und Schriftsprache, welches ab dem Jahre 1905 mehrere Neuauflagen erfahren hatte. Zu seinen Schülern gehörte unter anderem auch der bekannte Philologe und Neogräzist Albert Thumb.
Sein letztes Taschenwörterbuch Neugriechisch-Deutsch erschien posthum im Jahre 1905. Es war meinem Vater mit den Worten „Seiner Hoheit dem Erbprinzen Bernhard von Sachsen-Meiningen als ein bescheidenes Zeichen seiner Dankbarkeit in Ehrerbietung“ gewidmet. Die Dankbarkeit bezog sich dabei auf Mitsotakis.
Bereits im Jahre 1891 hatte Mitsotakis seine Praktische Grammatik

der neugriechischen Schrift - und Umgangssprache mit einem offenen Brief an Papa versehen. Dieses Buch war eigentlich der Urgroßmama Kaiserin Augusta zum Andenken gewidmet, aber in dem Brief, der sich eingangs des Buches befand, dankte Mitsotakis Papa für seine Unterstützung und verwies darauf, dass, wenn das Buch sich den deutschen Schülern als nützlich erweise, es zum einem großen Teil auch Papas Verdienst sei. Ferner lobte er meinen Vater, dass er Neugriechisch mittlerweile wie ein geborener Grieche beherrsche, und er erwähnte, wie sehr man in Griechenland Papas Übersetzung der Emilia Galotti und des Fiesko von Schiller schätze. Zum Schluss merkte er an, wie ihm besonders beim Unterrichten meines Vaters aufgefallen sei, dass es an geeigneten Schulbüchern in Bezug auf das Neugriechische mangele, daher war ihm bekannt, in welcher Art und Weise entsprechendes Lehrmaterial verfasst sein musste, um Deutsche für die Sprache zu begeistern, wenn sie sie erlernen wollten.
Inwieweit mein Vater Mitsotakis unterstützte, ob er ihm auch finanzielle Mittel für seine Publikationen stellte, kann ich nicht sagen, aber es machte meinen Vater sicher sehr stolz, wenn man ihn so würdigte.
Es gab in jenen Jahren, also auch um die Jahrhundertwende, eine Griechenlandbegeisterung unter den Menschen, aber bei meinem Vater ging sie weit darüber hinaus und umfasste sowohl das antike als auch das moderne Griechenland. Er scheute sich nicht davor, sogenannte Randständige zu unterstützen, sprich Personen, die von den deutschen Alterstumswissenschaftlern ausgegrenzt wurden, da sie auch wenig beachtete Regionen und Epochen erforschten.
Adolf von Harnack, seines Zeichens protestantischer Theologe, Kirchenhistoriker und Wissenschaftsorganisator in Preußen, scheiterte bedauerlicherweise im Jahre 1900 darin, meinen Vater als Patron griechischer Studien als Ehrenmitglied in die Preußische Akademie aufnehmen zu lassen. Man lehnte den Antrag ab, da Papa sich auch mit den besagten Forschern abgab, die von den namhaften Altertumswissenschaftlern abgelehnt wurden.
Onkel Heinrich wurde aber ebenso von dem Komitee abgelehnt wie auch der Finanzminister Johannes von Miquel. Die Gründe hierfür sind mir aber nicht bekannt. Von Harnack scheiterte aber auch mit diesen beiden Anträgen.

Mama (sechste von links in der vorderen Reihe) und neben ihr Papa bei einem Treffen von Offizieren des Thüringischen Infanterieregiments No. 95 in Gotha, 1905

Papa reiste auch weiterhin oft nach Griechenland zu Sossy und ihrer Familie, um dort seinen Studien nachzugehen.

Wie es meinen Eltern ging und was sie so machten, erfuhr ich zumeist über Dritte wie Tante Irene, Onkel Heinrich, Marie in Coburg oder Ellen. Haz und ich hielten uns auch nicht mehr in Meiningen auf. Man kann sagen, dass wir relativ abgeschieden lebten. Wir hatten Kontakt zu Verwandten, aber ich hätte mich auch oftmals gerne mit meiner Mutter, trotz aller Widrigkeiten, oder auch meinem Vater besprochen. Wir schrieben uns höflich zu Geburts- oder Feiertagen, trafen uns auch, wenn wir eingeladen waren, aber weiterhin war auch dann alles eher, als würde man Fremden begegnen, die man nur alle paar Monate einmal sieht. Es musste auch auf die Verwandten recht befremdlich wirken, aber sie wussten alle um unseren Konflikt oder besser die Konflikte. Immer noch sah ich aber nicht ein, mich zu entschuldigen, denn ich hatte die Streitigkeiten nicht entfacht, sondern Mama hatte Lügen über mich und Haz verbreitet. Es war schwer zu begreifen für

mich, wie sie so einfach weitermachen konnte, ihr Kind in der Nähe wusste, aber es einfach ignorierte, so als sei ich gar nicht vorhanden. Manchmal war ich darüber so unglücklich, dass ich mich zu nichts wirklich aufraffen konnte, dann versuchte Haz mich abzulenken, aber es beseitigte das wahre Problem nicht.
Dann wieder überkam mich der Gedanke, dass, wenn ich erstmal einmal ein Baby hätte, sie das liebreizende kleine Wesen sähe, es ihr Herz erweichen könnte. Vielleicht würde sie sich dann doch über ihr Enkelkind freuen ebenso wie Papa. Seine Meinung zu dem Ganzen war mir eigentlich auch nicht bekannt, denn er stellte sich meist hinter Mama. Es war fraglich, ob er überhaupt noch eine eigene Meinung besaß. Die vielen Jahre an ihrer Seite hatten ihn sich stets fügen lassen, was Mama sagte, war zu einem ungeschriebenen Gesetz geworden.
Es gab schon lange böse Stimmen, die ihn als zu demütig gegenüber Mama bezeichneten. Man kann mich vielleicht auch halsstarrig nennen, dass ich nicht über meinen Schatten sprang, an ihn selbst schrieb, um seine Meinung bat. Doch ich bezweifelte nicht, dass er meine Zeilen mit Mama teilen, es den Graben zwischen uns nur noch verbreitern würde.

Am sechsten Juni 1905 heiratete Onkel Willies ältester Sohn, der Kronprinz Friedrich Wilhelm, in der Schlosskapelle des Berliner Schlosses die Herzogin Cecilie zu Mecklenburg - Schwerin, das jüngste Kind des verstorbenen Großherzogs Friedrich Franz III. zu Mecklenburg-Schwerin. Ihre Mutter Anastasia war eine geborene Großfürstin von Russland aus dem Hause Romanow.
Die Braut brachte ein offenes Geheimnis in die Ehe mit ein, denn ihr Vater war homosexuell gewesen. Ihre Mutter war eher unbeliebt in Schwerin. Als ihr Gemahl bei einem Aufenthalt mit ihr in Cannes immer kränklicher wurde, man sprach von Depressionen, konnte er auch an einer von ihr dort gegeben Soirée nicht teilnehmen. Der Großherzog war zudem schwer herz - und asthmakrank.
Am zehnten April des Jahres 1897 fand man den Großherzog bewusstlos unter einer Balkonbrüstung. Er starb wenig später an den Folgen seines Sturzes von derselbigen und es lag auf der Hand, dass er Selbstmord begangen hatte. Bei dem Sturz aus acht Metern Höhe hatte er sich die Wirbelsäule, zwei Rippen und einen Fußknöchel gebrochen.

Cecilie, gerade neunzehn Jahre jung, war bei ihrer Vermählung eine wunderschöne Frau, aber es war abzusehen, dass ihre Ehe mit Onkel Willies ältestem Sohn unter keinem guten Stern stehen würde, denn der Kronprinz war bekannt für seine zahlreichen Affären und Liebschaften. Die Berliner Gesellschaft erging sich in Gerüchten über ihn und sein Liebesleben. Wie die prüde Dona dies sah, kann man nur erahnen. Zudem galt Friedrich Wilhelm als nicht besonders geeignet für seine zukünftige Rolle als Thronfolger. Er war sehr sportlich, ein guter Reiter, aber Ernsthaftigkeit und Pflichttreue vermisste man bei ihm völlig.
Ich kannte meinen Cousin zu wenig persönlich, da ich als Kind und auch später keinen Umgang zu ihm oder den anderen Kaiserkindern pflegen durfte, aber man redete in Berlin und das blieb niemandem verborgen.
Anfang August verlor Haz` ältester Bruder auch noch seinen zweitgeborenen Sohn. Heinrich Pelas starb wie sein Bruder Ruzzo nur ein Jahr zuvor mit fast siebzehn Jahren. Wir erfuhren nur von seinem Tod ebenso wie bei Ruzzo, wurden aber in die Ursache für das frühe Ableben nicht eingeweiht. Weder Haz noch ich fragten aber nach, denn wir wollten nicht indiskret erscheinen und zudem war der Schmerz der Mutter natürlich unermesslich.

Ruzzo und Pelas als Knaben mit ihrem Bruder Harry im Jahre 1900

Am achten Oktober heiratete Ducky den Großfürsten Kyrill, der ihretwegen aus Russland nach Coburg gekommen war. Er hatte dadurch seinen Titel und alle seine Privilegien verloren. Natürlich spielte die Affäre mit Ducky auch mit hinein, da sich diese erst von Ernie hatte scheiden lassen. Zudem war bekannt, dass beide noch während der Ehe ein Verhältnis gepflegt hatten.
Allerdings hatte Kyrill im Russisch-Japanischen Krieg von 1904 als Kriegsheld brilliert und so nahm der Zar es hin, dass er nun Ducky ehelichte. Aber die Rückkehr nach Russland würde man ihm erst einige Zeit später wieder gewähren.
Das Paar heiratete unter strenger Geheimhaltung in Tegernsee nach russisch-orthodoxem Ritus und Ducky änderte ihren Namen in den russischen Viktoria Feodorowna. Die Feier war schlicht, es gab keine königlichen Gäste.
Beide schienen aber sehr glücklich miteinander zu sein und es freute mich, dass Ducky endlich ihr Glück gefunden zu haben schien.
Ihrem ersten Ehemann ging es glücklicherweise ebenso, denn Ernie hatte sich am zweiten Februar des Jahres mit der Prinzessin Eleonore von Solms-Hohensolms-Lich vermählt. Onor oder Lorche, wie man sie nannte, war wie Ducky eine passionierte Reiterin und war im Jahre 1892 mit der Sächsischen Rettungsmedaille ausgezeichnet worden, als sie im Dresdner Großen Garten ein durchgehendes Zugpferd bändigte und so Schlimmeres verhinderte. Sie war eine sehr karitativ engagierte Person, was sie in Darmstadt in ihrer Funktion als Großherzogin fortsetzen sollte.

In dem folgenden Winter warf mich wieder eine schlimme Grippe nieder und ich war lange Zeit krank, ehe ich zu Kräften kam. Ich achtete schon während der Wintermonate auf mich, aber dennoch wurde aus jeder kleinen Erkältung sofort wieder eine schwere Influenza. Wochen danach war ich oftmals immer noch müde, konnte mich kaum aufraffen oder an etwas Freude finden.
Und am Ende des Jahres 1905 haderte ich wieder mit mir selbst, weil sich immer noch kein Nachwuchs einstellen wollte.
Döderlein schob es auch auf meine sehr schlechte Konstitution. Die Grippe hatte mir so zugesetzt, es war nicht daran zu denken, in diesem Zustand ein Kind auszutragen. Ich musste mich erstmal wieder

erholen.
Haz ertrug mein Leiden, kümmerte sich sehr fürsorglich um mich, zeigte sich aber sehr besorgt, denn er verstand nicht, warum ich stets so fragil war, keinerlei Abwehrkräfte zu haben schien.
Ich wollte eigentlich nur schnell gesunden, um mich wieder meinen Ziel zu widmen, endlich schwanger zu werden. Und natürlich glaubte ich, ich sei eine Belastung für meinen Gemahl, wenn ich ständig wochenlang das Bett hütete. Aber Haz versicherte mir, er mache mir natürlich dafür keinerlei Vorwürfe. Er sorge sich nur sehr um mich.
Um mich abzulenken, reiste Haz kurz darauf mit mir nach Berlin. Wir verbrachten einen schönen Tag in der Stadt, machten eine Rundfahrt auf der Spree und abends besuchten wir die Operette „Frau Luna“ im Apollo-Theater in der Friedrichsstraße 218 in Berlin-Kreuzberg.
Die Operette des bekannten Komponisten und Theaterkapellmeisters Paul Lincke nach einem Libretto von Heinrich Bolten-Baeckers erfreute sich damals großer Beliebtheit. Zu den bekanntesten Musikstücken aus „Frau Luna“ gehörten einmal die Arien „Schlösser, die im Monde liegen“, „Schenk mir doch ein kleines bisschen Liebe“ und der Marsch „Das macht die Berliner Luft, Luft, Luft“.
Paul Lincke galt als Vater der Berliner Operette, das Theater war stets sehr gut besucht, denn die Melodien aus der Operette prägten sich alsbald bei jedem Berliner ein.
Es geht darin um den Mechaniker Fritz Steppke, der zur Untermiete bei der Witwe Pusebach in Berlin lebt. Er ist verlobt mit deren Nichte Marie, beschäftigt sich in seiner Freizeit mit der Fliegerei und allem Außerirdischen. So bastelt er einen Ballon für eine Mondfahrt, zwei Freunde sollen ihn auf dieser Reise begleiten. Steppke legt sich eines Abends schlafen, die Gondel erhebt sich zum Mond. Man wird aber nicht gewahr, ob er dies träumt oder wirklich dorthin reist.
Auf dem Mond feiern Venus, Mars und die Götter der Gestirne rauschende Feste, Frau Luna verfällt Steppke, obwohl sie eigentlich mit Prinz Sternschnuppe verbandelt ist, und so schmiedet sich ein Ränkespiel der Liebe, bis der Ballon platzt. Man reist in einem Sphärenmodell des Prinzen zurück zur Erde, um festzustellen, dass es in der Mansardenwohnung von Frau Pusebach nicht anders ist als auf dem Mond.
Marie verschafft ihrem Steppke eine Stelle beim ersten Luftschiffkapitän Graf Zeppelin und so wird für den jungen Mann der Traum vom

Fliegen wahr.
Es war überaus unterhaltsam und viele Menschen verließen nach der Aufführung mit uns das Theater, summten noch die einprägsamen Melodien vor sich hin. Mir gefiel besonders die Arie „Schlösser, die im Monde liegen“. Ich bestellte mir dann auch die Schallplatte davon für mein Grammophon.
Unser Ausflug tat mir sehr gut und Haz und ich verbrachten wundervolle Stunden zusammen. Ich konnte meine Gedanken auf anderes konzentrieren. Zudem liebte ich Haz` Überraschungen, wenn er ganz spontan solche Ausflüge mit mir unternahm.

Lesen Sie Band 2, die Jahre ab 1906

Diese unstillbare Sehnsucht nach Liebe
Band 2 - Die Jahre 1906 bis 1945
Silke Ellenbeck

Anhang

Zum Wert des Geldes im 19. Jahrhundert

40000 englische Pfund im Jahre 1858 würden heute einem Gegenwert von über zwei Millionen englischen Pfund entsprechen, also etwa über zwei Millionen und 700000 Euro.
Ein Arbeiter verdiente zu jener Zeit etwa zehn bis zwanzig Pfund im Jahr, wovon fünf Pfund als jährliche Steuer abgingen. So verdiente ein höherer Beamter um die 150 Pfund.
Da die Engländer meist ihre Häuser in der Stadt mieteten, anstatt Eigentum besitzen zu wollen, zahlte man in einer guten Wohngegend in London etwa fünf bis acht Pfund pro Woche an Miete, in einem Arbeiterviertel für ein Zimmer um die sechs Schillinge.
Ein Brot kostete um 1860 etwa drei Schillinge, Gemüse und Fleisch um die zwei. Es handelt sich hierbei um die Preise für eine wöchentliche Versorgung.
In Arbeiterfamilien mussten deshalb nicht nur die Männer arbeiten gehen, sondern auch die Frauen und zumeist auch die Kinder, um den Lebensunterhalt finanzieren zu können. Man muss aber auch bedenken, dass zu jener Zeit Lebensmittel wie Zucker und Tee bei weitem teurer waren als heute. Die beruht auf den hohen Importkosten jener Zeit für diese Lebensmittel.
Eine kuriose Randnotiz: man hätte um 1860 mit 40000 englischen Pfund unter anderem 2666 Pferde kaufen können oder ein Kaufmann hätte, um diese Summe zu verdienen, etwa 200000 Tage arbeiten müssen.
In Bremen erhielten Lehrer an den höheren staatlichen Schulen um 1857 Gehälter zwischen 600 und 1400 Talern, ein Rektor zwischen 1200 und 1700 Talern im Jahr.
Ein Ministerialrat erhielt in Preußen um 1872 ein Jahresgehalt zwischen 2500 und 3000 Talern, ein Ministerialdirektor um die 5000 Taler.
Ein Dorfschullehrer erhielt um die 120 Taler jährlich, wovon man

nicht leben konnte, wenn einen die Dorfbewohner nicht zusätzlich mit Naturalien unterstützten.
Der Jahresbedarf einer Arbeiterfamilie sah in Preußen um 1860 so aus:
Achtzig Taler für Nahrungsmittel
Zehn Taler für die Wohnungsmiete
Zwölf Taler für Brennmaterial
Vierundzwanzig Taler für Kleidung und Wäsche
Vier Taler für Hausrat
Das macht eine Gesamtsumme von 130 Talern.
Wenn der Kronprinz Friedrich Wilhelm also 9000 Taler als jährliches Einkommen bewilligt bekam, so entspräche dieses heute einem Gegenwert von etwa 41000 Euro.

Zu dem Spiel Patchesi

Patchesi wurde von der 1795 in England gegründeten Firma *John Jaques & Son* seit 1863 bis in den 1920ern vertrieben. Es beruht auf dem indischen *Pachisi* und wurde auch *Homeward Bound* genannt. Es ist der Vorläufer der deutschen *Mensch, ärgere dich nicht!* - Version, die erst 1910 erfunden und ab 1914 auf dem deutschen Markt verkauft wurde. Vergleichbar ist das Spiel auch mit *Ludo*. Spielabläufe und Intention sind immer gleich, nur die Spielbretter unterscheiden sich etwas voneinander.

Bibliographie

John van der Kiste, Charlotte and Feodora, A troubled mother-daughter relationship in Imperial Germany, A& F Publications, United Kingdom, 2015

John C. G. Röhl, Wilhelm II., Into the abyss of war and exile 1900-1914, Cambridge University Press, United Kingdom, 2014

Roger Fulford (Hrsg.), Dearest Child, Private Correspondence of Queen Victoria and the Crown Princess of Prussia 1858-1861, Evans Brothers Limited, London, 1981

Roger Fulford (Hrsg.), Darling Child, Private Correspondence of Queen Victoria and the German Crown Princess 1871-1878, Evans Brothers Limited, London, 1981

Roger Fulford (Hrsg.), Beloved Mama, Private Correspondence of Queen Victoria and the German Crown Princess 1878-1885, Evans Brothers Limited, London, 1981

Roger Fulford (Hrsg.), Dearest Mama, Private Correspondence of Queen Victoria and the Crown Princess of Prussia 1861-1864, Evans Brothers Limited, London, 1981

Inge Grohmann, Skandal und Liebe, Herzog Georg II. von Sachsen Meiningen und die Freifrau von Heldburg, Zitate aus Dokumenten, Briefen und Erinnerungen, Books on Demand, Norderstedt, 2012

Martina Winkelhofer, Eine feine Gesellschaft, Skandale und Intrigen an Europas Königs - und Kaiserhäusern, Piper Verlag, München, 2019

Wolfgang Wippermann, Skandal im Jagdschloss Grunewald, Männlichkeit und Ehre im deutschen Kaiserreich, Wissenschaftliche Buchgesellschaft, Darmstadt, 2010

Dr. Fritz Friedmann, Der deutsche Kaiser und die Hofkamarilla, I. Der Fall Kotze, Verlag von Cäsar Schmidt, Zürich, 1896

John van der Kiste, The Prussian Princesses, The Sisters of Kaiser Wilhelm II., Fonbthill Media, England, USA, 2015

Hannah Pakula, An uncommon woman, The Empress Frederick, Daughter of Queen Victoria, wife of the Crown Prince of Prussia, Mother of Kaiser Wilhelm, Weidenfeld & Nicolson, London, 1996

Julia Gelardi, Born to rule, Granddaughters of Victoria, Queen of Europe, Headline Review, England, 2006

Viktoria Zoubkoff, geb. Prinzessin von Preußen, Was mir das Leben gab - und nahm, General-Anzeiger/Bouvier-Verlag, Bonn, 2005

Christine Schreiber, Natürlich künstliche Befruchtung?: Eine Geschichte der In-vitro-Fertilisation von 1878 bis 1950, Kritische Studien zur Geschichtswissenschaft, Band 178,
Vandenhoeck & Ruprecht, Göttingen, 2007

John C. G. Röhl, Martin Warren, David Hunt, Purple Secret, Genes, Madness and the Royal Houses of Europe, Corgi Books, England, 1999

Jürgen Gottschlich, Dilek Zaptcioglu-Gottschlich, Die Schatzjäger des Kaisers, Deutsche Archäologen auf Beutezug im Orient, Ch. Links Verlag, Berlin, 2021

Karin Feuerstein-Praßer, Augusta, Kaiserin und Preußin, fünfte Auflage, Piper Verlag, München, 2017
Anonym, Liebchen, Ein Roman unter Männern, zweite Auflage, Janssen Verlag, Berlin, 1995
(Reprint der Originalausgabe von 1908)

Dr. Max Borst und Dr. Hans Königsdorfer jr., Untersuchungen über Porphyrie mit besonderer Berücksichtigung der Prophyria Congenita, Verlag von S. Hirzel, Leipzig, 1929

Studien über Prophyrie, Jan Waldenström in: Acta Medica Scandinavica, Supplementum LXXXII, P. A. Norstedt & Söner, Stockholm, 1937

Harry F. Young, Maximilian Harden, The Critic in opposition ein Bismarck to the rise of
Nazism, Censor Germaniae, Martinus Nijhoff, The Hague, Netherlands, 1959

Hanna Caspian, Schloss Liebenberg, Band 1, Hinter dem hellen Schein, Knaur, München,
2022

Peter Jungblut, Famose Kerle, Eulenburg - Eine wilhelminische Affäre, MännerschwarmSkript Verlag, Hamburg, 2003

Karlheinz Wagner, 1888, Das Drei-Kaiser-Jahr, Preußens Legende, Universitas Verlag, München, 1988

Rainer Hering, Christina Schmidt (Hrsg.), Prinz Heinrich von Preußen, Großadmiral, Kaiserbruder, Technikpionier, Wachholtz Verlag, Neumünster, 2013

Graf/Count Axel von Schwering (Pseudonym), The Berlin Court under William II., Cassel & Company, London, 1915

Frank-Lothar Kroll, Fürsten ohne Thron, Schicksale deutscher Herrscherhäuser im
20. Jahrhundert, be.bra Verlag, Medien und Verwaltungs GmbH, Berlin-Brandenburg, 2022

Jörg Kirschstein, Auguste Victoria, Porträt einer Kaiserin, Edition q im be.bra Verlag GmbH,
Berlin-Brandenburg, 2021

Else von Hase-Koehler (Hrsg.), Freifrau von Heldburg (Ellen Franz), Gemahlin des Herzogs Georg II. von Sachsen-Meiningen, Fünfzig Jahre Glück und Leid, Ein Leben in Briefen aus den Jahren 1873-1923, fünfte Auflage, Koehler & Amelang, Leipzig, 1926

Christopher Clark, Die Schlafwandler, Wie Europa in den Ersten Weltkrieg zog, Deutsche Verlags-Anstalt, München, 2013

Graf Robert von Zedlitz-Trützschler, Zwölf Jahre am deutschen Kaiserhof, Aufzeichnungen des ehemaligen Hofmarschalls Wilhelms II., Deutsche Verlags-Anstalt, Stuttgart, Berlin und Leipzig, 1923

Stefan Gerber, Maren Goltz (Hrsg.), Herzog Bernhard III. von Sachsen-Meiningen (1851-1928), Zwischen Erwartung und Realität, Veröffentlichungen der Historischen Kommission für Thüringen, Kleine Reihe, Band 56, Böhlau Verlag GmbH & Cie. KG, Köln, 2021

Harald Jähner, Höhenrausch, Das kurze Leben zwischen den Kriegen, Rowohlt Verlag, Berlin, zweite Auflage, 2022

Volker Ullrich, Deutschland 1923, Das Jahr am Abgrund, Verlag C.H. Beck oHG, München,
2022

Christopher Clark, Die Schlafwandler, Wie Europa in den Ersten Weltkrieg zog, Deutsche Verlags-Anstalt, München, 2013

Axel Weipert, „Den Fürsten keinen Pfennig!“, Der Volksentscheid zur Fürstenenteignung 1926, Ernst-Reuter-Hefte, Heft 12, be.bra Wissenschaft Verlag GmbH, Berlin-Brandenburg, 2021

Ulrich Schüren, Der Volksentscheid zur Fürstenenteignung 1926, Die Vermögensauseinandersetzung mit den depossedierten Landesherren als Problem der deutschen Innenpolitik unter besonderer Berücksichtigung der Verhältnisse in Preußen, herausgegeben von der Kommission für Geschichte des Parlamentarismus und der politischen Parteien, Beiträge zur Geschichte des Parlamentarismus und der politischen Parteien, Band 64, Droste Verlag, Düsseldorf, 1978

Jacco Pekelder, Joep Schenk, Cornelis van der Bos, Der Kaiser und das „Dritte Reich“, Die Hohenzollern zwischen Restauration und Nationalsozialismus, zweite Auflage, Wallstein Verlag, Göttingen, 2021

Barbara Beck, Wilhelm II. und seine Geschwister, Verlag Friedrich Pustet, Regensburg, 2016

Lothar Machtan, Der Kronprinz und die Nazis, Hohenzollerns blinder Fleck, Duncker & Humblot GmbH, Berlin, 2021

Stephan Malinowski, Vom König zum Führer, Sozialer Niedergang und politische Radikalisierung im deutschen Adel zwischen Kaiserreich und NS-Staat, dritte, durchgesehene Auflage, Akademie Verlag GmbH, Berlin, 2003

Elke Fröhlich (Hrsg.), Die Tagebücher von Joseph Goebbels, Im Auftrag des Instituts für Zeitgeschichte und mit Unterstützung des Staatlichen Archivdienstes Rußlands, Teil I, Aufzeichnungen 1923-1941, Band 2/III, Oktober 1923 - März 1934, bearbeitet von Angela Hermann, K.G. Saur Verlag GmbH, München, 2006

Peter Longerich, Die Sportpalastrede 1943, Goebbels und der „totale Krieg“, Siedler Verlag, München, 2023

Frank-Lothat Kroll, Christian Hillgruber, Michael Wolffsohn (Hrsg.), Die Hohenzollern Debatte, Beiträge zu einem geschichtspolitischen Streit, Duncker & Humblot GmbH, Berlin, 2021

Oliver Hilmes, Schattenzeit, Deutschland 1943: Alltag und Abgründe, Siedler Verlag, München, 2023

Wolfgang Niess, Der Hitlerputsch 1923, Geschichte eines Hochverrats, Verlag C. H. Beck, Berlin, 2023

Rochus von Reinfelden, Der Herzensroman der Prinzessin Viktoria von Schaumburg-Lippe und Alexander Zoubkoffs, Eine Liebeslegende aus zwei Welten, Karl Voegels Verlag, Berlin, 1927

Weblinks

Zur Affäre um die Briefe der Emilie Kopp, *Miss Love*, an Kaiser Wilhelm II.:
https://www.bz-berlin.de/archiv-artikel/von-historikern-enthuellt

https://www.spiegel.de/panorama/sexskandal-damals-kaiser-wilhelms-love-affair-a-135451.html

Zur Kotze-Affäre:
https://www.spektrum.de/podcast/die-kotze-affaere/1690482

Dokumentation

Des Kaisers schmutzige Wäsche, Wilhelm II. - Frieden oder Krieg, Arte, 2012

Abbildungsverzeichnis

Folgende Fotografien und Dokumente wurden mir mit freundlicher Genehmigung des Hessischen Staatsarchivs zur Verfügung gestellt:

Großherzogliches Familienarchiv im Staatsarchiv Darmstadt, D 27 A, Nr. 37/21
Großherzogliches Familienarchiv im Staatsarchiv Darmstadt, D 27 A, Nr. 38/32
Großherzogliches Familienarchiv im Staatsarchiv Darmstadt, D 27 A, Nr. 108, 18_0001
Großherzogliches Familienarchiv im Staatsarchiv Darmstadt, D 27 A, Nr. 49/34
Großherzogliches Familienarchiv im Staatsarchiv Darmstadt, D 27 A, Nr. 49/33
Großherzogliches Familienarchiv im Staatsarchiv Darmstadt, D 27 B, Nr. 1643
Großherzogliches Familienarchiv im Staatsarchiv Darmstadt, D 27 A, Nr. 1/11884
Großherzogliches Familienarchiv im Staatsarchiv Darmstadt, D 27 B, Nr. 2178
Großherzogliches Familienarchiv im Staatsarchiv Darmstadt, D 27 A, Nr. 48/343
Großherzogliches Familienarchiv im Staatsarchiv Darmstadt, D 27 A, Nr. 29/32
Großherzogliches Familienarchiv im Staatsarchiv Darmstadt, D 27 B,

Nr. 104/1, 104/2
Großherzogliches Familienarchiv im Staatsarchiv Darmstadt, R 4, Nr. 14085
Großherzogliches Familienarchiv im Staatsarchiv Darmstadt, D 27 A, Nr. 40/167
Großherzogliches Familienarchiv im Staatsarchiv Darmstadt, D 27 B, Nr. 2091/1-3
Großherzogliches Familienarchiv im Staatsarchiv Darmstadt, D 27 B, Nr. 2783
Großherzogliches Familienarchiv im Staatsarchiv Darmstadt, D 27 A, Nr 108 60_0001
Großherzogliches Familienarchiv im Staatsarchiv Darmstadt, D 27 A, Nr. 6/229
Großherzogliches Familienarchiv im Staatsarchiv Darmstadt, D 27 A, Nr. 6/230

Geheimes Staatsarchiv, Preußischer Kulturbesitz, GStA PK, Berlin, IX_HA_SPAE_VII_Nr_2532 (Fotografie von Feodora und Charlotte, Breslau, 1897)

Weitere Bilder, Fotografien und Ansichtskarten stammen entweder aus meiner eigenen Sammlung, antiken Magazinen und Journalen der Zeit sowie aus Sammlungen von drei privaten Sammlern, die mir diese freundlicherweise für diese Biographie zur Verfügung stellten, aber nicht namentlich genannt werden möchten. Ein Grund liegt unter anderem in der Tatsache, dass man keine Begehrlichkeiten bestimmter Sammlerstücke wecken möchte, da diese nicht veräußert werden sollen.

Zu einer der Kompositionen der Prinzessin Marie Elisabeth von Sachsen-Meiningen

Romanze in F-Dur für Klarinette:
https://www.youtube.com/watch? v=M-NliWBV2CM

Das genaue Datum der Uraufführung ist leider nicht in einem Programmblatt nachgewiesen. Daher könnte es sein, dass die tatsächliche komplette Uraufführung erst durch Mühlfeld und Steinbach in Meiningen am elften März des Jahres 1892 im Rahmen eines Abonnement-Konzerts stattfand.

Zu der Operette Frau Luna

Schlösser, die im Monde liegen:
https://www.youtube.com/watch? v=eJalUrCLCdk

Zur Namensschreibung/den Spitznamen

In einigen Quellen wird der Kronprinz Wilhelm, späterer Kaiser Wilhelm II., *Willie* geschrieben, in Briefen der Queen Victoria und ihrer Tochter, der Kronprinzessin Viktoria, aber *Willie*. Ebenso verhält es sich mit dem Spitznamen des Sohnes, Prinz Waldemar, *Waldie* oder *Waldi*. Ich habe mich hierbei für die Schreibweisen der Queen und ihrer Tochter entschieden. Mir ist aber durchaus bekannt, dass Wilhelm II. Fotografien und Briefe auch mit *Willy* unterzeichnet hat.
Zur besseren Orientierung möchte ich an dieser Stelle die Rufnamen der genannten Personen
auflisten:
Viktoria, Prinzessin Royal, Kronprinzessin von Preußen, spätere Kaiserin Friedrich: Vicky
Friedrich, Kronprinz von Preußen, später Kaiser Friedrich III. von Preußen: Fritz
Prinzessin Beatrice von England, Tochter Queen Victorias: Baby
Prinz Heinrich Moritz von Battenberg: Liko
Prinz Alexander von Battenberg, Fürst von Bulgarien: Sandro
Prinzessin Alix von Hessen und bei Rhein: Alicky
Zarewitsch Nikolaus Alexandrowitsch Romanow, später Zar Nikolaus II. von Russland: Nicky
Prinzessin Viktoria von Preußen, später Prinzessin zu Schaumburg-

Lippe: Vicky, Moretta
Prinzessin Charlotte von Preußen, später Herzogin von Sachsen-Meiningen: Ditta, Charly, auch Charley
Kronprinzessin Alexandra von England, Prinzessin von Dänemark: Alix
Kronprinz Edward von England: Bertie
Freifrau Helene von Heldburg, Helene Franz: Ellen
Prinz Alfred von England, später Herzog von Sachsen-Coburg und Gotha: Affie
Prinz Waldemar von Preußen: Waldie, auch Waldy
Prinz Sigismund von Preußen: Siggi, auch Siggie
Prinzessin Viktoria von Hessen und bei Rhein: Vicky
Prinzessin Elisabeth von Hessen und bei Rhein: Ella
Prinzessin Feodora von Sachsen-Meiningen, später Prinzessin zu Reuss-Köstritz: Feo
Prinzessin Sophie von Preußen, später Königin von Griechenland: Sossy
Prinzessin Margarethe von Preußen, später Landgräfin von Hessen-Kassel: Mossy
Prinz Alfred von Sachsen-Coburg und Gotha: young Affie
Prinzessin Viktoria Melita von Sachsen-Coburg und Gotha: Ducky
Prinzessin Beatrice von Sachsen-Coburg und Gotha: Baby Bee
Erbgroßherzog Ernst Ludwig von Hessen und bei Rhein, später Großherzog Ernst
Ludwig V. von Hessen und bei Rhein: Ernie
Prinzessin Marie von Sachsen-Coburg und Gotha: Missy
Prinzessin Auguste Victoria von Schleswig-Holstein-Sonderburg-Augustenburg, später
Kaiserin von Preußen: Dona
Prinzessin Alexandra von Sachsen-Coburg und Gotha, später Fürstin zu Hohenlohe-Langenburg: Sandra
Kronprinz Konstantin von Griechenland, später König Konstantin I.: Tino
Prinz Heinrich XXX. Reuss zu Köstritz: Haz
Prinz Alexander von Battenberg: Drino
Prinzessin Victoria Eugénie von Battenberg: Ena
Prinz Waldemar von Preußen: Toddy

Prinzessin Helena von England, später Prinzessin von Schleswig-Holstein-Sonderburg-Augustenburg: Lenchen
Fürst Philipp zu Eulenburg und Hertefeld, Graf von Sandels: Phili
Prinz Heinrich zu Preußen: Henry, Harry
Landgraf Friedrich Karl von Hessen-Kassel: Fiffy
Großherzogin Eleonore von Hessen und bei Rhein, geb. Prinzessin von Solms-Hohensolms-Lich: Onor, Lorche
Prinzessin Victoria von Großbritannien und Irland: Toria
Prinz August Wilhelm von Preußen: Auwi
Prinzessin Viktoria Luise von Preußen: Sissy
Gräfin Ina Marie von Ruppin: Mietze
Großfürstin Marie Pavlovna, die jüngere: Miechen
Prinzessin Marie Auguste von Anhalt: Margussy
Großherzog Wilhelm Ernst von Sachsen-Weimar und Eisenach: Welmi
Freifrau Katharina von Saalfeld: Käthe
Freiherr Heinrich von Saalfeld, Sohn des Prinzen Ernst von Sachsen-Meiningen: Enzio
Prinzessin Hermine von Schönaich-Carolath: Hermo
Prinzessin Helena Victoria von Schleswig-Holstein-Sonderburg-Augustenburg: Thora
Prinzessin Alexandrine von Preußen: Adini
Alexander Anatolewitsch Zoubkoff: Sascha
Baronin Sophie Karlowna von Buxhoeveden, letzte Hofdame der Zarin: Isa

Der sogenannte Fackeltanz bei Hochzeiten am preußischen Hof

Hochzeitszeremonien an den Adelshöfen dauerten früher recht lange. Der sogenannte *Fackeltanz* war zumeist ein fester Bestandteil der Feierlichkeiten, besonders am preußischen Hof.
Die Hochzeitsgesellschaft versammelte sich in einem großen Saal, so zum Beispiel im *Weißen Saal* in Schloss Charlottenburg. Die Damen trugen alle helle Hof - oder Galakleider, wobei ihre langen Schleppen vor den Sitzen ausgebreitet waren. Um Mitternacht begann dann die Musik zu spielen. Man bevorzugte dann ein Stück, welches eigens für

diesen Anlass komponiert worden war. Der Oberhofmeister betrat den Saal. Er hatte seinen Zeremonienstab in der Hand. Ihm folgten in zwei Reihen die Minister mit brennenden Fackeln in den Händen. So schritten sie im Rhythmus der Musik zweimal um den Saal, blieben dann vor dem Brautpaar stehen, welches auf einer erhöhten Plattform saß. Dort verneigten sie sich. Das Brautpaar stieg dann die Stufen hinab, schloss sich dem Oberhofmeister und den Ministern an, wobei Hofdamen die Schleppe der Braut trugen. Man ging so einmal rund um den Saal.

Nach dieser Umrundung ergriff die Braut dann die Hand des Kaisers, und mit ihrer anderen die des nächsten männlichen Verwandten und der Bräutigam führte so die Kaiserin und die Mutter der Braut. Man schritt dann weiter langsam durch den Saal. Hiernach löste sich die Braut von den anderen, wählte sich selbst einen Prinzen zum Partner, während der Bräutigam dies mit einer Prinzessin gleichtat. Hierbei wurden alle anwesenden Prinzen und Prinzessinnen so bedient. Passierten die Paare nun das Kaiserpaar, mussten die Herren sich verbeugen, die Damen einen Hofknicks machen. Der *Fackeltanz* wirkte auf die meisten Anwesenden, besonders junge Prinzessinnen, sehr erhebend, aber gleichzeitig war er natürlich auch sehr ermüdend und anstrengend für das Brautpaar, da er sehr lange dauerte.

Zur medizinischen Behandlung Feodoras

Thorium-X

Unter der Bezeichnung Thorium-X wurden vor allem in der 1. Hälfte des 20. Jahrhunderts verschiedene Lösungen gehandelt, die Thorium - und andere radioaktive Nuklide enthielten. In den USA kam beispielsweise eine Tinktur dieses Namens bis etwa 1960 in der Radiotherapie von Hautkrankheiten zur Anwendung. In Deutschland gab es um 1930 Badezusätze und Ekzemsalben der Marke Thorium-X, die wegen der offenkundigen Gesundheitsgefahren allerdings kurz darauf aus dem Handel genommen wurden. Des Weiteren gab es eine Thorium-X-haltige Zahnpasta mit dem Namen Doramad. Diese wurde dann auch vom Markt genommen, als man um die Gesundheitsgefahren wusste.

Als Feodora im Jahre 1903 Thorium in Tablettenform verschrieben bekommt, ist die krebserregende Eigenschaft noch unerforscht.

Arsen

Ferner behandelte man die Prinzessin mit Arsenik. Man glaubte zu Beginn des 20. Jahrhunderts, dass Thorium und Arsen gegen die Schlafkrankheit wirkungsvoll waren. Das erste Medikament auf dem Markt nannte sich Atoxyl, dann Suramin, der Nachfolger des ersteren und in den zwanziger Jahren dann Germanin.
Suramin ist hochgradig toxisch für Zellen. Daher geht die Anwendung mit einem Risiko erheblicher Nebenwirkungen einher. Es tötet jedoch bei genauer Dosierung die Parasiten ab. Anfang der zwanziger Jahre konnte die Medizin damit erstmalig auf ein wirksames Mittel gegen die Schlafkrankheit, die bis dahin in weiten Teilen Afrikas mit verheerenden Epidemien grassierte, zurückgreifen.
Der Robert-Koch-Schüler Friedrich Karl Kleine führte die ersten Versuche mit Suramin in Ostafrika durch. Man konnte damit auch die Onchozerkose behandeln, eine weit verbreitete tropische Wurmerkrankung, die zur Flussblindheit führt, eine durch Fadenwürmer ausgelöste, nicht heilbare Blindheit.
Arsen sollte also die malariaähnlichen Symptome Feodoras beheben, damit sie schwanger werden konnte, allerdings führte diese Behandlung auch zu erheblichen Nebenwirkungen, wenn man das Medikament dauerhaft verwendete, wie unter anderem zur Hämolyse, einer Zerstörung der roten Blutkörperchen, Nierenversagen, Wasseransammlungen im Gewebe, Übelkeit, Erbrechen und Schleimhautentzündung.
Arsen reichert sich, ebenso wie Thorium, im Körper an und kann auch erst nach vielen Jahren zu schwerwiegenden Auswirkungen führen, obwohl man die Behandlung bereits beendet hat.
Somit wurden also die Leiden der Prinzessin durch diese Medikamentation noch verstärkt.

Zu der Herkomer-Konkurrenz

Der Pokal, den Hubert von Herkomer selbst gestaltete, gilt heute als wertvollster privater Automobilpreis der Welt. Der Gesamtsieger aller drei Konkurrenzen war der Münchner Edgar Ladenburg, Sohn eines Bankiers. Sein Siegerportrait hängt heute im *Herkomer-Museum* in Landsberg.

Zu Anna Anderson

Anna Anderson, die vorgab, die Großfürstin Anastasia Nikolajewna Romanowa zu sein, war zweifelsfrei weder die jüngste Tochter des Zaren Nikolaus II. von Russland und seiner Gemahlin, Zarin Alexandra, noch war sie die Fabrikarbeiterin Franziska Schanzkowsky. Hierzu Verweis auf das Buch von Petra Cichos, Ermittlungsakte Zarentochter Anastasia: Anna Anderson, Cichos Press, 2019.

Es ist korrekt, dass Franziska Schanzkowsky von ihren Geschwistern in Berlin als vermisst gemeldet wurde, aber als diese Anna Anderson, damals noch als „Fräulein Unbekannt" bezeichnet, in der Nervenheilanstalt in Dalldorf bei Berlin begegneten, konnten sie keinerlei Ähnlichkeit mit ihrer Schwester feststellen. Petra Cichos hat die originalen Ermittlungsakten veröffentlicht, aus denen dies einwandfrei hervorgeht.

Wer die Unbekannte also wirklich war, wird sich wohl niemals klären lassen und es ist auch heute noch fraglich, ob sie aufgrund eines attestierten Nervenleidens wirklich der Überzeugung war, die Zarentochter zu sein.

Hinzu kommt die Tatsache, dass sie kein Russisch sprach, wobei die Zarenkinder dies fließend beherrschten und mit dem Vater sprachen. Auch im englischen wies die Unbekannte kein großes Wissen auf, welches innerhalb der Zarenfamilie, sowohl zwischen Zar und Zarin, als auch von den Kindern mit der Mutter gesprochen wurde. Ebenso hätte die Unbekannte Französisch beherrschen müssen, denn es war Hofsprache am russischen Zarenhof.

Deutsch sprachen die Zarenkinder auch, aber nur sehr wenig und sehr

gebrochen. Aufgrund der anglophilen verwandtschaftlichen Beziehungen sprach man auch mit hessischen Verwandten beispielweise nur Englisch.
Und noch eine kleine Randnotiz: Als sich die Unbekannte in Dalldorf nach ihrem Selbstmordversuch auf dem Wege der Besserung befand, sie von noch lebenden Verwandten der Zarenfamilie besucht wurde, gaben andere Mitpatientinnen nachher zu Protokoll, dass ihre Bettnachbarin ihr vor dem angekündigten Besuch ein Journal mit einem Foto der Zarenfamilie auf der Titelseite reichte und ihr zuflüsterte, sie solle sagen, auf dem Bild sei ihre "liebe Mama" zu sehen. Diese soll es auch gewesen sein, die die Unbekannte zuerst darauf ansprach, sie weise eine Ähnlichkeit mit der Großfürstin Tatjana auf. So hat die Unbekannte auch erst gesagt, sie sei Tatjana.
Die Hofdame und enge Vertraute der Zarin und ihrer vier Töchter, Baronin Sophie von Buxhoeveden, besuchte „Fräulein Unbekannt" ebenfalls in Dalldorf und sagte ihr sofort auf den Kopf zu, dass sie nicht Tatjana sei. Sie zog ihr die Bettdecke weg und befand sie als für zu klein, um die großgewachsene Großfürstin zu sein. Ebenso sah sie bei der jungen Frau keinerlei Ähnlichkeit mit den anderen Zarentöchtern. Die Unbekannte sagte später, es habe nur daran gelegen, dass Buxhoeveden ein schlechtes Gewissen habe, weil sie die Familie im Stich gelassen habe. Man muss aber anmerken, dass sie weder den Namen Buxhoevedens wusste, sie also nicht erkannte und auch ihren Spitznamen nicht wusste, als man sie später zu dem Treffen befragte. Da „Isa" aber besonders für die Mädchen eine Freundin und Vertraute war, kann man dies als eine weitere Lüge der Unbekannten werten.
Fazit ist also, dass die Unbekannte oder Anna Anderson, wie sie sich später nannte, von ihrer Lüge sehr gut gelebt hat, denn sie fand stets finanzielle Unterstützer, die sich nur allzu gerne mit der angeblichen Zarentochter zeigten und auch die Verfilmung ihres angeblichen Schicksals sicherte ihr ein gutes Einkommen.
Im Laufe der Jahre nach der Ermordung der Zarenfamilie gab es aber auch Menschen, die behaupteten, Alexei zu sein, die Zarin, die Großfürstin Olga und so weiter…

Die Autoren des Buches „Purple Secret, Genes, „Madness“ and the Royal Houses of Europe, der Historiker John C.G. Röhl, der Professor für Biochemie Martin Warren und David Hunt, Professor für Molekulargenetik, begaben sich Ende des Jahres 1995 nach Kowary in Polen, wo sich das Grab der Prinzessin Feodora zu Reuss-Köstritz befindet. Man erhielt die Genehmigung, die Gebeine zu exhumieren und Ende Juli 1996 konnte man die ersten Knochenproben nehmen.

Im Jahre 1997 reiste man nach Sachsen und entnahm ebenfalls Knochenproben von Feodoras Mutter, der Herzogin Charlotte von Sachsen-Meiningen, die neben ihrem Gemahl im Park von Schloss Altenstein beigesetzt wurde.

Während Feodoras Grab, ebenso wie das ihre Ehemannes, im Laufe der Jahre Grabräubern zum Opfer gefallen war, verhielt sich dies anders bei dem Grab ihrer Mutter. Charlottes Skelett war intakt, ebenfalls konnte man noch das Kleid erkennen, in dem sie beigesetzt wurde und einen kleinen vertrockneten Blumenstrauß in ihren Händen.

Es wurde nach DNA-Tests und Vergleichen der Knochenproben zweifelsfrei nachgewiesen, dass die Herzogin Charlotte von Sachsen-Meiningen an Porphyrie litt, genaugenommen der „Porphyria variegata“. Sie vererbte diese chronische Stoffwechselerkrankung an ihre Tochter Feodora. Somit ist auch zweifelsfrei erklärt, warum Feodora nicht schwanger wurde, denn oftmals kommt es bei der Erkrankung zu einer Schwangerschaft, aber nicht mehr zu einer zweiten oder es besteht die Möglichkeit der unbehandelbaren Sterilität bei Frauen.

Der Leibarzt Charlottes, Professor Dr. Schweninger, hatte durchaus zu Charlottes Lebenszeit den Verdacht, sie könne an der Porphyrie leiden, aber die Erkrankung war seinerzeit noch relativ unerforscht. Erste größere Feldstudien zu ihrer Erforschung fanden erst in den Zwanziger und dreißiger Jahren des vorigen Jahrhunderts unter anderem in Skandinavien statt. Dort kam es vor allem in abgeschiedenen Dörfern zu der Erkrankung. Eine Ursache zur Verbreitung könnte sein, dass man dort oftmals untereinander heiratete.

Für Charlotte und Feodora könnte die Kaiserin Friedrich eine Überträgerin der Erkrankung gewesen sein, denn man vermutet, dass ihr Vorfahr, König Charles I. von England aufgrund von historischen

Quellen bezüglich seiner Leiden, eben an der Porphyrie litt und die Kaiserin Friedrich könnte ebenso an einer milden Variante gelitten haben, die sich dann bei Charlotte, ihrer Tochter, ausprägte.
Queen Victoria so vermutet man, habe ebenfalls an einer leichten Variante der Krankheit gelitten. Die genetische Mutation, die die Krankheit bedingt, scheint sich fortgesetzt zu haben, vergleichbar mit der Hämophilie.
Die Porphyrie wurde erstmals im Jahre 1911 von dem deutschen Arzt und Forscher Hans Günther erforscht. Morbus Günther, oder auch Günthersche Krankheit, ist eine angeborene Störung der Aktivität eines Enzyms der Porphyrin-Synthese, der Uroporphyrinogen-III-Synthase, kurz UROIIIS. Porphyrine werden als Grundkörper vieler enzymatischer Cofaktoren im gesamten menschlichen Stoffwechsel benötigt. Das wichtigste Porphyrin für den Menschen ist das Häm, welches unter anderem als roter Farbstoff des Blutes im Hämoglobin für den Sauerstofftransport verantwortlich ist.
Günther beschrieb die Symptome der erythropoetischen Porphyrie, kurz CEP, die aufgrund der enzymatischen Fehlfunktion eine verminderte Produktion von Häm sowie die Entstehung und Anreicherung von nicht-metabolischen Intermediaten, also nicht stoffwechselbedingten Zwischenprodukten, der Häm-Synthese im Körper.
Die Erkrankung CEP umfasst mehr als fünfundzwanzig Mutationen, die an verschiedenen Gensequenzen der UROIIIS lokalisiert sein können und daher kommt es auch zu diversen Symptomen. Die Ausprägung derselben kann ebenso unterschiedlich sein. Die eigentlichen Krankheitssymptome resultieren aus einer Abnahme der Aktivität der UROIIIS. Die Symptome können daher schwerwiegender sein oder geringer.
Eines dieser Symptome ist die Lichtempfindlichkeit, die bei Kontakt mit Sonnenlicht vor allem an Gesicht und Händen zu starken Schmerzen und auch verbrennungsähnlichen Wunden führen kann - bei starker Sonneneinwirkung, sprich, auch zu langem Aufenthalt in der Sommersonne.
Nun konnte Günther seinerzeit nicht auf DNA - Untersuchungen zurückgreifen, aber seine Beschreibung der Erkrankung nährte unter anderem den Vampirmythos. Denn Vampire meiden das Sonnenlicht und sie verkohlen, wenn man ihren Sarg öffnet, Sonnenlicht

hineinfällt. Ein Sonnenstrahl löst laut Mythos bei ihnen auch Quaddelbildung auf der Haut aus. Patienten mit Porphyrie ziehen oft ein nächtliches Leben vor, um die Sonne zu meiden, wie ein Vampir.

Unter der Porphyrie kommt es auch zu einer rotbraunen bis violetten Verfärbung der Zähne, was auch durch gute und regelmäßige Zahnpflege nicht zu beheben ist. Diese Verfärbung kann so wirken, als habe die betreffende Person gerade Blut getrunken. Daher ist auch dies Nahrung für den Vampir-Mythos gewesen, da sich ebenfalls der Urin der Erkrankten verfärbt.

Durch die verminderte Bildung von roten Blutkörperchen leiden die Porphyrie-Erkrankten an einer hämolytischen Anämie, also einer Blutarmut. Heutzutage kann man dieses Leiden durch Bluttransfusionen lindern, aber dies legte früher eben den Verdacht nahe, man könne auch durch das Konsumieren von bluthaltiger Nahrung die Blutarmut beheben. Auch das Trinken von Blut ist einem Vampir eigen.

Zudem haben Patienten, die an Porphyrie leiden, meist eine sehr helle, schneeweiße und kalte Haut aufgrund mangelnder Durchblutung. Im Blut findet sich bei CEP eine zu geringe Konzentration an rotem Blutfarbstoff Häm, wodurch eine chronische Unterversorgung mit Sauerstoff des Gewebes entsteht. Auch dies ist einem Vampir eigen, denn er hat eine helle, fast blasse Haut.

Hinzu kommt auch die Abneigung des Vampirs gegenüber Knoblauch. Bei Patienten mit CEP können Knoblauchgewächse, bei erhöhtem Konsum, eine schon bestehende Anämie verstärken, ebenso wie die damit einhergehenden Symptome. Die in Lauchgewächsen enthaltenen Derivate der nicht-proteinogenen Aminosäure Alliin können die Eigenschaft haben, das Cytochrom P450 im Körper zu beeinflussen und dies ist an hämolytischen Prozessen beteiligt.

Bei CEP wird durch die hämolytische Anämie oftmals Atemnot ausgelöst, dazu Kopfschmerzen, Sehstörungen und Herzrasen. Dies könnte, neben der Abneigung gegen Knoblauch, für jemanden beispielsweise aus dem Mittelalter, wie Vampirismus gewirkt haben. Es ist bekannt, dass der Vampir-Mythos besonders stark in Osteuropa beheimatet ist, aber auch in China, Indonesien und Afrika gibt es derartige Legenden. Dies könnte daher kommen, dass eine Mutation der Porphyrie auch in diesen Ländern aufgetreten ist.

In ländlichen Gebieten ist zumeist kein Arzt vorhanden gewesen,

sodass man nicht auf fachkundiges medizinisches Wissen zurückgreifen konnte und man darf auch nicht außer Acht lassen, dass in früheren Zeiten Menschen beerdigt wurden, die scheintot waren. Diese Untoten, die manchmal zurückkamen, befeuerten dann den Vampir-Mythos, wobei es aber auch dort weiterführende Mythen gibt, wie den „Aufhocker“, auch „Huckup“ oder „Bubak“, einen Untoten, der den Lebenden auflauert, auf ihren Rücken springt und sie zwingt, zum Friedhof zu gehen, wo er sie ebenfalls lebendig begräbt. Es kann sich dabei aber auch um einen koboldartigen Geist handeln, der einen anspringt, nachts und mit jedem Schritt schwerer wird, bis man unter seiner Last zusammenbricht. Er raubt die Lebenskraft seines Opfers. Aufgrund der Ähnlichkeiten mit einem Vampir wurde die Erkrankung auch als „Vampir-Krankheit“ bezeichnet.
Auch der „Werwolf-Mythos“ wurde durch die Porphyrie untermauert, da es durch diese ebenfalls zu einer vermehrten Gesichtsbehaarung kommen kann, der sogenannten Hypertrichose. Einhergehend damit sind die „Blutzähne“ und Nasen - und/oder Fingerlosigkeit, bedingt durch die Verstümmelung infolge einer Knorpel-Knochen-Gewebezerstörung durch die Porphyrie.
CEP gilt auch heutzutage als nicht heilbar, aber durchaus als therapierbar. So können Patienten ihre Haut bei starkem Sonnenlicht durch eine entsprechende Kleidung schützen, die also stets Arme und Beine bedeckt sowie eine Mütze oder einen Hut, aber auch durch Sonnencreme mit einem hohen Lichtschutzfaktor. Die Patienten mit CEP sind auf monatliche Bluttransfusionen angewiesen, man transplantiert heutzutage auch Knochenmark, was bei einigen Patienten durchaus zur Linderung der Beschwerden führt. Ferner müssen solche Patienten aber ihr Leben lang Immunsuppressiva einnehmen und die Abstoßungsreaktion auf das fremde Gewebe birgt ein großes Risiko.
Auch heute befinden sich Gentherapien bezüglich der Porphyrie noch in der Entwicklungsphase.

Herzogin Charlotte von Sachsen-Meiningen und ihre Tochter Feodora litten nachweislich an der Porphyrie Mutation „Porphyria variegata“, sie ist der „Akuten intermittierenden Porphyrie“ ähnlich.
Heute weiß man um acht Variationen dieses Leidens.
Ein Nachweis spezifischer Porphyrin-Vorläuferstoffe kann heutzutage

im Blut, Urin und/oder dem Stuhl nachgewiesen werden. Porphyrinvorläufer werden vom Körper generell nicht weiterverwertet und ausgeschieden, ein Anstieg derselben weist also zumeist auf ein mögliches Leiden hin. Die spezifische Zusammensetzung dieser in erhöhter Konzentration vorliegenden Vorläuferstoffe gibt dann Aufschluss über die Form der Porphyrie. Akute Erkrankungen äußern sich so durch einen schnellen Anstieg bei Attacken. Auch die Färbung des Blutes kann bei der Diagnose helfen.
Heute können sich Menschen, die an Porphyrie leiden, genetisch mit ihrem Partner testen lassen, wenn ein Kinderwunsch besteht, sodass man in dieser Hinsicht ein Risiko für eine Erkrankung der Kinder einschränken kann.

Der Lebenswandel der Herzogin Charlotte förderte die Porphyrie-Schübe, denn Alkohol und Rauchen können diese auslösen, ebenso wie bestimmte Medikamente wie Chinin. Zudem sollten Diäten vermieden werden, die Kohlenhydratzufuhr stets gleichbleibend sein. Charlotte machte aber stets Diäten, um nur ein Beispiel zu nennen.
Die „Porphyria variegata" ist eine akute Form der Porphyrie, es treten hauptsächlich neuroviszerale Symptome auf, also das Nervensystem und die Eingeweide betreffend. Es kommt auch zu gelegentlichen Unverträglichkeitsreaktionen, wie beispielsweise gegenüber Sonnenlicht.
Eine Attacke kann hauptsächlich durch Medikamente ausgelöst werden, ebenso durch Stress, Alkoholkonsum, weibliche Hormone und Hungerzustände.
Bei dieser Form der Porphyrie sprechen die Patienten vornehmlich nicht auf Chinin oder gar den Aderlass an.
Die Krankheit wird autosomal-dominant vererbt, dies bedeutet, dass sie in der Regel von Generation zur Generation weitergegeben wird. Bei Betroffenen besteht die fünfzigprozentige Chance, dass die Kinder die Krankheit erben.
Im Verlauf der Erkrankung kommt es häufig zu kolikartigen Bauchschmerzen, neurologischen Störungen, die durchaus schwer sein können und auch zu psychischen Störungen, wie Depressionen. Die Krankheit verläuft latent, kann aber dann durch einen bestimmten Faktor ausgelöst werden, wie Stress. Es kommt dann zu einem Schub.

So können auch Wasserentzug, Psychopharmaka, eine Blutvergiftung und Thujon, der Inhaltsstoff von Absinth beispielsweise zu einem Schub führen.
Die kolikartigen Bauchschmerzen, die stets wiederkehren, sind meist ein erstes und einziges Anzeichen für diese Form der Porphyrie. Daher werden Patienten oftmals auch einer unnötigen Blinddarmoperation unterzogen.
Es kommt bei den Schüben auch zu körperlicher Schwäche, die auch die Muskeln betrifft, die dann kaum oder keine Reflexe mehr aufweisen, zu Störungen in der Hirnnervenfunktion oder des autonomen Nervensystems. Dies kann zu einem Delirium, schweren Psychosen, aber auch zum Koma und Krämpfen führen.
Hierbei ist erwähnenswert, dass Anästhesisten vorher informiert werden müssen, dass ein Patient an dieser Form der Porphyrie erkrankt ist, denn das Narkosemittel muss dahingehend abgestimmt werden, damit es nicht zu einem Schub kommt. Wenn möglich, versucht man bei diesen Patienten nur lokal zu betäuben.
Bei einem akuten Schub ist diese Form der Porphyrie auch im Urin nachweisbar.
Heutzutage kann mithilfe eines Medikaments, welches die Reduzierung eines Enzyms in der Häm-Biosynthese verhindert, ein Schub erleichtert oder gar gemildert werden. Der Wirkstoff heißt Givosiran und ist für Kinder ab zwölf Jahren und Erwachsene geeignet. Weiter vermeidet man in der Therapie auslösende Faktoren, bei einem Schub werden Glukose-Infusionen und Hämin verabreicht. Meist ist auch eine Psychotherapie angeraten.

Abschließend ist festzustellen, dass die Herzogin Charlotte und ihre Tochter, die Prinzessin Feodora, heute mit der Krankheit recht gut hätten leben können. Zu Lebzeiten beider stand die Erforschung der Erkrankung aber noch am Anfang und war nicht ausgereift. Daher konnten die behandelnden Ärzte auch nur ausprobieren und spekulieren, da sie das Krankheitsbild nicht einordnen konnten.
Es kam daher auch zu Fehlern in der Behandlung, als beispielsweise Feodora Chinin verordnet wird und dieses einen Schub auslöst. So mussten beide Frauen mit ihrem Leiden leben und dieses ertragen.

Unter der Porphyrie kam es in der Geschichte oftmals zu Selbsttötungen, da die Betroffenen entweder eigenmächtig Medikamente überdosierten, um ihre Leiden zu lindern, oder sie konnten diese einfach nicht mehr ertragen, die damit einhergehenden schweren Depressionen und nahmen sich, wie Feodora, das Leben, um ihre Qualen zu beenden.

Zur Hohenzollern-Debatte

https://www.deutschlandfunk.de/historiker-ueber-hohenzollern-kronprinz-wilhelm-leistete-100.html- ein Artikel nebst Audiobeitrag

Zu dem Lied „Es saß ein klein wild Vögelein"

Im Jahre 1865 veröffentlichte der siebenbürgische Lehrer Friedrich Wilhelm Schuster das Lied „Et sâs e klî wält fijeltchen" aus mündlicher Überlieferung in Mühlbach (heute: Sebeş, Rumänien). Es handelt sich um eine verkürzte Variante der seit dem frühen 16. Jahrhundert nachweisbaren Ballade "Nachtigall als Warnerin".
Im Jahre 1893 übertrug Franz Magnus Böhme den mundartlichen Text ins Hochdeutsche. So erschien das Lied dann in dem gemeinsam mit Ludwig Erk herausgegebenen „Deutschen Liederhort". Zu Beginn des 20. Jahrhunderts wurde es durch die Jugendbewegung popularisiert und in zahlreichen Gebrauchsliederbüchern abgedruckt, so 1913 in Hans Breuers „Zupfgeigenhansl". Seit den fünfziger Jahren stand es in Schulliederbüchern beider deutscher Staaten, ehe es vom Folkrevival der siebziger Jahre aufgegriffen wurde.

Hinweis der Autorin

Ich versuche bei meinen Romanbiographien stets, mich in die entsprechende historische Hauptperson und die Nebenpersonen hineinzuversetzen. Man möge mir also verzeihen, dass ich Dialoge fiktiv gestalte, die aber auf Basis der Charakterzüge der betreffenden Personen oder anhand von Tagebüchern, Briefen und Erinnerungen anderer an diese, sich durchaus so oder in ähnlicher Art und Weise zugetragen haben könnten.
Dialoge einzubauen dient gerade bei einer Biographie dem Zweck, die Handlung zu verstärken und intimer zu gestalten, sodass LeserInnen besser in die Materie eintauchen können. Zudem bringt es die entsprechende historische Persönlichkeit und ihr Umfeld näher.
Mein Ziel ist es stets, den Personen ein schriftstellerisches Denkmal zu setzen.
Man möge mir auch verzeihen, dass ich nicht auf sämtliche Familienereignisse eingehen kann. Dies liegt zum einen an den doch sehr großen verwandtschaftlichen Beziehungen der Hohenzollern zu anderen europäischen und deutschen Adelshäusern und zum anderen an der Tatsache, dass ich bereits in vorherigen Büchern auf diese sehr intensiv eingegangen bin. Daher empfehle ich dem geneigten Leser und der geneigten Leserin bei größerem Interesse an verschiedenen Adelsfamilien, wie etwa den Battenbergs oder dem Haus Hessen, auf meine Biographie über die Prinzessin Alice von Griechenland, geborene Prinzessin von Battenberg oder die über die Großfürstin Maria Romanowa, dritte Tochter des letzten Zaren Nikolaus II. von Russlands, zurückzugreifen.
Für die Lebenszeit der Prinzessin Feodora von Reuss-Köstritz ab dem Jahre 1929 gibt es nur noch wenige Berichte und es ist nicht näher belegt, wie sie diese verbrachte. Es werden nur zwei Reisen nach England in den dreißiger Jahren erwähnt und dann ihre letzten Lebensmonate, daher habe ich für diese Zeit auf ein wenig Fiktion zurückgreifen müssen, die aber unter anderem auf Quellen für ihre chronische Erkrankung beruht.

Danksagungen

Mein persönlicher Dank geht zuerst an meinen Ehemann Ulrich, meine Freundin und Autorin Dorothe Reimann, die beide unermüdlich Seite um Seite des Manuskripts lektoriert haben, an meine Mutter, Angela Jessel, die immer die Erstleserin jedes Manuskripts ist sowie meine beste Kritikerin und an meinen Sohn Hans, der mir einige Bücher zur Recherche besorgt hat, unter anderem die Porphyrie betreffend. Ferner danke ich ihm für den wie immer sehr durchdachten Klappentext.

Des Weiteren danke ich Herrn Dr. Rainer Maaß vom Hessischen Staatsarchiv, der mir für diese Biographie wieder einige Fotografien aus dem Archiv zur Verfügung stellte, die diese sehr bereichern.

Des Weiteren danke ich dem Landesarchiv Thüringen, welches mir die Briefe der Herzogin Charlotte von Sachsen-Meiningen an Margot Geyer, verfasst vom Januar 1917 bis zum Januar 1919 zur Recherche zur Verfügung stellte, dem Geheimen Staatsarchiv, Preußischer Kulturbesitz, für die Erlaubnis, die Fotografie von Feodora und Charlotte, Breslau, 1897, für diese Biographie verwenden zu dürfen.

Und beim Staatsarchiv Marburg bedanke ich mich recht herzlich, dass man mir den Brief Feodoras an einen Herrn von Schütz vom achtzehnten April des Jahres 1926 zur Recherche zu nutzen gestattete (HstAM, 340 von Schütz,8).

Schlusswort

Warum wählte ich die Prinzessin Feodora zu Reuss-Köstritz? Vielleicht, weil ich mich ihr auf eine gewisse Art und Weise verbunden fühle. Einmal erschreckte mich bei meinen Recherchen, dass sie unter der Lieblosigkeit ihrer Eltern zu leiden hatte und dann wie sehr sie sich nach Liebe sehnte, den Freitod wählte, als einen letzten Ausweg, um ihre seelischen und körperlichen Leiden zu beenden.
Ich selbst litt jahrelang an quälenden Unterleibsschmerzen, Migräneattacken, Entzündungen des Nervus Trigeminus, Gesichtsneuralgien und auch heute noch an Urtikaria, einer chronischen Nesselsucht. Daher verstehe ich die Prinzessin. Schmerzen können einen Menschen sehr belasten und gerade Migräne kann zu Stimmungsschwankungen führen, ebenso wie zu Depressionen. Heute gibt es wirksame Medikamente gegen fast jedes Leiden, doch zu Feodoras Lebzeiten leider nicht und genau wie sie, fühlte auch ich mich jahrelang unverstanden von den Ärzten. Man hat Migräne und gerade als junger Mensch, sprich als Teenager, denken Ärzte gerne, man wolle sich einfach vor dem Schulbesuch oder anderen Verpflichtungen drücken. Noch heute bin ich jenen dankbar, denen gerade die Migräne als ein ernstzunehmendes Leiden anerkannten.
Es ist bedauerlich, dass die Ärzte bei der Prinzessin Feodora schlussendlich alles als eine emotionale Störung abtaten, weil sie die wahre Ursache, die Porphyrie, noch nicht medizinisch zuordnen konnten.
Daher war es mir wichtig, Feo eine Stimme zu geben und ich hoffe, dass mir dies mit der vorliegenden Biographie gelungen ist.

Widmung

Dieses Buch widme ich meinem Stiefvater Hans Schlingmann (1950-2022),
meinem Onkel Hartmut Gnädig (1951-2020),
meinem Schwager Helmuth Ellenbeck (1959-2020)

„Niemals geht man so ganz
irgendwas von mir bleibt hier.
Es hat seinen Platz
immer bei dir…“
(Trude Herr)

Mehr von Silke Ellenbeck bei DeBehr

Verborgen vor den Bürgern einer niedersächsischen Kleinstadt, wickelt Aidan in der ländlichen Unterwelt seine krummen Geschäfte ab. Anstatt Trachten, Spießbürgertum und Tischgebet prägen Drogen, Sex und Gewalt seinen Alltag. Die Stadt ist deutsch, die Geschäfte im Schatten jedoch sind russisch. Zusammen mit seinem Partner Pjotr kümmert Aidan sich im Namen seines Bosses um die üblichen Aufgaben: Erpressung, Hehlerei, Drogenhandel - und manchmal auch Härteres. Aidan ist zufrieden, so könnte es immer weitergehen. Eines Tages jedoch erhält er einen Auftrag, der alles ändert - und dabei soll er eigentlich nur auf ein kleines Mädchen aufpassen ...

Preis: 14.95, ISBN: 9783957535757

Silke Ellenbeck

In der Stille die Freiheit

Das bewegte Leben der Prinzessin Alice von Griechenland, Prinzessin von Battenberg, Mutter von Prinz Philip, Duke of Edinburgh, 1885-1969

Band 1

486 Seiten Taschenbuch,14.95€, ISBN: 9783957537140

Silke Ellenbeck

In der Stille die Freiheit

Das bewegte Leben der Prinzessin Alice von Griechenland, Prinzessin von Battenberg, Mutter von Prinz Philip, Duke of Edinburgh, 1885-1969

Band 2

Historische Romanbiografie

DeBehr

Als Alice von Battenberg am 25. Februar 1885 in eine Familie des englischen Hochadels geboren wird, ahnt noch niemand, was für Höhen und Tiefen die junge Prinzessin einst durchleben wird. Eine Jugend im Luxus europäischer Dynastien kann nicht über ihre sich früh abzeichnende Taubheit, die einem gesellschaftlichen Makel gleichkommt, hinwegtäuschen. Dank Intelligenz und unermüdlichem Willen lernt Alice, trotz ihrer Behinderung mehrere Sprachen fließend von den Lippen abzulesen und auch zu sprechen. Doch auch sie kann nicht verhindern, dass nach ihrer Hochzeit mit Andreas von Griechenland das kleine Familienglück durch die europäische Politik überschattet wird, sie immer mehr zu einer Schachfigur in den politischen Ränken des sich abzeichnenden Ersten Weltkrieges wird. Entmachtet und des Landes verwiesen, fällt sie ihrer Mittellosigkeit wegen zusehends in Lethargie. Bestimmte früher Prunk den Alltag, sind es jetzt Depressionen und kleinbürgerliches Familienleben, mit dem Alice und ihre Kinder Vorlieb nehmen müssen. Den Tribut dieser Jahre zollte gleichwohl ihre Psyche. Als bei ihr Schizophrenie diagnostiziert wird, verlässt sie ihr Ehemann. Am absoluten Tiefpunkt angekommen, weist man sie in eine psychiatrische Anstalt ein. Diese Zeit bekräftigt ihren Entschluss, fortan ihr Leben der Gemeinschaft zu weihen, und so beginnt die Hochadelige ein Leben unter den Ärmsten. Alice setzt sich im Zweiten Weltkrieg für die notleidende Bevölkerung Griechenlands ein, verhindert die Deportation einer jüdischen Familie in die Vernichtungslager und gründet schließlich im Herbst ihres Lebens ein Kloster in der Gegend Athens. Nach ihrem Tod im Jahre 1969 hinterlässt sie ein sichtbares Erbe: Ihr Sohn Philip soll noch zu ihren Lebzeiten an der Seite Königin Elizabeths II. den englischen Thron besteigen. Alice jedoch wird sich zu Unrecht nicht im kollektiven Gedächtnis festsetzen können. Die Erinnerung an sie verblasst mit den Jahren. Diese historische Biografie, begleitet von einem ausgewählten Archiv an zeitgenössischen Bildern, gibt Einblicke in eine Welt, die bisher vom Dunkel der Geschichte umfangen blieb. Durch wechselvolle Jahre, zwei Weltkriege und jahrelanges Exil begleitet der Roman die Frau, die als Mutter des Prinzgemahls an der Seite von Elizabeths II. in die Geschichte eingehen wird und dennoch so viel mehr ist, als nur eine Prinzessin. Ein bewegtes Leben, genauestens nachgezeichnet anhand historischer Zeugnisse und Überlieferungen. Band 2 - die Jahre 1923 bis 1969. Paperback, 532 Seiten.

Preis: 14.95, ISBN: 9783957537157

Australien zur Mitte des 19. Jahrhunderts. Die beiden Sträflinge Henry und Hagen fliehen auf dem roten Kontinent aus der Gefangenschaft. Bald verbindet sie ihr tragisches Schicksal in der australischen Wildnis. Es entwickelt sich eine tiefe Freundschaft. Getrieben von der Hoffnung auf einen Neuanfang, ziehen die beiden Männer durch das weite, noch nahezu unberührte Land. Auf ihrem Weg begegnen sie anderen Verlorenen, deren Schicksale oft nicht minder tragisch sind. Doch bald soll der Zusammenhalt der beiden Männer auf eine harte Probe gestellt werden, denn ein junges Mädchen tritt in ihr Leben ...
Weites Land und rote Erde - in der britischen Kolonie am Ende der Welt kämpfen zwei entflohene Sträflinge um ihr Glück. Ein großartiges Werk von Sehnsucht, Liebe und Hoffnung unter dem endlosen Himmel Australiens.

474 Seiten Taschenbuch, ISBN: 9783944028705

„Als ich noch ein kleines Mädchen war, saß ich oft bei meinem Vater, Zar Nikolaus II., auf dem Schoss und erzählte ihm von meinem Traum. Wenn ich erwachsen geworden bin, werde ich heiraten - ein Soldat müsste es sein - und ich will viele Kinder haben, am besten zwanzig an der Zahl." Doch dazu würde es nie kommen... Im Jahr 1899 wird dem russischen Herrscher Nikolaus II. eine dritte Tochter geboren. Maria, wie sie genannt wird, wächst auf in einem anachronistischen Hofstaat, zerrissen zwischen der autokratischen Politik ihres Vaters und dem nach Reformen dürstenden Volk. Ihre Kindheit und Jugend geraten zu einem Wechselspiel von verwandschaftlichen Treffen, ausgedehnten Reisen, Kummer und Freude, Krankheiten und dem bald bürgerlichen Familienleben - doch es zeichnet sich ab, dass unter dem Druck der Bevölkerung, den politischen Unruhen, dieser Spagat nicht ewig gelingen kann. Die Bedrohung des so behüteten Lebens hinter den Palastmauern, die gewohnte Sicherheit, werden bald von den drohenden Umbrüchen im Land überschattet... Ein bewegender historisch fundierter biografischer Roman mit zahlreichen Familien-Bildern jener Zeit, geschrieben aus der Sicht der Zarentochter Maria.

678 Seiten Taschenbuch, 14.95€, ISBN: 9783957532206

Als Prinzessin Caroline Reuß zu Greiz am 30. April 1903 in Bückeburg zum Traualtar schreitet, ist sie todunglücklich. Die Ehe war mehr ein kaiserlicher Befehl als eine liebende Verbindung. Ihr Verlobter Großherzog Wilhelm Ernst bat wie sie selbst noch im Vorfeld der Trauung häufiger, doch von dem Eheversprechen entbunden zu werden. Dementsprechend fragil ist die junge Ehe des cholerischen Militaristen Wilhelm Ernst mit der kunstsinnigen Freidenkerin Caroline. Dieses Buch öffnet tiefe und ehrliche Einblicke in ein Leben, welches nur Caritas, Stand und Pflichten kennen darf, in ein Getriebe, das diejenigen unnachgiebig aussiebt, die mehr sein wollen als nur die Frau eines Mannes. Ihr allzu kurzes Leben gerät in dem einengenden Hofstaat immer mehr zur Farce und treibt sie in die Melancholie… Eine bewegende Biografie, basierend auf historischen Fakten. Ellenbecks bewegende Romanbiografie basiert auf historischen Fakten und bietet einen vielseitigen und komplexen Eindruck der Prinzessin Caroline Reuß zu Greiz in ihrer Epoche. Unterlegt mit zahlreichen Familien-Bildern jener Zeit.

354 Seiten Taschenbuch, 12.95€, ISBN: 9783957534378